Diana Menuhin
Durch Dur und Moll

SERIE PIPER

Zu diesem Buch

Diana Menuhin, seit 1947 mit Yehudi Menuhin verheiratet, erzählt mit dem gelassenen Humor, der es ihr die ganzen Jahre über ermöglicht hat, nicht nur das ruhelose Leben an der Seite des von Konzertsaal zu Konzertsaal hetzenden Geigers und Dirigenten zu ertragen, sondern ihrem Mann auch noch Rückhalt in allen Krisensituationen zu sein. Ohne ihr unbeirrbar heiteres Naturell wäre sie wohl nie dieser ununterbrochenen Hektik gewachsen gewesen. Ohne Bitterkeit und ohne Selbstlob breitet sie das Panorama einer Künstlerehe aus – erfüllt von dem Glück, das sie in dieser einzigartigen Beziehung zu finden wußte. »Mit Witz und Geist schildert sie Bernard Berenson, Benjamin Britten, Jawaharlal Nehru und andere Berühmtheiten, die zu Bewunderern, ja Freunden wurden. Für Musikliebhaber ein unwiderstehliches Buch.« (Publishers Weekly)

Diana Menuhin, geboren in London als Diana Gould, hatte mit neun Jahren ersten Ballettunterricht und war später Solotänzerin bei Georges Balanchine in Paris. Sie lebt heute in London.

Diana Menuhin

Durch Dur und Moll

Mein Leben mit Yehudi Menuhin

Mit einem Vorwort von
Yehudi Menuhin

Aus dem Englischen von
Helmut Viebrock

Mit 26 Abbildungen

Piper München · Schott Mainz

Von Yehudi Menuhin liegen in der Serie Piper vor:
Ich bin fasziniert von allem Menschlichen (8259)
Kunst als Hoffnung für die Menschheit (8306)

Unveränderte Taschenbuchausgabe
1. Auflage Juni 1989
4. Auflage Dezember 1995

Titel der englischen Originalausgabe:
»Fiddler's Moll«, Weidenfeld and Nicolson, London 1984

Umschlag: Büro Hamburg
Simone Leitenberger, Susanne Schmitt
Umschlagfoto: World Press Network Ltd., London
Satz: Hieronymus Mühlberger, Augsburg
Druck und Bindung: Clausen & Bosse, Leck
Printed in Germany ISBN 3-492-28296-2 (Piper)
ISBN 3-7957-8296-1 (Schott)

*Meinem geliebten Yehudi in Dankbarkeit dafür,
daß er mich sein Leben teilen läßt*

Ich möchte mein ganzes Leben
mit Reisen im Ausland verbringen,
wenn ich irgendwo
ein zweites Leben borgen könnte,
um es danach zu Hause zu verbringen.

HAZLITT

Inhalt

Vorwort

von Yehudi Menuhin

Endlich hat Diana sich dazu bewegen lassen, etwas über unsere gemeinsamen Jahre niederzuschreiben. Ich sage mit Vorbedacht »etwas« – denn man muß erst eine bestimmte Wegstrecke zurückgelegt haben, bevor man zurückschauen kann; und wir haben, gelinde gesagt, schon weite Gebiete miteinander durchstreift, buchstäblich wie bildlich gesprochen, weit mehr, als fünf Bände zu fassen vermögen. Dabei umspannen diese Seiten nur unsere ersten gemeinsamen fünfzehn Jahre, nicht einmal die Hälfte unseres Ehelebens. Jeder gemeinsame Tag darin war ebenso wunderbar neu und erregend, wie er Sicherheit und Vertrauen schuf.

Wie der Leser sich vorstellen kann, haben mir Dianas große schöpferische Gaben oft ein gewisses Schuldgefühl verursacht – denn es wäre nur gerecht gewesen, wenn ich *ihrer* Selbstverwirklichung ebenso zu Diensten gewesen wäre, wie sie immer der meinen gedient hat.

Diana vereinigt in ihrem Wesen – und das wohl ausgewogen – ein breiteres Spektrum des Temperaments und scheinbar gegensätzlicher Gaben als irgendein anderer mir bekannter Mensch: sie ist genügsam und doch großzügig, beherrscht und doch hingebungsvoll, kritisch und doch versöhnlich, bestimmt, doch bescheiden, unabhängig, doch nicht anmaßend, scheinbar unverwundbar, doch leicht verletzlich – mit einem trockenen Humor, der niemals grausam wird, und sie verbindet eine höchst fruchtbare Einbildungskraft mit einer äußerst tüchtigen und praktischen Haltung, ganz besonders unter dem Druck einer Krise. Dieses Ensemble von außerordentlicher organischer Vielgestaltigkeit steckt in einem Geschöpf von höchster ästhetischer Wesensart und Erscheinung. Ich pflege zu sagen, Dianas Code sei eher ästhetisch als moralisch. Aber das Unglaubliche an ihr ist, daß eine unbezähmbare Vitalität mit einem vollständigen Mangel an egozentrischen Antrieben und sogar an Selbstvertrauen einhergeht; deshalb hat sie die ganze Zeit mit sich gerungen, ob sie es zulassen dürfe, mit Ihnen die Eindrücke zu teilen, die diese Seiten enthalten. Jetzt aber werden der Leser und ich ein wenig an den Wirkungen dieser Eigenschaften teilhaben können, die die Inspiration meines Lebens waren und sind.

1 Anfänge

19. Oktober 1947. Standesamt Chelsea. 9 Uhr vormittags. Acht Menschen haben sich hier im Niemandsland versammelt wie ein paar Fremde, die es auf den Bahnsteig einer kleinen Haltestelle verschlagen hat und die mit unterschiedlichen Graden von Erregung die Ankunft eines verspäteten Zuges erwarten. An diesem kühlen Oktobermorgen fühlte ich mich losgelöst von aller Wirklichkeit, aller Sinnhaftigkeit, entfremdet sogar dem wahren Sinngrund von allem, Yehudi: Yehudi, meiner Welt; denn alles bedeutete ja ihn, sein Leben, das ich teilen würde, eine endlose, doch beseligende Mühe. Aber diese graue Formalität verwischte und entstellte jeden hoffnungsvollen Ausblick und ließ eine unheimliche Leere entstehen, die nichts, aber auch gar nichts mit uns beiden zu tun hatte.

Es war das Urbild eines Standesamtes, ein Raum, in dem ein schaler Geruch von Zigaretten, abblätterndem Linoleum und faden Desinfektionsmitteln hing, ausgestattet mit Stühlen, einem Schreibtisch und Regalen voller Bücher, die sicher mit allen erforderlichen Vorschriften angefüllt waren, Bestätigungen, Verweigerungen, Genehmigungen und Ablehnungen, allen Bestandteilen jenes Aktes, der aus zwei Wesen ein Fleisch macht. Und wie sehr ich mich bemühen mochte, den Verlautbarungen zuzuhören, die der nette Mr. Marsh und der gute Mr. Stream eintönig daherbeteten, zwei so unglaubhaft und nichtssagend benamte Beamte, die mit der öden Zeremonie betraut waren, so war doch mein empörtes Herz hin- und hergerissen von dem Widerspruch zwischen der emotionalen Fülle und der legalen Dürre. Und es suchte in einen inneren Dialog auszuweichen, der, wie ich hoffte, meinen Traum gegen den Alptraum dieser schrecklichen schwarzen Komödie in Schutz nehmen würde.

Die verstaubte Litanei nahm ihren Fortgang, und ich glaube, wir machten die richtigen Responsorien, aber mein geistiges Auge übernahm die Führung: Vor der Wand hatte sich ein kontrastreiches menschliches Fresko gebildet: Mama, der erleichterte weibliche Elternteil, meine hübsche Schwester Griselda, die offensichtlich witzige Eintragungen in ihrem Kopfe machte, Louis Kentner, ihr Mann, der wundervolle Pianist, in seiner allerbesten ungarischen Gelassenheit, das Rotkohlgesicht des lieben, alten, gebeugten Harold Holt, Yehudis süße und sehr glückliche »Tante Edie« und meine Stiefgroßmutter, die reine Galsworthy-Gestalt in ihrem besten Schwarzen und die einzige, die nicht fehl am Platze war.

Yehudi sah verlegen und verdrießlich aus, so, als wäre er wider besseres Wissen in diese ganze Veranstaltung hineingezogen worden, und wäre sicher geflüchtet, wenn er den Mut dazu aufgebracht hätte. Der Vorgang, der uns zusammenschweißte, nahm seinen tintenklecksenden Verlauf, während ich mich bemühte, mir ein Entzücken zu vergegenwärtigen, das vom Löschpapier auf dem Schreibtisch der Herren Marsh und Stream aufgesogen worden zu sein schien, nämlich die Erinnerung an jene erste Begegnung im Hause meiner Mutter vor ungefähr drei Jahren, als Yehudi ein recht rationiertes Mittagsmahl mit Mama, Griselda, mir, Anthony Asquith und Michael Redgrave teilte. Nach fünf Jahren Bomben und Corned Beef waren wir alle grau und dünn wie schale Oblaten, während er, ein herausfordernd rosenwangiger, blondhaariger, glücklicher junger Mann, das Urbild der Gesundheit und des Wohlbefindens, in den Salon hereinspaziert kam. Es war eins der bekannten viktorianischen Genrebilder: »Tugendhafte Freude bringt zynischen Seelen Licht.«

Yehudi war zu jener Zeit noch mit seiner ersten Frau Nola verheiratet, und jener Tag war zufällig der fünfte Geburtstag seiner kleinen Tochter Zamira. Da geschah es, wie er mir später erzählte, daß er, als er mich auf dem niedrigen Hocker vor dem Kamin sitzen sah, beschloß, mich in sein Leben hineinzunehmen. Ich sollte später erkennen, daß Y das, was er will, gewöhnlich auch bekommt, oder, um genauer zu sein, daß es ihm anscheinend ohne jede erkennbare Anstrengung in den Schoß fällt. (Y ist unser Deckname, das Pseudonym, mit dem wir dem formellen »Yehudi« entgehen.)

Ob durch einen Stubs seitens der Herren Marsh und Stream oder durch einen seligen Seufzer der Erleichterung seitens meiner

Mutter, weiß ich nicht mehr genau zu sagen, aber ich kam aus meiner Träumerei in die Wirklichkeit zurück und merkte, daß unser Stichwort gekommen war. Y fummelte einen Ring (von Cartier) aus der letzten der durchsuchenswerten Taschen hervor, wir trugen uns ins Buch ein und schüttelten den strahlenden Beamten die Hände (»Ich versichere Ihnen, Miss Gould«, hatte Mr. Stream gesagt, »ich behalte es ganz für mich: 9 Uhr vormittags an einem Sonntag. Genau wie damals, als ich Lord Jumpers sechste Eheschließung hinter mich brachte, ohne daß der *Daily Shocker* plötzlich auf der Bildfläche erschienen wäre.«)

Er hielt sein Versprechen, der Gute. Dann eilten wir alle im Laufschritt die King's Road hinunter, an jenem Friedhof Dickensscher Prägung vorbei, wo als Kind meine Augen widerstrebend zu den traurigen und geisterhaften Gestalten der Frauen aus dem Armenhaus hingezogen wurden, die plan- und ziellos zwischen den Grabsteinen umherwandelten, als warteten sie auf den letzten Bus zum Himmel, hin zu dem bezaubernden Haus von Griselda und Louis. Dort ließ Griselda, die auch den finstersten Anlässen noch Stil abgewann, den Korken einer großen Flasche Mumm knallen, Mama lobte den Ring, man erhob die Gläser und vertrieb so die letzten Nebelfetzen des düsteren Vormittags. Aber gerade, als ich einen schwachen Hauch von Orangenblütenduft wahrzunehmen begann, stellte Y sein unberührtes Glas hin, nahm mich nüchtern beim Ellenbogen, gab jedem einen hastigen Abschiedskuß, schob mich in seinen Wagen, und ab ging es im Höllentempo zur Albert Hall, gerade rechtzeitig zum Beginn der Probe von Paganinis h-Moll-Violinkonzert.

Und so ist es immer gewesen.

Später fuhren wir ins Claridge zur ersten von einigen tausend Mahlzeiten, die in aller Eile in Hotelsuiten eingenommen wurden und bei denen sich Y's napoleonische Gabe zeigte, einzuschlafen, während er sich noch die letzte Gräte aus den Backenzähnen pulte. Dann wieder auf und hinein in seinen nachmittäglichen Konzertanzug, in dem er, wie ich bemerkte (ohne eine nennenswerte Beeinträchtigung seiner Laune zu bewirken), dem stellvertretenden Geschäftsführer an der Rezeption zum Verwechseln ähnlich sah, und wieder fort, zurück zur Albert Hall. Puffin Asquith [ein bekannter Filmregisseur, der Übers.] saß beim Konzert neben mir und flüsterte, indem er seinen Kopf auf die Seite legte, »Darling, was für wunderbare Obertöne, kein Wunder, daß die Franzosen sie *flageolets* nennen«. Ich dachte an die Bohnen gleichen Namens und flüsterte zurück: »Ja, derselbe gastrische Klang«, und erntete dafür eine ermahnende Neigung des Kopfes nach der anderen Seite. Es verlief alles vorzüglich, und die freundlich zugetane Familie, die das Albert-Hall-Publikum ja ist, bereitete Y einen wahren Flitterwochen-Empfang. Es war in der Tat die größte Annäherung an Flitterwochen, die mir zunächst vergönnt war, ausgenommen die eine bezaubernde Spritztour an jenem Abend mit Y's neuem Jaguar. Y fuhr *à l'américaine*, er ignorierte alle vier Gänge zur Empörung der empfindlichen Maschine, die in der sanften Herbstdämmerung dahinruckte, -zuckte, -zitterte und -stotterte unter den sich braun färbenden Blättern, die wie feuchte, kleine Fahnen von den lichter werdenden Bäumen herabhingen, zwischen grünen Böschungen mit brennend rotem Feuerdorn und über uns das wollige Blau eines englischen Oktoberhimmels, der einem verwaschenen Kinderbettuch gleicht, vorbei an Knole und Egg Pie Plane, zum Dinner im Cottage meiner guten Freunde, der vortrefflichen Schauspieler Cyril Ritchard und Madge Elliott, wo wir auch die Nacht verbrachten.

Am nächsten Morgen nach dem Frühstück verließen wir, kaum daß der Tau vom Rasen getrocknet war, diesen sicheren Hafen und fuhren nach London und von dort mit dem Zug nach Derby (oder war es Leicester?), wo der Stationsvorsteher mich ungemein verblüffte, als er uns in vollem Staat, in Frack und Zylinder, begrüßte. William Walton begleitete mich in Yehudis Konzert, wo er mir in seiner besten Sitwell-Manier zuzischelte: »O Gott, doch nicht etwa die Partita d-Moll? Die lassen wir aber besser aus und kommen nach der Pause zurück.« »Willie«, sagte die frischgebackene Braut, »ich muß hierbleiben«, und mit ingrimmigem Lächeln tat er es auch.

Es folgten Glasgow und Edinburgh, wo Yehudi mir auf dem Programm ein Stück von Elgar vorsetzte, das *La Capricieuse* hieß, und mich so sehr an das Geklingel von Teetassen aus feinstem Porzellan, die von gespreizten Fingern gehalten werden, erinnerte, daß ich damals und dort ein Buch entwarf, das *Scheidungs-*

gründe heißen sollte und in dem ich, falls er mich jemals wieder solcher musikalischen Zuckerbäckerei aussetzen würde, derartige Anschläge verzeichnen wollte. Y sah verwirrt und ein wenig betreten aus. Das Buch hat inzwischen monumentale Ausmaße angenommen.

Schließlich brachen wir zum Flug über den Atlantik auf, in jener Zeit der Propellerflugzeuge, die ihre Route in vier oder fünf Sätzen dahinkeuchten, wie eine Bach-Sonate, nur weniger harmonisch, bis sie New York erreichten. Wenn mich mein Gedächtnis nicht täuscht, versagte bei diesem die Funkanlage, und ein Steward mit wenig überzeugendem Lächeln weckte uns, um uns mitzuteilen, daß wir versuchen würden, Island zu erreichen. Alles, was ich von der Zwischenlandung dort in Erinnerung habe, sind nasse, dunkle Felsen in nasser, dunkler Nacht und unappetitliche, gallertige verlorene Eier. Auch, daß wir schließlich doch New York erreichten – New York, wo man in jenen Tagen sicher durch die Straßen gehen konnte, eine Stadt, die mit ihrer elektrisierenden Luft, ihrem unauslöschlichen Überschwang, ihrer vibrierenden Lebenskraft ein Labsal war. Kaum hatten wir uns eingerichtet, hatte Y ein Konzert in der Carnegie Hall gegeben, da starteten wir schon wieder, diesmal in Richtung seines Hauses Alma. In den Bergen von Santa Cruz auf der Halbinsel südlich von San Francisco liegt es eingebettet in Buschwerk und wilden Flieder, Ilex und Sandbeerbäume, während über das weite Tal verstreut riesige Mammutbäume standen, und an dem kleinen Fluß Lorbeer und Eukalyptus, Pfeffer und Dattelpflaumen wuchsen.

Für englische Augen bot der Garten, der das Haus umgab, einen traurigen Anblick mit seinen zwei Blumenbeeten, dem einen vorn, dem andern hinten, gleich Teppichen, die in der guten Stube ausgelegt sind, um gelegentliche Besucher zu beeindrukken. Im Innern des kastenförmigen Hauses sank mein Mut noch tiefer: im glaswandigen Eßzimmer stand eine Garnitur aus »Heppledale«-Eiche und eine andere aus »Chippenwhite« im Wohnzimmer, deren außerordentlich kostspieliger Bezug ein mattgrünes chinesisches Drachenmuster auf tonfarbenem Leinen zeigte. Bilder? Eine Reproduktion von *Le Pont à Arles* und über dem Kamin eines von jenen Ölbildern, auf dem – von einem

Mitglied der Gesellschaft der Öl- und Aquarellkünstler handwerklich gediegen ausgeführt – eine weiße, mit stark violettfarbenen Glyzinien geschmückte Villa zu sehen war. Als ich das Schlafzimmer betrat (wie in allen amerikanischen Häusern ein prachtvoll ausgestatteter Raum mit einem begehbaren Wandschrank, so groß wie ein kleines Zimmer, und einem Boudoir aus lauter Spiegelglas, das an die sechs Dutzend Regale, Schubladen und Schuhständer maskierte), überkam mich zu meiner Bestürzung zudem ein plötzliches Gefühl des Überflüssigseins; denn obgleich Y's »erster Mißgriff« (ich mag sehr wohl sein »zweiter« sein, aber bislang bin ich zu machiavellistisch vorgegangen, als daß er es herausgefunden hätte) schon über zwei Jahre nicht mehr in dem Haus gelebt hatte, war jede Schublade vollgestopft, bog sich jeder Kleiderbügel unter der Last von Kleidern, wie ich sie seit zehn Jahren nicht gesehen hatte, ungerechnet achtzig Paar Schuhe und ein Badezimmerschrank, der wie der Toilettentisch von Viertel- und Halbliterflaschen mit Parfüm, Eau de Cologne, Lavendelwasser und anderen mehr praktischen und weniger ersprießlichen Akzessorien überquoll, die zur Lebenskunst eines luxusliebenden weiblichen Wesens gehören. Der liebe Y war so glücklich, mir sein Heim zeigen zu können, daß ich mein Gefühl der Zurücksetzung so gut es ging verbarg, mich statt dessen laut und beifällig über die schönen, großen, grüngetönten Glasfenster und die mit Grasleinen bespannten Wände ausließ, die noch schwach nach Heu dufteten. Und während ich der zurückgelassenen verschwenderischen Pracht aller dieser Ausstattungsstücke, die mir die Zunge herausstreckten, den Rücken kehrte, bat ich ihn, mir das übrige zu zeigen.

Das Musikzimmer war Gott sei Dank in seinem Stil: holzgetäfelt, mit schönen, einfachen Ruhebetten und einem prachtvollen Bösendorfer-Flügel, der Ausblick ging auf einen Steingarten (damals so kahl wie ein künstliches Gebiß), oberhalb dessen ein grau-grüner Hang silbrig flirrender Olivenbäume anstieg. Auch das Arbeitszimmer strahlte ganz sein Fluidum aus, mit einem Schreibtisch, einer Vitrine voll köstlicher Elfenbeinstücke, dekkenhohen Borden voller zerfranster Noten, die aus abgegriffenen Mappen herausquollen und – endlich – Bücher! Wie es sich für Yehudi gehört, trugen sie alle Titel wie *Die Gegenwart des Men-*

schen oder *Mann, wohin gehst Du?* oder *Wie man Gelenkschmiere in den Gelenken behält* in trautem Verein mit *Einhundertundsiebzig leichte Übungen vor dem Frühstück,* dazu, als leichte Lektüre, Nekrassows *Wie man in Rußland frei und glücklich sein kann.* Oben im Penthouse, das als besondere Grotte für seine Gemahlin gebaut worden war, fand ich zwar keinen Schreibtisch, dafür aber einen Diwan, auf dem man zweifellos um so bequemer die Kipling-Reihe und *Forever Amber* lesen konnte, die ihre Bibliothek enthielt. Wieder hinunter in das reizende Sonnenzimmer – ganz und gar aus Glas –, von dem aus man über die grüne, mit chinesischen Ulmen bestandene Rasenfläche hinweg bis zum großen Schwimmbecken blickte. Hier fand ich endlich zwei Gemälde, von denen eins in die Ecke gequetscht war, eine wundervoll grün-schwarz-weiße *Vogelscheuche* von Portinari, dem großen brasilianischen Maler, und das andere, auch von Portinari, das in einen Schrank verbannt worden war, ein eindringliches, halb fertiges Porträt von Yehudi; es wurde gemalt, als Y's Flugzeug einmal in Rio bis in die frühen Morgenstunden aufgehalten worden war. Y muß ungefähr zwanzig gewesen sein und, wie ich ihn zu der Zeit in Erinnerung habe, ziemlich rundlich, golden und heiter, träumerisch und gütig. Aber Portinari hatte eine andere, innere Seite von ihm erfaßt, eine adlerhäuptige, wilde und weitblickende, einen kompromißlosen und entrückten Zug, einen jungen Mann, der keine Geduld mit kleinlichen Ansichten und schwachen Antrieben hat. Kurz, einen Menschen, den zu erkennen und auf den achtzuhaben ich schon früh lernte. Ich holte das Bild mit Entzücken heraus, ließ es rahmen und hing es der *Vogelscheuche* gegenüber. Ein wirklich herrlicher Hohn auf alle Spießer, hatte ich das Gefühl.

Ich zerrte außerdem nicht weniger als vierzehn leere Schrank- und Handkoffer ans Licht, und nachdem ich die herrlichen Kleider mit neidischer Sorgfalt und mit Unmengen Seidenpapier zusammengelegt und eingepackt hatte, schickte ich das Ganze nach New York ab. Dann hing ich meine beiden Mäntel, drei Kleider und eine Hose auf, füllte ungefähr ein halbes Regalfach mit meinen wenigen Pullovern und Hemdblusen und meiner Unterwäsche und hakte schamhaft vier Paar abgenutzter Schuhe auf den Schuhständer. Sie sahen ganz verloren darauf aus, aber sie redeten vom Krieg und dem »Blitz« und von einer außergewöhnlichen Zeit, als Werte zu etwas Grundlegendem wurden, Prioritäten klar und einfach waren und das Sich-am-Leben-Finden ein täglich neues Geschenk. Allmählich verlor ich das Gefühl fremd zu sein.

Am folgenden Tage nahm Yehudi mich mit hinunter, um seine unvergleichlichen Eltern »Aba« und »Mammina« auf ihrer kleinen, etwa sieben Meilen entfernt am äußersten Ende des Dorfes Los Gatos gelegenen Ranch zu besuchen. Das Wohnhaus, das von großen Bäumen beschattet, inmitten einiger Morgen Obst- und Gemüseland stand, wurde von meinem Schwiegervater hingebungsvoll betreut. Für ihn war es das Herzstück von allem, wonach er sich gesehnt hatte. Denn wie so viele junge orthodoxe Juden, die es gewohnt waren, in einem dunklen Raum über dem Talmud und der Thora zu brüten und denen es verboten war, am Sabbath einen Drachen steigen zu lassen, hatte er davon geträumt, die Erde zu bearbeiten, in der Sonne Obst und Blumen zu ziehen, Hühner zu halten und der geistigen Enge zu entkommen, an die er ewig gefesselt zu sein schien. Y's Mutter, Mammina, war auf der Krim geboren. Sie war sehr emanzipiert und sehr russisch, von kleiner zierlicher Statur (1,52 Meter groß und eine 53-Zentimeter-Taille) und mit langgeschnittenen blauen Augen über hervortretenden slawischen Backenknochen, die das Lob eines jeden Menschen, Ortes und Dinges herausforderten, denen sie begegneten. Als ich ihr zum erstenmal gegenüberstand, stellte ich mit der mir wohlbekannten plötzlichen Erregung fest, daß ich mich in meinen früheren Ballettberuf zurückversetzt fühlte, wo mein Lehrer, mich fest im Auge behaltend, jede meiner Bewegungen lenkte, ein einzigartiger, russischer Zug von Autorität, Hingabe und Hochherzigkeit, der sich mit nichts Geringerem zufriedengab als dem Besten und keine Geduld mit dem Schwachen und Zweitrangigen hatte.

Aba war von gleich kleinem Wuchs, voller Leben und gespannter Energie; und in diesem Augenblick, da er seinen angebeteten Sohn nach monatelanger Trennung wiedersah, sprühte er geradezu elektrische Funken der Freude, wie ein Gerät, das erfunden ist, um gleichzeitig Licht und Wärme zu spenden. Vom Temperament her gaben sie ein seltsam ungleiches Paar ab, und doch vermittelte gerade ihre Verschiedenartigkeit ein ungewöhnliches Gefühl von Lebensfrische und Farbigkeit bei zwei sehr bestimmten und lebendigen menschlichen Wesen, zwischen denen nichts Schmeichelndes oder Besserwisserisches war – einen Anspruch, wenn es je einen gab.

Aba war, nach zeitgenössischen Photographien um 1910 zu urteilen, ein vornehm aussehender junger Mann mit leicht fanatischen blauen Augen, glattem blonden Haar und einer starken Adlernase gewesen, die schon seine Entschlossenheit verriet, mit allen und jedem zu kämpfen, was sich ihm ideologisch entgegenstellte.

Mammina zeigte noch Spuren jener Schönheit, die Aba zufolge ganz Palästina hatten aufmerken lassen, als sie dort von der Krim kommend mit ihrer vergötterten Mutter eintraf. Zu jener Zeit war ihr welliges goldenes Haar so lang gewesen, daß sie bequem darauf sitzen konnte, und sie besaß jene eigentümliche, aufreizende Koketterie, die recht eigentlich die Hauptwaffe des russischen Mädchens ist. (Yehudis jüngere Schwester Yaltah, die eine hervorragende Pianistin war, hatte die gleichen langen goldenen Haare wie ihre Mutter.) Viele Jahre später erfuhr ich von ihrer Kusine – Tante Edie –, daß Mammina im Alter von siebzehn Jahren mutterseelenallein in London aufgetaucht war, daß sie damals schon mindestens vier Sprachen gesprochen und die ganze Stadt mit kühlem Blick gemustert hatte, daß sie mit ihrem Korsett ins Bett ging und überall großes Erstaunen über ihre Lebensklugheit und völlige Unabhängigkeit erregte.

Einige Jahre danach sollten sich die beiden attraktiven jungen Leute in New York wiedertreffen, wo sie in einer Schule in New Jersey Hebräisch unterrichteten. Hier trugen ihnen ihre fortschrittlichen Vorstellungen darüber, wie sie die armen, eingepferchten Kinder aus dem muffigen Klassenzimmer in den Hof hinaus bringen könnten, um sie neben Wissen auch Luft schöpfen zu lassen, schließlich ihre Entlassung ein. Da sie sich ineinander verliebt hatten, heirateten sie schließlich, und Mammina, mit typischem Selbstvertrauen und ihrem Über-den-Dingen-Stehen, sparte genug von ihrem geringen Gehalt, um es sich leisten zu können, am 22. April 1916 Yehudi in einem Privatzimmer des Mount Sinai Hospitals in New York das Leben zu schenken.

Vier Jahre später – sie waren inzwischen nach Kalifornien gezogen – wurde Yehudis ältere Schwester Hephzibah geboren, deren blonde Schönheit und brillantes pianistisches Können keiner Vorstellung bedürfen. Yaltah wurde zwei Jahre darauf geboren. Hephzibah sollte dann 1938 Lindsay Nicholas (Nolas Bruder) heiraten und zwei prächtige Söhne, Kronrod und Marston bekommen, und später, von ihrem zweiten Mann, eine reizende Tochter, Clara. Auch Yaltah hatte zwei Söhne, Lionel und Robert Rolfe.

Jetzt, als ich Aba und Mammina gut dreißig Jahre später in Kalifornien in ihren sorgenfreien, vorgerückten mittleren Jahren sah, wie sie dort unter Abas geliebten Orangen- und Avocadobäumen, seinen kostbaren Aprikosen, seinem Gemüse und seinen Blumen lebten, konnte ich nicht umhin, mir zu sagen, hier ist ein Paar, dem auf wunderbare Weise erspart geblieben ist, was die meisten von uns, Juden oder Christen, an Schrekken, Angst, Schmerzen, Furcht und Verlusten zu erdulden hatten.

Die Erfahrungen in meiner Familie waren ganz andere gewesen.

2 Grundlagen

Meine Mutter, Evelyn Suart, war in Indien geboren. Sie war die Tochter eines Offiziers der Royal Horse Artillery und meiner bezaubernden Großmutter, »Goggo«, die ihn nach fünf Jahren seinen geliebten Ponypferdchen überließ und nach Europa zurückkehrte, wo sie aus unerfindlichen Gründen ihr kleines Mädchen in eine »göttliche« Schule in Brüssel steckte. Eine »göttliche«, weil man dort herausgefunden hatte, daß Evelyn für Mathematik völlig untauglich war, so daß man keine Zeit damit vergeudete, ihr mehr als einfaches Addieren und Subtrahieren beizubringen, und sie bis zu ihrem Tode weder multiplizieren noch dividieren konnte. Als Goggo ihre musikalische Begabung entdeckte, stellte sie sie prompt dem großen belgischen Geiger Eugène Ysaÿe vor. Der Maestro riet ihr, bei zwei seiner Assistenten Klavier- und Geigenunterricht zu nehmen und nach einem Jahr wiederzukommen; dann würde er entscheiden, welches Instrument sie künftig spielen solle. Sie ging denn auch wieder hin und spielte – zusammen mit einem anderen Schüler – pflichtschuldig den ersten Satz von Bachs Doppelkonzert für Violine. »Wie war es denn, Mammi?« fragte ich in späteren Jahren. »Katzengejaul, Liebling.« Ysaÿe hatte zu ihr gesagt: »Fais une omelette de ton violon, chère petite; tu seras pianiste.« Nach dem Studium in Wien und Berlin wurde sie eine der führenden jungen Pianistinnen in England und stellte dort den damals fast noch unbekannten Debussy vor.

Mein Vater, Gerard Gould, stammte aus einer irischen Familie, deren Abkömmlinge seit dem 14. Jahrhundert in Cork Bürgermeister und Grundbesitzer gewesen waren und am Ende des 18. Jahrhunderts von dort wegzogen, als die Bauern Knockraha, das Stammhaus, in einem jener müßigen Momente der Leidenschaft niedergebrannt hatten, die für dieses unberechenbare Volk so charakteristisch sind. Meine Familie hatte sich dann nach Spanien und Portugal abgesetzt, um ihr Glück in Spirituosen zu versuchen; nachdem sie dies hohe Ziel erreicht hatte, zog sie um 1800 wieder fort, um sich in Paris niederzulassen, wo sie seitdem ohne Unterbrechung gelebt hat.

Meine Mutter wurde nach fünfjähriger Ehe Witwe; denn mein Vater, der für das Foreign Office Depeschen zwischen Frankreich und England hin- und hertrug, erkrankte an Typhus und starb mit vierzig. Mit Erbschaftssteuern bestraft, hinterließ er sie so der Aufgabe, drei kleine Kinder großzuziehen.

Mama, Harkie-Pom oder Dame Trample-Pleasure (Durchlaucht Spielverderberin), wie sie abwechselnd genannt wurde, war nie etwas anderes oder mehr als ein Elternteil im strengen, edwardischen Sinn, das heißt, sie tat für ihre Kinder das Nötige und Übliche. Wo Mitgefühl, Zärtlichkeit, Wärme oder psychologische Wachsamkeit angebracht gewesen wären, war sie zwei Grad über Null. Schon früh vermutete ich, daß diese Frau von unbezwinglichem Charme und großem musikalischen Talent ein mit vierzehn Jahren stehengebliebenes Wunderkind war, und ich beschloß mit philosophischer Resignation, sie so zu sehen sei der einzige Weg, sie akzeptieren zu können, ohne unheilbar verletzt zu werden. Unser Heim in Chelsea, Mulberry House, in das mein Vater mit uns allen nach der Geburt meiner jüngeren Schwester Griselda umgezogen war, wurde von meiner Mutter und für sie geführt. Es summte von Leben, und ihre musikalischen Sonntage brachten in unser Dasein ein wunderliches Sortiment europäischer Musiker, Schriftsteller, Maler, Schauspieler und Dichter. Trotz allem aber blieb der schreckliche Kummer, der meine frühe Kindheit umklammert gehalten hatte, fühlbar. Der Schock, den der Tod meines Vaters bei meiner Mutter auslöste, muß für sie etwa so gewesen sein, als wenn ihr der rechte Arm amputiert worden wäre, so daß sie schwankend und torkelnd umherirrte, wie es ja eine solche Gleichgewichtsstörung mit sich bringt; dazu kam, nehme ich an, die völlige Verständnislosigkeit und der kindliche Zorn darüber, daß sie so willkürlich und sinnlos beraubt worden war. Als ich sieben war, heiratete sie wieder, diesmal Cecil Harcourt, der damals Lieutenant Commander in der Royal Navy war und später Commander-in-Chief Nore wurde, dem Rang nach die höchste Stufe nach dem First Sea Lord.

Die meiste Zeit blieben wir Kinder der Obhut der Kinderfrauen und Gouvernanten überlassen. Ich kann mich lebhaft daran erinnern, wie mir zum erstenmal die Langeweile als ein handfestes Grauen aufging. Ich war fünf, Griselda, im Kinderwagen, drei; und die Gruppe der tratschenden Kinderfrauen, deren Schnäbel über meinem Kopfe auf- und zugingen wie die ältlicher Papageien, schien auf dem Weg an der Ecke von Rotten Row gleichsam festgenagelt zu sein. Sie, ihre unglücklichen kleinen Schützlinge und ihr fremdartiges Geschnatter erschienen mir wie ein plötzlicher Blitz, der eine Ewigkeit enthüllt – alles, was das Leben bot oder je würde bieten können –, grauenhafte Unbeweglichkeit, Hilflosigkeit, Unverständnis, diese Macht, die von grauem Serge und Flanell um mich herum und über mir ausging, der bitterkalte Wind, der meinen Ohren wehtat und für den alle Kindermädchen undurchlässig zu sein scheinen. Nein, so *konnte* es nicht sein, durfte es nicht sein. Ich konnte gerade an Nannys Rock reichen, dahin, wo ihr Korsettende durch den dicken Stoff herausragte wie der Strebepfeiler, der die monumentale Majestät ihres Hinterteils abstützte, und ich zupfte verzweifelt daran, denn ich konnte diese unerträgliche Vision des *néant*, jene Leere, die plötzlich aufgerissen war, nicht einen Augenblick länger aushalten. »Nanny, bitte, bitte, können wir nach Haus gehen, *bitte*?« rief ich hinauf in das strenge, rote schottische Gesicht aus Inverness. »Du bist ein sehr unartiges kleines Mädchen«, sagte Nanny, die es mir nie verziehen hatte, daß ich nicht die herrlichen goldenen Locken meines Bruders Gerard und meiner Schwester Griselda hatte; dazu mochte kommen, daß sie wahrscheinlich einen besonders lustvollen Höhepunkt in ihrer Kensington-Garden-Edda oder -Saga erreicht hatte, den ich unseliges Kind zu ruinieren vermocht hatte.

Die Gruppe löste sich auf, ich vollzog meinen kindlichen Akt des »Rückzugs in den Wald«, wie meiner Mutter passende Beschreibung meines Rückzugs in meinen mächtigen Wust von wuscheligem dunkelbraunen Haar lautete, wenn ich bei Fortuna und in jedermanns Augen in Ungnade gefallen war, und trabte, mich am Kinderwagen festhaltend, in mißbilligendem Schweigen heimwärts. Damals und dort, tief in meinem Walde, beschloß ich, mein Leben mit Arbeit zu füllen, mit Bewegung, mit allem, was nur geeignet war, jene schreckliche graue Vision von äußerstem Nichtsein abzuwehren. In den zwanziger Jahren *war* London für die meisten Kinder sehr grau, sehr steif, sehr pflichtbewußt, sehr naß und langweilig. Gouvernanten, Spaziergänge, Disziplin, Sonntagsschule wiederholten sich mit der Regelmäßigkeit des Pulsschlags – eine unwiderrufliche Macht in unserem beherrschten Leben.

Aber da war die Musik; bei drei Bechsteins im Hause und jeder Menge bei uns ein und aus gehender Streicher pflegten wir Kinder, zu Nannys ohnmächtiger Empörung, die halbe Nacht aufzubleiben, um der Kammermusik im langen Saal unter den Kinderzimmern zu lauschen. Aber ach! Obwohl ich Musik im Blut hatte, behauptete meine ungeduldige Mutter schon früh, ich hätte sie nicht in den Fingern. Nach einigen Jahren Ringens mit einem der Bechsteins gab man mich verächtlich auf, und Griselda nahm meinen Platz mit besänftigender Wirkung auf Mama ein.

Es kam die Schule und damit noch mehr Schinderei, wie es schien, denn obwohl Mama nicht im Traum daran dachte, auch nur *einem* von uns zu helfen, war es doch ausgemacht, daß wir immer die Ersten in der Klasse sein mußten. Das Anstrengende dabei war, daß ich immer das Gefühl hatte, über meinem fiebernden Kopf schwebe ein Mülltonnendeckel, der bei der geringsten Unbeholfenheit sofort zufiele und mich im Dunkel der Mülltonne einschlösse. Griselda segelte mit einem Minimum an Anstrengung durch die Schule. Ich schuftete wie ein verzweifelter kleiner Straßenarbeiter und hielt mich auch ganz brav, bis die fortgeschrittene Mathematik mich besiegte und ich aus dem Stande der Gnade auf den zweiten Klassenplatz zurückfiel, weil mein von Natur aus schweifender, romantischer Geist vor den Abstraktionen der Logarithmen, der gleichschenkligen Dreiecke und vor den verwirrenden Schrecken der Trigonometrie wie gelähmt verharrte. Ich konnte nichts Poetisches an den Zahlen finden, kein Gefühl mit ihnen verbinden und vor allem keine Worte – und Worte waren nun einmal meine Symbole, wie unangemessen sie auch sein mochten, Zahlen dagegen Symbole ohne Gefühl –, und deshalb taugte ich nichts.

So wurde das Leben immer grauer, trotz der vier Heiratsanträge, die ich, noch bevor ich neun war, von Gerards Schulkameraden bekam. Einen von ihnen ließ ich, als er meinen zaghaften, aber hinreißenden goldlockigen Bruder Gerard verspottete, auf dem Rasen von Elm Park Gardens kühl zu Boden gehen, indem ich ihn mit einem guten, scharfen Kinnhaken bediente, was eine Fehde zwischen unseren Kinderfrauen heraufbeschwor und der Teegesellschaft ein rasches Ende bereitete. Übrigens war er keiner von meinen Favoriten gewesen.

In Gerards Schule nun, der von Mr. Gibbs in Sloane Street, wo die Schwestern der jungen Herren einmal die Woche mit ihnen zum Foxtrott und Walzer zusammenkamen, riet die Tanzlehrerin meiner Mutter, mich doch als Ballettänzerin ausbilden zu lassen. Meine Mutter war aber viel zu sehr mit anderen Dingen beschäftigt, als daß sie mich selber hingebracht hätte, und schickte mich also mit meiner strengen schottischen Kinderfrau die King's Road hinunter zum Phoenix House, wo wir uns ein Urteil über den Tanzunterricht bilden sollten, den die in den Ruhestand getretene Diaghilew-Ballerina Serafina Astafiewa gab. Die ausschweifendste Phantasie hätte sich kein ungeeigneteres Richterpaar aussuchen können: ein achtjähriges Mädchen und eine sarkastische, trockene Einwohnerin von Inverness, deren einzige künstlerische Leistung, soweit ich mich erinnere, eine ganz nette Wiedergabe des Liedes »The Campbells are coming« war, wozu sie einen dicken Finger in das eine Nasenloch bohrte und so einen Dudelsack nachahmte. Wie dem auch sei, dieses schlecht zusammenpassende Paar stieg die Treppe des schönen alten Hauses hinauf und betrat den Unterrichtsraum im ersten Stock. Jemand hämmerte gerade auf das Klavier ein, und die Luft schwirrte von fliegenden Beinen; wir wurden von einem Wesen, das ich nur als die schönste Ruine bezeichnen kann, die ich je gesehen habe – vorher oder nachher –, auf eine Bank gewiesen.

Madame Astafiewa steckte in einem altertümlichen Chiffon-Abendkleid, grau-weißem Trikot und ausgefransten seidenen Abendschuhen; ihr Haar (von unterschiedlicher Farbe) entschlüpfte einer Art Schleierbandage, die wegen der eleganten Haltung ihres Kopfes das Aussehen eines Turbans angenommen hatte. Ihre Haut war sehr weiß, ihr Knochenbau überaus fein, ihre Augen durchbohrend, und ihr ganzes Gesicht war mit einer – in den Augen eines kleinen Mädchens – Mischung aus Mehl und Holzkohle zurechtgepfuscht, was aber vermutlich der Kosmetik jener Tage entsprach.

Ich erinnere mich an eine Zigarette in einer langen Zigarettenspitze und einer Fülle von Gestikulationen, die, von unverständlichen Befehlen verstärkt, den fliegenden Gliedern zugerufen wurden. In der ersten Reihe war eine Elfe, wie aus dünnstem Draht gemacht, schwarz und weiß wie eine Bleistiftzeichnung und mit der gleichen unbeirrten Linienführung – wahrscheinlich gerade im ersten Jahrzehnt ihres Lebens –, neben ihr, schmalgliedrig und schlank, mit Füßen wie Schwanenhälse und einem länglichen, wohlgebildeten Gesicht, ein Junge mit einem Gefühl für Rhythmus und Richtung, das ebenfalls in meinem kindlichen Gedächtnis haftengeblieben ist. Nach der reichlichen Aussaat von Pickeln zu urteilen, muß er sechzehn oder siebzehn gewesen sein. Es waren Alicia Markowa und Frederick Ashton.

Nach dem Unterricht winkte Madame Astafiewa Nanny und mich zu sich in ihr Allerheiligstes, eine Art Kirgisenzelt, das über den Eingang zu dem von beizendem Rauch erfüllten Raum gespannt war. Ein riesiger Tisch, der fast den ganzen Platz einnahm, war mit einem dicken Teppich belegt; auf ihm standen ein Dutzend Aschenbecher, angehäuft mit Pyramiden rotbeschmierter Stummel, dazu ein Wirrwarr von Büchern, Papieren, Zeitschriften, ein einzelner Ballettschuh oder zwei und noch einige der besagten Gazeschleier. Sie stöberte eine Zeitlang in dem Komposthaufen herum und zog schließlich etwas heraus, das mir ein Prospekt zu sein schien, starrte auf das sprachlose kleine Mädchen, funkelte Nanny an und entließ uns mit einer Bewegung ihrer frisch entzündeten Zigarette. »Och, schrecklich«, schnaubte Nanny in ihrem allerbesten Inverness-Tonfall und berichtete zweifellos meiner Mutter nach unserer Rückkehr in diesem Sinne.

Eines Abends, es muß nach Diaghilews Rückkehr nach England in den zwanziger Jahren gewesen sein, stürzte meine Mutter ekstatisch ins Kinderschlafzimmer, riß mich aus dem Bett und befahl einer protestierenden Nanny, mich sofort anzuziehen, da sie sogleich zurück ins Coliseum wolle – wo sie gerade erst den

Nachmittag zugebracht hatte –, um mir das Ballett zu zeigen. Ich kann mich heute an wenig mehr erinnern als an die reinste Märchenstimmung, jene herrliche Überwirklichkeit, mit der die meisten von uns geboren werden, die aber aus dem erwachenden Bewußtsein im Laufe der Unterwerfung unter die Vernünftigkeit des Erwachsenwerdens schwindet, so, wie Farbe im allzu grellen und nackten Licht verblaßt. Jede Person und jedes Ding waren schön und gehörten in die Zeit des Es-war-einmal . . . Ich habe jenen Traum von Klang, Farbe und Geruch nie vergessen. Denn das Ballett hat seinen eigenen, besonderen Geruch von Tarlatan und Schweiß, Harz und Benzin, von Appretur, Klebstoff und Staub, Schicht auf Schicht vom Staub zahlloser Bühnen, der von den Beinen und Armen Tausender Tänzer und Tänzerinnen sowie von der Zugluft aus hundert Soffitten auf- und umhergewirbelt wird, eingepreßt in Stoff und Leinwand, eingebügelt, übermalt, versiegelt, für immer in Kostümen und Ausstattungsteilen eingefangen und so die staubige Geschichte von allem und jedem mit sich führend. Ich hätte die *Carnaval*-Kulisse von der der *Scheherazade* im Dunkeln, allein dem bloßen Geruch nach, voneinander unterscheiden können.

Die Tanzlehrerin bei Mr. Gibbs wiederholte schließlich ihren Angriff, und diesmal raffte meine Mutter sich dazu auf, mich mit dem 19er Bus zum Cambridge Circus zu bringen, wo man von der Shaftesbury Avenue aus eines jener häßlichen viktorianischen Gebäude betrat, neben denen sich ein Gefängnis wie ein Bordell ausnehmen würde. Wieder befanden wir uns in einem geräumigen Studio mit einer Wand aus Spiegelglas, mit *barres* (Stangen) an jeder Seite, aber ohne die Spur einer Menschenseele. Keine Spur vielleicht, aber *Lärm* genug, denn aus einem Nebenraum ließ sich eine gellende ältliche Stimme in einer Mischung aus Italienisch, Russisch und Englisch vernehmen: »I raz, i dwa, i tri . . .« Ich saß starr vor Schrecken da und wartete darauf, daß irgendein Teufel erscheinen würde. Nach etwa zehn Minuten – und der gleichen Menge dreisprachigen Scheltens – tänzelte ein lieber alter Mann in einer schwarzen Alpacajacke heraus, er hatte einen runden Kopf, der mit einer Art Steinsalz gepudert schien, lustige, schwarze Äuglein und jenes allesumarmende Lächeln, das nur Italiener verschenken können. Meine

Mutter sagte etwas Passendes, nehme ich an, über meinen Wunsch, tanzen zu lernen, und er forderte mich auf, Mantel und Schuhe auszuziehen und anzufangen. Ich wage nicht daran zu denken, was für idiotische Pirouetten ich drehte bei meinem Versuch, ihn zu überzeugen, aber Enrico Cecchetti, der große Lehrmeister des Diaghilew-Balletts, drehte mich hin und her und kniff mich vor aller Augen in die Beine und Füße, wie ein Bauer, der auf einem ländlichen Viehmarkt eine Kuh prüft, erklärte mich dann für ausgezeichnetes Material und sagte zu meiner Mutter, ich solle jeden Morgen in seinen Unterricht kommen.

Wieder gab es ein Ach und Weh! Sie setzte ihm auseinander, da es doch gute sechs Jahre oder mehr dauern würde, bis ich sein Vertrauen rechtfertigen könnte, hätte sie nicht die Absicht, mit einer Analphabetin von Tochter dazusitzen; ich würde deshalb am nächsten Tage mit der Tagesschule anfangen. Cecchetti, der meine Enttäuschung wohl fühlen mochte, nahm mich in den Arm und sagte zu meiner Mutter, er habe eine ausgezeichnete Schülerin, Marie Rambert, die eine Tanzschule in Notting Hill Gate eröffnet hätte. So kam es dann, daß ich, gerade neun Jahre alt, jeden Samstagmorgen bei ihr Ballettstunden bekam. Meine Mutter versprach, wenn ich etwas Tüchtiges leisten würde, dann könnte ich den wöchentlichen Nachmittagsunterricht mitmachen, und wenn ich die oberste Klasse erreichen sollte oder würde, auch den Vormittagsunterricht für Erwachsene. So wurden meiner grauenhaften Energie schließlich die Zügel angelegt und damit die Grundlagen aller Magenkrämpfe, an denen ich je gelitten habe, wirklich und wahrhaftig für immer gelegt. Die Tagesschule dauerte von 9 bis 13 Uhr; das bedeutete: mit dem 31er Bus rauf auf die Anhöhe von Notting Hill, während ich mich, hungrig Butterbrote kauend, auf meine Aufgaben zu konzentrieren suchte; dann der Unterricht, der in der Hauptsache aus einem einzigen langen Scheltlaut des Zurechtstutzens bestand – wir waren wie Gemüse, das geputzt und auf einer Reibe geraspelt wurde; Rennen zum Bus, langes Gerüttele nach Haus bis Chelsea; heruntergeschlungener Tee im Kinderzimmer, anschließend Aufgaben machen in wenigstens vier Fächern, Abendbrot und vollkommen erledigt zu Bett. Dies ging so vom neunten bis zum vierzehnten Lebensjahr, als ich endlich aus der Schule kam und mein Anrecht auf Tanzunterricht sowohl vor- wie nachmittags in Anspruch nehmen durfte.

Zu jener Zeit, in den frühen dreißiger Jahren, war die Ballettschule der Rambert zweifellos die beste in England; aus ihr sollten Tänzer wie Frederick Ashton, Walter Gore, Anthony Tudor, Andrée Howard hervorgehen, die – aus einer ganzen Schar – große Choreographen wurden. Wenn ich auch meist nächtelang in mein Kissen weinte und mich jeden Tag durch einen Hagel von Kritik hindurchwand, war es nicht trotzdem der Mühe wert, wenn man mit vierzehn Freddies Partnerin wurde und sein erstes Ballett, *Leda und der Schwan,* kreieren half oder wenn man einige Jahre später die Titelrolle in Anthony Tudors *Lysistrata* tanzte? Eines Tages faßte ich den Mut (der bis dahin noch nicht gänzlich gebrochen war) und fragte Madame, wer denn das Opfer der dreisprachigen Ermahnungen gewesen sei, die ich vor zwei oder drei Jahren durch die Wand in Cecchettis Studio gehört hatte. »Oh«, sagte sie, »das wird wohl Anna Pawlowa gewesen sein, die eine Privatstunde hatte.« Mir schauderte.

Im Grunde fühlten wir, die wir am Anfang dieses Jahrhunderts geboren wurden, wir wären einzig und allein für den Tanz geschaffen, denn wir ahnten noch nichts von solchen Polster-Medien wie Film und Fernsehen, wo die Tänzer von heute unterkommen. Es war uns beschieden, eine verlorene Generation in den Annalen des Balletts zu werden. Und wäre nicht die Rambert mit ihrer Energie und ihrer schöpferischen Vorstellung gewesen, so wären wir, die wir aus ihrer Schule hervorgingen, niemals auf unsere spätere Laufbahn gebracht worden.

Wir wurden in das Wellental geworfen, in dem wir uns abmühten; den Wellenkamm hatten die großen Diaghilew-Spielzeiten gebildet, die hinter uns lagen, und wir waren dazu bestimmt, den nächsten Aufschwung vorzubereiten, jene Bewegung, die das Ballett auf den Gipfel seiner gegenwärtigen Popularität tragen sollte. Diaghilew lebte noch und war ein Gott – ja wirklich, der Gott meiner Kindheitsgebete war immer unauflöslich mit dem Zauberer des *Petruschka*-Vorhangs verwoben, der mit einem leichten Zug listiger Güte, in einen wunderschönen blauen Bademantel gehüllt auf einer flockigen Wolke ruhte, und deshalb war dieser Gott auch irgendwie Serge Diaghilew.

So ertrugen wir geduldig die kalten, feuchten Studios, die ständigen, tadelnden Korrekturen, die langen, ermüdenden Stunden, die man erhitzt im bedrückenden Halbdunkel des unzulänglichen elektrischen Lichtes verbrachte. Wir lernten, alles müsse hinter dem Tanz zurückstehen. Wir durften nicht Schlittschuh laufen, nicht reiten, nicht Ski fahren; auf keinen Fall durften wir rauchen oder trinken; und war nicht die große Karsawina die leibhaftige Verkörperung des Ausspruchs von Stanislawsky: »Du mußt die Kunst in dir und nicht dich in der Kunst lieben.«

So wuchsen wir auf, bahnten uns mühsam und verbissen unseren Weg durch *cabriole* und *entrechat*, kämpften mit den *batteries* und all den scheußlichen Muskelschmerzen, die zwischen uns und unserem ungewissen Ziel lagen. Doch alljährlich kehrte das Diaghilew-Ballett wieder, um in London zu gastieren und uns in unserem Glauben zu bestärken, uns aus der leiblichen Verzweiflung in luftige Höhen hinaufzureißen, in eine Phantasmagorie, in der das störrische Fleisch auf magische Weise bezähmt wurde und wo die Glieder der Tänzer Probleme in Poesie verwandelten. Wir waren wahrhaftig begnadet; denn wuchsen wir nicht auf in einer Welt, in der das Märchen uns nie zu verlassen brauchte, wo es immer erreichbar sein würde, etwas Zauberhaftes und doch aus Fleisch und Blut, übersinnlich, obgleich wirklich, Sage und Tatsache zugleich? Kaum zu verwundern, daß ich manchmal meine Kleider verkehrt herum anzog und Chelsea nicht von Fulham unterscheiden konnte.

Allmählich lernten wir die großen Namen kennen: Léonide Massine, Lydia Sokolowa, Lubow Tschernitschewa, Alexandra Danilowa, Anton Dolin, Georges Balanchine, Bronislawa Nijinska und eine Menge anderer. Wenn ich hier plötzlich in den Stil eines Telefonbuchs verfallen bin, dann muß der Leser einfach Nachsicht mit mir haben, denn diese Namen wirkten auf uns wie Magie – wie eine Zauberformel – und waren unser ganzer Lebensinhalt.

Genauso wie heute Schulmädchen und Schulbuben ihrem liebsten Filmstar oder ihrem Pop-Idol nacheifern und dessen Bild an die Wand heften, so pflegten wir aus den wenigen Zeitschriften, die sie brachten, Bilder der Danilowa in *Le Bal,* der Nemtschinowa in *Les Biches* oder der Lopokowa in *The Good-humoured Ladies* auszuschneiden. Und wieviel befriedigender waren doch unsere Pin-ups, was für Klänge und Bewegungen evozierten sie; wie beflügelnd war es, eine andere Welt jenseits von Tintenfaß und Wandtafel zu genießen; unser war also jener unendlich schöne Traum, mit dem wir auf einen Planeten flüchteten, der mit bestickten Gewändern vollhing und wo die Menschen so sacht auftraten, daß sie nie unsere Träume störten . . . Dies war der Stoff unseres Lebens, der Hintergrund, vor dem wir arbeiteten, die Inspiration, die uns antrieb, uns mit dem zu messen, von dem wir doch wußten, daß es unerreichbar war.

Da, eines Tages, als ich in gehobenster Stimmung war (denn war nicht in London das Ballett und hatte meine Mutter mich nicht zur Matinée-Vorstellung von *Aurora*, den *Sylphides* und *Petruschka* mitgenommen?), rief Marie Rambert in aller Herrgottsfrühe an und bat meine Mutter, mich an diesem Morgen anstatt zur Schule zum Tanzunterricht zu schicken und vor allem darauf zu achten, daß ich eine reine Tunika mitbrächte. Ich war augenscheinlich schon auf dem besten Wege, mir den Titel zu verdienen, der mir einige Jahre später von Freddie Ashton verliehen wurde – den der »Sicherheitsnadel-Königin« –; der Zustand meiner Kleidung konnte offensichtlich nicht dem Zufall überlassen werden.

Das war alles: Unterricht und eine reine Tunika.

Auch kann ich mich jetzt, da ich neidvoll auf dieses unerträglich feste Gefühl von Sicherheit und Hochgestimmtheit zurückblicke, das das glückliche Vorrecht der Jugend ist, nicht mehr erinnern, ob ich halb und halb erriet, wer durch mich so mit einer reinen Tunika geehrt werden sollte. Ich entsinne mich aber, wie brennend ich wünschte, es gut zu machen, und daß ich mich einfach freute, dazu Gelegenheit zu haben. O diese schönen, unverwirrten Empfindungen der Jungen, einer Sache Hingegebenen, die so bald abgenutzt werden, wenn die Angst und die ersten Zweifel auftauchen . . .

Die Fahrt mit dem Bus nach Notting Hill Gate, die mir mit

einer Tätowiernadel ins Herz graviert ist, schien endlos; wir schlingerten und schwankten durch den Stuckdschungel von Earls Court, an den großen offenen Kaufhäusern der Firmen Pontings, Barkers und Derry and Toms vorbei, um mit krachenden Gängen und protestierendem Motor-Bariton die Steigungen mit ihren altmodisch verkrusteten Häuserprofilen von Kensington Church Street anzugehen, wo man schließlich aufs Pflaster ausgespieen wurde; von hier aus konnte man schon die gotische Festung von Madame Ramberts Ballettschule sehen. Mehr als ein dutzendmal guckte ich wohl in den kleinen Koffer, um nachzusehen, ob meine Tunika noch da wäre und noch so unverdorben und rein wie beim Aufbruch.

Endlich aber war ich am Studio angelangt, ich rannte den engen Durchgang hinauf, der auf der einen Seite von der mißbilligenden Kirche, auf der anderen von der Herrentoilette begrenzt wurde, stürmte in die Garderobe . . . und wurde fast wieder aus ihr zurückkatapultiert, so spannungsgeladen war die Atmosphäre dort drinnen. Die Mädchen, alle um einige Jahre älter als ich, sahen genauso belämmert drein wie Schafe, die zur Schlachtbank geführt werden. Ich zog mich schnell um, in merkwürdiger Stille, und wir alle trotteten hinaus zur *barre,* der Stange. Ich schlimmes Kind war kreuzfidel und puppenlustig. Es war kein Name gefallen; der hohe Gast war lediglich ein Schreckgespenst, das vorläufig noch nicht in Erscheinung getreten war. Vielleicht hatte Madame denen, die Bescheid wußten, verboten, ihr schreckliches Wissen zu enthüllen? Wie auch immer, die *barre* begann mit bleiernen Beinen (und sie wurden keineswegs leichter durch die ingrimmig entschlossene Begleitung des Klaviers, auf dem, wie es dazumal üblich war, ein leidendes und halb erfrorenes Wesen Stücke aus eselsohrigen Opern und den weniger gelungenen Werken der Komponisten des 19. Jahrhunderts herunterdrosch, deren Musik sich unglücklicherweise nicht so schnell verflüchtigt hatte wie sie selbst). Nach der *barre* setzten wir die Routinetortur in der Mitte des Raumes fort.

Und da geschah es, die Tür ging auf, und Diaghilew trat herein.

Er sah so aus, wie mein Gott aussehen mußte – imposant,

aristokratisch, omnipotent. Er war der gütige Despot des blauen Bademantels, nur daß er schwarz gekleidet war, sehr elegant und zurückhaltend, und anstelle des Spitzbartes und des schwarzen Künstlerhutes war da der prachtvolle Löwenkopf, durch dessen schwarze Mähne nur eine einzige weiße, tierhafte Strähne lief.

Ich weiß nicht, was die anderen empfanden, habe sie auch später nicht danach gefragt; alles, woran *ich* mich erinnere, war das Gefühl eines elektrischen Schlages, so, als würde mein ganzer Körper unter Strom gesetzt. Auch entsinne ich mich, daß der Unterricht weiterging, wobei wir alle wie die Bullen schwitzten; und dann forderte Diaghilew mich auf, eine Variation aus *Auroras Hochzeit* vorzuführen. Ich tanzte die Nelkenkönigin in uralten Schuhen. Danach wollte er mehr sehen. Ich erinnere mich genau (mit der wunderlichen und verlockenden Lust am Negativen, die eine meiner hervorstechendsten Eigenschaften ist), daß ich ein *enchaînement en diagonale* machte, das Drehungen *en attitude* enthielt, die ich mit der ganzen Grazie eines abgebrochenen Regenschirmes vollführte . . . Er aber äußerte sich sehr freundlich darüber, und ich durfte mir die Lorbeeren, die ich bereits geerntet hatte, damit neugewinnen, daß ich die Variation tanzte, die Freddie Ashton für mich in *Leda und der Schwan* geschrieben hatte (worin ich Leda war und Freddie ein prachtvoller Schwan mit einer schönen weißen Federtoque der Firma Barkers in Kensington High Street).

Längst war der Unterricht vorbei und ich allein, als ich meine *révérence* machte und mich etwas aus der Puste in die Garderobe zurückzog. Mir war ein bißchen flau, so, als wenn ich mich nur halb erklärt hätte.

Ich entledigte mich gerade der altmodischen Hülsen, die ich in jenen Tagen für Ballettschuhe hielt, als es an die Tür klopfte. Ich hüpfte hin, öffnete, und da stand lächelnd mit vernichtendem Charme – *Gott*! »Alors, ma petite fille«, sagte er mit herrlichem slawischen Akzent, »tu vas venir à mon ballet.« Ich aber wollte meinem Gott zeigen, daß ich, so unbekannt ich ihm auch sein mochte, keineswegs zu ihm bekehrt zu werden brauchte, sondern bereits eine treue Anhängerin und Schülerin wäre, und antwortete: »Mais oui, Monsieur Diaghilew, je viens avec Maman, ce soir!« Worauf er lachend antwortete: »Non, mon enfant, je voulais dire que tu viendras *danser* chez moi, comme l'a fait la petite Markowa avant toi!« Daß ich glaubte, er lüde mich zum Besuch einer Vorstellung ein, wo er mich doch für seine Truppe wollte, belustigte ihn sehr, und wieder lachte er und geleitete mich hinaus, wo Madame im Studio wartete.

Alles dies hatte sich in der halb offenen Tür der Garderobe abgespielt, und als mir voll zu Bewußtsein kam, was er gemeint hatte, entrang sich mir ein eigenartiger Laut, ein ekstatisches Ausatmen, von dem ich indessen hoffte, er habe es nicht am schuldigen Respekt der niedrigsten jungfräulichen Vestalin dem Gott gegenüber fehlen lassen. Es folgte eine Unterredung zwischen ihm und der Rambert über das nächste Jahr und Erzieherinnen, und daß ich sicher groß werden würde, was die Länge meiner Beine verriet (ich war in jenen glücklichen Tagen noch nicht der Eiffelturm, der zu werden mir bestimmt war), daß ich mich nicht überarbeiten sollte und nicht zuviel Muskeln ansetzen dürfte (die Rambert, beherzt: »Aber Diana ist ein *Aal*!«); ich aber war trunken vor Wonne und nahm nur wenig davon wahr. Auch sollte ich, so oft es ging, in Abendvorstellungen gehen (nicht bloß in Matinées), um möglichst viele Balletts vor Schluß der Saison in mich aufzunehmen.

Später holte Diaghilew mich immer hinter die Bühne und stellte mich als »la seule jeune fille que j'aimerais épouser« der Truppe vor. Einen solchen Heiratsantrag zu bekommen, auch wenn er in vage und allgemeine Worte gekleidet war, machte den Himmel, in den ich mich so plötzlich versetzt fand, vollkommen.

So sollte ich denn einige meiner Idole von Angesicht zu Angesicht sehen: die Danilowa und Lifar, dann die reizende Tschernitschewa, die er dazu ausersah, sich um mich zu kümmern, wenn ich im kommenden Jahre seiner Balletttruppe angehören würde.

Die Monate vergingen, zehn Unterrichtsstunden die Woche, und dann kam der Sommer mit dem Üben, bei dem man sich an den Enden der Messingbetten in kleinen Hotels in der Bretagne und an der Côte d'Argent festhielt, mit der Arbeit an der *barre* – immer diese verflixte *barre* –, das Ausrutschen jetzt auf dem Linoleum, wenn das Bett aus dem verzweifelten Griff wegrutschte, dann wieder auf splitterigem Holzboden, wo die harten Astknoten die Fußsohlen verletzen, aber dauernd schuften, ziehen, drehen, schwitzen, hoffen, verzweifeln und dabei stets dicht vor mir, dem Blick ganz nah, das Bild meiner Götter und Göttinnen, so daß ich die ganze Quälerei vergaß, auch den Aufschlag der Tennisbälle draußen auf den Spielplätzen, den Lärm der anderen Kinder, die im Wasser plantschten.

Dann war es August, und ich war an einem drückenden Morgen schon früh an der Arbeit, klammerte mich ans Waschbecken im Zimmer des Nebengebäudes eines kleinen Hotels in Guéthary, in dem es nach Hefe aus der Bäckerei unten roch. Die Tür vom Nebenzimmer ging auf, und Mammi kam herein, eine Zeitung baumelnd in der Hand. »Darling«, sagte sie, »es tut mir so leid; Diaghilew ist tot!« Da war kein Rufen »Der König ist tot, es lebe der König!«, denn es gab nur den einen Diaghilew und keinen Nachfolger.

Nichts von all dem, was seither geschehen ist, hat den Himmel je wieder ganz zu erhellen vermocht, in den plötzlich das Dunkel eingebrochen war.

Die Geschichte oder das Geschick sollte sich wiederholen. Es war noch bei der Rambert und ein Jahr oder mehr nach jenem ersten niederschmetterndem Schlag, da ging mitten während des Unterrichts die Tür auf, und auf der Schwelle stand, eingerahmt vom gotischen Türrahmen, die ungewöhnlichste Gestalt, die man sich denken kann: halb Vogel, halb ägyptische Mumie: eine kleine Frau in kerzengerader Haltung mit riesigen obsidianfarbenen Augen im totenbleichen Gesicht, schwarzem, seidigen Haar und, wie ich feststellte, in einer sehr schicken aber höchst eigenwilligen Aufmachung. Sie wurde wie eine Göttin begrüßt, was ihr zweifellos gebührte, und zu einem Stuhl vor den großen Spiegeln geführt, von dort beobachtete sie nun den Unterricht mit völlig ausdruckslosem und furchterregendem Gesicht – es war, als wenn das geistige Urbild des Tanzes sich plötzlich in Protoplasma verwandelt hätte; ich jedenfalls war zugleich verwirrt und verzaubert. Zu dieser Zeit war ich bereits die Bohnenstange, die ich nach Diaghilews Worten werden würde, und deshalb für die Truppe, die sich schon aus der Schule zu formieren begann, nicht zu gebrauchen, durch und durch unglücklich, degradiert und unerwünscht. Wenn ich am rechten Flügel der ersten Reihe tanzte, so schien es mir, daß Anna Pawlowa nach dem linken blickte und umgekehrt. Mit schwerem Herzen machte ich mit den übrigen meinen Knicks und verzog mich in den Ankleideraum. Man stelle sich meine ekstatische Überraschung vor, als meine Mutter zwei Wochen später von der Rambert einen Brief mit der Nachricht bekam, Anna Pawlowa möchte Diana Gould als Solistin engagieren, als Partner solle sie Aubrey Hitchens, einen hochgewachsenen Tänzer in ihrer Truppe, bekommen; und da sie aus den Ferien zu ihrer Truppe in Holland zurückkehre und mit ihr nach London gehe, möchte ich sie doch bitte in Ivy House aufsuchen, damit meine Aufnahme in die Truppe geregelt werden könne. Die Wolke hatte sich verzogen, mein Olymp war wieder in Sicht, und bald würde ich erneut auf dem Wege zu seinen Höhen sein.

Aber es sollte nicht so kommen: Auf der Reise von der Riviera ereignete sich auf der Strecke ein Unglück, alle Reisenden mußten den Zug verlassen; in der kalten und feuchten Dämmerung zog sich Anna Pawlowa eine Lungenentzündung zu und starb innerhalb von zwei Wochen am 23. Januar 1931.

Ich fing nun an zu glauben, daß bei meiner Taufe eine böse Fee zugegen gewesen wäre, und ich habe wirklich über eine große Strecke meines Lebens ihren Flügelschlag vernommen.

Ich blieb bei der Rambert, bis Charles Cochran mich für *The Miracle* engagierte, das Max Reinhardt mit Tänzen von Léonide Massine inszenieren wollte. Neben der Aufgabe, die beiden Hauptrollen der Madonna (Lady Diana Cooper) und der Nonne (Tilly Losch) als Ersatz einzustudieren, sollten meine liebste Kollegin, Wendy Toye, und ich mit vier weniger prominenten Tänzerinnen als Klosternovizinnen auftreten und die verstreuten Tanznummern auffüllen, mit denen Massine diese wunderbare Aufführung schmückte, die am 9. April 1932 anlief.

Es war ein neues und, wenn man so will, wieder ganz anderes Wunderland; aber man stelle sich vor, was es hieß, dem größten deutschen Theaterregisseur jener Epoche und einem der beiden letzten großen Choreographen Diaghilews zuzuschauen und für sie zu arbeiten – ich war immerhin noch keine zwanzig; die ungeheuer harte Arbeit, zwei ungeschriebene mimische Rollen einzustudieren wie auch die Sondernummern, die, mit Wendy und mir als jungen Novizinnen, den verschiedenen Tanzszenen angefügt wurden, ergab einen Siebzehn-Stunden-Tag.

Massine war es, der mich beim Schopf packte und zur Egorowa nach Paris brachte – einem von Diaghilews Stars in *Dornröschen* und einer der vielen großen russischen Lehrerinnen und Lehrer, die sich seit der Revolution in Paris niedergelassen hatten. Sie war ein wenig füllig, adrett, mit hübschem, schmalem Kopf, perfekten Manieren und den vollkommensten Händen, die ich je bei einer Tänzerin gesehen habe. Ihr Unterricht war eine Offenbarung und eine Freude. Cecchettis ganz von seinem Geist geprägte Methode stattete einen Tänzer zweifellos mit einer vorzüglichen Technik aus, aber wenn dieser der Geist fehlte, neigte sie dazu, den Tänzern jeden Impuls auszutreiben, während die lyrischen Improvisationen der Egorowa aus jeder Unterrichtsstunde eine Aufführung machten, das Gymnastische von den eigentlichen Bewegungen trennten und Arme, Kopf, Gelenke, Hals, Hände und Beine zu einem koordinierten Körper verbanden, der mit der Musik im Einklang stand. Langsam gewann ich unter jener ruhigen, aber strengen Führung nicht nur ein wenig Selbstvertrauen zurück, sondern fand auch wieder Zugang zum Tanz.

Bald darauf erhielt ich von Massine die Chance, zur russischen Truppe (Col. de Basils Ballets Russes) zu gehen, die aus den Überresten des Diaghilew-Balletts zusammengestellt worden war, doch ich törichte Jungfrau schreckte zurück und ging wieder nach London. Indessen stieg dort mein immer wieder ermattendes Glück. Georges Balanchine, Diaghilews anderer großer Choreograph, hatte in Paris seine eigene Truppe aufgestellt und benötigte zwei englische Solisten, um mit ihr schließlich in London aufzutreten. Von Paris aus, wo seine Truppe schon probte, bearbeitete Balanchine die Rambert, und sie schickte ihm daraufhin Prudence Hyman – ein wunderbares tänzerisches Naturtalent – und mich als die Solotänzerinnen.

Voll bebender Furcht und Verwunderung kamen Pru und ich an einem glühend heißen Junitag in ein ziemlich kleines Studio mit häßlichem Linoleumfußboden und wurden zur Begrüßung von Gesichtern angestarrt, neben denen der Blick der Medusa sich wie der warme Willkommensgruß Mae Wests ausgenommen hätte. Aber das war noch nicht alles: Am Klavier saß, sehr massiv und ausdruckslos, mit einem Kopf, der dem gekochten Ei eines sehr seltenen Vogels glich, Georges Balanchine persönlich. Wir knicksten, er wies auf die *barre*, und der Unterricht begann – wobei, kaum zu glauben, der Meister eigenhändig am Klavier improvisierte –, eine erstaunliche Mischung von Cole-Porter-Jazz, Kurt-Weill-Oper und einigen russischen Melodien, aber alles dergestalt miteinander vermählt, daß ein starker, beständiger Takt und ein unterschwelliger, wenngleich etwas verwirrender Rhythmus dabei herauskamen.

Er war entschlossen, die Briten zu quälen; sie zu zermürben, bis sie (falls sie es eine Woche lang aushielten) auf zerschmetterten Beinen und mit tränenüberströmten, hochroten, verwüsteten Gesichtern zu ihm gekrochen kämen und ihn anflehten, nach Hause zurückkehren zu dürfen. Die *barre* wurde verdoppelt, das »Allegro« verdreifacht, das »Adagio« vervierfacht, mit hübschen kleinen, von ihm eigens ersonnenen Qualen, um jeden Versuch zu vereiteln, tief Atem zu holen oder einen verkrampften Fuß zu lockern. Der übrige Drill wurde so kompliziert wie möglich gestaltet; alles war improvisiert und wurde von diesem inspirierten und außerordentlichen musikalischen Mischmasch begleitet, der, im geheimen Einvernehmen mit einem Prozeß, der sich in seinem Kopf abspielte, auf dem alten Pianino heruntergetrommelt wurde. Gelegentlich stieß er eine Korrektur heraus und verließ den Klavierstuhl, nur um die nächste Tortur zu demonstrieren, die er und sein musikalisches *alter ego* ersonnen hatten, um uns zugrunde zu richten, ganz und gar und für immerdar, Amen.

Aber wir setzten uns durch – o Wunder aller Wunder; eines Tages, am Ende jener Alptraumwoche, lächelte und nickte Georges, schalkhaft und anerkennend; wir zogen um ins oberste Stockwerk des Théâtre des Champs-Elysées und wurden in unsere Rollen eingewiesen. Tilly Losch, Tamara Tumanowas Co-Star, stieß zu uns, die meisten in der Truppe hatten sich inzwischen mit uns abgefunden, und überdies waren Tilly und ich alte Freundinnen seit *The Miracle* vor nurmehr einem Jahr. Balanchines Methode war klar und wohldurchdacht wie die Massines – aber er war intellektuell von soviel höherem Niveau, daß er es sich leisten konnte, immerfort zu ändern, etwas zu riskieren und sich und seine Tänzer herauszufordern. Deshalb war man ständig auf dem Sprung, nicht nur buchstäblich, sondern auch bildlich, und voller leichter Besorgnis, was für Schwierigkeiten und Kniffeleien wohl wieder in diesem stillen Kopfe, hinter diesen rätselhaften Augen ausgebrütet werden mochten. Mir wurde bald klar, daß für ihn der Tänzer ein Instrument war, durch das er seinem tiefen musikalischen Gefühl eine feste Form gab, ihm Ausdruck verlieh. Er war unfähig, eine musikalische Phrase kaputtzumachen, unfähig, ein einziges Klischee zu komponieren – man schrieb schließlich 1933, und die meisten Balletts waren immer noch Vehikel romantischen Ausdrucks oder rein visueller Schönheit – ja, die modernsten und innovativen Balletts waren die gewesen, die Nijinski, seine Schwester Nijinska und Balanchine selbst für Diaghilew geschrieben hatten. Es folgte eine höchst erfolgreiche Saison in Paris und dann in London im Savoy-Theater, das, was man höflicherweise einen Achtungserfolg nennt, wo ich das Glück hatte, *L'Après-Midi d'un Faune* mit Serge Lifar zu tanzen.

Drei Jahre später – ich ging zur Markowa-Dolin-Truppe als Solotänzerin – sollte mich die Nijinska selbst beim Einstudieren ihrer alten Rolle als Wirtin in *Les Biches* unterweisen. Dies war eine der größten Herausforderungen des Balletts. Noch beschwerlicher aber war, daß sie mich dazu ausersah, zwischen sich und den anderen Tänzern als Hauptverbindungsglied zu fungieren.

Ich saß also den ganzen Tag auf der Stuhlkante und wartete auf den bewußten kleinen Wink des weißbehandschuhten Fingers, sprang dann auf meine tauben Füße und versuchte unter Anspannung aller Nerven, das Gemisch aus Russisch und Französisch zu verstehen, das von der fast Tauben in tonlosem Wispern kam: »Mademoiselle Diana«, murmelte sie, »wollen Sie Miss ... sagen, sie sei eine Sylphide aus der Luft und kein Elephant mit einem wunden Fuß.« »Oui, Madame.« Nach einer Pause: »Madame sagt, Sie möchten bitte mit mehr Leichtigkeit und Grazie tanzen.« Schlucken und Rückkehr auf den Stuhl. Und so ging es den ganzen Tag.

Von allen Russen, mit denen ich zusammengearbeitet habe, war sie vermutlich diejenige, die am unmittelbarsten inspirierte.

Für mich war sie der Inbegriff alles dessen, was das Ballett – den Tanz – ausgezeichnet hatte und was in jener Epoche, in der ich geboren war, gleichbedeutend war mit dem wunderbaren byzantinischen Märchen voller Zauberer, körperloser Geister und orientalischer Phantasie. Und trotz des Umstandes, daß es sich hauptsächlich um Hexen und Zauberer und Intrigen handelte, die den Hof von Byzanz daneben als reinen Kindergarten hätten erscheinen lassen, konnte nichts von all der Pein, der Verräterei, von den endlosen Kämpfen, für die vorzugsweise die fremden Tänzer ausersehen waren, die sich den Weg in das streng bewachte Territorium der russischen Enklave zu bahnen versuchten, jemals das Gewebe dieses Traumes gänzlich in Stücke reißen: weder die Glassplitter in meiner Puderdose noch die gerade so weit abgeschnippelten Schuhbänder, daß sie auf der Bühne aufgehen mußten, auch nicht der Revolver, den eine der wechselnden Geliebten Massines in der Garderobe, die ich mit ihr teilte, auf mich richtete, nicht die von verruchten Fingern zerrupften Kostüme, die ich zu ersetzen hatte, und nicht einmal, vier Stunden lang pausenlos von der Nijinska durch die Rolle in den *Biches* gehetzt zu werden, bis ich ihr mit Schaum vorm Mund zu Füßen sank und Blut aus einem Schuh sickerte, wo eine Blase an meiner großen Zehe aufgegangen war. Nichts von alledem zählte, wenn man sich innerhalb dieses magischen Kreises befand und in seinen Adern jene letzte Bereitschaft zur Hingabe fühlte, die fast wilde Leidenschaft, die sklavische Unterwerfung unter den einen und einzigen wahren Grund zu leben, sich zu bewegen und sein Wesen zu verwirklichen – den Tanz. »Der Weg zur Vollkommenheit«, sagt Walter Pater, »führt durch eine Reihe von Empörungen«, und so ungefähr war es – ein elementarer Kampf. Aber er war in jeder Weise elektrisierend, denn er stachelte an, während er einen aufregte und verzehrte; und obwohl ich nur den letzten Schimmer davon mitbekam, war die Kraft doch so mächtig, daß jene, die älter waren als ich und die mehr von jener magischen Welt kennengelernt hatten, von ihr so gänzlich durchdrungen waren, daß sie sie mit sich herumtrugen, als wären sie ein für allemal von einer ewigen Flamme entzündet worden.

Ich mag vielleicht nur in der Nachglut gelebt und getanzt haben, aber wenn ich zurückblicke, so spüre ich, daß ich etwas sehr Wertvolles und unendlich Kostbares erfahren hatte und ein winziger Teil von ihm gewesen war.

Ein letzter flüchtiger Abglanz jener Phantasiewelt umfing mich im prunkvollen Inneren der Pariser Vorortbahn, in der ich neben der Nijinska dahinratterte; sie hatte mich in ihre traurige kleine Villa am Rande von Paris bestellt und sich nach bester russischer Sitte so verspätet, daß wir unsere Unterhaltung auf dem Rückweg nach Paris fortsetzen mußten, auf dem wir beide durch jene häßliche Landschaft mit eingeklemmten, schäbigen Backsteinhäusern rumpelten, die von schütterem Gras und kümmerlichem Gebüsch umsäumt und von verrosteten Gittern beschützt sind, wo jede trostlose Straße entweder Rue Gambetta oder Avenue Jean Jaurès heißt. Dort verriet sie mir ihre jüngste Eingebung eines Balletts für eine schon halb zusammengestellte Truppe mit der Baronowa als Assoluta, Dolin als Primo und mir selbst als führender dramatischer Tänzerin und so weiter, und bat, ich möchte doch jeden der unvergleichlichen Corps-de-Ballet-Tänzer aus der Markowa-Dolin-Truppe für sie gewinnen. Die häßliche Landschaft löste sich vor meinen Augen in Bühnenbilder von Marie Laurencin, Matisse, sogar Picasso auf, während ich gespannt dem geliebten tiefen Dröhnen der Stimme lauschte. Und als wir am Bahnhof St. Lazare ankamen, umarmten wir einander und verabredeten, uns innerhalb eines Monats in London zu treffen – im September 1939. Aber Hitler hatte andere Pläne, und der Krieg zerstörte bald unseren Traum.

3 *Zwei Arten von Krieg*

Mareotis
(für Diana Gould)

Jetzt öffnet sich der Frühling überall
Wie ein Lid; noch ungezielt,
Ohne Schärfe im Ausdruck oder Tiefe,
Doch regt sich lächelnd das Ganze nach dem Schlaf.

Vögel fangen an, Schwindler der Frühe;
Blumen fangen an; die Wege wuchern;
Der Körper orientiert sich in seiner Liebe
Mit Flügeln, Nachrichten, Telegrammen;
Ungebunden, körperlos streift alles in der Welt umher.

Nur wir sitzen hier fest mit unserer
Ration Liebe – die Landschaft wie ein Auge,
Wo der Wind bei Mareotis knirscht,
Im glitzernden Salz, kämmt das Schilf hoch;
Auf uralten Straßen berührt der Wind
Ohne Feingefühl, ohne Vertrauen wieder einmal
Den betrübten Ellenbogen, die Wange, das Papier.

Lawrence Durrell (Übersetzung Kevin Perryman)

Nach London zurückgekehrt, richtete ich mich in Mulberry House ein, und es dauerte nicht lange, da erschien die Kriegswirklichkeit direkt vor der Haustür. Schon in der ersten Woche des »Blitz« wurde die Rückwand des Hauses von einer Bombe herausgesprengt; sie riß die Hälfte der unteren Treppe heraus und tötete zynischerweise das arme Stubenmädchen, das unter ihr Schutz gesucht hatte. Die Gewalt der Bombe warf auch die schwachsinnige irische Köchin, die sinnigerweise Mrs. Batty hieß [*batty* = plem-plem, d. Übers.], kopfüber in die Mehltonne, aus der sie von den Luftschutzwarten geborgen wurde. Sie sah aus wie Whimsical Walker, der König der Clowns, schüttelte wütend die Faust gen Himmel und schrie: »Sch . . . auf die Deutschen; sch . . . auf sie alle.«

Trotz dieser Störungen fand ich während des ganzen Krieges immer wieder Arbeit auf der Bühne in London, später spielte ich in Barries *What Every Woman Knows* im Apollo-Theater, wo ich in einer Besetzung mit Irene Vanbrugh, Nicholas Hannen und Barbara Mullen die Rolle der Lady Sybil Tenterden hatte. Es war ein ungemein erquickliches Erlebnis, wenn man von der Tatsache absieht, daß die Hauptdarstellerin sich gegen mich stellte, weil die *Picture Post* drei Bilder von meinem Gesicht und eines von ihrer Hinteransicht brachte.

Nachdem sie ein paar Giftpfeile in meine Richtung abgeschossen hatte, besorgte sie sich einen zweiten Köchervoll, als sie zufällig mitbekam, wie ich sagte, sie lache wie ein schadhaftes Bleirohr. Auch half es nichts, als die Kritiken meinten, das Stück wäre »falsch herum, weil eigentlich Maggie allen Charme haben sollte und Lady Sybil gar keinen, und das Gegenteil war unglücklicherweise der Fall«. Man kann eben nicht gewinnen, denn entweder ist man ein öffentlicher Versager und wird von seinen Kollegen geliebt, oder man ist ein Erfolg und wird verabscheut. Es kostete mich den größten Teil meiner steinigen Laufbahn, diese traurige Wahrheit einzusehen.

Als die Ankündigung des Stücks von Barrie erschien, rief mich Cyril Ritchard an und lud mich zum Abendessen ein; er sagte, er hätte mich seit meinem siebzehnten Lebensjahr tanzen gesehen, und ob ich mit ihnen nach Kairo und Alexandria gehen wolle, um die Frou Frou in der *Lustigen Witwe* zu spielen? Und ob ich wollte! Ich griff begeistert zu, wobei ich mein Weinglas umstieß, wie es meine Gewohnheit war (meine ermutigende Mutter pflegte mich Clumsina [Trampeline oder Fräulein Ungeschickt, d. Übers.] zu nennen), fragte aber dann, mich besinnend, zaghaft, ob ich das Skript sehen dürfte. Cyril kramte es hervor: Da war eine lange Dialogszene mit einem Lied, das übrige war ein *pas-de-deux* im letzten Akt. Vielleicht lag es an der Übersetzung aus dem Deutschen, aber es war das schwachsinnigste, gezierteste und dümmlichste Gefasel, das mir je unter die Augen gekommen war.

Ich sah Cyril an und dachte, hier schwimmt mir eine der besten

Chancen davon, die ich je gehabt habe; deshalb fragte ich ihn, ob er mir erlauben würde, die Szene auf Französisch und Englisch neuzuschreiben, und wies darauf hin, daß Frou Frou doch eine französische Tänzerin in Wien sei und in der Originalfassung wahrscheinlich eine Mischung aus Französisch und Deutsch gesprochen hätte. Cyril wäre nicht Cyril gewesen, wenn er nicht zugestimmt hätte, und ich schrieb ein Gossen-Französisch à la Toulouse-Lautrec und ein etwas saubereres Englisch.

Wie dem auch sei, bei der Premiere 1944 in der Oper von Kairo stellte ich fest, daß ich eines ganz vergessen hatte: Französisch war ja die Sprache der gebildeten Ägypter; infolgedessen hatte ich es mit einem vor Lachen brüllenden Publikum zu tun, das jede anzügliche Pointe verstand. Vorsichtig mußte ich mich aus König Faruks Loge zurückziehen, wohin ich nach dem ersten Akt befohlen worden war, damit alle möglichen schönen und weniger schönen Dinge ablehnend, und eilte im Laufschritt in meine Garderobe zurück.

Dieses Glück von Kairo und Alexandria nach vier Jahren »Blitz« und Schlangestehen um ein paar Gramm verdächtig aussehenden Bratenfetts, kleiner Stücke Käse und Seife, die gleich aussahen und schmeckten; dieses Glück, unter großartigen jungen Engländern zu sein, die bescheiden in der Halle des Hotels Shepheard Schlange standen, während man nach seinem Geschmack auswählte und sich für jahrelange kalte Hochnäsigkeit schadlos hielt; das höchste Glück, eine ganze Bruderschaft von Dichtern und Schriftstellern vorzufinden: Robin Fedden, Bernard Spencer, Gwyn Williams, Lawrence Durrell, Patrick Balfour (später Lord Kinross), das Glück, »die Sonne mit Reden zu ermüden und sie den Himmel hinabzuschicken« [Zitat aus einer englischen Übersetzung eines griechischen Epigramms von Kallimachos über Heraklit von William Johnson Cory/Eton, d. Übers.] – ein Glück war es, zu jener Stunde jung zu sein, doch in Ägypten zu sein war der wahre Himmel [Variation auf einen Vers von William Wordsworth, d. Übers.]. Selbst die jungen Botschaftssekretäre schrieben Gedichte, und ich wurde von allen wie Zuleika Dobson behandelt [Max Beerbohms berühmte Gestalt im gleichnamigen Roman, d. Übers.]

Natürlich gab es auch eine dunklere Seite: der allgegenwärtige

Anblick Übelkeit erregender Armut und Krankheit, die sich an einen klammerte, wie eine Insektenplage an einem emporkletterte, die einem das Gemüt bei Tag vergiftete und die Träume bei Nacht, ohnmächtige Wut darüber, daß jeder Fellache mit wenigstens drei Krankheiten geboren wird und wahrscheinlich fünf dazuerwirbt; daß der unglaublich aufgeweckte, kleine achtjährige Junge, der neun verschiedene Essensbestellungen im Kopf behalten und ohne einen einzigen Fehler zu machen in die Garderobe bringen konnte, ein von Bilharziose zerfressenes, dahindämmerndes Bündel Elend sein würde; daß diese Bettlerschwärme, ganze Familien mit vielleicht nur einem einzigen gesunden Augenpaar, von Jugend an zu Augenentzündung, Syphilis, Tuberkulose und Gott weiß was für verrotteten Gliedmaßen verurteilt waren. Bildete dies alles vielleicht eine Art von tödlichem Kompost, auf dem das zauberhaft schöne Wesen Ägypten gedieh, dessen Duft, Form und Empfinden unantastbar waren?

Doch war man erst einmal dem Schmutz der modernen Großstadt entronnen, war da immer die Wüste mit ihrem Geruch des nach einem heißen Tag abkühlenden Sandes, von unnennbaren Kräutern, vom Dung der Kamele, Esel und menschlichen Wesen, mit dem spürbaren Hauch des frühmorgendlichen Windes, der reinere Luft aus dem Süden herantrug; mit dem Nachschwingen einer vergangenen, großen Zivilisation, die über und in und unter dem Sand lag. Durrell war zu jener Zeit Nachrichtenoffizier in Alexandria, und er fuhr mich oft in die Wüste, an der Säule des Pompeius vorbei zum See Mareotis, der in seinem blassen Cyclam unter einem leeren Himmel dalag. »Ich habe noch nie einen so weiten Himmel gesehen«, sagte ich. Und er antwortete, »Ich werde ihn dir in einem Gedicht festhalten«; dies war der Ursprung seines Gedichtes »Mareotis«, das entstand, nachdem ich fort war.

Denn schließlich mußte ich mit der Truppe auf einem gräßlichen P&O-Kasten [Britische Reederei und Schiffahrtslinie, d. Übers.] aufbrechen, zusammengepfercht mit weiblichen polnischen Soldaten, die Vorbilder an Mut und militärischer Tapferkeit sein mochten, aber mit schrecklicher Regelmäßigkeit jede Mahlzeit bei dem zweimal täglichen Manöverdrill wieder von sich gaben, wenn wir Schulter an Schulter auf dem engen Deck antraten. Den Nazi-U-Booten ausweichend, brauchten wir eine Woche, bis wir um 4 Uhr morgens im Hagelschauer des Bora, eines tückischen Windes, der jeden Winter die Meerenge heulend herunterfährt, Brindisi an der Adriaküste erreichten.

Auch ich heulte über den Verlust der Liebhaber, die ich zurückgelassen hatte, über die verlorene Bezauberung durch Ägypten, über die Hoffnungslosigkeit eines Krieges, den man pausenlos die Küste hinauf in Campobasso donnern und dröhnen hören konnte. Und als wir uns in zwei jener Busse drängten, die so zerbeult, rostig und verschrammt waren, daß nur ein italienischer Fahrer sie aus ihrem drohenden Hinscheiden ins Leben zurückzurufen und ihnen eine letzte Fahrt abzuringen vermochte, fühlte ich jene merkwürdige Entbindung vom Leben, die nur die völlige Verzweiflung bringen kann – eine Art Dahintreiben ohne jeden Anker der Glaubensgewißheit, der Verantwortlichkeit, dahinfließend in einem seelischen Vakuum, das teils beruhigend, teils erschreckend und in seiner Elendigkeit absolut finster war.

Abends, um 21 Uhr, kamen wir in Bari an, einer Stadt, wie man sie sich trübseliger nicht vorstellen kann und die gänzlich im Zeichen der Kopulation stand (Mussolini hatte der Stadt, die innerhalb eines Jahres die höchste Geburtenziffer aufweisen könnte, einen riesigen finanziellen Zuschuß in Aussicht gestellt). Meinen müden Augen stellte sie sich als denkbar beste Reklame für einen Keuschheitsgürtel dar. Ich begleitete die Tanzgruppe in ihr Quartier – augenscheinlich ein ehemaliges Bordell. Als wir die Zimmer betraten, liefen die Kakerlaken raschelnd wie trockenes Laub hinter die Türen. Überall Staub, Moder, schaler Schweißgeruch und beißende Kälte. Alle brachen, wie es sich für eine wohltrainierte Truppe gebührt, einmütig in Tränen aus und sagten, sie wollten nach Hause.

Das tat auch ich, aber ich war, obwohl eine der Jüngsten, von Cyril mit der Aufsicht betraut worden. Deshalb schoß ich los und landete höchst unerwartet im Dienstzimmer von Oberst Henry Croom-Johnson, einem Freund aus meiner Mädchenzeit, der, umringt von Regalen mit all dem, was ich brauchte, über seinen Abrechnungen saß. »Diana, ist das denn die Möglichkeit? Was machst du denn hier?« fragte er. »Das erzähle ich dir später«, sagte ich, »fürs erste brauche ich drei Dutzend dicke Decken, sechs Flaschen Schnaps, drei Dutzend Kissen, ein Dutzend Flaschen mit Desinfektionsmitteln, Klopapier und Insektenvertilger.«

Schließlich hatte ich alles beisammen und kehrte damit zu den armen Jungen und Mädchen zurück. Ich fand sie mit vom Weinen geschwollenen Augen auf den schmutzigen Betten sitzend, planlos mit einem feinen ägyptischen Schuh nach einer einzelnen Küchenschabe schlagend und, wie ich glaube, entschlossen, in diesem Zustand die ganze Nacht zu verharren. Nachdem ich die ganze Beute verteilt und eine Flasche Brandy sowie einige andere unverzichtbare Dinge zurückbehalten hatte, traten meine Gefährtin, die süße junge Sängerin Georgina, und ich den Weg nach der uns zugewiesenen Unterkunft für Leute mit Star-Status an: dies war, mit einem Blick zu erkennen, das kleinere und wahrscheinlich vornehmere der Ex-Bordelle. Gemeinsam und mit müdem Entsetzen besahen wir die beiden rostigen eisernen Bettgestelle, deren Bettlaken mit den getrockneten Blutspuren geknackter Läuse übersät waren, wickelten uns in unsere Militärdecken, zogen unsere Schuhe aus und tranken uns, auf dem Steinfußboden liegend, in einen bleiernen Schlaf hinein.

Am Tage darauf probten wir im riesigen Opernhaus. Wir hatten festgestellt, daß die Nazis am frühen Neujahrsmorgen einen plötzlichen Angriff gegen Bari geführt und alle Liberty-Schiffe mit der Verpflegung im Hafen in die Luft gejagt hatten, dabei waren sämtliche Fenster und Oberlichter in der Stadt zu Bruch gegangen und aus allen Türen die Schlösser und das meiste der Holzverkleidungen im Theater herausgebrochen. So tanzten und sangen wir bei leichtem Schneefall, der durch das undichte Dach über der Bühne auf unsere Schultern niederrieselte, während mein Garderobenfenster mit einem großen dünnen Papierplakat zugeklebt war, das die mit wahrer Hexenwut daherfegenden Bora-Böen durchließ. Heizung gab es nicht. Madge Elliott, das glückliche Geschöpf, konnte ihre Rolle in ihrem über die Schultern gehängten Nerzmantel singen. Ich mußte mich mit einem verwelkenden Tutu-Röckchen begnügen und tat es mit zusammengebissenen Zähnen.

Italien läßt es nie an Dramatik fehlen – deshalb ist es ja die Mutter und das Vaterland der Oper. So hob es uns trotz der Kälte, der glaslosen Fenster, der ständig offenstehenden Türen, der Dörrkartoffeln und des Dörrfleischs, woraus unsere beiden täglichen Mahlzeiten bestanden, von einer tiefen Oktave auf eine hohe Tonlage der Unbequemlichkeit, von einem opernhaften *basso profundo* zum *alto falsetto*, als es bereits an diesem unserem ersten Tag den Vesuv zum Ausbruch ermutigte. Wären wir in Neapel gewesen, so hätte dies wenigstens unser Elend beleuchtet, bildlich wie buchstäblich; da wir uns aber an der entgegengesetzten Küste befanden, bedeutete es lediglich, daß wir 24 Stunden lang einem Rußregen ausgesetzt waren, der sich in einer Weise über uns ergoß, wie es Kafka in einer Neufassung des Jüngsten Gerichts beschrieben hätte. Kaskaden pechschwarzen Regens stürzten pausenlos auf die an sich schon häßlich genug aussehenden kastenförmigen Gebäude herab, und diejenigen von uns, die keinen Regenschirm ergattern konnten, sahen, als sie am Opernhaus ankamen, aus, als hätten wir vorgehabt, den Soldaten eine Nigger-Minstrel-Show darzubieten und nicht die Schlagsahnen-Freuden von Lehárs *Lustiger Witwe*. Hungrig, schmutzig, kalt und müde rakkerten wir uns durch acht Aufführungen die Woche; ich für meinen Teil war beschämt über mein Selbstmitleid, sobald ich auf der Bühne stand und diese 3000 Soldaten auf Vierundzwanzig-Stunden-Urlaub sah, und ich war froh, ihnen ein bißchen Abwechslung in das trostlose Leben bringen zu können.

Die nächsten paar Monate hindurch zogen wir mit der *Lustigen Witwe* auf verschiedene andere Kriegsschauplätze in Europa, und unsere Erlebnisse dort waren kaum ungewöhnlicher als die jener ersten Aufführungen in Bari. In Neapel, wo wir regelmäßig bombardiert wurden, bestanden die Amerikaner, die die Befehlsgewalt in der Stadt hatten, darauf, daß alle Lichter gelöscht wurden; so geschah es, daß wir auf der Bühne oft mitten in einem Lied (»Vilja, ach Vilja«) oder während ich gerade auf einen Partner losstürzte, plötzlich vollkommen unsichtbar wurden. Einmal war Cyril Ritchard durch einen anhaltenden Angriff so irritiert, daß er auf die Bühne kam, an die Rampe trat und die armen, da unten ganz verloren sich selbst überlassenen Soldaten fragte, ob sie Taschenlampen hätten; er forderte sie auf, sie auf uns zu richten, und so konnten wir irgendwie mit der Aufführung fortfahren und brachten sie unter Beifall zu Ende.

Später, als wir in Brüssel waren, besuchten wir die Lazarette, wo die Piloten der Air Force eine Operation nach der anderen über sich ergehen lassen mußten, um ihre armen zerfetzten Gesichter wieder herrichten zu lassen, von denen einige noch ohne Nasen, einige erst mit einem Teil der Wange oder einem halben Kinn versehen waren. Dort entdeckte man rasch, wie leicht es war, nach dem ersten grausigen, ekelerregenden Schock in diesen zerfetzten Gesichtern den Mut und die Kühnheit wahrzunehmen, und wie man vor Reihen entstellter Gesichter tanzen und singen konnte, weil sie nicht abschreckend waren, sondern Masken des menschlichen Geistes, Griechenmasken der Tragödie und Komödie.

Kurz nachdem ich von meiner *Lustigen Witwe*-Tournee nach London zurückgekehrt war, hatte ich Yehudi zum erstenmal beim Lunch im Hause meiner Mutter getroffen. Obwohl ich es zu der Zeit noch nicht wußte, teilte er mit mir schon das Wissen um die außerordentliche Brüderlichkeit im Kriege und die Erfahrung, daß die Nähe des Todes dem Leben eine gerade durch ihre Flüchtigkeit eindringliche Schönheit verlieh.

Zwischen seinen beruflichen Konzertverpflichtungen in Amerika hatte er Nacht für Nacht in La Guardia gesessen, in der Hoffnung, einen Platz in einem Bomber zu bekommen; er suchte in sein geliebtes Europa zurückzugelangen, um zu sehen, ob er nicht irgend etwas tun könnte – irgend etwas: im Park spielen, auf dem Trottoir oder sogar im Strandpavillion. Schließlich, nachdem er schon einmal zurückgewiesen worden war, um für Mrs. Roosevelt Platz zu machen, schaffte er es – zwar nicht auf dem Gehsteig zu spielen, wohl aber in Fabriken und vor der Marine in Scapa Flow und an anderen solcher neuartigen Konzertplätze. Jedesmal kam er danach halb erfroren in England an, nachdem er Stunden in die Nase eines amerikanischen Bombers hineingepreßt verbracht hatte, fiel heraus und stellte fest, wieviel sich in die zwei oder drei Tage hineinpacken ließ, bevor er in die Vereinigten Staaten würde zurückfliegen müssen.

Er war unter fürchterlichen Bedingungen auf die eisig-nebligen Aleuten geflogen, hatte im schweren Wollsweater und wattierter Hose, die in dick gefütterten Gummistiefeln steckte, für die Soldaten in Wellblechhütten gespielt. Er hatte alles gespielt, was sie hören wollten, von Beethoven über Wiener Walzer bis zu Bartók. Jawohl, Bartók. Und sie lauschten, ohne sich zu rühren.

Er war nach Antwerpen geflogen und hatte ein Konzert gegeben, während die Nazis noch im anderen Teil der Stadt waren; einem verrückten Impuls folgend, hatte er Antwerpen verlassen und ein Flugzeug gefunden, das ihn weiter nach Paris brachte, wo er seinen treuen Agenten Maurice Dandelot anrief: »C'est moi, Yehudi«, hatte er in dem ihm eigenen knappen Stil gesagt. »Bon Dieu de bon Dieu!« hatte Maurice gerufen. »Par quel miracle es-tu là?« Und Yehudi hatte ihn prompt gebeten, die Oper zu öffnen (die viele Monate lang geschlossen gewesen war), damit er am folgenden Tag spielen könnte. Jahre danach erzählte mir Charles Munch, der Dirigent des Boston Symphony Orchestra, von jenem historischen Konzert; wie zum erstenmal seit der Nazi-Besetzung die »Marseillaise« gespielt wurde und allen Anwesenden die Tränen über die Wangen rannen, von Mendelssohns Violinkonzert (das wegen der jüdischen Abstammung des Komponisten verboten war), das gleichfalls zum erstenmal wieder gespielt wurde; von dem Publikum, das Yehudi nicht gehen lassen wollte, und von dem US-Piloten, der ihn schließlich von der Bühne zog und zischelte: »Ich habe kein Nachtfluggerät in meiner Maschine.«

Yehudi erzählte mir, daß sie dann auf einem offenen Feld in Kent abgesetzt wurden und der arme Pilot zurückhastete, um noch rechtzeitig vor Einbruch der Dunkelheit die französische Küste zu erreichen. Yehudi und sein Begleiter Marcel stapften in der zunehmenden Dämmerung durch die Felder, bis sie mit großer Erleichterung das vertraute Bild des großen roten Busses vor sich auftauchen sahen. Sie hielten ihn wild gestikulierend an und kletterten hinein, ohne zu wissen oder zu bedenken, wohin er führe, solange sie nur die Nacht nicht auf einem Rübenacker oder unter dem zweifelhaften Schutze eines winterlichen Baumes zubringen müßten. Sie hatten Glück, er brachte sie, beschmutzt und müde, wie sie waren, aber immer noch angeregt von dem wunderbaren Ereignis, nach London hinein.

Ein anderes Mal flog Yehudi von Wien zurück; bei dieser Gelegenheit stellte sich heraus, daß der Paß des Piloten mit der Landeerlaubnis für die Schweiz fort war. »Sprechen Sie die Schweizer

Sprache?« fragte er. »Nun, äh, ja«, sagte Yehudi. Also hielt der Pilot nach dem nächsten Feld Ausschau, landete, setzte Yehudi samt Geige ab und startete wieder, bevor sich dieser noch aufrichten konnte. Yehudi, diesmal ganz allein, sah einen Bauernhof vor sich, klopfte an, fragte den leicht verdutzten Bauern, ob er ein Telefon hätte (o gesegnete Schweiz, natürlich hatte er eins), bestellte ein Taxi und war gerade hineingesprungen und abgefahren, als er aus dem Augenwinkel einen Polizisten erblickte, der offensichtlich ein fremdes Flugzeug hatte landen sehen und nun in wilder Wut mit seinem Fahrrad auf das Bauernhaus zustrampelte. Yehudi sah zerstreut aus dem Fenster nach der anderen Seite und landete schließlich in Zürich statt im Gefängnis.

Aber es sollte noch einige Zeit vergehen seit jener ersten Begegnung, bevor ich ihn wiedersah. Acht Monate später rief er mich eines Tages an und sagte, er arbeite an dem Tonstreifen für einen Film über Paganini mit dem Titel *The Magic Bow*, in dem Stuart Granger und Phyllis Calvert die Hauptrollen spielten, und ich möchte doch ins Claridge kommen und einen Blick auf das Drehbuch werfen. Ich mußte ihm daraufhin erklären, daß, nachdem eine Reihe medizinischer Idioten meiner Schwester Griselda den Rücken beklopft und sie mit einem Fläschchen Allerweltstinktur wieder weggeschickt hatten, als sie schon kaum mehr aufrecht stehen konnte und ganze Nächte hindurch hustete, einer von ihnen es schließlich für nötig befunden hatte, ihre Brust zu röntgen, und dabei ein großes Loch in der einen Lungenspitze festgestellt hatte. Da ich auf alle Fälle bei ihr in London bleiben mußte, aber auch fürchtete, kriegsdienstverpflichtet zu werden, hatte ich Michael Redgrave gebeten, mir die Rolle seiner Geliebten in *Jacobowski und der Oberst* anzuvertrauen, worin er und seine schöne Frau Rachel Kempson die Hauptrollen spielen sollten. Zum Glück tat er es, und ich war gerade eifrig am Proben, als Yehudi anrief. Die Rolle war in meiner Laufbahn kaum ein Sprung nach oben, aber ein Beweis echten Entgegenkommens, denn so konnte ich bei Griselda sein, die eine fruchtlose Operation nach der anderen mit ungeheuerem Mut und großer Tapferkeit ertrug.

Es stellte sich heraus, daß das Paganini-Drehbuch miserabel war – »Oh! Nikkerlo, was für *wonder*volle Töne du deinem Zauberbogen entlockst« und so fort. Als ich einmal Jimmy Granger zusah, der gerade im Shepherd's-Bush-Atelier zurechtgemacht wurde, fragte ich ihn, wie er sich denn als Geiger vorkäme? Überlegen erklärte er mir, daß, während er die Geige unter seinem hübschen Kinn halte, der Konzertmeister eines der ersten Londoner Orchester hinter ihm stehe und den rechten Arm so um ihn herumlege, daß er den Bogen über die Saiten führen könne, während er mit der Linken gewandt das Griffbrett hinauf- und hinabführe. »Und wer mimt für dich zwischen den beiden geborgten Armen?« fragte ich. Der Witz versank wie ein Stein im Wasser. Aber ich werde nach den vielen vertrackten Jahren im russischen Ballettdschungel nicht so leicht verlegen oder schwach.

Während jenes Aufenthalts kam Yehudi jeden Abend zum Piccadilly-Theater, um mich auszuführen, sehr zur Besorgnis des alten Pförtners an der Bühnentür, der immer furchtbar aufgeregt wurde und mir Zettel zusteckte mit »Erinnern Sie sich nicht, Miss, Sie haben den heutigen Abend Mr. Asquith versprochen?« oder »Ich bin absolut sicher, Samstagabend sind Sie doch mit Mr. Stepanek (dem lieben guten »Stoppy«, der den Jacobowski spielte) im Savoy verabredet?«

Aber mit Yehudi ging ich meistens ins Berkeley, und allmählich fing er an zu reden, denn ich wagte es nie, Fragen zu stellen, spürte nur, daß er erschüttert und traurig war wie ein Kind, das etwas sehr Wertvolles und Wichtiges mißverstanden hat und keinen Ausweg sieht. Seine einzigartige Lebensbestimmung war ihm schon in frühester Jugend aufgegangen und hatte wie ein helles Licht geleuchtet. Jetzt aber begann dieses Licht sich sichtbar zu trüben; es flackerte in der kalten und fremden Zugluft einer großen Unsicherheit, und er war nicht danach erzogen, damit fertig zu werden. Denn trotz all seiner Fähigkeiten und all seiner Erfolge hatte nichts seine angeborene Bescheidenheit berührt.

Ich begann zu begreifen, daß Yehudi zu den ganz seltenen Geschöpfen gehört, die von Aspirationen, niemals von Ambitionen getrieben werden, und solche Menschen sind in tödlicher Gefahr, wie Ikarus zu stürzen und von den Strahlen ihrer unerreichbaren Visionen vernichtet zu werden. Kurzsichtig für alles, was sie unmittelbar umgibt, beginnt ihre Sehkraft dort, wo die der anderen aufhört. Solange sie ausgreifen und aufstreben können, sind sie verhältnismäßig sicher, aber wenn vor ihnen unversehens der Abgrund gähnt oder ungeahnte Hindernisse ihnen den Weg versperren, können sie meist nicht einmal mehr ihren Kurs halten, um sich zu retten. Aus der Bahn geworfen und aufgeschreckt, fangen sie an zu taumeln, verlieren Zielpunkt und Gleichgewicht, und da sie nie etwas für sich haben wollten, erkennen sie nichts, an das sie sich klammern könnten, finden keinen Schutz vor dem umschlagenden Wind, der sie so geheimnisvoll aus ihrem Kurs heraustreibt.

Der Wind, der Yehudi aus seinem Kurs herauswarf, war das Zerbrechen seiner Ehe, und mit dieser privaten Seite seines Lebens konnte er nicht fertig werden. Er war nicht bereit, sich ihre Auflösung einzugestehen, unfähig, auch nur ein einziges jener Phantasiegebilde aufzugeben, die er sich erträumt hatte, an die zu glauben er ja im vertrauten Kreis seiner Familie ermutigt worden war. Diese Unfähigkeit, sich den Tatsachen zu stellen, raubte ihm langsam das Gleichgewicht. Daher hing die wachsende Verwirrung, die ihn bedrängende Erkenntnis, daß ein echtes und tiefes Gefühl für einen anderen Menschen nicht mehr erwidert wurde, daß es, was bezeichnend ist für seine Herzensgüte, sein eigener Fehler sein mußte, wie eine dunkle Wolke über ihm und verdunkelte die Sonne, die ihm so lange geschienen hatte. Hilflos und steuerlos hatte er nach und nach seinen Weg verloren.

Allmählich fühlte ich, als wir an jenen Abenden miteinander redeten, wie sich in ihm eine Entspannung anbahnte und sich die Verwirrung sanft löste.

Zu der Zeit arbeitete Jacob Epstein an einer Porträtbüste Yehudis. Irgendwie gelang es ihm, zwischen »Nel cor piu non mi sento« und anderen Stückchen der unsichtbaren Stimme des Signor Paganini in Lime Grove [damals berühmtes englisches Film-Atelier, d. Übers.] ein oder zwei Stunden herauszuschlagen, um diesem wunderbaren Mann zu sitzen. Epstein schien aus lauter kleinen und großen festen Kugeln zusammengesetzt – aus einer großen für den Torso, zwei kleineren für die beiden Beine, zweien für die Füße, einer für den Kopf, zweien für die rollenden, schalkhaften, aufmerksamen Augen und noch einer für die Nase. Aber die Hände waren keine Kugeln. Das waren starke, biegsame

Werkzeuge, die ganz seinem Gehirn, seinem Herzen und seinem Geist gehorchten. Nach den beiden ersten Sitzungen war Yehudi sehr aufgeregt und bat mich hinzukommen. Dann rief er nochmals an. Ein Unglück war geschehen. In der Nacht hatte sich die Katze in das Atelier verirrt und den Ton vom Modellierbrett heruntergerissen, und das, was sich rasch zu einer ungewöhnlichen Ähnlichkeit entwickelt hatte, war zu einem dicken Klumpen Elephantenkotes zerquetscht. Es blieben nur zwei Tage für einen Neuanfang, deshalb ging ich mit ihm hin, setzte mich in eine Ecke und beobachtete diese Zauberhände, wie sie mit höchster Geschwindigkeit gegen die Zeit anarbeiteten. Und als diese erste Sitzung zu Ende war und ich Epstein dankte, sagte er: »Kommen Sie morgen wieder, meine Liebe, er sieht ganz anders aus, wenn Sie dabei sind, und das will ich festhalten.«

Der Kopf fiel ebenso eigenartig und bemerkenswert aus wie das Portinari-Porträt, das ich später in Yehudis Haus finden sollte; er traf das innere Wesen eines mitleidlosen Adlers im Fluge über die Erde bei der Verfolgung einer einzigen Beute, eines einzigen Ziels.

Die musikalische Arbeit für den Paganini-Film war beendet; Yehudi fuhr noch einmal zu seiner Frau Nola und den beiden kleinen Kindern, Zamira und Krov, zurück und nahm alles Licht, alle Wärme und allen Sinn mit. Ich blieb derweil in London und rang mit allen erdenklichen Widerständen bei meinem verzweifelten Versuch, Griselda aus England wegzubringen und dem sicheren Tod zu entreißen.

Nach einem erschöpfenden Monat voller Widrigkeiten rief Yehudi aus Kalifornien an und sagte, er käme zurück und ob ich auf ihn warten wollte. Warten auf was – auf wen? Auf einen Mann, der nicht frei war und demgegenüber ich nie einen Ton davon gesagt hatte, daß ich ihn mehr liebte und schätzte als irgendeinen anderen vor ihm? Bitte, leg dich nicht mit dem Job fest, sagte er. Ich wagte nicht zu denken oder zu hoffen, versuchte, den plötzlichen Ansturm von Wärme und Freude nicht zu ergründen, unterdrückte die freudige Erregung, die in mir wie eine frische Quelle aufsprang, die ich eindämmte und nicht zu betrachten wagte.

Er kam in jenem Herbst des Jahres 1945, gab Konzerte, und

wieder fanden wir einander, teilten die gleichen Erfahrungen des Strebens und Kämpfens und entdeckten soviel Gemeinsames, solche Leichtigkeit und solches Glücklichsein. Und immer noch sagte ich nichts, nicht einmal dann, als er wieder wegfuhr, um seine amerikanische Tournee anzutreten. Verlassener und in tieferer Trostlosigkeit denn je blieb ich zurück. Verschlimmert wurde alles noch durch den verbissenen Kampf um die Erlaubnis, Griselda in die Schweiz zu bringen. Schließlich gewann ich diesen Kampf, und wir kamen gerade noch rechtzeitig im Sanatorium in der Schweiz an. Einen Monat später, sagte der Arzt, hätte er Griseldas Leben nicht mehr retten können.

Diese ungeheuere Erleichterung trug, wenn auch ein langwieriges und aufreibendes Hin und Her vor mir lag, ganz wesentlich dazu bei, die schmerzende Lücke zu füllen. Die unterdrückte Sorge bei jenen vierzehntägigen Untersuchungen, die Griselda mit dem ihr eigenen trockenen Humor und Mut ertrug, ihre langsam zurückkehrende Gesundheit, alles dies geschah, noch ehe das Herz Erleichterung fand. Aber es war schmerzhaft, mit der Entfernung von Tausenden von Meilen leben zu müssen, über die meine täglichen Briefe an Yehudi reisten, und mit den wenigen Gelegenheiten in jenen langen Monaten, wenn seine leise Stimme die Entfernung für einige wenige Minuten der Helligkeit überbrückte, denen eine um so tiefere Dunkelheit folgte.

Schließlich kam der Tag, an dem Griselda für hinreichend gesund erklärt wurde, um nach Zürich hinunterzufahren und Louis Kentner zu heiraten. Wilhelm Furtwängler, der große deutsche Dirigent, und Yehudi waren die beiden Trauzeugen, denn, wahrhaftig, er war endlich zurückgekommen, aber nicht aus eigenem Antrieb. Die lange Wartezeit war zu Ende, doch ich war allein, nicht einmal Griselda brauchte mich mehr.

Zwei noch dunklere Jahre folgten. Yehudi ist ein Mensch, der nicht an das Böse glauben kann, und ein solcher Mensch kann nicht für sich selbst kämpfen. Er mag vielleicht große Mißstände bekämpfen, die er in der Welt draußen für moralisch falsch und grausam hält, aber in Kämpfen, in denen ihm selbst Verlust droht, ist er wie paralysiert. Solche Menschen sind bereit, ihr persönliches Glück im Namen irgendeiner ungewöhnlichen abstrakten Idee, die teils ethisch, teils theoretisch und ganz und gar kosmisch-universal ist, aufzuopfern. Diese seine Eigenschaft erfüllte mich mit Besorgnis, die manchmal so stark war, daß ich es mir einmal, ein einziges Mal erlaubt hatte, ihm vorzustellen, daß wir möglicherweise auf immer getrennt blieben, weil alle, denen es zupasse käme, diesen Charakterzug – halb Parsifal, halb Don Quijote – als Schwäche ausnutzen würden. Aber er hatte für diesen Gedanken nur ein Achselzucken übrig gehabt.

Mein eigener unheilbarer Stolz vollendete die Zerstörung: »Laß mich dem Bunde treuer Geister nicht ...« [Shakespeare, Sonett 116, d. Übers.] hatte ich in eine Gedicht-Anthologie geschrieben, die ich ihm beim Abschied geschenkt hatte. Aber das Shakespeare-Sonett war längst nicht so passend wie Marvells herzzerreißendes Gedicht »Meine Liebe ist von solch rarer Art ...«, das mit den Worten endet »Wie Linien ..., die, obschon parallel, sich niemals berühren können«. Aber die Schwärze und Öde gestohlener Liebe sind ein geheimer Schmerz, und jene zweieinhalb Jahre der Vorhölle gehören der weit zurückliegenden Vergangenheit an und sollten sich in eine Liebe verwandeln, die um so empfindlicher und wertvoller ist, je drohender ihr Verlust war. Am 19. Oktober 1947, auf dem Standesamt von Chelsea, sanken die dunklen Jahre endgültig dahin.

4 *Irrlicht*

Ich glaube, damals, im Nachspiel unserer hastigen Hochzeit, als ich in der Albert Hall Yehudis Proben zuhörte, stieg in mir zum erstenmal die Ahnung auf, daß ich mich an ein Irrlicht gebunden hatte – das nie stillsitzt, sondern von Idee zu Idee schnellt, kaum lange genug verweilt, um zu zünden, zu wärmen, zu glühen, und schon wieder forteilt zum nächsten unwahrscheinlichen Ort des Halbdunkels, in dem alle solche Geschöpfe wohnen. Wieviel näher kommt doch ihrer Natur das französische Wort *feu-follet* mit seinem Zug ins Irrationale und zu leicht verrücktem Charme als das englische *firefly*, denn diese Wesen sind zweifellos aus dem Stoff des Wunderbaren gemacht.

Blicke ich zurück, so meine ich, es waren drei disziplinierende Mächte meiner Jugend – die Schule, eine Mutter aus der edwardischen Ära, die alle Ärzte und alle Medizin verwarf, und das russische Ballett, das gar kein Kranksein erlaubte, weil man befürchten mußte, daß dann ein anderes Mädchen die mühsam eroberte Rolle bekam –, die mir zugute kamen, als ich meinem Irrlicht folgte, mich an den Schweif des Kometen klammerte, den ich geheiratet hatte, alle Wehen durchreiste, bereit, das Kind zur Welt zu bringen, wo auch immer die Geige in meinem neunten Monat sein würde. Meine Erzieher hatten mir eine beharrliche Disposition zusammen mit einer ruinierten Konstitution beschert.

Denn der große Vorteil der zusammengebissenen Zähne, des »Stirb-in-deinen-Stiefeln«, des »Unsinn, Diana, *unsereins* kennt keine Zahnschmerzen«, ist es, daß man von zartem Kindesalter an mit einer Art von automatischem Schalter versehen ist, der die vielen Signaltöne des Schmerzes auf einen leisen Summton heruntertransformiert und den übertönend man die endlose Reise der Arbeit und Verpflichtung, der Verantwortung und Bewußtheit fortsetzt. Nach all jenen langen, verzehrenden, herzabdrückenden Jahren des Wartens, des aufgeschobenen Hoffens, der steigenden Furcht, er könne verlorengehen – nicht nur mir, sondern sich selbst und allem, wofür er einstand –, kam jetzt endlich die freudige Erleichterung, Yehudi nützlich sein zu können.

In diesen frühen Jahren stellte ich fest, daß er irgendwie bestärkt werden, ich ihm dabei helfen müßte, die Irrtümer ins Auge zu fassen – wenn auch nicht das Böse –, deren die Menschheit fähig ist, wobei ich aber niemals Yehudis Grundmuster zerstören durfte. Gleich zu Beginn fragte er mich einmal – und Furcht schwang in seiner Stimme –: »Liebst du mich, weil ich Yehudi Menuhin bin?« »Natürlich, dummer Kerl«, antwortete ich ihm, »weil du ein Ganzes, Unteilbares bist, nämlich was du bedeutest – der ganze Sinn deines Wesens und das, was du immer für mich sein wirst.« Ein merkwürdiger Ausdruck von Erleichterung und Anerkennung ging über sein Gesicht, als wenn sich ein Knoten in seinem Inneren aufgelöst hätte.

Es dauerte nicht lange, bis ich mich in das rastlos schweifende Leben meines Irrlichts eingelebt hatte. Nach einer Reihe von Wochen in Alma gingen wir auf eine lange Tournee durch Amerika: Flugzeuge, Eisenbahnen, Autos; eine Nacht, zwei Nächte, manchmal der Luxus von drei Nächten in den verschiedensten Städten, endlose Monate lang. Und ich war schwanger, sprach aber in meiner eigensinnigen Art nicht davon, denn ich konnte mich nicht dazu verstehen, Y zu erzählen, daß der erste Anblick des Chicagoer Bahnhofs in einer Welle von Übelkeit kaum meine Sicht dieser Stadt verschönen konnte, die ich inzwischen liebengelernt habe. Ich erledigte weiterhin die täglichen Aufgaben des Ein- und Auspackens, saß in Proben und Konzerten und schrieb müde und abgespannt auf Flugplätzen, während die Schneestürme (warum müssen die Tourneen in den Vereinigten Staaten immer in den grausamen Wintermonaten stattfinden?) die Propellerflugzeuge aufhielten, bis Yehudi eines Tages eine Veränderung im Bereiche meiner Gürtellinie feststellte und ich zugeben mußte, daß, soweit ich es anhand seines Konzertprogramms beurteilen konnte, etwa fünf Monate von da an gerechnet, ein Kind in Edinburgh geboren werden würde.

Trotz meiner Erziehung fand ich dies pausenlose Reisen manchmal doch entmutigend. Wenn ich auf die Reihen von Fabrikschloten und die baufälligen Bretterzäune der weniger einladenden Orte hinausblickte oder auf den Schutt und Staub jener großen Industriestädte, den der Wind umherwirbelt, dann fühlte ich mich plötzlich allem Organisch-Natürlichen völlig entfremdet, allem, was meiner Natur zutiefst angemessen war – quasi meinem eigenen Mittelpunkt entrissen. Dann mußte ich mich zwingen, die Welt aufzugeben, die ironischerweise die tatsächliche, die grausame Wirklichkeit zu sein schien, und mich wie ein Affe auf die Äste der Bäume schwingen, wo das Laub alles Häßliche verdunkelt und mein Geist ein Stück Kulisse malte, das ich vor mir aufstellen konnte. Eingesponnen in einen der einstmals prächtigen amerikanischen Züge durfte ich drei herrliche freie Tage ohne ständige Telephonanrufe verbringen, ohne die riesigen Packen Post, die sich wie eine eklige Entladung an verschiedenen Punkten auf unserer Route von einem Hotel zum andern über uns ergossen. Ich konnte wieder einmal lesen – nicht bloß die täglichen, wöchentlichen, monatlichen Nachrichtenblätter durchfliegen, um mit den wichtigsten Ereignissen auf dem laufenden zu bleiben –, sondern ganze Bücher lesen, ohne durch den Anblick von »Steppenhexen« [*tumbleweed* = entwurzeltes Gestrüpp, das vom Wind über das offene Land getrieben wird, d. Übers.], die wie irre über die trockenen Ebenen von Wyoming rollen, oder durch die trostlosen kleinen Städte, durch die die Züge anscheinend immer fahren müssen, abgelenkt zu werden. Die ganze Zeit über saß Yehudi auf seiner Wolke der Unerreichbarkeit, ein Bodhisattwa, der dazu ausersehen ist, Botschaften zwischen Himmel und Erde hin- und herzutragen, entweder mit untergeschlagenen Beinen im Lotussitz übend oder einfach auf der ganzen Fahrt von Vinegar Bend (Essigecke) bis Overshoe (Überschuh) [nach Diana Menuhins Aussage authentische Ortsnamen, d. Übers.] in Morpheus Armen ruhend, bis wir schließlich San Francisco oder Cleveland oder Los Angeles erreichten.

Madame de Staël beschrieb einmal das Reisen als »eins der traurigsten Vergnügen des Lebens – diese Hast, um dort anzukommen, wo einen niemand erwartet«. Und das ist es in der Tat für jemanden, der keinen unmittelbaren Zweck verfolgt. Auf Y wartete immer der örtliche Agent oder eine Gruppe musikliebender Verehrerinnen, Damen, die das Konzert organisiert hatten und erpicht darauf waren, ihn zu sehen. Für mich dagegen galt wirklich in gewissem Sinne, daß niemand mich erwartete – aber es war alles so neu, und da meine einzige Not im Leben ja immer dieses *néant* gewesen war, konnte man einen Siebzehn-Stunden-Tag, der unsere durchschnittliche Arbeitszeit war und immer noch ist, kaum unter diese Rubrik einordnen.

Gegen Ende der sechsmonatigen Amerika-Tournee kam Kuba – für mich ein Vorgeschmack von Lateinamerika, und der fade nordische Zug, der das allgemeine Aroma der Vereinigten Staaten und Englands ausmacht, wurde plötzlich durch die lateinische Wärme belebt, die, zusammen mit der slawischen Würze aus meinen Ballettjahren, stets ein notwendiger Bestandteil meiner Natur gewesen ist. Kuba im Jahre 1948 war wunderschön, sehr spanisch trotz der amerikanischen Tünche. Der Kaffee war die reine Ambrosia – nie zuvor oder danach haben sich der Geruch und der Geschmack des Kaffees so der Vollkommenheit angenähert. Allerdings spielte Y an jenem Abend recht sonderbar, und noch sonderbarer am Abend darauf, und als ich nach dem Konzert zu ihm ging, sah er mich an, als ob er mich zwar zu kennen meinte, doch dem vage bekannten Gesicht keinen Namen geben konnte. Entsetzt brachte ich ihn zum Hotel zurück und schickte nach einem Arzt. Y, wie immer geduldig und ohne zu klagen, versicherte, er sei ganz in Ordnung. »Du siehst aus, Darling«, sagte ich zu ihm, als ich ihn zu Bett brachte, »wie spanischer Nelkenpfeffer und fühlst dich an wie ein russischer Ofen.« Am nächsten Morgen war er vom blonden Schopf bis zu den Zehen mit großen roten Flecken übersät. Masern, entschied der Doktor und verordnete ihm ein Sulfonamid. Ich hielt die Türen der Suite verschlossen, bestach die Mädchen, mir pro Tag ein Dutzend Bettücher und Kissenbezüge zu bringen, fütterte ihn mit Hühnerbrühe, die die freundliche Frau des Dirigenten José Castro gebracht hatte, und übte mich darin, alle drei Stunden aufzuwachen, um ihm seine Medizin zu verabreichen. Man machte mich darauf aufmerksam, daß mein Kind blind und taub geboren werden könnte, aber ich bediente mich meines inneren Schalters und drehte diesen grauenhaften Gedanken ab. Nach fünf alptraumhaften Tagen sank das Fieber, und Y kam wieder ins Lot.

Obwohl Y noch blaß und wackelig war, brachte ich ihn in unsere winzige New Yorker Wohnung, packte alles Nötige zusammen, und mit acht Koffern und vier Geigen beladen flogen wir nach Alma und sagten den Rest der Tournee ab. Y, geistig und körperlich widerstandsfähig, erholte sich schnell, und bald waren wir wieder unterwegs, diesmal nach Europa, trotz der Warnungen seiner Eltern vor den schlimmen Nachwirkungen der Erwachsenen-Masern (als da sind Brand, Zahnfleischeitern, schleichende Paralyse des Nervensystems, Sprachverlust, periodisch eintretender unheilbarer Schluckauf, büschelweiser Haarausfall). Kein Wunder, dachte ich, daß die Bibel so voll von Wunderheilungen ist. Palästina muß ein guter Boden für all jene gewesen sein, die sich aufs Heilen verstanden.

In Europa hatten die Russen gerade mit der Blockade Berlins begonnen, als wir uns anschickten hinzufliegen. Aber ich bestand darauf, daß wir unseren Plan beibehielten, und so landeten wir auf dem Flugplatz Tempelhof in einem Berlin, das noch überall wie eine Mondlandschaft aussah. Dort spielte Y drei- oder viermal am Tage bei verschiedenen Anlässen: für die Jüdische Gemeinde, die Hochschule für Musik und so weiter. Gemeinsam mit Furtwängler besuchten wir den Russischen Sektor, zum großen Zorn der sowjetischen Kommandantur, die nicht wollte, daß Yehudi als Amerikaner die Ansicht widerlegte, sein Land sei ein Land ungebildeter Bauerntölpel. Etwa zehn russische Funktionäre saßen in der Loge neben der meinen und sahen aus wie Troglodyten in einer unappetitlichen Comic-Serie, ihre kurzen Hälse verschwanden in graugrünen Uniformen mit wattierten Schultern, die sie so dicht aneinanderpreßten, daß der Eindruck entstand, sie träten in Gruppen zu jeweils einem halben Dutzend auf und müßten dann einzeln abgetrennt werden. Die Mützen hatten sie die ganze Zeit über auf dem Kopf, die Arme verschränkt, die Augenbrauen wie buschige Balkons heruntergezogen, die Lippen fest geschlossen – ein Bild leibhaftiger offizieller Mißbilligung.

Und dann die Wut, als die Ostdeutschen wie ein Mann aufstanden und am Schluß des Beethoven-Violinkonzerts ihrer ekstatischen Erleichterung und Freude Luft machten. Ich konnte es förmlich fühlen, wie die Begeisterung in Dezibeln anstieg, wendete mich den Russen zu und strahlte sie mit meinem idiotischgewinnendsten Lächeln an. Ich glaubte, sie würden sich über die niedrige Brüstung beugen und mich schlagen, aber nein, sie sahen schrecklich geniert aus, rutschten hin und her, soweit es ihre Wattierung erlaubte, und einer von ihnen warf mir sogar den schuldbewußten Anflug eines Grinsens zu. Denn Russen haben Musik im Blut, und hinter allen Fesseln des militärischen Bürokratismus, hinter dem Stolz und der Macht von Eroberern um den Preis des Verlustes von zwanzig Millionen Landsleuten steckte das russische Gemüt, der Sinn für Dichtung, Theater, Tanz und Musik.

Ein wenig später während unserer Reise verkündete Yehudi, seine beiden Kinder Zamira und Krov würden den Sommer bei uns verbringen. Als ich darauf hinwies, daß ich in meinem derzeitigen Zustand nicht gerade besonders geeignet wäre, mich um sie zu kümmern, machte Y den Vorschlag, wir sollten die Verbindung mit einer Signorina Anna aufnehmen, die seine Mutter einmal in Italien für seine Schwestern engagiert hatte. Wie lange das denn her wäre, fragte ich. Achtzehn bis zwanzig Jahre, erwiderte er. Erwartest du denn, daß sie immer noch unter der gleichen Adresse in Mailand lebt? entgegnete ich. Immer Optimist, versuchte es Yehudi, und natürlich war sie dort.

Damals besaß Y ein wunderbares Adressbuch, das sein getreuer Aba für ihn abgeschrieben hatte, darin waren die Namen mit köstlichen Charakterbeschreibungen versehen. So etwa: Morton Fitzbein, daneben, vor der Anschrift eingefügt, »Ein Schuft«, oder Henrietta Stark, »Ungeheuer«, c/o Mr. Marston P. Waveslanger, 1400 Ninety-first Street, Nickel City, Illinois. Alles, was abstrakt und trocken war an den Adressen jener Planquadrat-Städte, wurde durch Abas kraftvolle Bilder illuminiert. Heute, wo Websters Wörterbuch sich im Vergleich zu Y's Adressbuch so bunt ausnehmen würde wie ein Monatsband von *Reader's Digest*, vermisse ich jene erste, ziemlich schmale, aber lebendige Version.

Als die Zeit der Niederkunft herankam, sah ich mich nach einem geeigneten Hotel um und fand es in einem schönen Lutyens-Haus [englischer Architekt, verantwortlich u. a. für Regierungsbauten in Indien zur Zeit der englischen Herrschaft, d. Übers.] mit dem Namen Greywalls in der Nähe von Edinburgh. Dort wollten wir einen ganzen Flügel für uns sechs mieten, denn inzwischen war Signorina Anna angekommen.

Unterdessen war Yehudi zusammen mit seinem langjährigen und getreuen belgisch-französischen Begleiter Marcel Gazelle fröhlich nach Budapest abgereist, und vollkommenes Schweigen hatte sich auf sie herabgesenkt. Ich, die ich ihn in London erwartete, wo wir den Nachtzug nach Edinburgh nehmen wollten, empfand wachsende Unruhe. Endlich meldete sich Marcel telefonisch aus Belgien, um mir so schonend wie möglich beizubringen, daß zwei russische Soldaten Y in Prag aus dem Flugzeug geholt hätten, ohne einen Grund anzugeben. Das Flugzeug war dann ohne ihn gestartet. Gelähmt vor Furcht legte ich den Hörer auf.

Es war jetzt nur noch eine knappe Woche bis zu dem Zeitpunkt, wo ich unser erstes Kind zur Welt bringen sollte, und ich hatte bereits Y's Kinder und Signorina Anna bei mir. Was tun? Die einzige Antwort war, so entschied ich, nach dem einmal gefaßten Plan vorzugehen und mit dem Nachtzug nach Edinburgh zu fahren. Während der Zug durch die Nacht ratterte, saß ich in meinem Abteil auf der Bettkante und war zu sehr von Angst und Pein geschüttelt, als daß ich mich hätte ausziehen können. Wie sehr ich mich auch bemühte und so inständig ich darum betete, ich konnte einfach nicht glauben, daß ich Yehudi je wiedersehen würde. Warum hatten sie ihn nur aus dem Flugzeug geholt? Es war mir längst klar, daß es ein fruchtloses Unterfangen wäre, bei den Russen nach Gründen zu forschen. Soweit ich es beurteilen konnte, hatten sie nichts gegen ihn. Vielmehr war er der erste westliche Musiker gewesen, der am Ende des Krieges 1945 nach Rußland eingeladen und dort Tag und Nacht gefeiert worden war. Auf seinem Rückweg in die Staaten kam er mit einer riesigen Büchse Kaviar bei mir in London vorbei.

Ich schlief nur wenig in diesem Alptraum von einer Nacht und war immer noch im Zustand nagender Angst, als wir um 6 Uhr früh ausstiegen und mit dem Auto nach Greywalls fuhren. Auch im Hotel lag keine Nachricht. Den ganzen endlosen Tag lang hörte ich nichts, gluckte am Telefon und sprang auf, sowie es läutete, nur um grausam enttäuscht zu werden durch irgend jemanden vom Edinburgh Festival oder meine liebe Griselda, die Neues hören wollte.

Es wurde Abend, immer noch keine Nachricht: ich las den Kindern vor und deckte sie zu, versuchte Signorina Anna daran zu hindern, sich durch den ganzen Essensvorrat für die nächste

Woche hindurchzuessen, der sorgsam in der kleinen Speisekammer gestapelt worden war. Dann kehrte ich auf meinen Wachposten zurück – in jene schreckliche Leere, in der ich Gott weiß wie lange schon gehangen hatte. Es war unmöglich zu lesen, zu schreiben, sich zu konzentrieren; die Stunden tropften Minute für Minute langsam dahin, wie bei einer chinesischen Folter. Ich fühlte eine bleierne Schwere, so, als ob aller Geist, alles Leben, aller Mut aus mir gewichen wären und auch mein Verstand bald den Rückzug antreten würde – vielleicht würde das endlich Frieden bedeuten.

Plötzlich läutete das Telefon. Ich hatte kaum die Kraft, den Hörer abzunehmen. Noch eine weitere Enttäuschung konnte ich nicht ertragen. Es klingelte weiter. Ich zwang mich aufzustehen. Als ich mechanisch den Hörer abnahm, hörte ich Yehudis Stimme. Im ersten Moment war ich noch zu benommen vor Schmerz, um sie zu erkennen, auch danach war ich, wie ich mich erinnere, völlig unfähig zu sprechen. Er war in London und würde mit Louis Kentner so früh wie möglich am nächsten Morgen herfahren. Ob ich im Bett wäre? Es war lange nach Mitternacht, deshalb hatte er den Zug nicht mehr erreichen können. Ich konnte gerade noch etwas stammeln, dann legte ich auf und fiel in Ohnmacht.

Am folgenden Nachmittag kam er schließlich an. Louis hatte seinen »Triumph« so nahe an einen entgegenkommenden Lastwagen herangesteuert, daß die eine Seite praktisch abrasiert worden war. Aber abgesehen von dieser zusätzlichen Gefahr waren sie da, und das Leben begann wieder, Zamira und Krov tanzten um ihn herum wie zwei junge Hunde, während Signorina Anna zur Begleitung ihres sechsmaligen »Ma, caro Yehudi« ein bißchen heulte. Was Y's Entführung anlangt, so blieb sie immer ein Rätsel.

An diesem Mittwochabend spürte ich die ersten Wehen; aber weil ich wie alle Tänzerinnen sicher war, daß es eine Ewigkeit dauern würde, bis ich das arme Kind geboren hätte, sagte ich nichts, schrieb Briefe und ging guten Muts und erleichtert zu Bett. Am Morgen wurden die Wehen heftiger; aber immer noch weigerte ich mich, die Kinder alleinzulassen. Am Donnerstagabend jedoch fuhr mich Y in seinem Wagen zur Privatklinik in

Edinburgh, gut vierzig Kilometer von uns entfernt. Ich verbarg die heftigen Krämpfe, die mich während der Fahrt überfallen hatten, und überredete ihn, sich im nahen Hause eines Freundes gut auszuschlafen. Kaum war er fortgegangen, kroch ich ins Bett. An der gegenüberliegenden Wand hing ein Stahlstich mit dem Titel *The Monarch of the Glen* [berühmtes Bild eines Hirschs im Hochland von Sir Edwin Henry Landseer, d. Übers.], offensichtlich dazu bestimmt, mich von meinen zunehmenden Wehen abzulenken. Ich hatte das hochmütige Tier nie leiden mögen, und mein Abscheu vor ihm wuchs in dem Maße, wie die Nacht fortschritt.

Dort begann dann der geradezu sagenhafte Kampf, in dem ich die Herrschaft über jedes Empfinden, alles logische Denken, alle Normalität verlor. Ich war in einem Fegefeuer rotglühender Schmerzen, die mir alles nahmen außer der einen Schreckensvorstellung – der wachsenden Furcht, daß der fürchterliche Kampf, in den ich verwickelt war, zwischen mir und dem Kind stattfände. Mir war, als wären es und ich die beiden Antagonisten und es wäre böse auf mich, weil ich ihm Licht und Luft versagte.

Schließlich, am 23. Juli 1948, ungefähr 48 Stunden nach den ersten Wehen, wurde das arme Kind endlich herausgeholt. Und am folgenden Morgen, als ich zu Bewußtsein kam, zeigte man es mir: sechs Pfund schwer, rot und blau gestoßen vom Kampf, die armen kleinen Augen geschwollen und fest geschlossen. Aber es lebte, war an allen Gliedern gesund, und vielleicht kompensierte das Kind mein mir selbst gegebenes Versprechen, kein Stöhnen und keinen Schrei von mir zu geben, damit, daß es die ersten Wochen seines schwer errungenen Lebens fast pausenlos schrie.

Yehudi war erleichtert, er jubelte und jagte davon, um den Namen des Kindes eintragen zu lassen und all die anderen Unsinnigkeiten vorzunehmen, die der Bürokratie beweisen, daß man existiert. Bei den ersten Anzeichen der Schwangerschaft hatte ich ihm nachdrücklich zu verstehen gegeben, nachdem ich das Namensregister der zweiten und dritten Generation seiner Familie außerhalb Rußlands überflogen und dabei herausgefunden hatte, welch absonderliche Namen (mit Ausnahme von

Zamira) die meisten seiner Angehörigen erhalten hatten, daß ich doch lieber selber einen Namen aussuchen möchte. Ich wollte nicht, daß das arme Kind sein Leben lang unter der Last eines Namens wie Dnjepropetrowsk (oder Gurzoof) Menuhin leben sollte.

Auch fand ich, es wäre höchste Zeit, daß ein hübscher, einfacher, angelsächsischer Name in die Familie käme: Smith zum Beispiel. So wurde Smith die vorgeburtliche Bezeichnung des Kindes, und wirklich waren alle seine Namensschilder mit S. M. ausgezeichnet. Aber obwohl Smithy sein Spitzname blieb, der allmählich zu »Mita« wurde, was seine und seiner Schweizer Kinderschwester größte Annäherung an Smithy war, trug Y ihn bei der offiziellen Beurkundung seiner Geburt nicht ein. Er wurde Gerard (nach der irischen Familie meines Vaters, wo man immer Gerard oder Garrett hieß) und Anthony (nach meinem sehr lieben Freund und seinem Paten Anthony Asquith) Menuhin getauft. Seine Patentante war die gefälligste aller Freundinnen, Yvonne Caffin, die mit der ganzen Kunstfertigkeit, die sie durch ihren Beruf als Gewandmeisterin der Rank-Filmproduktion besaß, bei der Vorbereitung seiner Babyausstattung geholfen hatte. Ungefähr zweihundert Telegramme kamen aus allen Teilen der Welt, um das arg mitgenommene Paar zu beglückwünschen.

»Och, was für ein schöner Tag ist das!« rief die gute Jean, das Hausmädchen, als sie die Vorhänge von den Lutyens-Fenstern zurückzog und damit den Blick auf etwas freigab, das aussah, als ob der Gazevorhang, der sich beim Szenenwechsel einer Weihnachtspantomime heben soll, unwiderruflich steckengeblieben wäre – und zwar mindestens für die nächsten vier Wochen. Während ich noch die arme Ursula Weaver tröstete – sie war die Eigentümerin des schönen, in ein Privathotel verwandelten Hauses Greywalls –, erschien der große Cellist Piatigorsky zum Lunch. Er aß für sechs Personen und schockierte die an den Nachbartischen sitzenden Gruppen von Golfspielern mit unverschämten Anekdoten seiner zahllosen Amouren, die er in herrlicher slawischer Lautstärke zum besten gab und mit stürmischem Gelächter und schwungvoll ausgreifenden Gesten untermalte, die die Salzfässer durch den Raum schickten und die Kinder so völlig in den Bann schlugen, daß sie darauf bestanden, am nächsten

Abend zum Konzert in der Usher Hall mitzukommen, um ihren Vater zusammen mit diesem riesigen Manne das Brahms-Doppelkonzert spielen zu hören. Es gab keine Plätze mehr, deshalb durfte ich auf den Stufen im Mittelgang sitzen, mit einem Kind an jeder Seite. Der Abend war großartig. Der Oberbürgermeister, »Lord Provost« genannt, bot mir für die Rückfahrt nach Greywalls zu Smithys rechtzeitiger Abendfütterung Polizeibegleitung an. Es geht eben nichts über schottische Höflichkeit.

Einen Monat später ging es wieder auf die große Reise. Mit Smithy und seiner schottischen Kinderschwester Craigie verließen wir Greywalls und kehrten nach London zurück, von wo wir Y's beide älteren Kinder zu ihrer Mutter nach New York zurückschickten. Nach einigen Konzerten in London reisten wir nach Paris weiter und bezogen eine reizende Wohnung in Passy, die eine enge Freundin, Gilberte Dreyfus, uns zur Verfügung gestellt hatte: hoch gelegen, mit Blick über die Seine und mit einer Köchin, Emma, so daß alles stilvoll und standesgemäß war.

Wie seltsam war es doch, wieder in meiner geliebten zweiten Heimat zu sein – nicht im Hause meiner Großmutter, auch nicht in den Unterrichtsräumen der Kschessinskaja oder tanzend bei Balanchine im Champs-Elysées-Theater, sondern an der Seite Yehudis und mit unserem kaum drei Monate alten Kind. Was empfand ich? Eine gewisse Erfüllung, einen gewissen Verlust. Ich hatte meine Rolle als Frau erfüllt, aber die der Künstlerin aufgegeben.

Wenn eine ausübende Künstlerin einen ausübenden Künstler heiratet oder *vice versa*, so muß sie oder er als rollentragende Person im Partner aufgehen. Da hier außer Frage stand, wer von uns beiden sich in seiner Berufung in größerem Maße erfüllt hatte, war es an mir, meine Aspirationen und Visionen, meine Hoffnung und was immer an Talent in mir steckte, an die Aufgabe zu wenden, all meine Hilfe, meinen Rat und meine Erfahrung aufzubieten – ganz so, wie ein guter Gärtner mit einer sehr kostbaren Pflanze verfährt. Ich mußte lernen, dem selbstbezogenen Weg, Karriere genannt, zu entsagen, den Brunnen zu verschließen, der, wie alle Künstler wissen, ungebeten sprudelt, um sie für die nächste erhoffte Leistung anzuspornen. Statt dessen mußte dieser Kraftstrom gewendet und in die neue Richtung gelenkt werden, wie groß auch immer der Schmerz oder der Verlust sein mochte; die langen und manchmal bitteren Erfahrungen mußten zu einem nutzbringenden Ziel und Zweck verwendet werden, nicht länger zum eigenen Vorteil, sondern zu dem eines anderen.

Es war gleichbedeutend mit einem Rückzug aus allem, was einem das Leben an Möglichkeiten der Selbstverwirklichung geboten hatte, gleichsam ein Abschwenken aus einer gerade verlaufenden Linie, ein Bogen in eine andere Richtung. Doch ist das keineswegs eine Preisgabe oder gar eine Veränderung im simplen Sinn des Wortes, sondern Neuentfaltung; es bedeutet, einem anderen geben, was man früher auf sich selbst konzentrierte.

Ich kann nicht leugnen, daß ich gelegentlich einen Blick über die Schulter in die Vergangenheit warf, so, als hätte mir der rasch schwindende Schatten der Tänzerin und Schauspielerin zugewinkt. Besonders deutlich empfand ich dies in den ersten Jahren, wo Konzerte, die in Theatern stattfanden, in mir eine schmerzliche Sehnsucht weckten, wenn ich hinter die Bühne, durch den Lagerraum und die Seitengänge ging, den Leim und Staub alter Kulissen roch, die Bretter unter meinen Füßen fühlte oder wenn ich unwillkürlich einen Blick in das dunkle Dahinter, meine ehemals vierte Wand und Kraftquelle warf: matt heraufscheinende Gesichter, die begierig aufnahmen, was man ihnen vermitteln zu können hoffte, das Publikum, das jetzt nicht mehr meines war, sondern – für immer und ewig – Yehudis.

Zu solchen Zeiten mochte mich wohl eine augenblickliche Niedergeschlagenheit wie ein Leichentuch einhüllen. Was war es denn für ein Tuch? fragte ich mich dann mit Achselzucken: ein schmutziges altes Ballettröckchen, ein Tutu samt allem, was dazugehörte: die Anschläge und Intrigen, die Glasstückchen in meiner Puderdose, die zielsicher in meine Ballettschuhe plazierten Heftzwecken, die bestialische Mühe und die niederschmetternden Enttäuschungen. Die sind es, an die ich mich erinnern muß – nicht die Nijinska, nicht Massine, Balanchine, Lifar, Dolin, Tudor, Ashton, mit denen ich getanzt oder gearbeitet hatte, nicht die Pawlowa oder gar Diaghilew.

Nein, mein Schicksal war nun der Proviantbeutel für Konzertpausen, reines Unterzeug und sonstiges dieser Art. In Zukunft würde ich mein Leben auf der anderen Seite des Rampenlichtes verbringen und mich nicht ins Abseits gestellt fühlen dürfen. War mir nicht das unsagbare Glück zuteil geworden, daß mir ein einzigartiger Mensch anvertraut worden war?

5 *Die Menuhin-Karawane*

Wie fängt man es an, über ein derart mit Arbeit, Ereignissen, Pflichten, mit Ehe, Mutter- und Stiefmutterschaft befrachtetes Leben zu schreiben, wo man zudem Chefkurier und Privatsekretär ist sowie hundert andere unbestimmte Rollen hat – und obendrein alles in rasendem Tempo, alles unterwegs bewerkstelligen muß, unter Einbeziehung des gesamten lebenden wie toten Inventars, von kleinen Kindern bis zu passenden Kleidern, vom Personal bis zu Schulen –, wie kann man diesen Palimpsest eines ganzen Lebens auf einer Handvoll Seiten beschreiben? Die Aufgabe ist wie »A la recherche du temps courru« ein Versuch, etwas von dem intensiven und turbulenten Leben zu schildern, durch das ich dauernd galoppieren mußte, ohne die Zügel fahrenzulassen.

Griselda hatte gern aus ihrer Lieblingsstellung, nämlich bäuchlings auf dem Sofa liegend, mit einem Band Fielding oder Smollett oder Sterne in der Hand, verkündet: »Wenn Diana nichts anderes zu tun findet, schüttet sie Suppe über ihr Kleid und wäscht es dann wieder aus.« Vielleicht nicht gerade freundlich, aber gewiß zutreffend. Nun sah es in den ersten Jahren meiner Ehe wirklich so aus, als würde ich weder Suppe noch Fleckenmittel mehr nötig haben. Mein Tagespensum umfaßte eine solche Spannweite von Pflichten, daß all die quälende Energie, die mich zum Tanzen getrieben hatte, zweifellos absorbiert, wenn nicht sogar (schlimmer Argwohn) erschöpft werden würde. Ich wollte das Dickicht beseitigen, das die Kriegsjahre über die Gleise von Yehudis Leben hatten wuchern lassen. Er sollte wieder frei sein, sollte wieder leicht auf ihnen dahingleiten können. Ich hatte mir keine Vorstellung von der Beschleunigung gemacht, die dies bewirken würde, von dem beschwingten Tempo, mit dem er die Schienen entlangsausen würde, mit mir als quasi altem Bremswagen am Schluß seines Zuges, der an unsicherer Koppelung hing, während er unbeschwert heiter und voller Entzücken dahinflog und nur gelegentlich ein Lächeln für die Landschaft übrig hatte, einer Gott weiß wie fernen und unsichtbaren Bestimmung zu. Die Last war schwer, ja, doch das Ziel beflügelnd; die pausenlose Bewegung – auswählen, einpacken, Abschied nehmen von den Kindern, Tausende und Abertausende Meilen weit reisen –, war in einem Grade anstrengend, daß es einem die Nerven aufrieb, aber auch bunt, erregend und (bis die Wiederholung kam, deren Ton wie das Ticken eines billigen Weckers ist) niemals langweilig. Im Theater aufgewachsen, war ich es gewohnt, immer vorauszudenken, gewohnt, mit Unglücksfällen und plötzlichen Veränderungen zu rechnen. Trotzdem kam ich mir manchmal wie eine ältliche Pfadfinderin vor, stets auf dem Sprung und verheiratet mit einem Handlungsreisenden in Sachen Beethoven und Bartók.

Und so kam der Menuhin-Zirkus in Schwung. Nachdem Smithy mich nicht länger für seine Ernährung brauchte, fiel es Yehudi ein, daß es doch großartig wäre, einmal eine richtige Hochzeitsreise zu machen – ungefähr 14 Monate nach jener grauen Hochzeitszeremonie in London SW 3 im Oktober 1947. Ich sollte mich mit ihm in Honolulu treffen, er war inzwischen auf die Philippinen geflogen. Allein und aufgeregt flog ich die damals längste aller überseeischen Routen und kam im Royal-Hawaii-Hotel an, einem reizenden rosafarbenen Gebäude, das in jenen Tagen inmitten eines Hains von Palmen und blühenden Bäumen gelegen war, nicht in einem Wald drohend aufragender Wolkenkratzer und prangender Fernsehantennen, mit denen heute der Anblick verhunzt ist. Ich eilte zur Rezeption. Nein, Mr. Menuhin war nicht angekommen. Zwei schreckliche Tage lang saß ich am Telefon, erlaubte mir zwischendurch nur eine einsame Wanderung am Strand entlang und kaute Papayas und meine Fingernägel; Schlaf fand ich nur hin und wieder in dieser neuerlichen Zäsur zwischen den Zeiten. Endlich kam Nachricht. Mr. Menuhin würde mit Flug Nummer soundso diesen Morgen auf dem Flugplatz landen. Ich eilte hinaus; mein Herz klopfte heftig vor Erleichterung und freudiger Erwartung. Durch den Zaun blickend, der die unreinen Besucher von den Ankommenden trennte, beobachtete ich ängstlich und begierig, wie sich die Tür des Flugzeugs öffnete und die Leute die Stufen der Gangway herunterkamen. Qualvoller Augenblick: von Yehudi keine Spur. Der letzte Mann war die

Gangway heruntergeschlurft – ein mittelgroßer chinesischer Kaufmann vielleicht, in einem schrecklichen Exemplar grauer baumwollener Herrenkonfektion, mit einem Strohhut, der wie ein Deckel vom falschen Marmeladenglas auf seinem Kopf saß, und einem dicken Sack, vollgestopft mit etwas, das nach Gemüseköpfen sowie großen Mengen zerknüllten Papiers aussah, und – halt mal – ach du lieber Gott! wäre es die Möglichkeit? Ja, das war ein Geigenkasten in der anderen Hand – lieber Gott, gib, daß es nicht Yehudi Menuhins Rivale aus Manila ist, dem es dreckig geht, sondern Yehudi selbst.

Ich raste hinüber zur Flughalle des noch kriegsmäßigen Flugplatzes, mir war ganz flau zumute. Die müden Reisenden passierten langsam nacheinander die Sperre, und hier kam endlich auch der von Gewichten gebeugte Schlurfer. Unter dem scheußlichen Hut, der sein blondes Haar bedeckte, erkannte ich Yehudi. »Darling«, rief er, »warst du sehr besorgt? Es war mir nicht möglich, Verbindung mit dir zu kriegen – es tut mir so leid.« Die Erleichterung war so groß, daß ich nur sagen konnte: »Mußtest du mir denn auch das noch antun und als asiatischer Kaufmann verkleidet im Anzug seines größeren Bruders kommen?« Er, gekränkt: »Gefällt dir mein schöner neuer Anzug denn nicht? Ich habe ihn extra bei einem chinesischen Schneider machen lassen – er hat es in vierundzwanzig Stunden geschafft!«

Wir fuhren zum Hotel, und dort schüttete ich den Inhalt der riesigen Segeltuchtasche aus – faulendes tropisches Obst klebte an Notenblättern, Socken, die er einzupacken vergessen hatte, ein fesselndes Paperbackbuch über alte landwirtschaftliche Methoden der Filipino-Bauern und, zwischen allem möglichen anderen Krimskrams, ein wunderschönes Hemd für mich aus Ananas-Fasern, dessen Vorderansicht von oben bis unten ganz leicht von Bananenfleisch befleckt war. Widerspruch, als ich meinte, das Buch über Agrarkultur wäre ja jetzt unleserlich wegen einer seltsamen schwarzen Masse (vielleicht von einem Gummibaum?), die die meisten Blätter zusammengeklebt hatte. Weiterer Einwand, als ich ihm sagte, daß es, obwohl ich ihn von ganzem Herzen liebte, eben doch Grenzen gäbe, und eine davon wäre sein Wiederauftauchen in dem über Nacht verfertigten, grauen, nadelstreifigen Mandarinen-Maßanzug. Aber, o Schande über Schande, als ich endlich alles geklärt hatte und wir im Bett waren, überfiel mich der Schlaf nach der völligen Schlaflosigkeit der beiden vorangegangenen Nächte, gerade als er mir die scheußlichen Methoden der Schrumpfkopf-Fertigung (der physischen, nicht der mentalen) beschrieb, die immer noch von den Kopfjägern in den wilden Bergen betrieben wurde. Die Erinnerung an mein Versagen ist auf immer meinem masochistischen, vom Verfolgungswahn geplagten Gemüt eingebrannt.

Von all dem abgesehen verbrachten wir aber eine schöne sorglose Woche in einem Bungalow an einsamem Strand. Sieben Tage Luft und warmes blaues Wasser, frische Milch von Kokosnüssen, die der chinesische Hausjunge jeden Tag von den Palmen abschlug, Zeit für uns beide allein, um der Brandung zu lauschen, die unermüdlich den Strand hinauflief und die ganze Nacht lang in einschläferndem Rhythmus mit dem Rauschen der Palmen wetteiferte – alles voll Zauber für einen Nordeuropäer und in jener Zeit noch gänzlich oder doch so gut wie unverfälscht. Der Krieg hatte die Entwicklung aufgeschoben und damit die Gruppenreisen und das ganze gierige Treiben derer, die alles haben wollen, ohne etwas zu geben und die nichts als Abfall und unabsehbaren Schaden hinterlassen, sowohl materiell wie geistig. Der Reisende ist eine Spezies aus längst entschwundenen Tagen; der Tourist hat ihn ersetzt. Er bringt sein eingekapseltes Leben überall mit hin, und wo er das nicht kann, verlangt er, daß es ihm geliefert werde.

Honolulu lag hinter uns; Anzug und Hut, auch der aufgeweichte Paperbackband waren zurückgeblieben; wir waren wieder in Alma und bei dem lieben kleinen Mita. Wir machten Spaziergänge auf die Hügel, ich teilte die Wochen in Ausflüge mit Yehudi und Beschäftigung mit dem Kind ein. Die Akazien trieben schon im Februar überall im Garten, wo Ruth und Carl Coate, unser neues Hausmeisterehepaar, gemeinsam mit mir Kamelien, chinesischen Jasmin und Gardenien unter dem Kinderzimmerfenster und große blaue Agapanthus (Schmucklilie) vor dem Wohnzimmer gepflanzt hatten, mit der erwartungsvollen Erregung, die das Gärtnern ausmacht, und mit Ruths glücklicher Gabe, zweier »grüner Daumen«.

In den nächsten Monaten bescherte uns das Nomadenleben

einen kurzen Aufenthalt in einer eisigen Villa außerhalb Roms, anschließend Konzerte in London und danach die Rückkehr nach Amerika und in die Carnegie Hall. Wieder kam einer der herzzerreißenden Abschiede von Y, als ich mit dem Baby nach Alma zurückflog. Zu diesem Zeitpunkt war Craigie, Mitas erste Kinderfrau, in ihre Heimat nach Edinburgh zurückgekehrt; statt ihrer hatte er aus der Schweiz die unschätzbare Schwester Marie bekommen, die zwölf Jahre bei uns bleiben sollte. Zu Hause in Alma, in den wunderschönen kalifornischen Hügeln genossen wir gelegentlich ruhige Zeitspannen mit Zamira und Krov, die sich die Sommerzeit damit vertrieben, im Schwimmbecken herumzuplanschen wie Delphine. Ich tat mein Bestes, meine häufige Abwesenheit dadurch wettzumachen, daß ich den Kindern morgens früh regelmäßig etwas vorlas und mit ihnen im Buschwald spazierenging, der von Kotoneaster und wildem Flieder durchwuchert war (letzterer dafür voll von reizenden Zecken, die aus der Haut der Kinder herausgeholt werden mußten); schließlich erfand ich noch für die beiden Älteren eine abendliche Fortsetzungsgeschichte, die immer aus dem Handgelenk geschüttelt war; sie brach jedesmal in einem dramatischen Augenblicke ab, so daß Krov öfter Tränen des Aufbegehrens vergoß und mit dem Versprechen ins Bett getragen werden mußte, daß sich am folgenden Tage in den seltsamen Lebensschicksalen von »Hepatica und Jerry« alles zum besten wenden würde. Aber dies waren nur kurze Pausen in dem unruhigen Muster unseres Lebens.

Nachdem Schwester Marie und Mita gut in Alma untergebracht waren, riß uns das Jahr 1949 nun in die erste jener atemlosen Tourneen, auf denen Y uns freudig von Stadt zu Stadt, von Land zu Land katapultierte, durch ganz Mittel- und das nördliche Südamerika. Am 8. Mai flogen wir los, und am 2. Juli hatten wir ein- oder auch zweimal den Boden von etwa 33 Städten und zehn Ländern betreten, gerade lange genug, um an jedem Ort ein oder zwei Konzerte absolvieren zu können, die Leibwäsche durchzuspülen, wiedereinzupacken, zum Flughafen zu jagen, noch ganz benommen in die nächste DC 2½ geschoben zu werden und durch unerträgliche Hitzewellen dahinzuschaukeln und -zuschweben, über beunruhigendem (wenngleich schönem) Dschungel, um höchst unsanft auf meist improvisierten und sehr primitiven Flugplätzen zu landen. In dem Potpourri der Konzerte, die vor stets wechselnder Kulisse stattfanden und mit einer Vielfalt unvorhersehbarer Reaktionen aufgenommen wurden, habe ich besonders das eine in San Salvador genossen, wo die Autos draußen mit lateinamerikanischem Eifer die ganze Aufführung hindurch unentwegt hupten, so daß das Publikum Y eher spielen sehen als hören konnte. Oder das andere Mal, als wir in Caracas ankamen und feststellten, daß wir das Konzert schon verpaßt hatten, worauf uns der örtliche Agent zuredete, uns keine Sorgen zu machen, das Publikum würde sich statt dessen mit Vergnügen am gleichen Abend um 21 Uhr vollzählig im eleganten Opernhaus einfinden. Ein dreifaches Hoch auf den lockeren lateinamerikanischen Umgang mit der Zeit, dachte ich.

Ich entwickelte mich inzwischen rasch zu einer Expertin in den Pflichten, die der Frau eines Virtuosen bei Konzerten obliegen. Ich lernte sehr schnell, mich durch eine verlorengegangene Weste nicht aus der Fassung bringen zu lassen, sondern ruhig weiterzusuchen, bis ich sie vielleicht zwischen einem Band Beethoven-Sonaten und *La fille aux cheveux de lin* in Yehudis Notenmappe finden würde. Als nächstes prüfte ich vor jedem Konzert, ob das Taschentuch in der rechten Tasche und der Kamm an seinem Platze wären, und stellte den Proviantbeutel für die Verpflegung während der Pausen zusammen (denn die koscheren Riten hatte er in weit strengere Regeln für rein biologische Nahrung verwandelt), wobei es schwierig genug war, den nötigen Proviant aufzutreiben, hatte doch der Kunststoff- und Konservierungsfimmel schon angefangen, sich in allen Nahrungsmitteln breitzumachen. Dann war die Thermosflasche mit verschiedenen Kräutertees zu füllen, die für meine sich rümpfende Nase penetrant nach dem Augiasstall rochen, bevor Herkules sich über ihn hergemacht hatte, und Honig war zu besorgen, Honig, der sich auf die nur ihm eigene Weise über alles ausbreitete, ausgenommen natürlich die Geige. Daneben mußte ich eine Mischung aus Nüssen und Rosinen seltsamer Herkunft und verschiedene kleine Gläschen mit magischen Tabletten bereithalten, die scheußlich aussahen und noch scheußlicher schmeckten: von Seetang (vielleicht gut für die Muskeln?) über Knochenmehl (fraglos gut für die Ellbogen) bis zu Vitaminen, die mit dem ersten Buchstaben eines

Alphabets beginnen (und dessen letztem aufhören), welches weitaus länger ist als das der Römer. Diese Gläschen gingen mit schöner Regelmäßigkeit kaputt, und eine meiner unangenehmsten Aufgaben war es, eine widerliche Masse aus Glassplittern, grauen Rosinen, zerbröselten Pillen und einem Rest gemischter Nüsse, alles unentwirrbar und boshaft mit ausgelaufenem Honig verklebt, zu entfernen. Was tat's, ich lernte, diesen Beutel mit seiner unheilbaren, periodisch auftretenden verklebten Unordnung als eine Art mikroskopisches Sinnbild meines Lebens anzusehen.

Keines der bizarren Erlebnisse jener farbenreichen Tournee aber übertraf das Konzert, das Y in Guayaquil, Ecuador, gab. Wir waren zeitlich sehr knapp in unserem Hotel angekommen, stiegen in unser Zimmer mit Bad hinauf, Y kleidete sich um und übte, ich zog das eine der beiden Abendkleider an, die ich besaß, und dann wurden wir verabredungsgemäß von dem reizenden älteren Paar abgeholt, das die Konzerte am Ort veranstaltete. Wir gingen alle vier die steile Treppe hinab, Y mit dem Geigenkasten, ich mit dem Verpflegungsbeutel. Der leise Ausdruck von Besorgnis auf dem hübschen Gesicht der Señora, als sie die Flügel der hölzernen Tür aufstieß, überraschte nicht, denn wir wurden augenblicks von dem Ansturm einer Art Gummigeschosse zurückgeworfen. Mein erster Gedanke war natürlich, wir wären in einen jener Staatsstreiche geraten, von denen die südamerikanischen Republiken so regelmäßig befallen werden wie Kinder vom Schnupfen. Ganz falsch: Señora Gomez unterrichtete mich unter vielen Entschuldigungen, daß unser Konzert zufällig mit einer der periodisch wiederkehrenden Heuschreckenplagen zusammenfiel, wir möchten uns bitte ducken, unseren Mund fest zumachen (für mich eine kaum erträgliche Mühe) und zum Wagen sprinten. Wir folgten ihren Anweisungen, schossen aus der Flügeltür heraus und stürzten in den Wagen wie fliehende Banditen. Ich setzte mich mit einem knirschenden Laut hin, während Señor Gomez den Wagen herumriß und die Straße hinunter zur Konzerthalle fegte. Mit Ausnahme der einen, die ich mit all der Entschiedenheit, zu der der harte Allerwerteste einer Tänzerin fähig ist, plattgedrückt hatte, waren wir im Wagen dankenswerterweise unbelästigt – nicht jedoch im weiteren Verlauf jenes Alptraum-Konzertes.

Vor der Konzerthalle angekommen, wurden wir aufgefordert, den gleichen rasenden Kurzstreckenlauf durch das zu absolvieren, was uns wie ein Hagel fremder Objekte erschien, die entschlossen waren, uns auszulöschen. Im gesegneten Refugium der Garderobe sahen Y und ich uns keuchend an – er natürlich fasziniert von dieser Erscheinung einer überschäumenden Natur, ich etwas weniger bezaubert, als ich eine aus meinem sorgfältig gebürsten Haar zog. »Zog« ist kaum der richtige Ausdruck – »prügelte« käme der Sache näher, denn die Biester waren etwa zehn Zentimeter lang, besaßen eine Flügelspannweite von 15 Zentimetern und die Geschwindigkeit und Manövrierfähigkeit des modernsten Militärflugzeugs. Ich fühlte mich leicht mitgenommen, prüfte indessen Y's Taschentuch, kämmte sein widerspenstiges Haar, gab ihm einen Kuß und setzte mich mit den Gomez' in Richtung der vorderen Plätze des Hauses in Bewegung.

Das Konzert war nichts weniger als vergnüglich. Trotz der Bemühungen, die fliegende Pest draußenzuhalten, schossen ein paar erfolgreiche Biester im Saale herum, als übten sie für eine militärische Flugvorführung und widmeten sich, da die Scheinwerfer auf die Bühne gerichtet waren, besonders Y und seinem Begleiter, einem hochmütigen Holländer. Dessen Selbstvertrauen hatte rasch nachgelassen; er war nur noch ein Nervenbündel, das sich verrenkte und drehte, schüttelte und schauderte, als die Heuschrecken im Sturzflug auf die Tasten (schwarze wie weiße) herunterstießen, sich gegenseitig unter dem offenen Flügeldeckel durchjagten oder geschickt im schmalen Spielraum zwischen seiner Brille und dem Notenständer lavierten. Y blieb ungerührt; er spielte heiter Beethovens Frühlingssonate, als wäre sie just für eine solche saisonbedingte Sonderveranstaltung komponiert worden. Es kam allerdings ein gefährlicher Augenblick während des langsamen Satzes, als ein musikalisch besonders begabtes Insekt sich träumerisch auf dem Steg seiner Stradivari niederließ und dort sitzen blieb, während der arme Y, der wie ein Clown schielte, seinen Bogen mit dynamischer Kraft über die Saiten zog, sein Vibrato unter völliger Mißachtung des Geschmacks anschwellen ließ, jedoch mit diesem seinem verzweifelten Versuch, die Bestie zu verscheuchen, kläglich scheiterte.

Der reine Mack Sennet [Regisseur der Stummfilmzeit, berühmt

durch seine Truppe der *bathing beauties*, d. Übers.] –, ich stopfte mir indessen, in einem hysterischen Lachanfall, mein Taschentuch in den Mund, soweit ich es nicht dazu benötigte, meine verlaufende Wimperntusche wegzutupfen. Das Publikum verhielt sich, als wäre es das Normalste der Welt, zwei deutschen Sonaten des 19. Jahrhunderts zu lauschen, während der Konzertsaal sich in ein offenes Ackerland verwandelte, das den Insekten besonders köstliche Ernte bot. Auch schien es durch einige merkwürdige Kakophonien nicht gestört zu werden, als nämlich der völlig verzweifelte Holländer, der eine Heuschrecke in den Spalt zwischen seinem Kragen und mageren Hals stürzen fühlte, vier Takte übersprang (»Der Fliegende Holländer«, dachte ich) und den armen Y dem Versuch überließ, ihn einzuholen, wie ein Cricketspieler, der hinter einem Ball her ist, um ein *boundary* [Schlag bis zur Spielfeldgrenze, d. Übers.] zu verhindern. Endlich, ach! ging die herrliche Komödie unter donnerndem Applaus zu Ende (ob wegen der eigentümlichen musikalischen Darbietung oder wegen des heroischen Kampfes zwischen Mensch und Tier, werde ich nie erfahren). Ich ging zu Y hin (der so heiter war wie immer), trocknete den riesigen Schädel unseres Kockingspook mit einem Kleenex und legte ihm mit meiner besten britischen Paradestimme nahe, sich zusammenzureißen – er stellte sich furchtbar an, weil er eine unverschämte Heuschrecke in seinem Hosenbein hinabgeschüttelt hatte. Nach all dem wurden wir drei aber von den netten Gomez' in ein nahes Restaurant geführt, das für seine Küche berühmt war.

Während wir auf die Suppe warteten, versuchte die Señora, mich von der relativen Milde dieses Angriffs zu überzeugen. Sie ergötzte mich mit vergangenen Geschichten, etwa der, wie sie manchmal ganze Eimer voll der Insekten mehrere Male am Tage aus der Eingangshalle gefegt hatte. Während sie so daherplapperte, schaute ich mit hungrigem Trübsinn auf meine Suppe, in der ein Tier rasch ertrank, während das andere den Rand der Schale zu erreichen versuchte. Ich muß bekennen, daß ich, niedergedrückt und inzwischen auch ausgehungert, keine Hilfestellung leistete. Ich versuchte einfach, die Methode der Gomez' nachzuahmen, mit einer Hand zu essen und mit der anderen dreinzuschlagen. Danach zurück durch das Sperrfeuer und zu Bett. Wir warfen noch einen Blick ins Bad, das von Heuschrecken wimmelte, die sich an den tropfenden Hähnen labten; wir schüttelten sie aus unserem Bettzeug, stopften alle möglichen Kleidungsstücke in die Löcher des Fliegengitters vor den Fenstern und krochen ins Bett, zogen die Decke dicht um unseren Hals und schliefen, mit dem Gesicht nach unten, unruhig die ganze Nacht, die uns durch das Surren und Flattern dieser scheußlichen Ungeheuer verdorben wurde.

Dagegen konnten wir in Peru endlich einmal die Ruinen der Stadt Machu Picchu sehen, das Inka-Heiligtum. Wir flogen nach Cuzco, der einstigen Hauptstadt der Inkas, die über 3000 Meter hoch liegt und sich, im Gegensatz zu dem in feuchte Nebel gehüllten Lima, steil in den strahlenden blauen Himmel erhebt. Von dort stürzten wir uns zusammen mit vier grölenden Südamerikanern mit dem *autorail*, dem Schienenauto, sechs Stunden lang zu Tal, wobei die in den eisernen Schienen laufenden Räder unsere Knochen gründlich durchrüttelten und -schüttelten, bis wir die Meereshöhe, den Dschungel und mürrische Indianer erreichten, die sich weigerten, uns Maulesel zu geben. Es dämmerte schon, und da wir nichts fanden, wohin wir unser Haupt betten konnten, marschierten wir zwei Stunden lang, einem ausgetrockneten Flußbett folgend, stracks bergan, erreichten verschwitzt und ausgehungert das kleine Rasthaus, als der Mond aufging, und sanken auf unsere eisernen Bettstellen.

Machu Picchu war eine andere Welt – nein, ein anderer Planet. Anders kann man den fremdartigen und wunderbaren ersten Anblick jener Gruppe verstreuter Bauwerke auf dem langen grünen Grat nicht beschreiben, der sich, knapp siebzig Meter vor und unter uns, wie eine schöne längliche Bühne erstreckte. Auf jeder Seite fiel der Boden viele hundert Meter in die Schluchten ab, aus deren einer wir in der vergangenen Nacht heraufgeklettert waren. Ringsum verstreut lagen noch mehrere, vom Dschungel überzogene Bergkegel, grüne Wächter, die den heiligen Schrein behüteten.

Die Luft war so rein, daß man sie beinahe schmecken konnte. Morgendliches Frühlicht, sanft und klar, und ein Himmel ohne den kleinsten Wolkenstrich. Ein magisches Zwischenreich, das nicht allein menschlichem, sondern überhaupt irdischem Wesen enthoben war. Ein Traum, aber ein Traum, der einen Sinn barg. Ein Geheimnis, aber eins, das eine unergründliche Bedeutung enthielt. Die Sinne nahmen es zuerst auf, dann erst der Geist. Mich verlangte es danach, in diesem ersten Stadium der unerklärten Glückseligkeit zu verharren. Sie konnte nur einen tiefen Atemzug lang dauern, dann wurde sie durch das Denken getrübt und war dahin. Unsere kleine Gruppe war ganz allein und überwältigt von der unerklärlichen Fremdheit, als wir den langen Hang hinabstiegen, um die Reste der ungewöhnlichen, aus riesigen Steinblöcken zusammengesetzten Mauern zu betrachten, unregelmäßig behauene Quader, die so kunstvoll ineinandergefügt waren, daß nicht einmal in Hunderten von Jahren ein Grashalm zwischen ihnen hatte wurzeln können.

Nichts als ab und zu das Singen eines Vogels und das Geräusch unserer Schritte im Gras. Keinem von uns war nach Sprechen zumute. Der Geist des Ortes war so mächtig, daß er Schweigen gebot, als wir um die langen, vollkommenen Mauern wanderten und über den Rand des Grates blickten, der wie der breite Rücken eines mächtigen Tieres aussah, auf dem die Inkas, die Sonnenanbeter, dem Geheiligtsten und Geheimsten ihres Wesens Ausdruck gegeben hatten. Als ich so dastand, fragte ich mich, ob ihr Götterkult wirklich so grausam und roh hatte sein können wie der ihrer Nachbarstämme, oder ob nicht jener Sinn für das Übersinnliche aus einem weit tieferen Glauben gekommen war: Hatten sie es vielleicht verstanden, dessen Gestalt körperhaft in ein Ambiente von Höhe, Blickweite und beinahe einem Zug ins Jenseitige einzubetten?

Glücklicherweise erschienen unsere Maulesel für den Abstieg ins Tal hinunter, von da ging es weiter mit dem Schienenauto nach Cuzco. Dort stellten wir wieder einmal fest, daß Frieden, besonders der Frieden von Machu Picchu, nur flüchtig in Y's Lebensform Eingang findet, ob absichtlich oder zufällig, sei dahingestellt. Seit dem Aufbruch zu unserem zweitägigen, kaum glaublichen Ausflug in jene himmelhohe Stadt, hatte sich eine Abordnung versammelt, die verlangte, Y solle ein Konzert geben. Jawohl. Von einer Mischbevölkerung aus Inkas und Spaniern, die in 3000 Meter Höhe isoliert lebte, konnte man ohne übertriebenen Optimismus annehmen, daß kein Mensch ihn von einem Mangobaum würde unterscheiden können. Aber da standen sie uns weiß Gott gegenüber – und mit ihnen auch das Pianino in der Schulhalle mit seinen gelblichen, zynisch grinsenden Zähnen und seinen aus dem zerrissenen Segeltuch der Rückseite heraushängenden Eingeweiden. Sehr unanständig und komisch – etwa wie Rowlandson Rabelais illustriert hätte. Unbehindert durch Gewerkschaften oder andere ähnlich hilfreiche bürokratische Schranken zwischen menschlicher Begeisterung und Bereitwilligkeit, tat sich eine Gruppe aus Zimmerleuten, Elektrikern, einem Automechaniker und ein oder zwei Gärtnern mit einem Polizisten und einigen niederen Geistlichen zusammen, um diesen Humpty-Dumpty [Dickmops, Dickerchen, d. Übers.] wiederherzurichten. Ach, verdammt! verdammt! Wie sehnte ich mich danach, mich in eine Ecke zu verkriechen und über Machu Picchu, die Inkas, dieses wunderschöne Land nachzusinnen, statt dessen waren wir hier wieder in die alte Fron eingespannt. Ha! Hörte ich nicht laute Protesttöne von van Luurpengrot [wieder eine Namensvariante des holländischen Begleiters, d. Übers.], der sich jetzt von seinem Fieber erholt und seine gewohnte, gesunde graue Farbe wiedererlangt hatte? In der Tat, so war es; aber ich hatte mich denn doch in der Tiefe und Höhe, Breite und Länge von Y's geistiger Taubheit verrechnet: Mit nassen Augen schaute der Unglückliche zu, wie sie die baumelnden Saiten verknoteten, die herumirrenden Hämmer zusammenleimten, und obwohl sie den ganzen Tag dazu brauchten und die letzte übriggebliebene Saite hineinstopften, als bereits das Publikum hereinströmte, fand das Konzert doch statt.

Diesmal war es Güteklasse Laurel und Hardy (Dick und Doof). Sogar Y konnte ein gelegentliches Kichern nicht unterdrücken, und ich amüsierte mich köstlich. Beethoven klang, so mannhaft Y das Klavier zu übertönen versuchte, mehr nach Schönberg, als ich es je vor- oder nachher gehört habe; was Brahms anlangt (ich vermute d-Moll), so wanderte diese vielerprobte Sonate von Tonart zu Tonart, bis sie schließlich zu einem gnädigen, wenngleich vorzeitigen Ende gebracht wurde, weil durch van Nederlands furioses Hämmern plötzlich das ganze Eingeweide herausquoll. Als die Saiten in einem Sturzbach der Erleichterung heraussprangen (dies sah sehr unanständig aus), näherte sich der lustige

Abend seinem Ende. Y gab noch für einen Groschen unbegleiteten Bach zu, und wir kehrten unter rauschendem Beifall (der mehr als verdient war, meine ich) zum Bankett in das kleine Hotel zurück.

Das war, abgesehen von einem zweiten Besuch in Guayaquil, wo die Heuschrecken noch gut in Form waren, und einem kurzen Sprung nach Quito, das Ende unserer Südamerika-Tournee.

Um diese Zeit fühlte ich, daß Bedeutsames sich zu klären anfing, die Grundlage schien mir fester geworden. Y gewann wieder Freude am Spielen, statt mit seiner Geige zu kämpfen, der Geige, die zu lieben er nie aufgehört hatte und die die zurückliegenden Jahre zu einem Schuldobjekt verbogen hatten. Zum erstenmal in seinem Leben hatte er fühlen sollen, daß er kein Recht habe, mit seiner Vorstellung, seinen Gefühlen und seinem Ausdruckswillen an erster Stelle zu stehen. Möglicherweise hatte ihn diese Zeit wirklich so sehr beansprucht, daß er unwissentlich anderen all jene wichtigen Zuwendungen vorenthalten hatte, die die Grundlagen der Liebe und Freundschaft, der menschlichen Kontakte und der schlichten Zuneigung sind. Ich merkte, wie sich allmählich wieder Gesundheit einstellte, eine Spannung sich lockerte, und ich hoffte, es wäre der Anfang von etwas, in dem sein ganzes Wesen ohne Schuldgefühl Wurzel fassen und Nahrung finden könnte, der Nährboden für eine Pflanze, die wachsen, stark und unverbogen wachsen muß. In jenen Tagen, als es zwar Konzerte und Schallplatten, aber noch wenig Fernsehen gab, hatte man mehr Muße, konnte ein verhältnismäßig junger Mann Anfang dreißig, mit zwei Kindern unter zehn und einem Baby, noch mehr Zeit an seine normalen Lebensbelange wenden. So freundete er sich wieder mit seiner Geige an; sie wurde ihm zur natürlichen Stimme, sein Zaudern gab sich, löste sich in der vollkommenen Hingabe auf, die dieses anspruchsvollste aller Instrumente erheischte; die Schatten wichen. Die Aufnahmen des Beethoven- und des Brahms-Konzerts mit Furtwängler hatten ihn bereits der Angst und der Selbstzweifel enthoben, und ich durfte jetzt auf Zeichen einer neuen Selbstsicherheit hoffen, einer frischen Freudigkeit und einer reiferen Spielweise jener außergewöhnlichen und unerklärlichen *envolée*, jenes Aufschwungs und Höhenflugs, der das siebenjährige Kind an seinen Platz gestellt und den kleinen Jungen von zehn fest auf seine Bahn gebracht hatte, die zu verfolgen seine Bestimmung war.

Einmal nahm Yehudi an einem Konzert in der Carnegie Hall zu Ehren von Georges Enesco teil, dem Manne, den Y sich zum Meister erkoren hatte, als der Siebenjährige ihn in San Francisco hatte spielen hören – bei dieser Gelegenheit spürte ich, daß es in Y's Vergangenheit merkwürdige, höchst bedeutsame Bruchstücke gab, über die er niemals sprach. Ich ordnete sie und versuchte, in ihnen ein durchgängiges Muster oder Motiv zu finden, das seinen Charakter, sein Unterbewußtes erklären könnte, und für dessen Aktionen und Reaktionen er selbst nicht verantwortlich zu sein scheint, so, als wäre er für eine Reise und nicht für ein Leben geboren, ein auf seiner Flugbahn unbeirrbar dahinrasendes Projektil mit Musik als Triebkraft, als Generator, als Leuchte. Ich mußte mich erst an diese dauernde Bewegung gewöhnen, die immer unerklärt blieb, weil Y das Analysieren nicht mochte; er zog es vor, statt dessen eine Richtung einzuschlagen, die ihn anzog, eine besondere Bedeutsamkeit für ihn besaß oder gerade wegen ihrer Unwägbarkeiten seine Phantasie entzündete.

Er besaß das unvorgefertigtste Bewußtsein, das mir je begegnet ist. Nichts berührte oder lockte ihn allein um seines begründbaren Platzes in seinem Leben willen, auch urteilt er nie über ein Geschehen oder einen Umstand von einem vorgefaßten Standpunkt aus. Das liebte ich, nur erforderte es manchmal sehr viel geistige Beweglichkeit und ein wachsames Auge, wenn man auf irgendwelche äußerst merkwürdigen Handlungen und unerklärte Gleichsetzungen gefaßt sein mußte. Ich mutmaßte schließlich, es könne davon kommen, daß er seit seinem dritten Lebensjahr die Geige spielte und gewohnt war, sein eigenes Instrument immer wieder zu stimmen, um es der Temperatur, der Umgebung, der Begleitung und was sonst an Anforderungen gestellt wurde, anzupassen. Deshalb war sein ganzes Wesen wie eine Violine; er reagierte auf die winzigsten Veränderungen in seiner Umgebung, nicht in flüchtiger oder sprunghafter Weise, sondern getreu nur sich selbst und seiner eigenen Vorstellung von der Welt und der Menschheit gegenüber.

Erratisch ist das nicht, aber sicher exzentrisch, und die Gefahr dabei lag in seinem gierigen Hunger nach dem Unorthodoxen, dem Nonkonformistischen und dem schlichtweg Verrückten. Nichts, so schien es mir, war für Y so gänzlich abseitig und ausgefallen, als daß er nicht versucht hätte, es auszuprobieren – es gab niemanden, der ihn nicht um Geld angehen konnte wegen einer Absonderlichkeit: von einem die Seiten umblätternden Apparat, der mit dem Fuß bedient wurde, bis zu einer Kinnstütze aus Schaumgummi für die Fiedel und den Darmsaiten von alten Ziegenböcken –, wozu er nicht gern und eifrig beizusteuern bereit war. Nur gelegentlich erhob ich Einwände: So fand ich ihn eines Tages mit einem riesigen halbrunden Monstrum aus grauem Filz, so groß wie ein Klodeckel, um den Kopf beim Üben; dies, so erzählte er mir in tief verletztem Ton, sollte den Spieler so isolieren oder insulieren (ich weiß nicht genau, was von beidem), daß er seinen eigenen Ton nicht höre. Ich erwiderte, wenn er das, was er höre, nicht vertragen könne, so täte er besser daran, das Spielen ganz aufzugeben; es sei auch kein hinreichendes Argument, dazustehen wie ein geistig zurückgebliebenes Kind mit einem viktorianischen Häubchen. Darauf heftiger Vorwurf aus großen blauen Augen, vor denen ich taktvoll den Rückzug antrat; und das Monstrum wurde in eines seiner vielen geheimen Verstecke verbannt, wo er alle möglichen seltsamen Gegenstände aufbewahrte.

Ab und zu unternahm ich einen wohlüberlegten Angriff auf diese modernen Komposthaufen, die sich in jedem Zimmer ausbreiteten, und bat ihn, ein Einsehen zu haben, daß der Raum seit einer Woche nicht ordentlich abgestaubt worden wäre. Mit der Verdrossenheit eines kleinen Jungen, den man auffordert, ein nicht mehr zu reparierendes Spielzeug doch endlich wegzuwerfen, willigte er schließlich ein – und nach einer Stunde erschöpfenden Ausräumens, wobei sechs Papierkörbe gefüllt wurden, belohnte Y mich mit einem Seufzer der Erleichterung und einem strahlenden Lächeln, fing aber natürlich gleich wieder an, die Ecken und Winkel erneut vollzustopfen. Ich habe, aufrichtig gesagt, endlich verstanden, daß Y selber ein einziger riesiger Komposthaufen ist. [Diese Metapher ist hier wie auch bei YM selbst an anderer Stelle in einem durchaus positiven, fruchtbare Gärung suggerierenden Sinne verwendet, d. Übers.] Nichts langweilt ihn. Ich bete oft »O Gott! bitte laß Y sich langweilen!« Bis jetzt ist die Bitte noch nicht erhört worden.

Ich muß nun allerdings zugeben, daß von diesem Komposthaufen der Dünger stammt, den er immer über jedes vorstellbare und unvorstellbare Gebiet ausbreitet, das sich in seiner synoptischen Sicht findet. Zum Beispiel seine Musikschule für Jugendliche von sieben bis siebzehn in Stoke D'Abernon, die 1963 verwirklicht wurde – ein Internat, das eine vollständige allgemeinbildende und musikalische Erziehung bietet –, die einzige dieser Art außerhalb Rußlands; sein Kammerorchester, seine Festivals; seine »Live Music Now«, eine Einrichtung, die er schuf, um jungen Musikern nach Abschluß der Musikhochschule zu helfen, mit einem ganzen Netz von Gesellschaften, Gefängnissen, Krankenhäusern und Konzerte vermittelnden Einrichtungen in Verbindung zu treten. Es gibt noch zahllose andere Unternehmungen, zu viele, um sie alle aufzuzählen; vier oder fünf Seiten mit eng getippten Namen von Gesellschaften, Institutionen, Schulen ließen sich füllen, deren »alleiniger Erzeuger« [*only begetter*: aus Shakespeares Widmung an den Urheber seiner Sonette, d. Übers.], Vorsitzender oder Gründungsmitglied er ist.

Nicht lange nach dem Enesco-Gedenkkonzert machten wir uns auf eine Reise von New York nach London. Sie ist als der »Koboldflug« in die Familiengeschichte eingegangen. Es war noch in den Tagen der Propellerflugzeuge, da das Risiko größer, die Zeit weniger schnellebig war und alles länger dauerte.

24. Januar: New York. Wir wurden ins Flugzeug verfrachtet und blieben uns über zwei Stunden dort selbst überlassen (während die Besatzung im Cockpit zweifellos mit irgend etwas Dummem die Zeit vertrödelte). Dann luden sie uns ohne Erklärung wieder aus und schickten uns per Bus in unsere jeweiligen Quartiere zurück. Y rief entzückt: »Jetzt können wir ins Konzert von Heifetz in der Carnegie Hall gehen.« Das taten wir, es war herrlich und wog die Verzögerung voll auf. Y rannte hinter die Bühne, um Jascha zu begrüßen und ihm zu danken; und als wir in unser Hotel zurückkamen, fanden wir glücklicherweise unser Zimmer noch frei und gingen in unseren Unterkleidern schlafen. Zu einer unmöglichen Stunde rief die Luftfahrtgesellschaft an und

sagte, wir sollten uns fertigmachen, wieder den Bus besteigen und zum Flughafen fahren. Das geschah, alle bestiegen das Flugzeug, das am 25. Januar um 11.30 Uhr vormittags startete. Einige Zeit darauf gab es einen furchtbaren Knall, wir sackten einige tausend Fuß ab und sahen durch unser Bullauge die kraftlosen Propellerflügel eines Motors wie bei einer stillgelegten Windmühle herabhängen.

Der Co-Pilot erschien und verkündete betrübt, daß wir umkehren müßten (wir waren zu dieser Zeit bereits weit über dem Atlantik); wir sollten uns aber keine Sorgen machen, denn wir würden New York leicht mit drei Motoren schaffen. Dreieinhalb Stunden später (die Zeit, die heute die gute Concorde für den ganzen Trip braucht) und nachdem ich wohl hundertmal den 23. Psalm im Flüsterton gebetet hatte, während Y selig weiterschlummerte, landeten wir wieder in La Guardia. Drei Uhr nachmittags, Samstag, 26. Januar; seit 11.30 Uhr am Vortage waren wir praktisch nicht weitergekommen; und dabei sollte Y's Konzert in der Albert Hall am nächsten Tage um 20 Uhr stattfinden. Gut zwei Stunden später entschloß man sich, die alte Kiste aufzugeben und rollte eine andere heran, schob die inzwischen verknitterten und übermüdeten Passagiere hinein, und wir starteten so gegen 17.45 Uhr. Wir landeten auf einem jener wilden und einsamen Flugplätze in Kanada mit irgendeinem ornithologischen Namen (Goose Bay, Gander, Grebe, mir war es jetzt egal), tankten auf, krochen wieder auf unsere verwühlten Sitze und starteten über den pechschwarzen Atlantik. Y schlief natürlich die ganze Zeit, ich dagegen nur ab und zu, während wir so durch das Januarwetter schwankten und schüttelten.

6.30 Uhr früh, Sonntag, 27. Januar. Wir landeten in Shannon, ich schoß aus dem Flugzeug, fand den diensthabenden Beamten, der die lange Reihe von Hütten unter sich hatte, die in jenen Tagen die Flughafengebäude darstellten, und bat ihn, er möchte uns doch ein schönes und ruhiges Plätzchen anweisen, wo Y üben könnte, bis wir zum letzten Sprung ansetzen würden. Weitere schlechte Nachrichten erwarteten uns. Heathrow war in Nebel gehüllt, und es gab keinen anderen Landeplatz für unseren Stratosphärenkreuzer . . ., aber »er könnte sich noch heben«, sagte der Beamte optimistisch, als er Y in sein Büro führte. Warum wir nicht eine kleine Aer-Lingus-Maschine charterten, meinte er, die, wenn es nötig wäre, auf einem Gemüsebeet landen könnte. Dies versuchte Y sogleich, um jedoch eine Stunde später zwischen seinen Arpeggien zu erfahren, daß die Maschine aus unerklärlichen Gründen in Dublin aufgehalten worden sei. Y nahm seine Arpeggien wieder auf, ich mein Nägelkauen. Endlich gab unser Pilot bekannt, er würde versuchen, London anzufliegen, und um 15.20 Uhr wurden wir wie eine Ladung beschädigter Güter eingeladen, rollten die Startbahn hinunter und – dies ist die volle Wahrheit – blieben stehen. Das Funkgerät hatte versagt. Wieder zurück (ich kam mir bereits wie eine abgenutzte Spule in einem zersplitterten Weberschiffchen vor). Nachdem irgendein genialer Kopf eine Stunde lang an den Drähten herumgebastelt hatte, hieß es, der Funk funktioniere wieder, so daß wir um 16.15 Uhr erneut starteten. Aber siehe da: Der Pilot gab über die Sprechanlage bekannt, er könne nicht in London landen, weil es jetzt total eingenebelt sei. Y wachte auf, ging vor ins Cockpit und bat den Piloten, uns irgendwo in England abzusetzen. Der Pilot gab einen Funkspruch raus. Gute Nachricht, man war bereit, uns in Manston aufzunehmen, dem alten RAF-Flughafen in der Nähe der Ostküste. Y war begeistert. Ich hatte keinen Knochen mehr im Leibe, der nicht wehgetan hätte. Wir landeten in Manston um 18.15 Uhr und wurden samt unserem Gepäck (oder wenigstens einigen Stücken davon) über die Notrutsche in die eisigkalte Dunkelheit hinausbefördert. Die dortigen Beamten zeigten großartige Hilfsbereitschaft, fingen uns und unser Gepäck auf, ließen es ohne Formalitäten den Zoll passieren und setzten uns höflich und rasch in einen Wagen, der uns mit etwas Glück in weniger als zwei Stunden in die Albert Hall bringen sollte. Ich zählte an meinen erfrorenen Fingern nach – 20.00 bis 20.15 Uhr – nun ja, wir könnten das Publikum immerhin fünfzehn Minuten warten lassen. Aber als hätte das Schicksal seine häßliche Zunge noch nicht bis zur vollen Länge herausgestreckt, senkte sich plötzlich, wie der eiserne Sicherheitsvorhang im Theater, der Nebel über die Motorhaube; der Fahrer verminderte die Geschwindigkeit, und durch das undurchdringliche Dunkel suchten wir schlingernd unseren Weg ins Nirgendwo.

Es war so kalt (der Wagen natürlich ungeheizt), daß ich meinen

Pelzmantel auszog und um Y's Geigenkasten schlang in dem Bemühen, seine Stradivari und Guarneri davor zu bewahren, gänzlich ihre Stimme zu verlieren. Wir fuhren und fuhren; unser Chauffeur, ein wahrer *chevalier preux*, kurvte geschickt, er wich den Bäumen aus, die aus der Unsichtbarkeit heranglitten und uns im Weg standen, erklomm einen Grashang, fegte um unsichtbare Ecken, bis schließlich um 21 Uhr – die Lichter und London und die Albert Hall da waren! Wir drängten uns an einem halben Hundert Fotografen vorbei und klapperten die vertraute Steintreppe hinunter; von drinnen vernahmen wir die Töne der Symphonie, die laut Programm zwischen Y's beiden Konzerten gespielt werden sollte. Der Bühneninspizient geleitete uns in die Garderobe und lachte vor Erleichterung. Wir erfuhren, daß schon nach wenigen Minuten (denn das Konzert wurde übertragen) Sir Adrian Boult, unerschütterlich wie immer, auf die Bühne gekommen war und mit seiner besten Old-Westminster-Stimme gesagt hatte: »Leider sind wir ohne unseren Hamlet, deshalb bringe ich die Symphonie zuerst.« Lauter Beifall des vollbesetzten Hauses. Trotz aller meiner Bemühungen, die Fiedeln warmzuhalten, fand Y, als er die Strad herausnahm, daß sie ein Eisklumpen war – er hatte kaum zehn Minuten Zeit gehabt, um sie und seine Finger zu wärmen, als Boult erschien, untadelig und mitfühlend, Y auf seine zerknitterte Schulter klopfte und meinte, es wäre nun Zeit, auf die Bühne zu gehen. Ich kämmte Y's Haar, riß schnell noch den Fluganhänger von seinem Rockaufschlag, und wie er war, im ausgebeulten Tweedanzug, betrat er das vertraute Podium, wo er zum erstenmal als dreizehnjähriger Junge gespielt hatte; er wurde mit dem lautesten Willkommensjubel begrüßt, den ich je gehört habe. Alle Müdigkeit, alle Sorgen und Strapazen fielen von ihm ab angesichts dieses rauschenden Freundschaftsbeweises. Y warf sich in den Mendelssohn, als hätte er nicht die beiden letzten Tage damit zugebracht, sich seinen Weg gegen alle erdenklichen Widerstände zu erkämpfen und wäre jetzt weder hungrig noch müde, schmutzig oder bettreif. Nach der Pause spielte er den Elgar, und weil das Albert-Hall-Publikum am Schluß so lautstark danach verlangte, brachte Y es fertig, diese Anhänglichkeit mit zwei Zugaben zu erwidern und trabte am Schluß äußerst erfrischt von der Bühne.

Um Mitternacht wieder im Claridge, immer noch undurchdringlicher, wabernder Nebel. Auf den Stufen erwartete uns einer der unvergleichlichen Portiers. »Hören Sie, Mr. Menuhin, Sir«, mahnte er, »Sie dürfen uns aber niemals wieder ein solches Schnippchen schlagen. Halb London hat hier angerufen, um herauszukriegen, wo Sie denn nun gelandet wären – und gucken Sie mal hier«, sagte er und zeigte uns verschiedene Ausgaben der Nachmittags- und Abendzeitungen mit den letzten Meldungen, wo es hieß »Menuhin erreicht Shannon«, dann »Menuhin landet in Manston« in großer verschmierter Type. Als wir vor unserer Suite ankamen, begrüßte uns der gar nicht gerufene Etagenkellner mit den Worten: »Was für eine *schauderhafte* Reise Sie und die gnädige Frau gehabt haben! Nun weiß ich aber, daß Sie beide sehr viel für eine hübsche Dover-Seezunge übrig haben; ich habe hier ein paar, die warten nur darauf, gekocht zu werden.« Liebes gutes Claridge, es wurde wie ein riesiges Landhaus geführt; jeder vom Personal nahm persönlichen Anteil an einem und zeigte echtes Interesse für den Gast und dessen Familie – Liebenswürdigkeit ohne Anbiederung – ein vollkommenes Verhältnis.

In den nächsten drei Monaten führte der Weg der Menuhin-Karawane durch zwei Länder, in denen sich Y's höchst unbeirrbare Zivilcourage zeigte. Ich habe schon über seine geradezu komplette Unfähigkeit gesprochen, für sich selbst zu kämpfen. Wenn es aber um andere ging, so schien er keine derartigen Hemmungen zu kennen. Je unwahrscheinlicher es war, daß er aus einem unpopulären Kreuzzug Nutzen zöge, desto wahrscheinlicher war es, daß er ihn unternehmen und dabei bleiben würde. Obwohl ich ihn dafür um so mehr liebte, begann ich doch, als er sich im Laufe der Jahre immer wieder und stets allein und entschlossen hervorwagte, mir wie eine fußlahme Rosinante vorzukommen, die ihren Don Quijote erschöpft zur nächsten Windmühle schleppt.

Südafrika. Wir kamen mit dem unschätzbaren Marcel Gazelle am 8. Februar 1950 um 20 Uhr in Johannesburg an, nach fast vierzig Stunden Flug, zusammengepreßt wie Sardinen in der Büchse. Das übliche Auspacken, Aufdämpfen der zerknitterten Kleidungsstücke im Bad.

Yehudi ist zur Abwechslung einmal am Telefon. Ich weiß nie

zu sagen, was er länger in der Hand hält: den Geigenbogen oder den Telefonhörer. Drei Konzerte in Johannesburg. Als Yehudi erfuhr, daß schwarze Afrikaner dabei nicht zugelassen waren, bestand er darauf, zwei der drei Konzerte für ein rein schwarzes Publikum zu wiederholen; denn, so sagte er zornig zu seinem dortigen Agenten, »wenn sie pornographische Filme sehen dürfen (und billige Sex-Zeitschriften lesen), warum sollten sie dann nicht auch etwas hören können, das der Weiße hervorgebracht hat und was angeblich seine Überlegenheit rechtfertigt«? Die afrikanische Zuhörerschaft war eine erfrischende Abwechslung; sie brachten alle ihre Kinder mit, stillten ihre Babys, lachten vor Vergnügen bei bravourösen Passagen und spendeten Y und Marcel am Schluß tosenden Beifall.

Alan Patons bewegendes Buch *Cry, the Beloved Country* war gerade erschienen und hinterließ einen ungeheuren Eindruck. Y fand die Telefonnummer der Dietkloopf-Besserungsanstalt heraus (er bekommt es immer fertig, Kontakt herzustellen, wo es zunächst bloß darum geht, Verbindung aufzunehmen) und fragte, ob er etwas tun könne? Kurze Pause – da Y es haßt, seinen Namen deutlich auszusprechen und meist etwas murmelt, das wie Yumanuhin oder Yudaminin klingt, war die Pause verständlich; aber gerade als ich ihn bitten wollte, sich doch klar zu artikulieren, wagte der gute Direktor einen Gegenzug und rief: »Sagten Sie Yehudi Menuhin?« »Na ja«, sagte Y, »ich meine, wäre es irgendwie von Nutzen, wenn ich käme und für die Jungens spielte?« Vor Freude verschlug es dem Teilnehmer am anderen Ende den Atem.

Und so fuhren wir denn am nächsten Nachmittag hin und fanden 500 kurzgeschorene Jungen auf dem Boden eines großen Lagers sitzen. Zum Lager gehörte ein langes hölzernes Gebäude mit einer Veranda, auf deren schmaler Fläche ein Klavier (Pianino mit Hocker) stand. Glücklicherweise erwies es sich als für Marcel Gazelle passend, der etwa 1,65 Meter groß war und ungefähr 125 Pfund wog. Er kam angeschlichen und schob seine Knie unter die gelbliche Klaviatur. Y stand daneben, und sie begannen mit einigen lustigen Stückchen von Kreisler. Als das offensichtlich großen Anklang fand, wagten sie sich an Händel, an eine Bach-Transkription und schlossen mit irgendeinem donnernden Feuerwerk von Sarasate, Wieniawski, Paganini oder etwas Ähnlichem, was die begeistert klatschenden Jungen auf die Beine riß.

Am folgenden Morgen brachte die führende Zeitung zu unserem Schrecken auf der ersten Seite ein Bild der 500 fußballähnlichen Köpfe mit Y und Marcel, wie sie munter drauflossägten und -droschen. Y hatte niemandem etwas gesagt – das tut er nie, er ist der reinste Geheimniskrämer – und natürlich weder Marcel noch ich. Nun, da stand es also auf der ersten Seite mit einem sehr netten Kommentar darunter. Das Telefon läutete. Es war die wütende Stimme von Y's Agenten, der ihn beschuldigte, »seinen Kontrakt gebrochen zu haben und so weiter und so fort«; er verlangte, Y solle kommen und »sich erklären«. Wie »erklärt« man den einfachen menschlichen Wunsch, denen, die weniger begünstigt sind als man selbst, zu geben, was man nur kann? Da wir am folgenden Tag sowieso nach Kapstadt abreisten, sagte Y zu, auf dem Weg zum Flugplatz bei ihm hereinzuschauen. Ich blieb mit Marcel im Wagen. Alles, was ich noch weiß, ist, daß ich fünf Minuten später das laute Schlagen einer Tür hörte, und mit gerötetem Gesicht und strahlender Miene erschien Y. »Das erstemal, daß ich eine Tür zugeknallt habe«, verkündete er stolz. »Was war denn los?« fragte ich. »Na ja, er sagte, er würde mir eine gerichtliche Vorladung verpassen, und ich antwortete ihm, das würde mich freuen, und ich würde sie per Eilpost an den *Daily Mirror* schicken. Da sah ich, wie sein rotes Gesicht vor Zorn fast platzte und beschloß, bevor es zum Explodieren käme, die Tür zuzuknallen – ich merke, daß ich das im Grunde schon seit Jahren einmal tun wollte.« Er war fast fünfunddreißig.

Unser nächster Aufenthalt war Kapstadt, die schönste Gegend der Welt nach dem Mittelmeer. Dort zeichnete sich Y aus, als wir von einem freundlichen ehemaligen Bürgermeister, William Blumberg, zu einer Sitzung des Parlaments mitgenommen wurden. Man diskutierte gerade das Gesetz über Anmeldepflicht (Registration Bill), und als der Genannte *sotto voce* die Rede des Afrikaander-Abgeordneten übersetzte, fielen Y fast die Augen aus dem Kopfe, so unglaubhaft kam ihm dessen mittelalterliche Einstellung gegenüber den afrikanischen Eingeborenen vor. Dem folgte ein sehr begründeter und ausgewogener Beitrag von einem

Unabhängigen, der die Ansichten des Afrikaanders zurückwies. Zu meinem Entsetzen stand Y auf (wir saßen neben der Galerie für die Presse) und schrie »Bravo!« Da Y nie einer auch nur schulähnlichen Institution angehört hat, weiß er nichts darüber, was oder was nicht getan werden kann oder muß oder darf. »Komm raus, rasch«, zischelte ich, »bevor wir rausgeschmissen werden!« und ergriff Y bei der Hand. Ich zog ihn die Stufen der Galerie hinauf auf den langen Korridor, wo wir auf einen wütenden Aufseher in Uniform prallten, der verlangte, daß wir umgehend die geheiligte Stätte verlassen sollten. »Ich kann es gar nicht *erwarten*«, sagte Yehudi und schritt mit großer Würde den mit roten Läufern ausgelegten Korridor entlang. Der einzige Haken bei diesem seinem prachtvollen Abgang war, daß er Reisepantoffeln trug – ich hatte ihn tags zuvor mit seinen seidenweichen Füßchen zu einem Spaziergang aus dem Hause gezerrt, welch gute Absicht und milde Leibesübung riesige Blasen gezeitigt hatten.

Wir fuhren nach Johannesburg zurück, wo Yehudi am Morgen für Pfarrer Trevor Huddlestons Gemeinde in Sophia Town und am Abend in Orlando, einem anderen Township, spielte, wofür der einsichtsvolle Bürgermeister von Johannesburg Y einen Teil des städtischen Orchesters zur Verfügung gestellt hatte. Wieder unbändige Freude und lautes Lachen, danach die warmherzige Rede des Chiefs und die Halsketten aus Kugeln, die er mir schenkte, wobei er sich entschuldigte, daß es keine Diamanten wären, über die er aber keine Verfügungsgewalt hätte. Dies alles lohnte die Mühe, jeden unserer freien Augenblicke mit Sonderkonzerten in jenen Townships zu füllen, die über ein genügend großes Gemeindehaus verfügten, um darin zu spielen. Und sonst? Wir standen meistens schon um 5 Uhr auf, wenn es noch kühl war. In der Tageshitze flogen wir dann durch Wellen heißen Sonnenlichts, die das Flugzeug auf- und ab- und hin- und herwarfen, mit uns als den hilflosen Federbällen dieses Badminton-Spiels, das am Himmel gespielt wurde. Mitunter stießen wir tief hinab auf krokodilverseuchte Flüsse (der Pilot betrachtete dies vermutlich als heilsamen Unterricht in Naturgeschichte, vielleicht auch als großen Spaß) oder tauchten in eine Schlucht ein, wo diese unerquicklichen Geschöpfe sich unter uns im Schlamm wälzten und nach uns schnappten.

Dies geschah auf unserem Flug nach Windhoeck im ehemaligen Deutsch-Südwestafrika. Ab und zu machten wir halt an Orten wie Hoopinckoff oder Spook, damit die grüngesichtigen Fluggäste sich die Füße vertreten konnten, anschließend krabbelten sie wieder in das bereits ziemlich übelriechende Flugzeug hinein, bis wir schließlich auf der Hochebene landeten, wo lauter Karakulschafe grasten. Der Weg in die Stadt führte durch eindrucksvolle Straßen wie Kaiser-Wilhelm-Allee und über Plätze wie den Bismarckplatz, zu einem sehr sauberen kleinen Hotel, wo der Oberkellner uns als den einzigen Gästen den Lunch im Speisesaal servierte und das gekürzte Menü mit unserer Verspätung erklärte. Serviert wurden uns: Hors d'oeuvres variés, Suppe mit Klößen, ein großer Fisch mit Dampfkartoffeln, ein riesiges Stück Rinderbraten mit zwei Sorten grünem Gemüse garniert, ein Hühnchen, verschiedene Käsesorten, Eis und zum Abschluß Obst. Ganz benommen, beschlossen wir, keine Zeit mit der Frage zu verlieren, welche Gänge wohl in dem Menü ausgefallen wären. Wir wankten auf unser Zimmer, schliefen uns aus, machten uns dann für das Konzert am Abend fertig und fanden zu unserer Erleichterung dabei heraus, daß der Konzertsaal ein Teil des Hotelkomplexes war.

Ich kämmte pflichtschuldig Y's Haar, überprüfte sein Taschentuch und ging nach vorn in den Saal. Als er dann mit Marcel auf die Bühne kam, begrüßte ihn ein reizender Backfisch mit einem Blumenstrauß, machte ihm einen Vorkriegsknicks und hüpfte davon, um die beiden ihrer Musik zu überlassen. Im Falle Marcels wurde das jedoch durch einen Umstand kompliziert: Seine Notenwenderin war mit einer stattlichen Oberweite gesegnet und so gut geschnürt, daß die furchterregenden sekundären Geschlechtsmerkmale einen wirklich unverwundbaren Bug bildeten, der, jedesmal wenn sie aufstand, um eine Seite umzublättern, den armen kleinen Marcel regelrecht zur Seite stieß und ihn zwang, sich vorzubeugen und über den oberen Oktaven zu kauern, während er beim Spielen in den Baßregionen rasch unter dem imposanten Gebäude hinwegtauchen und sich durch seine Passage hindurchwinden mußte, um wieder aufzutauchen, wenn die mächtige Dame auf ihren Sitz zurücksank.

Ich amüsierte mich natürlich köstlich, zumal ich Marcels herrlichen französischen Sinn für das Absurde gut kannte, und konnte es gar nicht abwarten, mit ihm später darüber zu lachen. Später? Man erklärte mir, es sei Sitte, daß die gesamte Zuhörerschaft während der Pause in die Bierhalle ginge (eine der 26 in der kleinen Stadt), die neben dem Konzertsaal lag, um sich dort für die zweite Hälfte der Darbietung zu stärken. Ich weiß nicht, ob sie vollkommen erledigt waren oder ob die Musik ihren Appetit und Durst so angeregt hatte, jedenfalls hämmerte ich nach einer Stunde wütend an die Tür des Managers und erklärte ihm, entweder ließen die Zuhörer jetzt ihr Bier und ihre Frankfurter stehen oder es gäbe keine zweite Hälfte. Empört über meinen Mangel an Mitgefühl für die Hungrigen hatte er dennoch ein Einsehen, und die bemerkenswerte Veranstaltung wurde zu Ende gebracht.

Als wir später nach Kapstadt zurückkamen, erhielten wir eine Einladung von General Smuts. Ich hatte ihn schon lange kennenlernen wollen und war neugierig zu erfahren, wie er als Mensch sich wohl verhalten würde, jetzt, wo eine Afrikaander-Regierung an der Macht war. Der Mann, der sich zu unserer Begrüßung erhob, war schmuck und nett, warmherzig und von großem Charme, mit humorvollen Augen, scharfer Nase und einem entschlossenen, aber beweglichen Mund, der halb von seinem »majestätischen« Bart verborgen wurde. Was für eine Tiergestalt war das? Zu gütig für einen Fuchs, zu aufgeweckt und intelligent für eine Feldmaus, zu freundlich für ein Wiesel. Könnte er ein rotes Eichhörnchen sein? Vielleicht. Er dankte Y dafür, daß er den Stier bei den Hörnern gepackt habe, als er darauf bestand, für die Schwarzen Sonderkonzerte zu geben und in den Townships zu spielen. Ich bemerkte an Smuts, was ich einige Jahre später an Nehru feststellen sollte: die zunehmende Trauer eines alternden Mannes, bei dem die Liebe zu seinem Lande sich in dem Maße vertiefte, wie die Hoffnung, seine ständig wachsenden Schwierigkeiten bewältigen zu können, immer fraglicher wurde. Eine Art selbstanklägerischer Wehmut breitete sich über sein Gesicht aus, als er mit milder Weisheit von der Gegenwart sprach und davon, wie wenig Hoffnung er hege, falls es in den kommenden Jahren der Nationalen Partei nicht gelänge, Können mit Mitgefühl, politisches Fingerspitzengefühl mit menschlichem Mut zu koppeln. Das war 1950 – das übrige ist Geschichte. Er war ein sehr liebenswerter Mann, und als ich an dem Tag, als wir ihn zum letztenmal sahen, die Unterhaltung dadurch aufzuhellen unternahm, daß ich ihn über Geschichten von Y's Eigenheiten und ausgefallenen Interessen zum Lachen zu bringen suchte, nahm er vom Schreibtisch eine Fotografie von sich und signierte sie: »Für Diana die Wasserstoffbombe, herzlich Jan Smuts.« Leider ist der Koffer, in den ich dummerweise dies kostbare Erinnerungsstück gepackt hatte, nie wieder aufgefunden worden.

Das andere Land, wo Y seinen Mut bewies, war Israel, eine viel ernstere Herausforderung. Es war im Jahre 1951, unser erster Besuch und ein dramatischer dazu, wenn man bedenkt, daß eine militante Gruppe Y's Agenten einen Zettel zugespielt hatte, auf dem die einfache Mitteilung getippt stand: »Wenn der Verräter Menuhin nach Israel kommt, werden wir ihn töten, wie wir voriges Jahr Bernadotte getötet haben.« Was kaum zu einem warmen Willkommen oder, auf unserer Seite, einem Gefühl der Sicherheit beitrug. Als Y mir diese Botschaft ein oder zwei Monate vorher gezeigt und mich nach meiner Meinung darüber gefragt hatte, hatte ich geantwortet, dies sei ein Grund mehr, trotz aller Drohungen sich nicht vor dem Besuch eines neuen Landes zu drükken, für das er tiefe Gefühle hegte und das kennenzulernen er selber große Sehnsucht hatte. Er würde selbst beurteilen können, ob seine widersprüchlichen Gedanken über die Weisheit der Politik dieses Landes die Feindseligkeit einiger Israeli verdiente oder nicht.

Yehudis Schwester Hephzibah war aus Australien gekommen, sie holte uns ab, und als wir die Gangway vom Flugzeug herabstiegen, war ihr Gesicht das einzige freundliche in einem Meer uns feindselig anstarrender Gesichter. Dreihundert Journalisten, von denen eine Woge des Abscheus ausging, sind kaum eine *bonne aubade*, um 7 Uhr früh, in einem neuen Land. Die Intensität dieser Abneigung war fast körperlich fühlbar.

Yehudi lehnte ihren zornigen Befehl, sich in die Flugzeughalle zu verfügen und seine Haltung gegenüber Israel im allgemeinen und dem Zionismus im besonderen zu erklären, rundheraus ab und setzte kurz und bündig hinzu, sie sollten doch eine Versammlung einberufen, zu welcher er am anderen Morgen nur zu gerne käme. Damit fuhren wir ab in unser Hotel. Es war außerordentlich bewegend, in jenen frühen Tagen in Israel zu sein, wo seine Menschen allein von dem lebten, was sie produzieren oder importieren konnten – Ersatztee und Kaffee. In Tel-Aviv gab es ein kleines, enges, altes palästinensisches Hotel, ein Überbleibsel der britischen Herrschaft. Draußen vor der Tür unseres winzigen Raums saß die ganze Nacht über ein feindseliger Soldat, das geladene und entsicherte Gewehr auf den Knien. Ein hübsches Wiegenlied, dachte ich und fragte mich, in welche Richtung er damit wohl zielen würde.

Bevor wir schlafen gingen, besprach ich ein, zwei Punkte mit Y, von denen ich glaubte, da ich selber neutrale »Außenstehende« war, sie könnten für ihn von Wichtigkeit sein. Was die jüdischen Immigranten so aufgebracht hatte, war, daß Y darauf bestanden hatte, sobald der Krieg zu Ende wäre, nach Deutschland zu gehen. Er hatte zusammen mit Benjamin Britten gespielt, der ihm angeboten hatte, ihn in Bergen-Belsen zu begleiten, eine knappe Woche, nachdem der finstere Schrecken dort ausgeräumt worden war. Wir hatten natürlich eine Gastspielreise nach Berlin gemacht, während der Blockade von 1948, denn Y beharrte darauf, daß es von jetzt an seine Aufgabe sei, das Bild des Juden nach der Schändung durch Hitler wiederherzustellen – das Bild der fleißigen, intelligenten, begabten und kultivierten Minderheit, die sie in jeder Stadt, wo sie sich niedergelassen hatten, darstellten. Es sei nicht die Sache der Juden, sagte Y, »Auge um Auge, Zahn um Zahn« zu rufen. Das würde verraten, daß sie, die überlebt hatten, befleckt mit der Philosophie ihrer häßlichen Unterdrücker zurückgekehrt seien. Die Juden wären ein einzigartiges Volk und würden es beweisen, nicht durch Jammern oder Prahlen, sondern durch ihre Arbeit, ihre Gaben und Fertigkeiten. Ich bat ihn, nur noch einen Punkt hinzuzufügen, der mir, deren Familie in der ersten Woche des »Blitz« die Bomben zu spüren bekommen und verschiedene andere Bombardierungen überlebt hatte, vielleicht bewußter war. Wenn sie *meine* Familie getötet hätten, so wäre ich nicht sicher, ob ich solch großherzige Gefühle aufgebracht oder die Lage so klar zu sehen vermocht hätte wie er, sagte ich und beschwor ihn, an die zu denken, die gelitten hätten. Ich riet ihm, er solle sie bitten, ihm zu vergeben, wenn sie ihn für gleichgültig hielten. Denn obschon er sein Leben manches Mal im Krieg aufs

Spiel gesetzt hatte, war doch seine Familie in Amerika in Sicherheit gewesen.

Wie sich herausstellte, war das Treffen am nächsten Tag wichtig und leidenschaftlich, doch es endete harmonisch; obwohl wir noch eine Zeitlang von Soldaten bewacht umhergehen mußten und mir während jener ersten Konzerte das Herz auf der Zunge lag, da jeder x-beliebige auf ihn eine Handgranate hätte abziehen können, änderte sich doch die ganze Stimmung. Am Ende verschwand die militärische Wache und wurde durch eine freundliche Menge ersetzt.

Nicht wenig dazu beigetragen hatte eine Einladung des Präsidenten Chaim Weizmann, die wir bei unserer Ankunft vorgefunden hatten, am Tag darauf mit ihm im »Weißen Haus« den Lunch einzunehmen. Es war ein bewegendes Erlebnis; er war offensichtlich schon ein sehr kranker Mann, sanft, weise und humorvoll. Vera, seine hübsche Frau, gab mir das Gefühl einer Heimkehr – sehr russisch, mit einem herrlichen Kopf, einer prachtvollen Haltung, mit jenen slawischen Augen, die herrisch unter dem beschattenden Kopftuch hervorschauten, einer tiefen Stimme, die mit russischen Vokalen versetzt war, und einem so unabhängigen und aristokratischen Gebaren, wie es nur je einer meiner vergangenen Ballerina-Lehrerinnen in Paris eigen war. Sie sind eine jetzt erloschene Spezies – bedauerlicherweise ist diese unersetzliche Gußform für immer fortgeworfen worden. Was ich so merkwürdig fand, Weizmanns Befürchtungen galten nicht den umliegenden fremden Territorien, auch nicht den vertriebenen Arabern – seine ständige Furcht war, daß der Jude seine wesentlichen Charakterzüge verlieren könnte, jetzt, da er endlich sicher in seinem eigenen Heimatland war. »Welche zum Beispiel?« fragte ich. »Nun, meine Verehrte, seine Wachheit, seinen Intellekt, seine Energie und sein leidenschaftliches Bedürfnis, sich über Gefahr und endemische Verfolgung hinauszuheben und vor sich selber zu beweisen, daß er mit seiner Unabhängigkeit und Entschlossenheit das Höchstmögliche erreichen kann, ganz gleich, bei welcher Aufgabe und in welchem Beruf er sein Gehirn gebraucht.«

Das war der Anfang einer engen Freundschaft, denn sie stimmten beide mit Y's Vorstellung des im Entstehen begriffenen neuen Juden überein – des Israeli. Wir führten aufschlußreiche Gespräche beim Lunch mit den Generälen Dayan und Yadin, die jeder mit seiner »Grabung« hochbefriedigt waren, beide in Uniform, beide lebhafte Männer, bei denen sich Tat *und* Gedanken paarten. Trotz der kümmerlichen Nahrung und des harten Lebens wiesen die Subskriptionslisten für die Konzerte die Namen eines großen Teils der Bevölkerung von Tel-Aviv auf; damit sie alle in der damals noch kleinen Halle Platz finden könnten, mußte Y dasselbe Werk mit der Philharmonie siebenmal aufführen. Ich sagte Weizmann, die Atmosphäre erinnere mich an die Zeiten des »Blitz« in London – da aller Unfug, aller Flitterkram und Firlefanz abgetan war, abgetrennt vom scharfen Messer der Not, da nur das elementar Lebenswichtige Vorrang hatte und getragen war von der Hoffnung und Verwunderung darüber, noch am Leben zu sein –, als das schwer faßliche, leicht vergängliche Etwas herrschte: der wahre Wert. Es war ein wunderbarer Augenblick und wunderbar, ihn gesehen, gefühlt und erlebt zu haben in jener besonderen Phase der Geschichte.

Zwischen diesen beiden Besuchen in Südafrika und Israel hatte es natürlich eine endlose Kette des Kommens und Gehens in aller Herren Länder gegeben, die dankenswerterweise von gelegentlichen Treffen mit Mita und Schwester Marie durchbrochen wurde. Voller Freude erwischte ich sie in Zürich, wohin sie von Alma gekommen waren. Niemand, der nicht wie ich immer wieder von seinem ersten, noch ganz kleinen Kind getrennt worden ist, wird meine Sehnsucht und Aufregung verstehen. Mit seinem goldblonden Lockenkopf und seinen dunklen, braunen Augen, die mehr denn je abschätzend zu beobachten schienen, kam wir Mita viel größer vor. Es war volle neun Wochen her, seit ich ihn zuletzt gesehen hatte, eine lange Zeitspanne im frühen Entwicklungsstadium eines Kindes. Wir fuhren gemeinsam auf ein paar ruhige Tage nach Bad Gastein, dann schwirrte Y ab nach Niederdollendorf oder Knokke oder Gott weiß wohin; ich aber nahm Schwester Marie und Mita für zwei Wochen mit auf die herrlichen Höhen von Arosa. Als wir aus dem Zug stiegen, guckte Mita sich nach den zu beiden Seiten sauber aufgetürmten Schneemassen um und verkündete prompt: »Bettdecken!« Für ein zwanzig Monate altes Kind war das eine ganz hübsche symbolische Leistung, und an den folgenden Tagen stellte ich fest, daß er, wann immer ihm ein Wort fehlte, es entweder umschrieb oder ganz einfach ein eigenes erfand. Er war schon ein ganz vorzüglicher Gefährte, er hörte begierig zu, wenn man ihm vorlas, und nahm alles wahr, was um ihn herum vorging.

Nach dieser beseligenden Atempause kamen wir wieder mit Y und Marcel zusammen, diesmal in Bern. Es gab einen tränenreichen Abschied von Schwester Marie (nach einjährigem Urlaub wollte sie jetzt ihr aufgeschobenes Hauptexamen als Krankenpflegerin ablegen), die von Schwester Hedy, einem rothaarigen munteren Geschöpf, abgelöst wurde. Mita war natürlich scheußlich zu ihr – aus Loyalität gegenüber seiner geliebten »Ma« (die größtmögliche sprachliche Annäherung an Marie) wie aus Rücksicht auf seinen bereits hochentwickelten Sinn für persönliche Wahl und kritisches Abschätzen, Züge, die das Leben seiner armen Mutter von da an äußerst kompliziert machen sollten.

Zu jener Zeit hatte Y ein Konzert in Mailand angenommen; dorthin fuhren wir mit dem Zug und kamen nachmittags gegen 15 Uhr in unserm Hotel an. Müde, wie wir waren, entschlossen wir uns zu einem Nickerchen, in der Meinung, daß Scala-Konzerte nie vor 20.30 Uhr anfingen, das italienische Publikum zuverlässig zu spät käme und Y viel Zeit zum Ausruhen und Üben hätte. Man stelle sich unser Entsetzen vor, als wir um 16 Uhr unsanft von der zwitschernden Stimme der Agentin geweckt wurden, die ihr unwillkommenes Erscheinen in der Halle ankündigte und die gleichermaßen unerfreuliche Mitteilung machte, das Konzert wäre auf 17 Uhr festgesetzt. Als letzten Schrecken eröffnete sie uns, daß es nicht in der Scala stattfände, sondern im sogenannten Teatro Nuovo (erste Lektion für mich, nie zu unterlassen, alles noch einmal zu überprüfen, von Y's Kämmen bis zu seinen Konzertterminen). Wir sprangen aus dem Bett, rissen Y's Frack aus dem Koffer, ich zog das Kleid über, in dem ich gekommen war, und wir polterten nach unten, verärgert über den Mangel an Einzelangaben auf unserem Tagesplan. Signorina Stupida stand da und lächelte von einem Ohr zum andern: »Ma, caro Yehudi!« zirpte sie und trillerte unverdrossen die ganze Taxifahrt über fort, während Yehudi seine Schuhbänder zumachte und ich wütend vor mich hinstarrte. Schlimmeres (wie immer, liebe Kassandra) sollte kommen. Signorina S. bezahlte das Taxi, trieb uns über das Pflaster und dann hinab – ja, zwei Treppen tief hinunter – in eine Art gepolsterten Kerker, wie man ihn gewöhnlich für »blaue« (Porno-)Filme benutzt. Es war keine Zeit, Einwendungen zu machen, sondern gerade genug für Y, sich die Finger zu wärmen, seinen Begleiter zu begrüßen (der glücklicherweise ein höchst kompetenter und begabter Italiener war), und für mich, nach vorn in den Saal zu gehen. Dort traf ich auf den einzigen Lichtblick in dem dunklen Alptraum, den lieben Rafael Kubelik, Dirigent und Sohn des großen Geigers Jan Kubelik, der glücklicherweise neben mir saß.

Y kam in der ersten Hälfte ganz gut zurecht, hatte aber unglücklicherweise in seiner sorglosen Art gänzlich vergessen, daß er zugesagt hatte, den Paganini in h-Moll zu spielen. (Damals war es noch annehmbar, solche Werke, deren Orchestrierung kaum mehr als ein loses Zusammenfügen einzelner Akkorde oder aber ein akrobatisches Arpeggio war, das dem mit seinem technischen Können brillierenden Solisten als Sprungbrett diente, zur Klavierbearbeitung zu spielen.) Nun hatte Yehudi, ein wenig grün im Gesicht, als ich ihm in der Pause sagte, es handele sich nicht um den üblichen Paganini in D-Dur, sondern um das selten gespielte Gegenstück in h-Moll, diesen letzteren hastig aus den Tiefen seines bemerkenswerten Gedächtnisses hervorgeholt, und so geigte und trillerte er mit wachsender Zuversicht drauflos. Wenn ich erklären würde, ich hätte ein »zweites Magengeschwür« zu dem »altbekannten« aus meiner Ballettzeit entwikkelt, so wäre das die reine Wahrheit – und wirklich brach es zu voller Blüte aus, als das gefürchtete Ritardando auf dem Klavier das Nahen der Kadenz ankündigte.

Da stand der arme Y, nackt und ganz allein, und war einem Schicksal überlassen, von dem Musiker nur träumen, wenn sie es zu heftig getrieben haben. Er biß die Zähne zusammen und warf sich mit Schwung in den Anfang hinein (ich hatte im stillen gehofft, er würde die Kadenz aus dem D-Dur-Konzert übernehmen), spielte ein paar Dutzend Takte, geriet ins Schleudern, versuchte mit ein paar Doppelgriffen und leichtem Spiccato die Sache wieder unter Kontrolle zu bringen und kam mit einer wimmernden neapolitanischen Melodie zum Stillstand. Ich wand mich hin und her, Rafael drückte meine Hand, aber Y wandte sich mit großer und ungewohnter Würde seinem Pianisten zu und stürzte sich in den letzten Satz »La Campanella«, den er mit dem ganzen Triumph der Verzweiflung zustande brachte.

Ich rannte nach hinten und zog den lieben Rafael mit mir, schob Y in seinen Mantel, Signorina Catastrophina händigte uns einen großen Umschlag aus, wir sprangen die Stufen hinauf, winkten ein Taxi heran und einem verdutzten Rafael ein Lebewohl zu, erreichten das Hotel, warfen unsere wenigen ausgepackten Sachen in die Koffer und riefen uns »Venedig« zu. Vorbei an Y's armer, lieber, alter Signorina Anna, die ihren Geliebten noch einmal sehen wollte, kletterten wir wieder ins Taxi, riefen »Alla stazione!«, kämpften uns durch diesen Hexenkessel von Stufen, Gängen, schreienden Menschen und sperrigen Bündeln und sprangen in den Zug nach Venedig, als er sich gerade in Bewegung setzte. Keuchend sahen wir uns an und fühlten uns eins in dem boshaften Glück, wie es nur zwei Geschöpfe wie wir empfinden können, die von klein auf mangelnden Spielraum oder verrückte Improvisation kannten . . . Seligkeit . . . spontane gemeinsame Selbstauflösung. Wir waren weggelaufen – wir wollten das scheußliche und schäbige Konzert vergessen und zum erstenmal das höchste Glück des Sturzes aus der Gnade erleben.

Später in jenem Jahre (1950), im August, sollten wir tatsächlich alle zusammen einen ganzen himmlischen Monat lang in Österreich Ferien machen können, wo wir die Dépendance eines großen Hotels in Bad Gastein mieteten, obwohl es für Y wieder Üben und Einstudieren neuer Werke mit sich brachte. Für mich bedeutete es, meine häufige Abwesenheit nun als Mutter wie auch in meiner Sommerrolle als Stiefmutter Krovs und Zamiras wiedergutzumachen. Aber vor allem bescherte es uns ein beinahe normales Familienleben: Picknicks in den Wäldern, lange Wanderungen auf die bewaldeten Berge, herrliches österreichisches Essen, viel französische und englische Lektüre, Ausflüge nach Salzburg mit himmlischer Musik und dann diese hinreißende Landschaft, mit der Österreich gesegnet ist. Viel zu schnell ging der Monat zu Ende, Zamira und Krov flogen zurück in die Staaten und damit zur Schule; nach einem Konzert in Paris folgten Mita, Hedy, Y und ich ihnen nach Amerika. Es kam der von mir am meisten gefürchtete Augenblick, ich mußte mich wieder von

Y trennen, der seine Amerika-Tournee begann. Mit Mita und seiner Nurse trat ich den langen Flug zurück nach Kalifornien an, um »Alma« zu entmotten, verzweifelt nach einem Hausverwalterpaar zu suchen, den Haushalt in Schwung zu bringen und eine Weile dortzubleiben. Anschließend wollte ich wieder aufbrechen, um mit Y für kurze Zeit zusammenzusein.

Der Herbst wurde durch den plötzlichen Tod meiner Mutter getrübt. Schrecklich die heisere Stimme des Telefonisten, der mir die Nachricht durchgab; natürlich hatte die böse Fee dafür gesorgt, daß ich allein war, ohne Y, der mich hätte trösten können. Trotz ihrer kindlichen Gefühllosigkeit, ihrer Selbstbezogenheit und ihrer Unfähigkeit, sich um irgend jemanden anders als sich selbst zu kümmern, empfand ich, als jene körperlose Stimme mir mit der Todesnachricht den Schock versetzte, einen ganz atavistischen Schmerz, das Zerreißen einer Nabelschnur, deren Existenz mir stets verborgen geblieben war. Und ich weinte – dort, tausend Meilen weit weg von ihr, in dem Bewußtsein, daß ich nie wieder dieses eigenartig anziehende und begabte große Kind, das meine Mutter war, sehen und mich von ihr wahnsinnig machen lassen würde. In gewissem Sinne muß ich mich wohl auch zu jenem Leben zurückgesehnt haben, dem ich seit meiner Verheiratung mit Y abgeschworen hatte, aufgerüttelt aus den drei Jahren atemberaubender, besinnungsloser Verfolgung seiner Ziele und meiner völligen Bindung. Für einen Augenblick hatte die automatische Schaltung, die so nützlich ist, wenn man dem Unfaßbaren ins Auge sehen muß, ausgesetzt – und die Leere hallte wider von einem Chor verstörender und fremder Schreie. Was in aller Welt hatte ich hier zu suchen, Tausende von Meilen von meinen Wurzeln entfernt und von allem, was für meinen Werdegang von Bedeutung war? So flüsterte mir Luzifer, die Stimme meines inneren Selbstzweifels, ständig ins Ohr. Einen tödlichen Augenblick lang fühlte ich mich völlig aus der Bahn geworfen und schwankte gefährlich unsicher zwischen vergangenem Erbe und gegenwärtiger Lage. Was die Gefahr des Umkippens verstärkte, war die atemlose Bewegtheit dieser drei Jahre. Die Vergangenheit war verhältnismäßig idyllisch gewesen, die Gegenwart aber war nomadisch, ein Leben von weit komplizierterer Art, auf dem eine dauerhafte Existenz weder für einen selbst noch für das Kind oder künftige Kinder aufzubauen war. Irgendwie, sagte eine andere Stimme, die Stimme der Gnade, mußt du eine bewegliche Struktur zustande bringen, die jedem Auf und Ab standhalten kann; du wirst immer allein sein, denn die Tatsache ist unleugbar, es wird nie wirkliche Wurzeln geben können, sondern nur den Überbau für alle Wechselfälle, eine Arche Noah, die manchmal schwimmt, manchmal auf Grund sitzt . . . immer instand, um seetüchtig und sturmfest zu sein.

Glücklicherweise beschlossen wir das Jahr 1950 mit einem wunderschönen Weihnachtsfest in Alma. Y, der als Weihnachtsmann verkleidet durch das dem Fest ganz unangemessene grüne Laub draußen vor den Fenstern lugte, erschreckte Mita zu Tode, bis ich ihn hereinzog und er das Kind zu beruhigen versuchte, wobei er, von viel weißer Watte behindert, mit verstellter Grabesstimme sprach. Das erschreckte Mita nur noch mehr, so daß ich den Weihnachtsmann bat, er möchte doch einen sichtbaren Beweis seiner Güte erbringen, die er in so auffälliger Weise vermissen ließ. Daraufhin ergriff er ein Paket, das unter dem Baum lag, und hielt es ihm mit lüsternem Seitenblick hin – worauf Mita sich mit gellendem Schreien abwandte, als würde ihn jemand mit der Waffe bedrohen. Endlich wurden wir den Weihnachtsmann los, Y kam als er selbst zurück und wurde von seinem armen kleinen Sohn mit Freudenrufen begrüßt. So war denn die Weihnachtsstimmung wiederhergestellt. Frage: Wenn ein wirklich grundgutes und freundliches Geschöpf versucht, die Rolle eines ebensolchen vorgestellten Geschöpfes zu spielen, machen dann zwei Plus ein Minus?

Das folgende Jahr war denkwürdig wegen unserer ersten Reise nach Nordafrika, wo alte Kultur, neureicher Protz, köstlich würzige Düfte und unbeschreiblich scheußliche Gerüche unaufhörlich in hoffnungslosem Kampfe lagen. Erinnerungswürdig auch eher als Komödie der Irrungen und Überraschungen denn als Ort der Konflikte und Konfrontationen. Von Casablanca flogen wir nach Marrakesch, wo Y natürlich im Suk ganz aus dem Häuschen geriet und zum großen Vergnügen der Händler eine Spitztüte nach der anderen voll unergründbaren purpurroten Pulvers, zerriebenen gelben Kieses, orange-, rostfarbener und schwarzer Gewürze kaufte. Nachdem er von allem gekostet hatte, nahm sein

Gesicht die Farbe eines Regenbogens an, wie ihn Chagall in einer momentanen Geistesabwesenheit gemalt hätte.

Von da ging die Reise nach Oran und Tanger, wobei Y die Konzerte gleichmäßig verteilt wie Konfetti ausstreute, bis zu dem Tag, an dem wir mit dem Auto nach Casablanca aufbrachen. Und hier begannen nun unsere Abenteuer erst richtig. Nachdem wir die internationale Grenze zwischen Spanisch- und Französisch-Marokko hinter uns gebracht hatten, stießen wir plötzlich auf etwas wie einen großen trüben See: Überschwemmung in der flachen Wüste. Die wenigen Wagen an diesem gottverlassenen Fleck waren bis zu den Türgriffen im Wasser steckengeblieben, wie ertrunkene Käfer. Das Konzert war am selben Abend, aber es gab offenbar keine Möglichkeit dahin zu kommen. Hilfreich schlug ich vor, wir sollten aussteigen und mit Y's Stradivari quer über seinem und meinem Kopf die paar Meilen weit hinschwimmen, als ganz plötzlich eine Menge Einheimischer, die in arabischen Ländern aus jedem Loch im Erdboden, aus Mauern oder Gebäuden auftaucht, bis zu den Hüften im Wasser erschien und wie die Hühner zur Fütterungszeit alle durcheinandergackerten.

Y war auf das Trittbrett gestiegen (wir hatten knapp vor dem tiefen Waser angehalten) und sah sich mit einer seiner vielen Arten von Ausdruckslosigkeit um – die gottlob alle wohlwollend, aber völlig unergründbar sind –, als sich aus der feuchten Menge ein Schrei löste: »Mon Dieu, c'est Yehudi Menuhin!« Und planschend auf uns zu kam, wie wir vermuteten, die jüdische Gemeinde der kleinen Stadt. Y's Ausdruck wandelte sich minimal zu dem verlegener Verwirrung. Es kam ein gefährlicher Augenblick, wo sie ihn in ihrer Aufregung und Begeisterung fast ins Wasser gezogen hätten; ich aber hielt ihn durch das Fenster langend im echten britischen Bulldoggenstil am Hosenboden fest, so blieb er in bedenklichem Schwebezustand, jedoch von Kopf bis Fuß enthusiastisch mit Schlamm bespritzt. Als es Maurice Dandelot, der bei uns war, gelang, das inzwischen durch Spanisch und Arabisch verdichtete Geschrei zu dämpfen, fragte er, ob Hoffnung bestünde durchzukommen? Die einzige Antwort kam von Kindern, die durchnäßte Schulhefte schwenkten und Autogramme haben wollten. Maurice war beharrlich, worauf ein stattliches Aufgebot an Ortsältesten den Wagen langsam zur nahen

Polizeistation schob. Dort saßen wir zwei geschlagene Stunden zerknittert und verloren herum, während uns ein gewaltiger Wortwechsel in wenigstens drei Sprachen umtoste.

Dessen Ergebnis brachte die Lösung: Man beschloß, uns auf höher gelegenes Gelände bei der Bahnstation zu schleppen, wo auf der Rampe ein großer Lastwagen stand. Mit Hilfe von Planken, unserem tüchtigen Fahrer und der Unterstützung des halben Dorfes, das im kalten, grauen Wasser stehend schob und zog, gelang es, unseren Wagen auf den Laster zu kriegen. Es war ein wahres Bravourstück der Findigkeit und Hingabe. Unglücklicherweise hing das Hinterteil des Wagens gefährlich über den Rand. Sofort wurde ein ganzer Haufen von Ketten, Seilen, Bindfäden und Wollgarn von willigen Händen zu einer Art Hängematte verflochten, die, an beiden Seiten des hinteren Lastwagens mehr oder weniger fest vertäut, das überhängende Heck hielt. Zu meiner Erleichterung wurde dann aber der Vorschlag gemacht, wir sollten doch lieber aussteigen und uns zwischen unseren Wagen und die seitlichen Ladeklappen des Lasters quetschen, während ein paar Ortsbewohner es vorzogen, sich als Späher, Dolmetscher oder ganz allgemein als Sachwalter auf das Dach des Wagens zu setzen. Der Laster fuhr taumelig die schräge Rampe hinunter und planschte ins Wasser, aus dem der Motor und ein Teil der Räder herausragten, und fort juckelten wir, begleitet von der frenetisch jubelnden Menge, die uns nachspritzte und -winkte, wie im Wind wehende nasse Wäsche. Nach ein paar Meilen wurde das Wasser flach, der Boden hob sich, und schlammig, aber befahrbar kam die Straße zum Vorschein.

Aber unsere Nöte waren keineswegs vorüber. Es blieb das schwierige Problem, den Wagen wieder vom Laster herunterzulotsen. Wir waren abermals an einer der wandernden Grenzen (vielleicht der spanisch-französischen) angekommen, und das hieß soviel wie Einwohner und Hilfe. Aufs neue schrille Schreie der Bekundung, daß sie Y erkannt hatten, in denen Dandelots sorgenvolle Ankündigung, die Stunde des Konzerts rücke heran, und zwar im umgekehrten Verhältnis zur Entfernung zwischen diesem Ort und Casablanca, unterging. Dann rannten alle, Ortsbewohner, Wachen und Polizei, hin und her, kamen mit Ladungen von Ziegelsteinen und festen Planken zurück, die sie zu einer wackeligen Schräge an der Rückseite des Lastwagens zusammenbauten, der inzwischen auf die halbe Höhe der Böschung zur Straße gebracht worden war. Während wir müde über den Rand des Lastwagens kletterten, blieb der tapfere Fahrer am Steuer, schaltete in den Rückwärtsgang, und der Wagen glitt unter einem furchtbaren Brüllen und im Gestank seiner rauchenden Handbremse sehr langsam rückwärts vom Lastwagen herunter, schlitterte halb die Planken hinab, wobei der beleidigte Motor ein herzzerreißendes Stöhnen von sich gab und der gekränkte Auspuff eine sehr unanständige schwarze Wolke.

Triumphgeschrei! Ramponiert, aber noch ganz waren wir wieder auf der Straße – der Fahrer überhäuft mit Lobgeheul ob seines Wagemutes. Unsere Reifen waren wie durch ein Wunder heil geblieben, und es gelang uns, um Punkt 20 Uhr in Casablanca zu sein, wo Y sein Konzert pflichtschuldig absolvierte, mir aber freundlich untersagte dabeizusein, so daß ich im dortigen Hotel in einem lauwarmen Bade schwelgen konnte.

Weiter und weiter ging es; wir kamen nach Tunis, wo uns ein Erlebnis erwartete, das in vollkommenem Gegensatz zu der vorangegangenen Tollhausszene stand. Ich erinnere mich noch an eine ungewöhnliche Tour nach den Thermen des Antonin in Karthago, wohin uns der amerikanische Generalkonsul und seine Frau mitnahmen. Dort lagen auf dem hellen Sand der nordafrikanischen Küste riesige weiße Marmorsäulen und die Trümmer der großen Bäder. Ringsum nichts als Dünen und ein unendlicher Himmel, der in die saphirblaue See überging. Ich wanderte durch diese Überreste, der Wind wehte wie ein Segen über die Pfeiler. Auf irgendeine unerklärliche Weise war unter den zerfallenen Mauern und gestürzten Säulen der Geist Karthagos und seiner ganzen Geschichte noch vorhanden. Man fühlte etwas seltsam Anwesendes, eine Unsterblichkeit. Einen ganz kurzen Augenblick verstand ich die Unendlichkeit der Zeit und erkannte die Bedeutung des Gedichts von Blake:

> Eine Welt in einem Sandkorn zu sehen,
> Einen Himmel in einer wilden Blume,
> Unendlichkeit in der Hand zu halten
> Und Ewigkeit in einer Stunde.

Es gibt nur noch einige wenige der vielen archaischen Ruinen, die diese seltsame Macht ausüben. Zum Beispiel die alten Gärten in Ninfa bei Rom. Alle sind vorchristlich, doch nicht heidnisch im grausamen Sinne. Dies Gefühl von Zeitlosigkeit und lebendiger Ausdruckskraft hatte ich wohl in Machu Picchu, Ninfa und Karthago erlangt, weil wir das große Glück hatten, dort fast ganz allein und ungestört zu sein, und weil alle drei Orte Tempel der Verehrung der Natur waren.

Diesen im Schrein meines Herzens verschlossenen Traum von Ewigkeit vermochten die Erfrischungen, die anschließend in dem wirklich häßlichen viktorianischen Haus des französischen Generals gereicht wurden, nicht auszulöschen. Mit quälender Magenverstimmung büßte ich selbst den sparsamen Genuß des tunesischen Zuckerwerks, das auf den plüschbezogenen Beistelltischchen bereitstand und über das Y mit rückhaltlosem Entzücken herfiel. Der Orientale in ihm vergaß die ganze biologische Nahrungsmasche, als er leuchtenden Auges die Anhäufung von honiggesüßtem Gebäck sah, das über und über wie Stachelschweine mit Mandelsplittern gespickt war, geheimnisvolle, mit Pistazien bestreute Nougatstücke, grünliche Marzipanrollen, aus denen Gott weiß was für flüssige Essenzen sickerten, und Pyramiden von Datteln, die mit etwas gefüllt waren, das meinen müden Augen wie kandierte Mammutzähne vorkam. Y, dieser elende Kerl, hat einen Straußenmagen und kann alles vertragen, von Stiefelknöpfen bis Weckuhren. Ein bißchen höfliches Geknabbere an diesem Überfluß von Leckereien, und ich war für den Rest des Tages mit gastrischen Qualen eingedeckt. Das Haus stand in Salambo. Möglich, daß der Schatten Flauberts es mir heimzahlte, daß ich den bombastischen Roman völlig unverdaulich gefunden hatte.

Der Wechsel zum nächsten Schauplatz war so vollständig wie der von einer Szene zur anderen auf der Bühne: Lunch im exquisiten Haus des Premierministers Bourguiba, das, im marokkanischen Stil auf der Höhe eines Hügels gelegen, auf die Berge ringsum sah. Aber, o Graus! wieder Essen – ohne Hoffnung, es in kleine, halb verzehrte Häufchen auseinanderzuzerren, die ich dann diplomatisch auf dem Rand meines Tellers verteilte, so, wie ich es als Mädchen bei den prächtigen russischen Gastmählern in

Paris gelernt hatte. Ich saß hilflos zur Rechten des Premiers, und er erklärte mir nicht nur jeden Gang nach weitschweifiger orientalischer Sitte, wobei er meinen bescheidenen Portionen dadurch nachhalf, daß er besondere Leckerbissen darauf häufte, über die er sich des längeren ausließ. Zuerst gab es *briks,* eine Art eßbares Päckchen, das ein ganzes Ei enthielt, dann zartes junges Lamm mit Frühlingsgemüse (wenigstens sechs verschiedene Sorten), anschließend einen Haufen winziger gerösteter Artischokken; darauf kam ein Berg von Kuskus auf einer großen Silberplatte, mit leicht gewürztem Huhn serviert; eine riesengroße *pièce montée* von Kuchen und als Abschluß und Abgang, für den Fall, daß wir noch hungrig sein sollten, eine feinere Art jenes honigsüßen Backwerks, Pistazien-Millefeuilles und mandelbedeckte Makronen. Der danach gereichte »türkische« Kaffee vermochte kaum meine bereits qualvollen Krämpfe zu beheben, während der Anblick Yehudis, der mit entzückten Worten den Koch des Premiers lobte und seinen elastisch geweiteten Magen bequem gegen die Tischkante lehnte, mein Elend durch gehässigen Neid nur noch vermehrte.

Auf unserem Rückweg von Nordafrika – genauer gesagt in Athen – entdeckte ich, daß ich wieder schwanger war. Es bedarf keiner Worte, daß dieser Umstand unser Reiseprogramm nicht abkürzte. Von jenem Tag an bis zur Stunde der Geburt lebte ich eine Zeitlang in Rom, machte für eine Weile die Gastgeberin für meinen Stiefvater Cecil Harcourt, war kurz in New York und verbrachte außerdem elf Wochen in Australien, wohin wir Mita mitnahmen. Bei zwei Gelegenheiten hätte ich das Baby fast verloren, einmal in London, das andere Mal in Australien, nach einem grauenhaften Essen in einem der weniger reputierlichen chinesischen Restaurants, die ich »Ptomain-Tavernen« nannte [in der englischen Aussprache gleicher Anlaut: *tome^{i}n tævən,* d. Übers.]. Schließlich kamen wir in Alma wieder zur Ruhe; Yehudi hatte derweil Schwester Marie überredet, ihr Krankenhaus aufzugeben und wieder zu uns zu kommen. Und sie kam, kam nach seinem Konzert in Bern hinter die Bühne und erklärte ihm, ich wäre »in anderen Umständen«.

Alma – Heimat – die Koffer wurden wirklich weggeräumt. Was für eine Freude! Doch nicht ungetrübt. Denn Alma war ein schönes Vakuum. Abgesehen von den gemeinsamen Freunden, durch die ich Yehudi kennengelernt hatte, den Künstlern Frank Ingerson und George Dennison, die unten im Tal wohnten, der Dichterin Sara Bard Field Wood ein paar Meilen näher am Dorf und zwei bemerkenswerten Frauen, Caroline Smiley und Maud Meagher (die den Spitznamen die »Dobe Girls« hatten, weil sie ihr Luftziegel-[*adobe*]Haus, wo sie ihre Jugend-Wochenschrift herausgaben, selbst gebaut hatten), hatten wir wenig engere Freunde; so hatte ich niemanden, an den ich mich in Augenblikken der Bedürftigkeit wenden konnte. Von Zeit zu Zeit kamen wilde Winterstürme über die Berge gefegt und spülten den gelblichen Boden in dichten Kaskaden – wie Vanillecreme – die Hänge hinab, rissen die kläglichen Reste sorgfältiger Anpflanzungen mit sich, gehegte Akazien, junge Pappeln, einen gehätschelten Pfefferbaum und ein unentwirrbares Knäuel schlammverkrusteten Buschwerks. Zu all dem warf der wütende Wind die Telegrafenpfähle um und unterbrach damit meine einzige Verbindung mit Y.

Wieder war Y unterwegs; als erster amerikanischer Künstler nach dem Kriege hatte er sich auf Einladung von General MacArthur nach Japan aufgemacht. Nachdem ich dreimal die Vorsicht in den Wind geschlagen hatte, war ich der Meinung, beim viertenmal Respekt zeigen zu müssen und entschloß mich, Y zum erstenmal allein reisen zu lassen und es nicht zu riskieren, im neunten Monat meiner Schwangerschaft nach Japan zu fliegen. Statt dessen widmete ich mich wieder einmal der undankbaren Aufgabe, ein Hausmeisterpaar für Alma zu suchen; und nachdem ich die Vermittlungen abgeklappert hatte (wer will denn schon in Amerika am Hange eines Hügels sitzen, vereinzelte Mammutbäume betrachten und Gift-Sumachschwellungen davontragen, sich mit der Zubereitung von Tiefkühlerbsen, Hammelkoteletts oder dem Fegen des Fußbodens abgeben?), stellte ich zögernd ein »Paar« ein – Cedric und Fifi. Sie waren Farbige und stellten sich als Mann und Frau vor. Anfangs hatte ich noch Hoffnung, denn farbige Amerikaner haben viel Humor, sind lebhaft und oft sehr freundlich und interessiert. Diese waren leider die Ausnahme, die die Regel bestätigt. Cedric war schlank, gutmütig, sehr lieb, furchtbar faul und mindestens vierzig Jahre jünger als Fifi; sie war so knorrig wie eine Meeresküsten-Pinie, hatte ein Gesicht wie eine zerknitterte Papiertüte und war unaufhörlich am Jammern. Eine wahre Holzkohlen-Elektra.

Weniger als zwei Wochen nach unserer Heimkehr brachte ich Y zum Flugplatz. Aba und Mammina fuhren mich hin und waren sehr lieb und taktvoll, aber bis zum heutigen Tage ist mir die Qual der Einsamkeit und Furcht im Gedächtnis, die mich befiel, als ich Y vergnügt mit der Japan Airline davonfliegen sah. (Er habe einen Kimono angezogen, so erzählte er mir nach der Ankunft in einem Telefongespräch, und den ganzen Flug über geschlafen.) O glücklicher, glücklicher Y, der über eine solche Natur verfügt. Für mich kamen dann vier kafkaeske Wochen, in denen ich Mita wieder an Schwester Maries Eigenheiten gewöhnen mußte. Ein entschiedener Charakter stand da gegen einen anderen, denn er hatte viel zu sehr seinen eigenen Willen bekommen; dieses äußerst rasch auffassende und artikulationsfähige Kind mußte ein bißchen gezügelt werden. Denn nicht nur sein starker Wille machten einem zu schaffen, sondern etwas viel Ungreifbareres – er war zugleich eine träumerische und die Dinge erforschende Natur, ein seltsamer, schwer zu handhabender Zwiespalt. Als ich ihm ankündigte, er würde in einem Monat einen Spielgefährten haben und sich nicht mehr allein fühlen, sah er mich mit einem vernichtenden Blick an und sagte, er möchte viel lieber ein Spielzeug haben.

Der Tag der Geburt des Kindes rückte näher und näher, und ich war mehr als sechzig Meilen von San Francisco entfernt. Aber Cedrics und Fifis Possen hielten mich zu sehr in Atem, als daß Bangigkeit in mir hätte aufkommen können. Im übrigen habe ich nie die Zeit gehabt, mich um mich selbst zu ängstigen – viel zu sehr war ich mit den ewigen Problemen beschäftigt, ein unruhiges Leben so zu gestalten, als wäre es ein ruhiges – und mich in irgendwelche Analysen zu verlieren.

Endlich, am 25. Oktober, rief Y aus San Francisco an. Ich schwöre, ich hielt zwei geschlagene Stunden den Atem an – so lange brauchte er, um nach Hause gefahren zu werden. Er stieg aus dem Combiwagen und hinter ihm quoll ein wahrer Berg von Kisten und Kästen, Bündeln und Körben heraus. Ich fiel in seine Arme, brach in Tränen aus und bat ihn, Cedric und Fifi auf der Stelle zu entlassen. Er ging spornstreichs hinunter in die Küche, kam zehn Minuten darauf zurück, ohne ein Wort zu verlieren und ließ mich mit dem Auspacken der Kisten anfangen. Was fiel mir da nicht alles entgegen: ganze Rollen von köstlichem alten Brokat, Rolle um Rolle Seiden- und Satinstoffe, eine antike japanische Zeremonienrobe aus weißem Satin, deren Einsatz im verschlungenen Muster Musikinstrumente in Rot, Blau und Grün aufwies, mit einem dazugehörigen Kimono aus Seidencrêpe, der darunter getragen wurde, einem Obi [der lange, zum Kimono getragene, rückwärts zur Schleife gebundene Brokatgürtel, d. Übers.] und Satinpantoffeln; ferner Vasen, ein sehr alter chinesischer Terracottabulle, der eine Karre mit riesigen Rädern zieht, Lackschalen und -tabletts, ganze Bündel elfenbeinerner Eßstäbchen und dicke Satintücher – das Schlafzimmer sah aus wie ein prächtiger Basar.

Mit einem Schlage war alle Last von mir gewichen. Wie wahrhaft vom Glück begünstigt war ich doch, daß ich Yehudi zur Seite hatte. Mochten auch die Kosten hoch, die Lasten, die Probleme groß sein, seine sonnige Gegenwart war ein Segen, um so mehr, als es eines solchen Einsatzes bedurfte, die Wolken zu vertreiben und das Leben mit ihm zu genießen.

So fuhren wir ein paar Tage später nach San Francisco. Schwester Marie und Mita winkten zum Abschied, bis Y nach der eine Meile langen Zufahrt in die Landstraße einbog. Wir stiegen im zwanzigsten oder vierzigsten oder welchem Stockwerk immer des Mark-Hopkins-Hotels ab, in einer chinesisch ausgestatteten Suite mit herrlichem Blick auf jenes, eines Leonardo da Vinci würdige Wunderwerk der Technik – die Golden-Gate-Brücke. Ich, ungeduldig wie stets, stieg zweimal täglich die schwindelerregenden Straßen von Mason und Powell hinab und hinauf, in dem Versuch, das Baby aus mir herauszurütteln. Am Abend des zweiten Tages spürte ich die ersten Wehen. Es fiel ihnen jedoch ein, wieder aufzuhören. Am nächsten Tage lief meine Reproduktionsmaschine schon am frühen Morgen an, und Y brachte mich ins Stanford Hospital, wo Jeremy am 2. November 1951 um 4.40 Uhr morgens zur Welt kam.

Oh, diese abgesonderte, absonderliche nachgeburtliche Welt, besonders wenn das Kind zur Nachtzeit geboren ist. Man hatte Jeremy weggenommen, um mich schlafen zu lassen; Y war ins

Hotel zurückgekehrt, und ich lag da, herrlich allein in einer Art von Zeitlücke. Die Nebelhörner tönten vom Hafen herauf, die ersten schwachen Zeichen der Morgendämmerung erschienen gleich Fingern, die unleserlich eine Botschaft an den dunklen Himmel schrieben, und ich schwebte schlaff und entlastet in einem Gemütszustand, der nichts mit den gewöhnlichen Empfindungen zwischen Freude und Schmerz gemein hatte. Eine kleine Weile schien es mir, als wäre ich gar kein menschliches Wesen; ich schien weder körperlich noch geistig vorhanden, sondern in einem seelisch-geistigen Stadium vor meiner eigenen »Ichwerdung«. Mir war, als wäre ich dort gewesen, wo Jeremy diese langen neun Monate gewesen war, und als wären wir beide gemeinsam geboren. Ich fragte mich, ob er wohl dasselbe empfände. Und mit dem Wunsch, die Wolken der Glorie möchten auf immer so daherziehen [Anspielung auf William Wordsworths Ode »Intimations of Immortality«, d. Übers.], sank ich allmählich in Schlaf, während der Nebel weiß und sanft und flüchtig von der Bucht her trieb.

6 Indien

Es war unvorstellbar, daß die Geige allein Yehudi je ganz gefangennehmen könnte, es war auch klar, daß er Musik als einen Boten ansah, als ein Mittel, in alle Winkel der Welt auszugreifen, als Sprache, die keiner Worte bedarf, vielmehr eine Verständigung von weiter und tiefer Bedeutung im Hinblick auf wahre Werte sein könnte. Als daher Y's alter Freund, Sir Alfred Egerton, ihm eine Botschaft von Lady Nye, der Frau des britischen High Commissioner in Delhi überbrachte, in der es hieß, der indische Premierminister Jawaharlal Nehru hege große Hoffnungen, daß die bedeutendsten Musiker der Welt sein Land in ihre Tourneen einbezögen, auch wenn sie nicht mit dem üblichen Honorar rechnen könnten, schlug Y vor, Nehru solle doch mit ihm Kontakt aufnehmen. Er tat es, und ich antwortete Nehru, daß Y zu Anfang des Jahres 1952 einen zweimonatigen Besuch möglich machen könnte; er würde, falls der Premierminister es für durchführbar hielte, für die Konzerte zwar Eintritt nehmen, den gesamten Erlös aber dem Hunger-Hilfsfonds für Madras zukommen lassen, wo im Jahr zuvor eine Million Menschen gestorben waren. Als dieser Vorschlag dankbar angenommen wurde, konnten wir nicht ahnen, daß dies zu einer langen Lebensbeziehung mit Indien führen würde, einem Land, für das wir immer eine besondere Zuneigung bewahren sollten, weil wir dort auf so viele gleichgesinnte Menschen stießen und sich so viele dauerhafte Freundschaften entwickelten. Wenn ich jetzt die nahezu dreißig Jahre zurückblicke und dabei in Rechnung stelle, wie natürlich Spannung und Reiz bei der Ankunft an jedem neuen Ort sind, so kann ich mich doch ganz klar und mit einem Gefühl freudiger Erregung an den ersten Anblick und Geruch dieses herrlichen Landes erinnern.

Als wir, an allen Gliedern zerkrumpelt wie zwei alte Tüten mit Keksrümeln, in Neu Delhi aus dem Flugzeug krochen, sahen wir schön und heiter lächelnd Indira Gandhi mit ihrer Abordnung vor uns. Die Mitglieder des Empfangskomitees glichen Paradiesvögeln, wie sie da in ihren farbigen Saris mit riesigen Girlanden aus Stephanotis und Jasmin, die mit Büscheln von Sandelholz behängt waren, auf uns ramponiert aussehendes Paar zukamen. Über uns wölbte sich der frische blaue Himmel eines Delhi-Frühlings, um uns herum wogende Menschenmassen und die rieselnden Kadenzen des Hindi, die wie das Schnattern von Vogelschwärmen in einem tropischen Urwald stiegen und fielen. Selbst die fremdartige Häßlichkeit und der Wirrwarr eines Flugplatzes konnten die wunderbare Erscheinung des Ortes nicht mindern; das Flugzeug war zu einem fliegenden Teppich geworden und hatte uns in ein Zauberland getragen.

Während wir zum Hause ihres Vaters fuhren, erklärte Indira, er habe sie damit betraut, zusammen mit einem Komitee aus ihren engsten Freunden Yehudis Konzerte zu organisieren; diese sollten in Delhi, Bombay, Madras, Bangalore und Kalkutta stattfinden. Der Premierminister hatte Flagstaff House (einst das Hauptquartier der britischen Armee) zu seiner Residenz gemacht. Alle anderen Veränderungen, die in Indien seit der Ankunft der Briten und ihrem Abgang vor sich gegangen waren, hatte der angeborene Sinn für Stil und Prunk überlebt. Dort auf den Treppenstufen des Hauses standen mehrere Bedienstete in engen Hosen und weißen Jacken, mit Schärpen in Rot und Gold, prächtigen Turbanen und dazu passenden Bandeliers. Barfüßig, mit der natürlichen Grazie derjenigen, die nie ihre Füße in Schuhen haben verkrüppeln lassen, öffneten sie den Wagenschlag, schwangen die Gepäckstücke heraus, während Indira uns in die kühle Halle (die an englische Vorstadtspießigkeit erinnerte), hinauf über die mit Axminster-Teppichen belegten Stufen (der britische Beamte ist schwer totzukriegen, dachte ich bei mir) und in den Empfangssaal führte.

Ein paar Minuten darauf trat Nehru herein. Was mich sogleich beeindruckte, war die außerordentlich ästhetische Erscheinung dieses nicht sehr großen, schlanken Mannes, die Verbindung von Schönheit und Feinheit, der nichts an Männlichkeit und Stärke abging. Ich stellte fest, daß ich ihm schon früher, auf Hunderten von indischen Miniaturen, begegnet war, aber ich hatte nie ganz glauben können, daß so etwas außerhalb der Einbildungskraft und visionären Schau des Künstlers, der sie zeichnete oder malte, wirklich existierte. Hier war das lebende, atmende, sich bewegende Urbild (nur in einen einfachen weißen »Ashkan« und Jodhpurs und eine weiße Gandhi-Kappe gekleidet). Das einzige Symbol, das ihn mit jenen persisch-hinduistischen Bildern verband, war die rote Rosenknospe in einem der Knopflöcher seiner Jacke. Es lag etwas Gebieterisches, aber nichts Kaltes in dem abschätzenden Blick dieser prachtvollen dunklen Augen und ein stiller Humor, der darauf wartete, auf den lebhaften Mund überzuspringen. Schöne Hände streckten sich uns entgegen. »Eine Katastrophe«, sagte er. Krishna Hatti-Singh, seine jüngere und schelmische Schwester, hätte beschlossen, in dem für uns bestimmten Raum zu bleiben, und ob wir, da Edwina Mountbatten die Gästesuite im Erdgeschoß bewohne, damit einverstanden wären, in Rastrapathi Bhavan (dem vizeköniglichen »Pförtnerhaus«) zu wohnen, bis er Krishna zum Auszug bewogen hätte. Wir sollten jetzt hinübergehen, uns einrichten und zum Dinner wiederkommen.

Wir verließen die große englische Villa und fuhren zu jenem erfolgreichsten aller architektonischen Träume Lutyens', der größten Baugebärde des britischen Raj [Herrschaft, herrschende Schicht, d. h. die britische Herrschaft in Indien, d. Übers.], das schwarz und pflaumenrot auf einer Anhöhe außerhalb der Altstadt steht, dort wurden wir vom Präsidenten begrüßt, einem älteren Mann, der wie ein orientalischer Zauberer aussah und sich wie der Lieblingsgroßvater eines jeden Kindes gab. Über breite Treppen und Mosaikfußböden, vorbei an prächtigen Lakaien, die, in Rot, Weiß und Gold prangend, hier und da wie menschliche Schmuckstücke verstreut waren, ging es zur Suite unserer Zimmer, die mit indischen Seiden und Brokaten schön ausgestattet und von üppiger Bequemlichkeit waren. Ich warf mich aufs Bett und betrachtete die verzierte Decke. Unsere Girlanden hing ich über Stühle und Bilderrahmen, schwelgte in einem duftenden Marmorbad und schwebte einher wie ein körperloser Geist, voll Angst, die farbige Seifenblase, in der ich mich befand, müßte jeden Augenblick zerplatzen, und ich fände mich dann in einem Luftschutzkeller wieder, wo ich über einem Primuskocher Tee aufgösse.

Je geschwinder einen das vielverleumdete Flugzeug aus der

abgenutzten Welt des kalten, nassen Asphalts und der enervierenden Geschäftigkeit der Menschen, die unerbittlich durch Maschinen ersetzt werden, fortträgt, um so betörender ist die Wirkung des Ostens: keine allmählichen Übergänge, vielmehr ein Nebeneinander von zwei Extremen; wie ich da in meinem Bade lag, kam ich mir vor, als wäre ich nur ein Kaleidoskop, das von einer unbekannten Hand hin- und hergeschüttelt wird.

Also hinein in Abendanzug und Abendkleid und hinüber zum »Prime Minister's House«, wieder die Stufen hinauf in den langen Empfangssaal mit seinen Bournemouth-Armsesseln und Sofas und Bridgetischen, diesen geisterhaften Schemen des Geschmacks längst verblichener Obristen, die durch das eine oder andere erlesene indische Kunstwerk gerettet wurden: eine Alabastervase hier, von innen erleuchtet, so daß ihr Schnitzwerk ganz unirdischstofflos glühte, ein Kaschmir-Lackkasten da und an den farblosen Wänden Mogul-Miniaturen und -Gemälde. Dann trat in seinen lautlosen Lederpantoffeln der Premierminister ein und erfüllte den ganzen Raum mit der ihm eigenen Mischung aus körperlicher Schmächtigkeit und geistiger Wachheit.

»Ich höre, Menuhin«, sagte er im besten Harrow-Akzent, »daß Sie Yoga üben.« Y murmelte etwas von einem Buch über Yoga, das er erst vor etwa neun Monaten in Neuseeland entdeckt habe und wie er sich bemühe, die Anweisungen zu befolgen, während er das Buch mit einem freien Fuß hielte.

»Nun, was *können* Sie denn? Können Sie wenigstens auf dem Kopf stehen?« Y sagte, ja, das könne er.

»Nun, dann bitte«, sagte Nehru.

Der arme Y entledigte sich seiner Schuhe und Jacke und vollführte bescheiden, um was man ihn gebeten hatte.

»Nein, *nein,* so nicht, ich zeige es Ihnen«, war seine Belohnung, worauf Nehru seine Gandhi-Kappe abnahm, seine Hände auf dem Boden faltete, seinen Kopf in die Mulde legte und langsam und gewandt seine Beine entfaltete, bis er stand, eine vollkommene umgedrehte Säule. Y gab sich nicht so leicht geschlagen und machte es ihm nach. In diesem Augenblick öffnete sich die große Doppeltür am Ende des langen Salons und ein prächtiger Majordomo erschien in königlichem Blau und Gold, gekrönt von einem der herrlichsten Turbane, die ich je gesehen habe.

»Es ist angerichtet, Sir«, verkündete er, ohne angesichts der beiden kopfstehenden Gestalten auch nur mit der Wimper zu zucken. Hinter ihm, im Speisesaal, standen völlig entgeistert, ungefähr zehn ehrwürdige alte Mitglieder der Kongreßpartei, Nehrus schöne Schwester Nan Vijaya-Lakshmi Pandit und Edwina Mountbatten, beide höchlichst amüsiert.

Beim Essen verlief die Unterhaltung ziemlich allgemein; ich aber glaubte, es wäre der Gipfel der Diplomatie, wenn ich dem Premierminister eröffnete, daß ich im Unterschied zu Y (dem gebürtigen Amerikaner) Engländerin sei, um so die mögliche Entfesselung einiger donnernder Epitheta gegen die früheren Tyrannen zu verhindern. Ich hätte mir die Worte sparen können. Bei der ersten Gelegenheit erging sich Nehru in einer langen Abhandlung über die jüngste Vergangenheit und endete seine Strafpredigt mit den Worten:

»Und so steckten mich die Briten wieder ins Gefängnis«, wobei er mir, die ich bescheiden an seiner Seite saß, absichtsvoll einen stechenden Blick zuwarf.

»Aber, aber, Herr Premierminister«, gab ich zurück, »wenn wir nicht so klug gewesen wären, das zu tun, hätten Sie ja nie die Zeit gefunden, alle Ihre Bücher zu schreiben.«

Ein Schauer ob solcher Majestätsbeleidigung lief durch den schwarzen, hochgeknöpften Busen der obersten Kongreßmitglieder und ein boshaftes Lächeln über das Gesicht Nans.

Beim Lunch und Dinner des nächsten Tages setzten der Premierminister und ich unser Wortgefecht zur großen Erheiterung Indiras und Nans fort.

»Hören Sie«, stieß er in seiner abrupten Redeweise hervor, »ich möchte nicht, daß Indu und ihre Mädchen Yehudi sich totarbeiten lassen – alle kommenden Konzerte sind ausverkauft, und mehr sollen Sie nicht geben. Ich schicke Sie morgen in meinem Flugzeug nach Agra.« Als meine Augen sich vor Freude weiteten, schoß er stracks einen Pfeil in sie hinein und sagte spöttisch:

»Natürlich möchten Sie das Taj Mahal sehen, nicht wahr?«

»Ja, Panditji«, sagte ich ruhig.

»Nun, da machen Sie einen Fehler. Dort ganz in der Nähe liegt ein viel schönerer kleiner Tempel – Itmud-ud-Dowlah –, um den sollten Sie sich kümmern. Sie haben wahrscheinlich noch nie davon gehört.«

»Nein, Herr Premierminister, wir können nicht alle so klug sein wie Sie; wären Sie so gut, den Namen für mich aufzuschreiben?« Damit hielt ich ihm die Menukarte hin. Pause. Ein scharfer Blick, Gekritzel. Der Name wurde mir mit einem Lächeln und einem fragenden Blick hergereicht.

»Wissen Sie«, sagte ich als Antwort darauf, »ich bin sehr enttäuscht. Ich dachte, ich würde in Ihnen meinen ersten Kaschmir-Brahmanen kennenlernen, aber alles, was Sie mir bislang gezeigt haben, ist ein jähzorniger britischer Anwalt.« Wieder eine Pause, dann Gelächter, aber von da an ein sehr enges und herzliches Verhältnis.

Mit charakteristischer indischer Höflichkeit brachte uns Indira in der Morgendämmerung des folgenden Tages zum Flugzeug, begleitet wurde sie von Naryana Menon, einem der führenden indischen Vina-Spieler, ehemaligem Oxford-Studenten und Leiter von Radio All-India – ein reizender, humorvoller, kluger Mann und einer unserer engsten künftigen Freunde. Natürlich war das Taj Mahal großartig: Wie eine weiße Schaumblase schwebte es vor dem ungeheuer weiten indischen Himmel, der sich über der flachen Ebene spannte. Dasselbe galt auch für Itmud-ud-Dowlah, ein kleines Juwel aus geschnitztem und farbigem Marmor dicht dahinter; natürlich mochte Nehru es lieber, weil es exquisit, unangepriesen und unbesungen war. Aber noch eindrucksvoller war für mich die riesige rote Steinfestung Fatehpur Sikri, die im wunderbaren 16. Jahrhundert von Akhbar dem Großen auf der weiten Hochebene von Dekkan erbaut war. Ein großes, eingefriedigtes Areal von mehreren Morgen, die Mauern an den Ecken mit Minarett-Türmen besetzt, den »Chchattri«, die Lutyens so sinnreich für die vizekönigliche Lodge verwendet hatte – die glatten Flächen der von Brunnen und reizenden kleinen Tempeln unterbrochenen Höfe, die in einer unmotivierten, großartigen Treppe enden. Sie führt in die Öde einer trockenen, grau-grünen Ebene hinab, die sich, so weit das Auge reicht, erstreckt; nichts hemmt den Blick außer den Pfosten gelegentlicher Wasserräder, die das knappe Wasser in enge, unsichtbare Kanäle schöpfen. Große Raubvögel zogen darüber ihre Kreise und ließen den Himmel bewohnter erscheinen als das Land darunter.

Als wir zum Lunch wieder bei Nehru in Delhi waren, merkte er, was er unseren Augen und meiner Erregung ansehen konnte, daß wir Indien – so, wie er es gewollt hatte – schon zu lieben begonnen hatten, daß wir für die uralte Kultur des Landes Sinn hatten, für seinen besonderen Stil und seine unzerstörbare Vornehmheit unter der Armut und den Problemen, der beständig wachsenden Bevölkerung und den furchtbaren Schwierigkeiten bei dem Bemühen, es ins 20. Jahrhundert hinüberzuführen.

Eines Tages nahm uns Naryana Menon mit, um uns mit Ravi Shankar bekannt zu machen. Wenn jemand in dem Gewebe von Y's musikalischem Leben ein so fester Bestandteil geworden ist wie er, so ist es ein schwieriges Unterfangen, den Faden bis zum Anfang zurückzuverfolgen. Ich entsinne mich noch des Eindrucks von Ravis Schönheit, der Sanftheit seiner Umgangsformen, der freudigen Erregung, die zwischen Y und ihm entstand, als er die vielfältigen Feinheiten seiner erlesenen Sitar erklärte, des augenblicklichen Kontakts von zwei Meistern auf den ihnen eigenen, besonderen Instrumenten, die sofort feststellten, daß ihr Verhältnis zur Musik, zum Klang, genau das gleiche war. Während unseres Besuchs spielte Ravi zauberhaft mit seinem Tabla-Spieler (die Tabla ist ein Paar indischer Trommeln, die die Improvisationen der Sitar unterstützen und begleiten) Chatur Lal zusammen, einem weiteren Virtuosen, dessen inneres Ohr und Bewußtsein jede Veränderung der Tonhöhe, des Tempos oder der Stimmung vorwegzunehmen schien, bis die beiden in einem verflochtenen Klanggewebe dahineilten, das teils Dialog, teils Gesang und ganz und gar wechselseitige Verständigung war.

Am Tag darauf gab Y, zu dem jetzt Marcel Gazelle gestoßen war, sein erstes Konzert, es verlief wunderbar. Amrit Kaur, einer von Nehrus engsten Freunden unter den Freiheitskämpfern, leitete es mit einer bewegenden und feinfühligen Rede ein, die treffend Yehudis Bedeutung und die Art seiner Einstellung zu Indien interpretierte. All die Mühe und das sich endlos Wiederholende, das während der letzten Jahre zunehmende Abstumpfen des feinen Gefühls für die Sinnhaftigkeit von Musik fielen von meinem Herzen ab, und ich fühlte, wie ich in die wahre Mitte alles dessen zurückkehrte, was ich mit Yehudi geteilt hatte.

Nach dem zweiten Konzert nahmen wir alle gemeinsam ein spätes Abendessen ein, woran sich das übliche Überhäuftwerden mit Geschenken anschloß, das so typisch indisch ist. Panditji, Edwina und Y saßen auf dem Sofa, ich auf dem Boden (meinem liebsten Sitzplatz), und Indira brachte einen Stapel Bücher ihres Vaters an, die er für Y signierte. Als er mir eine Handvoll Fotografien von sich selbst zum Aussuchen anbot, wählte ich eine, auf der er mit dunkel melancholischen Augen geradeaus blickt und die ihn ohne seine übliche Kappe zeigt.

»O Diana, die ist aber so traurig!« wandte Nan ein.

»Aber da ist so viel, was unbewußt erfaßt ist«, sagte ich zu ihm. »Darf ich sie haben?«

Er blickte forschend zu mir herab, sagte »ja« und schrieb »Für Diana, Jawaharlal Nehru« mit seiner kleinen klaren Handschrift.

Wir erhoben uns ein bißchen traurig, denn wir wußten nicht, ob unsere Wege sich je wieder kreuzen würden. Ich lenkte meine Schritte zum Balkon über dem Portal und konnte den Duft jenes wunderbaren Augenblicks im nördlichen Indien einatmen, wenn das letzte Tageslicht einen schwachen und noch undurchsichtigen blauen Saum am Dunkel des Himmels zurückgelassen hat, weil ihm Sterne und Mond fehlen, wenn die erste Kühle der Nacht die Luft mit dem würzigen Geruch sterbender Blumen und modernden Dungs erfrischt und das ferne Geheul der Schakale das Rascheln schwerer Blätter übertönt. Panditji folgte mir hinaus, und wir standen einen Augenblick schweigend nebeneinander. Er legte seinen Arm um mich und sagte, der Richtung meines Blikkes folgend, mit einem Seufzer:

»Ich weiß, es ist ein unübersteigbares Problem, für das es keine wirkliche Lösung geben kann, meine Liebe, aber ich weiß auch, daß ich es weiterhin versuchen werde und muß.« Es war so viel Trauer und so viel Liebe in seiner Stimme; ich suchte nach einer Möglichkeit, seine Schwermut aufzuhellen, aber Worte hätten den Augenblick und seine Innigkeit nur gestört. Ich wendete mich ab und ging ins erleuchtete Haus zurück. Immer wenn ich jene Fotografie betrachte, höre ich diese Stimme und die Sehnsucht darin, mit der er an Indien hing.

Unser nächster Aufenthalt war Bombay, eine wahrhaft explodierende Großstadt; damit meine ich, daß es die lautmalerisch treffendst benannte Stadt ist, die ich kenne. Aus der Eleganz und Großartigkeit Alt- und Neu-Delhis kommend wurde man hier in das Tohuwabohu einer modernen orientalischen Großstadt hineingeworfen, in der es von schreienden Menschen wimmelte, die vom Absturz in die riesige Bucht nur durch die Schranke eines ausgedehnten Wirrwarrs von Häusern und Villen verschiedenen viktorianischen Seebäderzuschnitts zurückgehalten wurden, die selber gefährlich nahe am Rande der Küstenstraße schwankten. Wir waren von einer Abordnung empfangen worden, in der sich viele unserer engsten zukünftigen Freunde befanden: Homi Bhabha, Indiens großer Physiker, ein Mann von ungefähr vierzig Jahren, mit einem prachtvollen Stierkopf, seine große Freundin »Pipsie« Wadia, ihr Kopf der einer Tigerin mit einer Mähne von grauem Haar und riesigen archaisch-schwarzen Augen, der stattliche »Pan« Narielwala, einer der Häupter des riesigen Tata-Industrieunternehmens, sowie eine Menge anderer, unter ihnen Mehli Mehta, ein Violinist, der im Curtis-Institut in Philadelphia ausgebildet war und das Wunder vollbracht hatte, ein Orchester aufzustellen, das ohne Einschränkung in der Lage war, Yehudi in den Beethoven- und Mendelssohn-Konzerten zu begleiten. Sie alle waren Parsen, Abkömmlinge jener Perser, die sich mehrere hundert Jahre zuvor unbehindert in Indien niedergelassen hatten und die den Kern der technologisch-industriellen Welt bildeten, so, wie sie auch die treibende Kraft in der künstlerischen Welt waren.

Homi und Pipsie entführten uns zu einer Fahrt um die riesige Bucht herum zur bewaldeten und kühlen Landspitze, wo die Briten sich eine vollkommene Enklave geschaffen und ihr Regierungsgebäude errichtet hatten. »Hören Sie nicht auf den Unsinn, daß Sie im ›Königlichen Bungalow‹ untergebracht würden«, hatte Panditji herausgeschmettert. »Bestehn Sie auf ›Point Bungalow‹, ganz dicht am felsigen Abhang, mit dem Blick auf das Meer, wo ich immer wohne.« Das taten wir.

Der Gouverneur begrüßte uns mit der gewohnten Wärme, und wir wurden im Point Bungalow untergebracht; dabei halfen uns vier gewandte Jungen in Weiß, Rot und Gold, die bei der Aussicht, für uns sorgen zu können, vor Freude grinsten. Nach dem

Dinner an jenem Abend im Regierungspalast kehrten wir in unser Quartier zurück, wo ich mein Bett unter einem riesigen Moskitonetz verborgen fand. Y war sicher in einem anderen Raum untergebracht und schlief fest ein, kaum daß sein Kopf das Kissen berührt hatte. Ich lag wach und horchte auf das Wasser, das den Fuß der Felsklippen bespülte, und auf das letzte Krächzen der Minah-Vögel, die ihr Abendgeplapper beendeten und in ihre Bäume zurückflogen. Endlich schlief auch ich ein. Doch plötzlich wachte ich auf. Irgend etwas zerrte an meinem Netz, und zwar mit großer Entschiedenheit. Im Mondlicht sah ich ein Paar große rötliche Augen über einem Paar sehr scharfer Vorderzähne auf mich gerichtet, letztere eifrig damit beschäftigt, ein Loch in mein Netz zu nagen. Starr vor Schrecken stieß ich einen erstickten Schrei aus, der immerhin laut genug war, um die Ratte aus der Fassung zu bringen, denn sie machte sich eilig davon. Ich flog am ganzen Leibe wie eine alte Fahne in steifer Brise, tastete mich um das Bett herum und stopfte das Netz so fest unter die Matratze, daß die nächste Ratte, die erschiene, wie auf einer Rutschbahn auf dem Boden landen würde; nach ein paar weiteren vergeblichen Versuchen mußten sie dann wohl ihre Kollegen davon verständigt haben, denn ich blieb fortan unbehelligt und schlief ein.

Am nächsten Morgen ging die Sonne am blaßblauen Himmel auf wie eine gebackene Apfelsine; Y und ich nahmen in der kühlen, frisch duftenden Luft ein köstliches Frühstück aus Mangofrüchten, Papaya (eine Melonenart), Guajaven (eine birnenähnliche Frucht), »Dahi« (indischen Quark) und »Chow-pattis« (flaches Pfannkuchenbrot) ein. Ich erzählte dem Boy Nummer eins von meinem nächtlichen Besuch. »Ach, Mem-Sahib [= Madam Sahib = Herrin, d. Übers.]«, sagte er, »die haben sich durch den Zaun auf den Klippen gebissen. Sie kamen vom Wasser. Mem-Sahib soll einen Käfig kriegen.« Zufriedenes Grinsen. Mehr als ein unsicheres Lächeln hatte ich – verblüfft, wie ich war, von der Aussicht, die nächste Nacht hinter Gittern verbringen zu sollen – nicht zu bieten.

Bald nun konnte ich feststellen, daß der Käfig, den Boy Nummer eins so eifrig zur Lösung des Nagetierproblems besorgt hatte, nicht für mich bestimmt war; es war eigentlich eine große Hummerreuse aus dickem Bambus mit einem stark riechenden Köder, den ich nicht näher zu untersuchen wagte, in den die Ratten eine nach der anderen hineinrannten und darin die ganze Nacht kratzten und schwatzten. Darunter war eine etwas bucklige, die ich Akhbar nannte und die mir richtig sympathisch wurde. Ich gewöhnte mich auch an ihre nächtlichen Besuche und war gerührt über die Art und Weise, wie der Boy Nummer eins, wenn er mich morgens weckte, wortlos den Hummerkorb zu ergreifen pflegte, um durch die Glastür zum Rande der Klippe zu schlüpfen, den Verschluß zu öffnen und die Ratten durch das Loch im Zaun freizulassen, so daß sie die Felsen hinunter auf und davon rannten. Es kam gar nicht in Frage, sie zu töten, übrigens auch nicht, das Loch im Draht zu flicken.

Als ich eines Abends beim Dinner dem Gouverneur gegenüber meine nächtlichen Gefährten erwähnte, schmunzelte er und erzählte mir, ich wäre »viel toleranter als Panditji, der eines Morgens beim ersten Frühstück seine *Times of India* senkte und eine, denken Sie mal, tatsächlich auf der Butter sitzen und wie verrückt daran herumlecken sah. Er war so wütend, daß er den ganzen Tisch umstieß, Kaffee, Konfitüre, Obst, Toast – die ganzen schönen Sachen.«

Alle Berühmtheiten Bombays schienen dem Konzertkomitee anzugehören, so auch der Lord Chief Justice und Mrs. Desai, eines der bedeutendsten Mitglieder jener merkwürdigen Dschaina-Sekte, die so streng sind, daß sie keine Fliege töten. Dann Proben: der Marine entrissene Trompeter, Kesselpauken vom Heer, Streicher von überall her. Mehli Mehta hatte mit ihnen hingebungsvoll geübt, mit einer Gruppe nach der anderen, so daß unter der Stabführung eines goanesischen Dirigenten, Mr. Casanoves, sich Y ganz locker fühlte, als die Konzerte stattfanden. Natürlich gab Y, wie er nun einmal ist, mit Marcel ein freies Morgenkonzert für Studenten und füllte alle Lücken des ersten Tages damit, eine ganze Kolonne Yogis zu interviewen, bis er sich schließlich für einen entschloß. Mr. Iyengar, ein Südinder, wurde sein ständiger Guru, seine Technik im Yoga war das, was die Nijinskis für das Ballett bedeutete.

Yehudi summte die ganze Zeit wie eine Hummel über einer besonders prächtigen und schönen Blume. Alles Indische war für ihn ein Labsal, wie geschaffen für Seele, Herz und Gemüt, für seine Augen, Ohren und Nase. Wir waren in einer geradezu idealen Zeit nach Indien gekommen. Routine und Disziplin, die die

Engländer ins Land gebracht hatten, erwiesen sich als immer noch verläßliche Basis. Die Inder, die wir kennenlernten, gehörten zur kulturellen Elite ihres Landes, gleichzeitig standen sie in regem Austausch mit der Kultur des Westens, sie besuchten Bayreuth und Salzburg, London und Paris, Rom und Florenz. Sie fanden die Vielfalt der Ausdrucksformen in den Künsten, auf niederer wie auf höherer Ebene, gar nicht so verschieden von ihren eigenen, so daß wir die gleiche Sprache sprachen, über Werte und Ideen mit Leidenschaft und Humor argumentierten, ohne die mindeste Verlegenheit oder Fremdheit in grundlegenden Geschmacksfragen, wenn Y und ich uns auch unserer geringen Kenntnisse der indischen Kunst schämten. Vielmehr vertiefte dies unsere Freundschaft, denn es bot ihnen Gelegenheit, uns mit den Darbietungen der größten indischen Tänzer und Geiger zu verwöhnen.

Die folgenden Tage waren ein Fest unvergeßlicher Erlebnisse. Eines frühen Morgens wurden wir mit all unseren Freunden in einem kleinen Privatflugzeug zu einem Flug über die Gujarati-Ebenen nach Aurangabad geflogen; dort bestiegen wir mehrere Autos und fuhren zu den merkwürdigen Höhlen von Ellora, die zwischen dem 6. vorchristlichen Jahrhundert, während der buddhistischen, der Hindu- und Dschaina-Periode und dem 8. Jahrhundert und später entstanden waren. In einer langen Reihe von Höhlen waren dort Tempel auf Tempel aus dem Fels gehauen, von denen der auffallendste der Khailasa war, der von der grasbewachsenen Spitze des felsigen Steilabhangs herunter gemeißelt war; Erdboden und Gestein waren abgetragen worden, bis das Bauwerk kunstvoll geschnitzt inmitten eines Hofs aus geglättetem Gestein fertig dastand.

Tags darauf fuhren wir nach Ajanta, der terrassenförmigen Anlage ausgemalter Höhlen, die im Halbkreis in einen Berghang eingelassen sind und im vorigen Jahrhundert rein zufällig von einem wandernden Soldaten entdeckt wurden, der von der entgegengesetzten Seite der Schlucht einen dunklen Fleck in der grasbedeckten Böschung erspähte. Seine Verwunderung muß so groß wie die unsere gewesen sein, als er nicht weniger als 29 Höhlen entdeckte, die alle während der Chaitya- und der Vihti-Periode in herrlichen, jetzt allerdings rasch verblassenden Farben bemalt worden waren und jene ungewöhnlichen indischen Physiognomien zeigten: riesige, schräge, schwarze Augen, die ganz um den Kopf einer Frau zu gehen scheinen und sich irgendwo hinten unter ihrem dichten, schwarzen Haar treffen, schöne Adlernasen, bezaubernde klassische Haltungen, die Männer ebenso zart gemalt wie die Frauen, nur mit dem Ausdruck einer wilden Begehrlichkeit, die ihre Eleganz Lügen straft.

Am allerdenkwürdigsten war vielleicht der Morgen, an dem wir alle in Boote stiegen und über das Wasser zur Insel Elephanta fuhren, wo der Tempel der Trimurti (des dreiköpfigen Buddha) steht. Ein köstliches Frühstück aus Mangofrüchten und allen erdenklichen indischen Gerichten, das auf typisch indische Art serviert wurde, nahm uns bis zur Landung in Anspruch. Klebrig und vollgestopft kamen wir an und kletterten die Stufen zu der riesigen Öffnung des Gebäudes empor, das, halb Höhle, halb Tempel, die gigantischen Köpfe umschließt. Zunächst gewahrte man, aus dem hellen Licht kommend, nichts als Dunkelheit und empfand eine große Kühle, dann wurde, unendlich langsam, so, als ob es sich erst in dem Augenblick herstellte, das geheimnisvolle, riesige Antlitz erkennbar. Es reicht vom Boden bis zur Decke – der Buddha mit großen geschlossenen Augen und der Spur eines Lächelns auf den Lippen, flankiert auf jeder Seite von den Profilen seiner beiden anderen Häupter. Ein vollkommener, absoluter Friede geht von ihm aus, der einem ans Herz greift und fast den Atem nimmt, so vollständig ist die Wirkung der Stille. Weder tot noch lebendig, vielmehr eine Art Entrücktheit zwischen Leben und Tod, eine Art Leben jenseits der Sterblichkeit und doch dem Leben nicht entfremdet – vielleicht zum Leben erweckte Unsterblichkeit –, eine Unendlichkeit, die die Hindus immer als im Vollzug des Lebens enthalten ansehen und die den Schmerz der Trennung lindert. Es ist keine Trauer in dem großen Haupt, keine schwere Feierlichkeit, nur eine Botschaft, die man wahrnimmt oder verfehlt. Ich sah mit »dem Auge, das gestillt ist von der Macht der Harmonie und der tiefen Macht der Freude«, von dem Wordsworth sprach, als er sagte, wir sähen »ins Leben der Dinge« [»we see into the life of things«, William Wordsworth, »Tintern Abbey«, d. Übers.].

Als wir von Bombay nach Bangalore aufbrachen, hatten wir

noch eine sonderbar rührende Begegnung mit einer weiteren Gandhi-Anhängerin, die sich zu unserer Verabschiedung eingefunden hatte – einer sehr alten Dame namens Phoebe Kaptan.

»Gandhiji wäre sehr traurig gewesen, wenn er gewußt hätte, er würde Yehudi um nur ein paar Jahre verpassen«, sagte sie. »Er hatte in der *Times of India* gelesen, wie Yehudi 1946 in einem Lager in Berlin sich einer Menge wütender Verschleppter gestellt hatte, zumeist Juden, die unter Hitler entsetzlich gelitten hatten und die von einem *agent provocateur* zu blankem Haß gegen Yehudi aufgewiegelt worden waren, weil er darauf bestanden hatte, als Jude nach Deutschland zurückzukommen, um dort aus all den Gründen, die es verdienten, zu spielen.« Gandhi hätte sich zu ihr gewandt und gesagt:

»Ich möchte ihn kennenlernen. Er ist ein Mann, der die Macht der Liebe kennt.«

Bangalore mit all seinen blühenden Jacarandabäumen sah aus der Luft betrachtet wie eine Stadt voll lauter Gasflammen aus. Erneut Konzerte, Beweise der Freundlichkeit, Tempel. Eine Tanzvorführung, bei der wir die unermüdliche Mrs. Roosevelt sahen und ich anfing, die Geschichte zu glauben, daß Franklins abendliches Gebet gelautet hatte: »O Gott, bitte, laß Eleanor müde werden.«

Yehudi, dieses glückliche Geschöpf, dessen Gabe unschuldiger Verwunderung und Herzensfrische ihn vor jedem Gefühl der Langeweile bewahrt, war entschlossen, eine sehr bedeutende Dschaina-Statue zu besichtigen, den »Gomeveswara«, ganz in der Nähe, wie es hieß. Das »In-der-Nähe« entpuppte sich als eine endlose und zunehmend heiße und holperige Fahrt von knapp hundert Kilometern, während der ich immer mürrischer wurde, Y dagegen in jenen Lichthimmel entschwand, wohin er immer dann entflieht, wenn ein Hauch des Unangenehmen seine Nasenlöcher streift. Reden, reden, reden, rumpeln, rumpeln, rumpeln, bums, bums, bums, Staub, Verlassenheit, trockene, rissige Erde und schließlich zwei wunderschöne Teiche, auf denen große rosa Lotusblüten schwammen, grüne Sträucher ringsum und vor uns irgendwo hoch oben im erbarmungslos brennenden blauen Himmel eine riesige Statue und – 630 sengend heiße Stufen zu erklimmen. Alle Glieder taten mir weh, jeder Faden klebte mir am

Leibe; mürrisch und schweigsam kletterte ich jene Stufen empor, die abgetreten und schlüpfrig von den Tritten Millionen frommer Dschainas waren, deren Glaube mir herzlich lästig zu werden anfing. Y, liebenswürdig wie immer (bis ihm der Atem ausging), erfüllte die Pflichten der Aufmerksamkeit, gegen die meine zu Ende gehende Geduld bockte. Scharen von Gläubigen umgaben uns, ganz gesammelt und hingegeben ihrem Tribut an die Gottheit droben. Ich hielt den Kopf gesenkt, teils, weil es die Anspannung eines Rückens erleichterte, der schon unter dem Rütteln und Stoßen auf der staubigen Strecke gelitten hatte, teils, um meinen durch und durch unfreundlichen Gesichtsausdruck zu verbergen.

Excelsior! Schnaufend und schwitzend waren wir oben angelangt. Ich erhob meine Augen. Dort vor mir war ein Standbild, dessen riesige Größe nur noch durch seine äußerste Häßlichkeit überboten wurde. Mit seiner halben Empire-State-Building-Höhe und seiner Abweichung von allem, was ich bisher in Indien gesehen hatte, glich es einem Alptraum aus einem Disney-Zeichentrickfilm. Aus Gott weiß welchem dauerhaften Material gemacht, war es bunt wie eine Kinderfibel bemalt, mit einem abstoßend weißen Gesicht, rubinroten Lippen und dem gezierten Lächeln eines rührseligen Betrunkenen. Das Weiße, so erzählte man mir mit gedämpfter innerer Glut, rühre von der Milch her, die von den Getreuen zigtausend Jahre lang darübergegossen worden sei. Ich war zu müde, um mich zu erbrechen, und zu beschämt über meinen Mangel an Mitgefühl angesichts solcher Devotion, um mehr zustande zu bringen als eine Gebärde, von der ich hoffte, sie würde als fasziniertes Nicken gedeutet werden.

Inzwischen waren dreißig vollgepackte Tage seit unserer Ankunft vergangen, Tage mit einem solchen Reichtum an Neuem, an Erfahrungen, Landschaften, Architekturen, Kunstwerken, daß einem der Atem stockte und die Augen übergingen. Aber der bedeutsamste Faktor, der dem ganzen vielgestaltigen, vielfarbigen Erlebnis zugrunde lag, waren doch die Inder selbst – Hindus, Moslems oder Parsen, Kaschmir-Brahmanen, Haridschan oder die Boys Nummer eins, zwei und drei –, sie bewahrten das Geheimnis Indiens, banden die auseinanderstrebenden Elemente zusammen und verknüpften die ungeheuere Mannigfaltigkeit: sowohl die Inder der zurückliegenden Jahrtausende, deren

Denken, Kunstfertigkeit und Vorstellungskraft allmählich den Kodex der Vorschriften geschaffen hatten, der den Skulpturen der Tempel eingemeißelt und dem weihevollen Charakter ihrer Musik und ihres Tanzes eigen ist, die unsere Sinne erfüllt und in eine andere Welt erhoben hatten, wie auch unsere neuen Freunde, Homi, Pipsie und Pan, aus deren geistiger Feinsinnigkeit und Herzenswärme uns das Empfinden erwuchs, wir wären, weit davon entfernt, Fremde zu sein, lang aufgehaltene Verwandte, die ihre Heimreise viel zu lange hinausgeschoben hätten.

Yehudi war im Nirwana. Homi, der mich in seinem großen luftigen Atelier zeichnete, sagte: »Wissen Sie, er kommt nicht aus dem Nahen Osten, er kommt von hier. Er hat den vollkommenen indo-hellenischen Kopf der Gandhara-Zeit, als nach Alexanders des Großen Eroberungszug durch Nordindien viel Griechisches Einfluß gewann.« (Jahre später entdeckte ich im Museum von Kansas City einen Buddha von mittlerer Statur mit geschlossenen Augen und einem Haarknoten auf dem Kopf, der dem schlafenden Y unheimlich ähnlich sah – leider gab es keine Postkarte davon.)

Die vorwiegend vegetarischen, an exotischen Gewürzen reichen Speisen waren ganz nach Y's Geschmack, die Überfülle der Früchte aufreizend verlockend, auch schickte die Spenderin aller prachtvollen und schönen Sachen, Pipsie, uns große Terracottakrüge, in denen Käsestücke aus Büffelmilch wie weiße Tennisbälle auf weißer Molke schwammen, daneben ganze Schalen voll Mangoeis. Allmorgendlich fand man ihn schon früh auf dem Rasen vor Point Bungalow, wo er mit seinem auserwählten Guru, Iyengar, die seltsamsten Verrenkungen machte, während die Minah-Vögel ihn rüde verspotteten.

Und dann schickten unsere großherzigen Freunde uns mit der Erklärung gen Süden, wenn wir es versäumten, dorthin zu gehen, so bekämen wir kein hinreichend vollständiges Bild von Indien. Unser Gastgeber war der Maharadscha von Travancore, der uns bald nach unserer Ankunft mit einem zweistündigen Konzert der Vina, der Trommel und der Darbietung eines höchst verblüffenden Mannes regalierte, dessen Kunstfertigkeit weder von der Länge seiner Finger noch von der Stärke seiner Arme, sondern von der vollkommenen Größe und Gestalt seines Bauches bestimmt war. Gegen dieses anatomische Wunderwerk hielt er einen großen Tontopf, auf den er klatschte, losschlug und einhämmerte, wobei er die Tonhöhe mit sagenhafter Präzision dadurch veränderte, daß er ihn nach oben oder unten, nach links oder rechts, nahe heran oder weiter weg von seinem Vorbau schob. Das Ergebnis war für Ohr und Auge gleichermaßen verblüffend.

Trotz seiner unästhetischen Gestalt und seines plebejischen Instruments waren der Widerhall und die winzig kleinen Tonverschiebungen, die er ihm entlockte, von seltsam magischer Wirkung.

Yehudis Gefallen am Geheimnisvollen wurde auf einer Fahrt am nächsten Tag geweckt: Er bestand darauf, daß angehalten würde, damit er alle möglichen und unmöglichen Früchte pflükken könnte, die von den dichten Bäumen herabhingen. Er entdeckte ein wahres Monstrum von Frucht, und keine Bitten des armen Captain Tampi, unseres Begleiters, vermochten Y vom Pflücken abzubringen. Es war ein häßlicher und unanständiger großer Fußball, der an einer haarigen Nabelschnur von einem Baum herabhing und der Länge jener unappetitlichen Verbindung entsprechend hauptsächlich auf der staubigen Landstraße lag. »Aber Mr. Menuhin, Sahib«, flehte ihn der arme Captain Tampi an, »sie hat einen wirklich scheußlichen Geruch und wird deshalb selten gegessen, außer von denen, die verzweifelt nach Nahrung suchen.« Aber er hatte nicht mit Y's unbezwinglicher Hartnäkkigkeit gerechnet; mit kläglichem Minenspiel veranlaßte er den Fahrer, den Wagen anzuhalten und das große haarige eiförmige Gebilde mit seinem Messer abzuhauen. »Jack-Frucht« war ihr Name, und scheußlich war der Geruch, der uns auf dem ganzen Rückweg begleitete. Der elegante und bezaubernde Maharadscha und ich saßen vorn, hinten die Schwester und der Schwager des Maharadschas, zusammengepfercht mit Marcel, Y und der duftenden Jack-Frucht. Die Hitze war unerträglich.

Der Abend im Palast des Maharadschas bescherte uns ein köstliches südindisches Dinner, anschließend erlebten wir zum erstenmal eine Darbietung der berühmten Kathakali-Tänzer auf der weiten Rasenfläche, die sich unterhalb der Terrasse, auf der wir saßen, ausbreitete. Inzwischen hat wohl jeder einen Film, eine

Aufführung oder ein Bild dieser außergewöhnlichen Ausdrucksform gesehen, aber im Jahre 1952 hatten nur wenige Menschen außerhalb Indiens etwas von Kathakali gehört und wenn, dann haben sie sich darunter entweder ein karibisches Voodoo oder einen Fliegenfänger vorgestellt. Es ist indessen die aufs höchste verfeinerte und unglaublich subtile Verbindung von Bemalung, Tanz, Schauspiel und Mythos, die je ersonnen worden ist und von den Tänzern nicht bloß das sechsstündige Tragen einer schreckenerregenden, mit Fettschminke und Reispapier auf das Gesicht geklebten Maske verlangt, sondern auch eine Technik von solcher Vollkommenheit, daß allein diejenigen, die seit ihrer Kindheit darin geübt sind, eine überzeugende Vorführung bieten können. Als etwa ein Dutzend Tänzer mit spinatgrünen Gesichtern, tonlos heulend hinter den Büschen hervorbrach und in einer Mischung aus wilder Spontaneität und hochentwickelter Kontrolliertheit die Arme schwingend und schleudernd in ihren sich blähenden Hosen vorstürmten, da konnte man sich dem Eindruck dieser verfeinerten indischen Gabe nicht entziehen, Sinnlichkeit durch die fromme Pflege alter religiöser Vorstellungen und die ganze Skala menschlichen Verhaltens in einer koordinierten und kohärenten Kunstform auszudeuten, die zugleich spirituell und physisch ist und die beschämende, in der abendländischen Religion vorherrschende Spaltung von Körper und Seele, die beide zu wechselseitigen Schuldnern macht, nicht kennt.

Dort, in der Hitze der südindischen Nacht und im Banne dieser ungestüm ausdrucksvollen Geschöpfe aus einer Welt, die mir hätte vollkommen fremd erscheinen müssen, dachte ich an das vorcromwellsche England, an die Sinnlichkeit der großen religiösen Dichter, an Vaughan, Herbert, Crashaw und vor allem an Donne, der selbst dann, als ihm die Wände der St. Paul's-Kathedrale Grenzen setzten, seine leidenschaftliche Körperlichkeit in den Dienst Gottes stellte, während seine Predigten wenig von dem Drang und der Macht in jener Dichtung, die zu zerstören ihm zu unserm Glück nicht gelang, einbüßten. Die natürlichen Instinkte dieses großen Subkontinents Indien hatten sich unbehindert durch intellektuelle Attituden oder modische Theorien entwickelt, und dieser wundervolle Ausbruch wirbelnder Bewegung unter dem nächtlichen Firmament war von keinerlei Befangenheit getrübt.

Am nächsten Tag machten wir uns mit dem unermüdlichen Captain Tampi zu den Bergen auf, deutlich ließ sich der Wechsel des Klimas an der Vegetation ablesen, als wir durch die Reispflanzungen, die Tapiocafelder, Zuckerrohr-, Kaffee- und Gummiplantagen in die köstliche, kühlere Luft hinauffuhren, wo meilenweit der Tee die letzte Senke mit Grün überzog. Von über 1200 Meter ging es dann durch noch grünere Teefelder (Farbtöne wie bei Sheridan Lefanu, dachte ich) hinab zum großen See im Jagdrevier des Maharadschas, auf einer Barkasse überquerten wir das stille Gewässer im letzten klaren Licht. Es war noch hell genug, daß man eine Herde Elefanten in ihrem anmutigen Zeitlupengang zum Trinken herunterkommen sehen konnte. Büffel jagten beim Geräusch unseres Wagens in wilder Flucht durch das hohe Gras, und hier und da sprang ein Rudel graziöser Sambhars (Gazellen) zwischen den Bäumen davon.

Die Nacht verbrachten wir zwischen eiskaltem Bettzeug im Jagdhaus auf einer Insel; sofortiger Schlaf, der nur durch das trompetende Schnarchen des Captain Tampi gestört wurde. Morgendämmerung: Auf einer Barkasse kreuzten wir verschiedene Wasserläufe hinauf und hinunter, die ihre langen Finger in das Hügelland hineinsteckten, wo rostbraune Zimtbüsche glühten, Flammenbäume brennend leuchteten und der rötliche Johannisbrotbaum inmitten der dichten Vegetation seinen Akzent setzte. Endlich Frühstück, das meinen knurrenden Magen beruhigte und meine blaugefrorenen Glieder erwärmte – Frühstück auf flachem Fels, köstliche heiße indische Speisen; man aß vor dem Hintergrund ganzer Büschel rosaroter Amaryllis, die sich im klaren, stillen Wasser spiegelten. Stille, durchsichtiges Licht und eine Luft so rein, daß Wein im Vergleich damit den Kürzeren zöge.

Mit dem Krachen von 400 eisenbeschlagenen Stiefeln brach ein gewaltiger Donnerschlag aus dem Nichts. Besorgnis lief über das Gesicht des armen Tampi. Dicke Regentropfen schienen aus einer einzigen Wolke zu fallen, die über einem nahen Berg aufgezogen war, so, als spucke uns irgendein empörter Gott an. Wir flüchteten in die Barkasse wie ein Haufen Küchenschaben, packten unsere Sachen, bestiegen das Schiff und nahmen wieder Kurs den

See hinab und zurück zum Anleger. Dicker Nebel, der wie feuchter Musselin an einem haftete, deckte ringsum alles zu. Wir fanden jedoch unseren getreuen Fahrer, gerade als sich die Schleusen des Himmels zu einem Wolkenbruch öffneten und den Tag plötzlich in Nacht verwandelten.

Mangelnde Sicht gesellte sich zum Prasseln des Regens, der wie strafende Hiebe unseren dahinschlitternden Wagen traf, während der Fahrer hilflos durch die Schleuse seiner Windschutzscheibe lugte. Plötzlich spürten wir einen heftigen Stoß, kamen zum Stehen und hörten wütendes Schreien. Als wir unsere Taschenlampen zückten, sahen wir vor uns das flach gegen unsere Kühlerhaube gedrückte Hinterteil eines riesigen Elefanten und seinen halb aus dem Sitz geworfenen Mahout (Elefantentreiber), der seine Flüche dem zerknirschten Fahrer an den Kopf schleuderte.

Wie schuldbewußte Kinder schlichen wir meilenweit dahin, bevor der entrüstete Mahout endlich ein Einsehen mit uns hatte, seinen riesigen Transporter auf die Seite lenkte und uns an ihm vorbeizufahren gestattete, damit wir unsere schlüpfrige Fahrt fortsetzen konnten. Erschöpft kamen wir schließlich in Kattayam an, so feucht wie die Unterseite alter Blumentöpfe, aber so erfüllt, so gesättigt von der Mannigfaltigkeit dieses reichen, dichten und rätselhaften Landes, daß wir in einen seligen Schlummer sanken. Wir hatten auch noch die älteste (syrische) christliche Kirche in Indien gesehen, waren durch Cochin gekommen, wo Yehudi von der kleinen, festgefügten, ältesten jüdischen Gemeinde im Lande stolz begrüßt wurde – zwei kurze Erlebnisse, die uns das Fehlen jeglichen Chauvinismus' und das offene Herz dieses großen Landes bezeugten.

Es ist unmöglich, der reichen Mannigfaltigkeit Indiens auf so engem Raum gerecht zu werden. Deshalb kann ich das ungewöhnliche Meeresufer von Mahabalipuram nur kurz streifen, wo einst die Sieben Pagoden den Indischen Ozean bewacht hatten, der in mißverstandener Dankbarkeit alle bis auf eine verschlungen hat; die glattgeschliffene Spitze der übriggebliebenen Pagode konnte man in den unerbittlich über sie hingehenden Wellen gerade noch erkennen. Ich kann Sie nur rasch an den wundervollen Felsfriesen vorbeiziehen oder an den kleinen Tempeln, die wie aufs Geratewohl dort überall in die Sanddünen gesteckt sind, als wären sie Spielzeug, das unachtsame und hochbegabte Kinder liegengelassen haben; doch muß ich einen Augenblick innehalten, um den Leser die 200 Meter hohe Klippe bei Tirakkalikaroon hinaufzuschleppen, 680 Stufen in der glühenden Hitze, wo man die beiden Adler beobachten kann, die jahrein jahraus Punkt 11.30 Uhr zu ihrer Fütterung kommen – kleine Pünktchen am Horizont, die immer größer werden und sich niederlassen, die rohen Fleischbrocken scheußlich hinunterschlingen, um dann wieder aufzusteigen wie gefiederte Flugzeuge und sich schließlich erneut am Horizont zu verlieren.

Bevor wir Madras verließen, gab Y zwei Konzerte. In das zweite hatte er Bartóks Sonate Nr. 1 aufgenommen, denn, sagte er zuversichtlich, »diese ungarischen Dissonanzen kommen dem indischen Idiom so nahe, daß sie sie einfach *lieben* werden!« Alles, was ich aus meiner Sicht berichten kann, ist, daß ich die Hand des unglücklichen Gouverneurs hielt, der hin- und herrutschte und verzweifelt flüsterte: »Oi, oi, was für ein schrecklicher Lärm!«

Unser nächster Halt war Kalkutta, wo wir zu unserer Freude wieder mit Nehru zusammentrafen und jede Gelegenheit zwischen seinen Verpflichtungen nutzten, um zu reden, zu argumentieren, zu erklären und uns über unser beiderseitiges Erfülltsein von seinem Lande zu befragen und Antworten einzusammeln. Eine große Vertraulichkeit spiegelte das rasche Wachsen jener besonderen Art von enger Freundschaft, die in allen Lebenslagen rar ist, am rarsten aber in unserem nomadenhaften, arbeitsreichen Dasein. Es war einer der traurigsten Augenblicke in meinem Leben, als wir einige Tage danach, wieder in Delhi, für immer voneinander Abschied nahmen.

Als Abschiedsgeschenk zum Dank für Yehudis Konzerte hatte Nehru für uns einen Abstecher nach Kaschmir vorbereitet. Am Morgen unserer Abreise war Y, dieser nach allem Seltsamen und Neuartigen Unersättliche, zu unmöglicher Zeit, halb sechs, auf und davon, um sich auf einer nahegelegenen Waldlichtung eine Darbietung anzusehen, die vom Guru aller Yogis und einer Gruppe seiner Jünger veranstaltet wurde. Er kam yogabegeistert gerade noch rechtzeitig zurück, um mit mir, dem Gepäck, der stets liebevollen Indira und Narayana Menon (der den Dragoman, den Dolmetscher, spielen sollte) zum Flugplatz zu fahren. Ich fragte Y, wie ihm denn sein morgendlicher Zeitvertreib bekommen wäre und war entsetzt, als ich hörte, es wäre so hinreißend gewesen, daß er unmöglich ihrer Bitte hätte widerstehen können: Er habe sich seiner oberen Kleidungsstücke entledigt und mitgemacht. Ich warf ihm einen vernichtenden Blick zu, der natürlich dieses winterharte Gewächs in keinster Weise berührte und fragte voll banger Ahnung: »Und was hattest du schließlich noch an!« Schweigen (Y's großer und makelloser Stahlpanzer). Irgendwann später schickte man mir verwischte Fotografien von einem großen Kreis ehrwürdiger, Dhoti-bekleideter Herren, in deren Mitte, auf dem Kopfe stehend, in losen, gefährlich um seine Lenden hängenden Unterhosen, die im übrigen nackte Gestalt Yehudi Menuhins, des Geigers, zu erkennen war.

Kaschmir war Nehrus größte Liebe; es beherrschte sein ganzes Leben, sein Wesen und sein Herz. Er wählte sich ein Mädchen aus Kaschmir zur Frau, ein schlankes und zartes Geschöpf; sie starb an Tuberkulose, als Indira erst zwölf Jahre alt war. Deshalb mag sein Kampf, dieses schöne Land im indischen Herrschaftsbereich zu halten, vom rein politischen Standpunkt aus unlogisch erscheinen; aber wenn man einmal seine Leidenschaft für dieses traumhafte Land erahnt hatte, mußte man die trockene Vernunft aufgeben und die Wärme und Tiefe seines Gefühls zu verstehen suchen. Und hatte man Kaschmir erst einmal gesehen, so brauchte man nicht, wie er es war, ein Kaschmir-Brahmane sein, um der Macht der Verführung dieses Landes zu erliegen.

Wir flogen zur Grenzstadt Jammu, die heiß und staubig war wie eine Schale voll trockenen Getreides; von dort quälte sich das kleine Flugzeug wie ein ungeübter Bergsteiger mit geliehenen Steigeisen aufwärts, dem drohenden Massiv des riesenhaften Himalaja entgegen. Ich biß mir auf die Lippen, als wir uns schaukelnd immer näher an dieses erschreckende Hindernis herankämpften, ganz wie ein Insekt, das ungeschickt gegen eine Gartenmauer anfliegt, rückwärts hinunterfällt und es hartnäckig von neuem versucht, bis, so betete ich, es ihm schließlich gelingt, sich siegreich in die Sicherheit zu schleppen. Als ich beim abebbenden Mahlen der beiden kleinen Motoren meine festgeschlossenen Augen öffnete, stellte ich fest, daß wir uns tatsächlich gerade über dem Gipfel des Gebirgswalls befanden; dort unter uns lagen die

Ebenen und Wasser-Wiesen, die großen goldenen Safranteppiche, die Silberbänder schmaler Flüsse, wo ein früher Frühling die grünenden Bäume segnete. Als wir die Landebahn entlangglitten und aus dem Flugzeug kletterten, die Frische rochen, das unerhörte Licht sahen, war es, als wären wir auf dem Dach der Welt – weit ab und hoch oben, auf eine andere und fremdere Höhe heraufgehoben.

Srinegar – welch ein nach Einsamkeit klingender, hallender Name. Kein Wunder, daß Panditji, der, wann immer er die Zeit erübrigen konnte, hierher floh, dieses Kaschmir so tief und unheilbar liebte – schon der kurze Blick beim Hinunterschweben ergriff mein Herz mit einer Unmittelbarkeit, die wie ein Stand der Gnade ist.

Das Gästehaus setzte allen diesen poetischen Phantasien ein jähes Ende. Reiner, unverfälschter, niedriger (britischer) Provinzvorstadtstil empfing uns. Schockierend das schreckliche Schlafzimmer mit seinem schäbigen, geblümten Teppich, die beiden billigen Kaufhausbetten von der Tottenham Court Road mit ihrem glänzenden Satin-Überwurf, der dazu passende scheußliche Frisiertisch mit seinen unvermeidlichen Deckchen und der ganzen übrigen schrecklichen Möbelfamilie: im Schrank Kleiderbügel aus Draht, die Stühle mit Lehnen, wie man sie in Baptistenkirchen sieht, der aufgedunsene, purpurrote Lehnstuhl, der wie ein fetter Alkoholiker in der letzten Phase des Delirium tremens aussah, die zottigen Plüschvorhänge mit Troddeln, der blasig-trübe Wandspiegel – das Ganze ein einziges, liebloses, reizloses Symbol eines trüben, finsteren, sexfeindlichen Englands.

»Yehudi«, schrie ich, »ich kann nicht – Liebling du weißt nicht, was dies alles bedeutet, du bist kein Engländer. Ich muß hier raus.«

Nach dem Essen – dreifach gepfefferte Curry-Fleischsuppe, Bratfisch paniert mit gebräuntem Kies und »Pudding« – flüchtete ich mich unter meine geblümte Daunendecke und dachte mit wilder Empörung an alle die gräßlichen »Buden«, in denen ich in meiner Ballettzeit leben mußte, von den berüchtigten Schreckenskammern in Ackers Street, Manchester, bis hin zur gezierten Trübseligkeit der Parterre-Räume-nach-hinten-raus in Edgbaston. Es empörte mich, daß ich hier in Nehrus geliebtem

Kaschmir von allem, was schön war, abgeschnitten sein sollte dank der Dauerhaftigkeit des britischen Pensionsstils.

Am nächsten Morgen (nach Ledertoast und Jauchekaffee) erschien Narayana mit Shamblu, der unser Führer sein sollte und uns alsbald ein Hausboot besorgte. Es erwies sich als sehr feucht und roch moderig, aber es war am grünen, abfallenden Ufer eines breiten, schönen Flusses festgemacht, auf dem Hang standen die riesigen und wohltätigen Großvaterbäume, die Himalaja-Zedern. Jenseits des Gewässers dehnten sich safrangelbe Felder wie köstliches, leicht mit Curry bestreutes Rührei, und das Licht und die Luft gingen eine durchsichtig-klare Gemeinschaft ein, in der alle Kindheitsmärchen aufgehoben waren – Sauberkeit, Unschuld und Reinheit. Aber es war eisigkalt, und ich kauerte mich in der winzigen Kabine zusammen und stöhnte in der mittleren Tonlage. Y sprang prompt auf, stieß mit dem Kopf heftig an die Decke und stürzte hinaus, um Shamblu zu suchen, der nach einer Viertelstunde mit zwei kleinen eisernen Kohlenpfannen von der Größe eines Weihrauchfasses zurückkam, die voll glühender Kohlen waren. »Hier«, sagte er stolz, »dies tragen alle Bauern unter ihrer Oberkleidung. Es heißt Kangri.«

Ich hatte die vage Vorstellung von lodernder Bettwäsche und verkohlten Umhängen, kroch zurück ins Bett und drückte meinen Kangri an mich, frühstückte, zog mich an und fuhr mit Y, Narayana und Shamblu in die Stadt.

Eine andere Welt als Indien, etwas völlig in sich Abgeschlossenes: Menschen mit asiatischen Gesichtern, entweder mittel- oder südasiatisch, mit olivfarbener Haut und großen, schwarzen, semitischen Augen unter ihren sehr schmutzigen wollenen Kapuzen; graue Steinhäuser mit hölzernen Balkonen, offene Basare, wo heiße, kreisrunde Brotfladen wie die arabischen in Marokko feilgeboten wurden; Maulesel, Lärm, kühle Luft und dazu passender Himmel. Shamblu – dessen Name, wie wir bald merkten, seinem Gang (*shambling* = watscheln) und seinen Augen (*shifty* = durchtrieben) angemessen war – führte uns von einem exotischen Laden zum andern. In dem einen vertieften Teppiche, die auf dem Boden gestapelt waren, von der Decke hingen und die Wände zudeckten, noch die Atmosphäre Asiens. Alles Südrussische in Y fing Feuer; er genoß den Anblick, wie er so dahinschlenderte – er hatte eine Leidenschaft für Teppiche und Decken und besaß schon eine sehr schöne Sammlung –, hin zu einem anderen Laden voller kostbarer Lackdosen und -tabletts, Schalen und Krüge von byzantinischer Farbe und Phantasiefülle. Und zu noch einem, wo ganze Familien an der kniffligen Stickerei arbeiteten, mit der Kaschmir-Wollsachen geschmückt sind – mit solch gründlicher Sorgfalt gearbeitet, daß einige der besten Stücke vollständig reversibel waren –, mit Blumen bedeckte Mäntel, Kleider, Capes, große und kleine Schals. Narayana hörte nicht auf, mich zum Kaufen zu drängen, aber ich hielt mich zurück, ich suchte nur ein paar Stücke für mich aus und noch einen herrlichen, mittelalterlich aussehenden langen Rock in Moschusbraun, der die ganze Vorderseite hinunter und um den Saum herum mit ganz blasser, beigefarbiger Seide bestickt war: den mußte unbedingt Y haben. Unermüdlich wiederholte Narayana sein Drängen und setzte mir zu, doch mehr zu kaufen. Weil ich fürchtete, er könnte meinen, wir schätzten die außergewöhnliche Schönheit all dieser Handarbeiten nicht, flüsterte ich ihm zu: »Narayana, Y hat seine ganzen Honorare dem Hunger-Hilfsfonds gestiftet; ich möchte *nicht*, daß er Geld für meine Liebhabereien ausgibt – bitte.«

Später fuhr uns Shamblu in einem klapprigen Wagen an einen Platz am Fluß in der weiten Ebene, wo ich eine der denkwürdigsten Mahlzeiten meines Lebens genoß: frische Forelle (von Shamblu kunstgerecht gefangen und gekocht) und große Fladen heißen Brotes, Obst und Wein, alles in friedlicher Einsamkeit, im Schutz der schneebedeckten Berggipfel rings um uns und vor uns die Ebene, auf der ein paar umgestürzte griechische Säulen in dieser Zeitlosigkeit an vergangene Zeit erinnerten. Durchbrochen wurde die Stille einzig vom Laut des rauschenden Baches und manchmal von einem Vogel, der in der hohen, reinen Luft schwebte, Kreise beschrieb und schrie, während auf seinen farbigen Schwingen die sanfte Frühlingssonne spielte, die auf das Wasser goldene Flecken und Strahlen warf. Dieses Licht – sanfter als das schöne griechische Licht, das weit geöffneten Augen gleicht –, Kaschmir-Licht ist schwerer zu fassen, friedlicher, die halb offenen Lider der Unschuld und Scheu vielleicht? Erst im Flugzeug am nächsten Morgen erzählte mir Narayana, warum er mich auf unserem Einkaufsbummel so hartnäckig gedrängt hatte, immer noch mehr zu kaufen. »Nehru befahl mir, Sie zu ermutigen, alles zu kaufen, was Sie nur wollten, Diana – aber ich sollte es Ihnen nicht sagen, er fürchtete, daß Sie es dann lassen würden!« Verdammt und noch einmal verdammt. Die Tugend ist wahrhaftig ihre eigene – und einzige – Belohnung.

Bei unserer Rückkehr nach Delhi fanden wir die meisten unserer Freunde aus Bombay mit Geschenken für uns vor. Sie selber waren Geschenke, sie hatten unser Leben erwärmt und erweitert, würden immer in unserem Herzen bleiben, hatten unser Leben, das zum großen Teil anstrengend, erschöpfend und manchmal monoton ist, farbiger gemacht mit ihrem wachen Geist, ihrer Zuneigung, Großzügigkeit und der den Indern besonders eigenen Einbildungskraft, die Yehudis eigener, sehr origineller und forschender Geistesart sehr gemäß war. Panditji rief von Simla an, um uns Lebewohl zu sagen und Y noch einmal zu danken; er erzählte ihm, die Konzerte hätten 38 000 Dollar für den Hunger-Hilfsfonds eingebracht. »Bitte, kommt bald wieder«, sagte er.

Zwei Jahre vergingen, ehe wir Indien unsere Dankesschuld abtragen konnten. Es wurde eine echte Heimkehr. Indira empfing uns mit Blumenketten am Flugplatz, Panditji kam in seinem Haus die Treppe heruntergelaufen und umarmte uns. Konzerte, glückliche Begegnungen und am Schluß erneut eine Gabe von 38 000 Dollar.

Seit einem Jahr war ich »Tantchen« eines kleinen Jungen, Pema Tulku Tenzing, eines der vielen tibetanischen Flüchtlinge, die außerhalb von Delhi kampierten und von Indiras Freundin Freda Bedi betreut wurden; sie wurde unterstützt von einer Gruppe der ungeschicktesten, geschäftigsten, hingebungsvollsten alten Wurschtlerinnen, denen ich je begegnet bin. Eine von ihnen erwartete mich im Empfangssaal von Nehrus Residenz, eine höchst merkwürdige Gestalt vom Rande South Kensingtons, die lange Gewänder und mindestens drei Überwürfe von verschiedener Farbe und Länge trug. Sie segelte mit erhobenem Kopf auf mich zu, als wäre sie eine Krabbe und ich ein Höcker im Sande, und zog hinter ihrem Rücken einen furchtsamen kleinen Jungen hervor. »Hier«, flötete sie, »ist Ihr *lama incarnata*«. Verlegen schüttelte ich ihm die Hand. Er grinste und zeigte dabei eine Reihe blendendweißer Zähne. Es gab viel Getue, begleitet von fliegenden Atemzügen, flötenden Tönen und überschwenglichen Crescendi. Ich müßte, darauf bestand die Dame aus South Kensington, unbedingt ins tibetanische Lager kommen, das nur zehn Minuten entfernt sei. Pema müßten wir hierlassen, weil für ihn im Jeep kein Platz wäre. Ich bat einen der schönen schweigsamen Diener, ein Auge auf ihn zu haben und ihm ein paar Süßigkeiten zu bringen, und folgte zögernd der immer noch zwitschernden Dame die Treppe hinunter.

Draußen stand ein ehrwürdiger Jeep mit einer sehr freundlichen, total verrückten Frau aus Fulham am Steuer. Sie hieß Joan und *lebte* offensichtlich in dem Jeep. Nach einer haarsträubenden Fahrt hielten wir neben einem der breiten staubigen Erdwälle an, die sich über die Ebenen um Delhi erstrecken und mit den zerfallenden Gräbern früherer Maharadschas geschmückt sind, die jetzt öde und verlassen daliegen. Da stand ein alter Bungalow, und über den ganzen Wall verstreut saß da kauernd und gedrückt der denkbar verlorenste Haufe menschlicher Wesen, den ich je zu sehen bekommen habe. Was sie ausdrückten, war nicht eigentlich eine Stimmung der Niedergeschlagenheit als vielmehr die der vollkommenen Sinnlosigkeit. Die liebe gute Freda in safranfarbenen Gewändern kam mit einem glasigen Blick in ihren strahlend blauen Augen aus dem Bungalow und sagte, sie wolle mich mit »einem der höchsten und erhabensten der großen Lamas« bekannt machen. Ich hatte nicht die geringste Ahnung, wie ich ihn begrüßen sollte, und stand stocksteif da, in der Hoffnung, ich würde zum mindesten Wellen der Ehrerbietung und Demut ausstrahlen. Nach fünfzehnminütigem Gemime, während dem er sich ausgiebig räusperte und grinste und Freda zunehmend *exaltée* aussah, bat ich sie, doch aus dem Nirwana zurückzukommen und mich wieder ins Haus des Premierministers zu bringen, wo der unglückliche Pema mutterseelenallein wartete. Ich drückte ihr etwas Geld in die Hand und sagte, ich würde eine Patenschaft für ihn unterzeichnen, weil man auf keinem anderen Wege Geld nach Indien bekommen konnte. Ich fragte sie auch, ob ich nicht einige Mütter mit ihren ausschlagbehafteten Babys hinten in den Jeep laden und im Krankenhaus abliefern könnte. Nach vielem Hin und Her bekam ich meinen Willen, lieferte meine traurige Fuhre ab, kehrte nach Hause zurück und fand Pema strahlend vor einer riesengroßen, leeren Schüssel, die zuvor voller Süßigkeiten gewesen war. O ihr Wohltäter, warum seid ihr immer so aus der Fassung?

Pema wuchs zu einem reizenden Jungen heran und entschied im Alter von dreizehn Jahren, er sei kein *lama incarnata*. Mit Hilfe des Maharadschas von Kaschmir gelang es mir, ihn in einem Ashram, einer religiösen Gemeinschaft, in Pondicherry unterzubringen. Er ist jetzt verheiratet und hat ein vier Jahre altes Kind, und wir korrespondieren noch gelegentlich miteinander.

Bei meiner Rückkehr entlockte ich Panditji Tränen des Lachens über meinen tibetanischen Morgen. Doch bemerkte ich bei aller sichtlichen Heiterkeit, daß er zarter und angegriffener aussah. Er war wahrhaftig ein Mann besonderer Art, ein Wesen von ungewöhnlichen Eigenschaften, dessen englischer Bildungsweg zugleich ein Vor- und Nachteil für eine so tiefromantische Natur gewesen war. Gandhi war der Praktiker, Nehru der Träumer. Nachdem der Kampf gegen die Briten gewonnen und Gandhi ermordet worden war, blieb er in seinem Ringen, Indien ins 20. Jahrhundert zu ziehen, ziemlich allein, sehr häufig ratlos angesichts der ungeheuren Schwierigkeiten, denen er täglich gegenüberstand und die seinen Stolz und sein Unabhängigkeitsgefühl herausforderten. Er erschien manchmal anmaßend und selbstgerecht in seinen Äußerungen, und außer seiner klugen und sanften Schwester Nan gab es niemanden, der ihm hätte raten dürfen. Langsam sollte er sich durch Überarbeitung zugrunde richten. Der schwierigste Augenblick in der Geschichte eines jeden Landes ist die Zeit nach der Schlacht, und die höchste aller schwierigen Aufgaben fällt denen zu, die gewonnen haben – nicht den Verlierern.

7 *Die Familie formiert sich*

Flugzeuge und Eisenbahnen, Hotels und Konzertsäle, fremde Orte, fremde Menschen – das war unsere Hauptkost während jener Jahre. Aber es gelang uns, in den gelegentlichen Pausen, die ein so gedrängt volles und rastloses Leben noch übrigläßt, ein Familienleben einzurichten und allmählich auszubauen, obwohl wir nur allzu selten die gängigen Geschicke und Mißgeschicke erlebten, die andere Leute als selbstverständlich ansehen. Alma bedeutete immer eine Atempause, wie kurz auch die Zeit sein mochte, die ich dort allein oder mit Y verbrachte. Die Schönheit, Ruhe und Abgeschiedenheit des Ortes von dem Zirkustrubel, der den Großteil unseres Lebens ausmachte, bot sich als Hängematte an, in der man versuchen konnte, sich in die richtige rhythmische Schwingung zu bringen, was die Nerven beruhigte und einem vor allem die Möglichkeit gab, sich Rechenschaft abzulegen – eine notwendige Anstrengung, ohne die kein gemeinsames Leben reibungslos verlaufen kann.

Der Mann ist der Romantiker, die Frau die Praktikerin. Sie kann es sich nicht leisten zu träumen, ihren Blick vom Weg zu wenden, nicht einmal zögern darf sie, aus Furcht, sie könne die Prioritäten außer acht lassen, auf denen die ganze Familie aufgebaut ist. Sie muß dauernd die gesamte Partitur orchestrieren, die eine sich langsam erweiternde Familie ja stets darstellt; die vielfältigen Veränderungen, die immer neu anfallenden Belastungen, alles das muß von ihr auf harmonische Weise geordnet werden, entweder dadurch, daß sie deren Wert im Leben ihrer Lieben erkennt, oder dadurch, daß sie die Dissonanz entdeckt, die sich als zerstörerisch erweisen könnte.

Wie sollte man es anstellen, Y das Leben, das Familienleben zu geben, das er sich auf seine dem Definieren abholde Weise so sehnlich wünschte; wie es einrichten, körperlich und geistig an seiner Seite zu sein, mittragend, ermutigend, teilnehmend; wie es vermeiden, den beiden kleinen Jungen und Zamira (die noch nicht dauernd bei uns war) eine Art Mittelpunkt vorzuenthalten, der ihnen die Geborgenheit eines Nestes geben würde, wenn die Vogeleltern, einzeln oder gemeinsam, ständig davonflogen? So waren zum Beispiel mehr als vier Monate vergangen, als wir nach verschiedenen Umwegen nach Alma zurückkamen und Mita sowie den jetzt elf Monate alten Jeremy sahen. Daß Mita mit einem Pflaster über dem Auge, wo er sich bis auf den Knochen geschnitten hatte, wie Long John Silver [der Pirat in Stevensons *Treasure Island*, d. Übers.] aussah, konnte unsere Freude und Aufregung kaum stören. Jeremy kam uns enorm groß vor, ziemlich mollig, er hatte große, schieferfarbene Augen und einen Schopf aus schlohweißem, stroh-glatten Haar auf seinem runden Schädel. Mita hatte einen wunderschönen welligen, kornfarbenen Haarwust, und beide waren sie (abgesehen von der Schnittwunde am Auge) dank Schwester Marie bei blühender Gesundheit.

Auspacken mit Mitas Hilfe, seinen Geschichten und Abenteuern lauschen – mit knapp vier Jahren hatte er einen großen Wortschatz, las schon ganz gut und war überhaupt ein aufmerksamer und herrlich scharfsinniger Gefährte. Die Geschenke aus Indien, die rings verteilt wurden – Mita war ganz aufgeregt über eine dunkelrote Lack-Bettlampe mit passender Schachtel (für geheime Schätze) –, eine Gutenachtgeschichte und endlich zu Bett. Wieder im eigenen Bett, keine Koffer im Zimmer und vor uns die Sommerferien; Zamira und Krov würden um die Junimitte kommen und bis Ende August bleiben – es gäbe die abendliche Fortsetzungsgeschichte während ihres Abendbrotes; die durch lange Abwesenheit entstandene Fremdheit würde abfallen wie ein »abgetragenes Wintergewand« [»winter weeds outworn«, Zitat aus Shelleys *Hellas*, d. Übers.], dazu kämen häufige Spaziergänge, Schwimmen im Pool, Besuche bei »Nonnetto und Nonnina« (Mammina hielt entschieden an ihren italienischen Fassungen der Verwandtschaftsbezeichnungen fest), Picknick, Vorlesen, Radiomusik, worin Schwester Marie mit Recht sehr strikt war: Entweder saßen die Kinder still und hörten zu, oder aber sie gingen hinaus zum Spielen – keine »Musik zur Untermalung«.

Familientreffen fanden natürlich nicht immer in Alma statt. Später im Jahr mieteten wir ein Chalet in Mürren in der Schweiz, und der frühe Herbst fand uns in London, wohin ich die Kinder brachte, damit sie ihren Stiefgroßvater Cecil Harcourt in Chatham besuchen konnten. »Mein Kind«, sagte Cecil, »möchtest du, daß Jeremy in der Kathedrale von Rochester getauft wird? Der Bischof wäre zu gerne einer der Paten. Chavasse, du erinnerst dich, ein wirklich prachtvoller Kerl, der im Ersten Weltkrieg ein Bein verloren hat; ich wäre dann der zweite, wenn es dir recht ist, und du kannst die Patentanten aussuchen, wenn du willst. Es kann ganz schnell in die Wege geleitet werden.« Ich schaute etwas besorgt nach dem ziemlich schweren Brocken von elf Monaten hinüber, der mein jüngerer Sohn war, dankte Cecil und sagte ihm, er solle es nur so machen. Meine Besorgnis sollte sich später auch wirklich als begründet erweisen, aber meine ganze Leidenschaft für Dickens flammte bei dem Gedanken auf, daß Jeremy in jenem Teil der Welt getauft werden sollte, und ich liebte die große alte Kathedrale am Ufer der Themse.

So fuhren denn eines Tages Cecil, Schwester Marie, Mita und ich nach Rochester, das immer noch die Spuren der vornehmen kleinen Stadt aufwies, hinauf zum entzückenden Pfarrhaus aus dem 18. Jahrhundert. Dort wurden wir von Jeremys stattlichem künftigen Paten und seiner bezaubernd hübschen Frau begrüßt. Wir plauderten ungefähr eine halbe Stunde in dem gemütlichen Zimmer, von dem aus man auf die breite Flußmündung blickte. Dann erhob sich der Bischof, hinkte über das Parkett in die äußerste Ecke des Zimmers, bückte sich und hob eine große viereckige Falltür auf, sie gab den Blick auf Stufen frei, die zur uralten sächsischen Krypta führten, über der die ursprüngliche Kathedrale erbaut worden war. Mit wachsender Erregung, die im umgekehrten Verhältnis zu den abnehmenden Stufen stand, kletterten wir mühsam die steinerne Treppe hinab und befanden uns in einem kleinen steinernen Raum mit wenigen Reihen Gestühl, einem Altar und einem Paar Leuchter. Mita saß feierlich und etwas verwundert an meiner Seite; Jeremy, ein kräftiges, strahlendes Kind in einem italienischen Strickanzug, war indessen ganz anders aufgelegt. Er wurde dem guten Bischof hingereicht, der mit seiner schönen Stimme die erforderlichen Worte sprach, um aus ihm eine gute Seele zu machen. Auf einmal grapschte er mit seinem gurgelnden Lachen des Bischofs goldene Brille. Darauf ertönte ein etwas undeutliches Gemurmel, während der so entblößte Prälat, auf die verschwommene Schrift starrend, verzweifelt Jeremys pummelige Hand zu greifen suchte, die die Brille vergnügt gerade außerhalb der Reichweite des Geistlichen schwenkte.

Schließlich gab der geduldige Bischof jeden Versuch auf, sich im Gebetbuch zurechtzufinden, klappte es zu, gewann seine Brille zurück, setzte sie sich fest auf die Nase, machte das Buch wieder auf und fuhr in der heiligen Handlung fort. Aber er hatte nicht mit Jeremys Fähigkeit gerechnet, bei gleich welchem Anlaß die gebotene und schickliche Form zu mißachten (eine Gabe, die er von seinem Vater geerbt hatte). Ohne den geringsten Respekt zu zeigen, ergriff das schlimme Kind die vornehme Nase des Bischofs und hielt sie zwischen Daumen und Zeigefinger fest, mit dem Ergebnis, daß die Schlußsätze aus der Bibel in einem sonderbar nasalen Wimmern hörbar wurden, worüber die schöne Beredsamkeit des armen Herrn ihre ganze Kraft einbüßte. Er kam schnell zum Schluß, gab mir das fröhliche kleine Ungeheuer zurück (Mita und ich mußten so lachen, daß wir kaum aufstehen konnten), und dann gingen wir alle hinauf zu einer jener herrlichen Teestunden auf dem Lande, wie ich sie seit Jahrzehnten nicht mehr erlebt hatte.

Eines Tages verkündete Zamira, die jetzt zwölf Jahre alt war, sie »wollte ein Kind sein, ehe es zu spät wäre«, und ob sie zu uns kommen könnte? Ich war ganz gerührt, sagte ihr, sie müßte das mit ihrer leiblichen Mutter ausmachen, und wenn sie es durchsetzte, so würde ich sie mit weit geöffneten Armen aufnehmen. Nach einigen Raufereien wurde alles glücklich geregelt, und wir schickten sie zu englischen Freunden in New York, wo sie dann eine Zeitlang die ausgezeichnete Dalton School besuchte.

Trotz seiner exzentrischen Lebensweise oder vielmehr gerade deswegen behauptete Yehudi mit seiner Energie, seinen unvorhersehbaren Handlungen und seinem unwiderstehlichen Hang zum Fremdartigen, worüber wir uns nie genug wundern konnten, unleugbar den Platz auf der Mitte der Bühne. Es kam der denkwürdige Zeitpunkt, wo er unvermutet eines Morgens in Alma auftauchte, mitten in einer seiner Tourneen. Die Tür flog auf, und er stürmte strahlend wie die kaum aufgegangene Sonne mit einem riesigen, papierumwickelten Paket herein, das er auf mein Bett fallen ließ. Ich war viel zu glücklich und aufgeregt und erleichtert, um für irgend etwas anderes als ihn ein Auge zu haben, aber schließlich stieß er mich an, es doch zu öffnen. Es war ein köstlicher kleiner Boudin, ein Segelboot. Er wußte, wie sehr ich die Maler des Ärmelkanals liebte. Es gab Umarmungen und Berge braunen Packpapiers und Bindfadens, die kleinen Jungen kamen angelaufen und schrien: »Daddy, Daddy!« Schwester Marie fragte, wie es mit dem Frühstück wäre, und im Augenblick breitete sich auf seinem Gesicht der mir so wohlbekannte Ausdruck einer Mischung von Scham, Wehmut, Reue, Verlegenheit und Abbitte aus. Es blieben ihm nur noch zwanzig Minuten, um im wartenden Wagen zum Flugplatz zurückzufahren und die Maschine nach dem Ort zu bekommen, von dem aus er den Abstecher gemacht hatte, um mir den wunderschönen Boudin zu schenken. Ich versuchte, meine Tränen der plötzlichen Enttäuschung zu verbergen. Ich hatte gewußt, es würde bestenfalls nur etwa ein Tag herausspringen, doch eine und eine Viertelstunde schien ein grausamer, obwohl gänzlich unbeabsichtigter Hohn zu sein. Ich wandte mich ab und lief nach unten, nur noch fünf Minuten erbittend, um einen Platz zu suchen, wo ich meinen Schatz hinhängen könnte. Y, glücklich wie ein junger Hund, der einem seinen besten Knochen bringt, nahm die Kinder, die noch im Pyjama waren, auf den Arm und gemeinsam suchten wir den richtigen Platz in der Halle; dann standen wir bibbernd in der Türöffnung und winkten Y ein Lebewohl nach, während sein Wagen die lange Zufahrt bis zum Talgrund hinunterfuhr und von da die gräßliche Landstraße weiter zum Flugplatz.

Y's Begeisterung für alle möglichen Marotten und Schrullen fanden wir besonders verwirrend. Eines schönen Tages erschien irgendein Genie mit einem ominösen Apparat, der sich nach der Entfernung seiner Hülle wie eine Kreuzung von Kruzifix und Liegestuhl ausnahm. Als das Ding endlich auseinandergenommen und wieder zusammengesetzt war, entpuppte es sich als ein Notenumblätterer. Er war mit einem Pedal ausgestattet, auf das der stehende Spieler im rechten Augenblick treten mußte, um so eine Geisterhand zu mobilisieren, die die Seite packte, sie mit großer, wenngleich ruckartiger Bestimmtheit umblätterte und glättete; anschließend schnellte sie in die Ausgangsposition zurück. Mein mit reichlichem Sarkasmus vorgetragener Einwand, ob denn diese Science-fiction-Erfindung nicht von der Konzentration ablenken könnte, die doch für eine inspirierte musikalische Darbietung nötig sei, zeitigte nicht die geringste Wirkung. Mir blieb Yehudis ergötzlicher Anblick, der, wie eine Ein-Mann-Band aussehend, mit angestrengten Augen, murmelnden Lippen und tappendem Fuß an einem Sonatensatz herumsägte, schweißgebadet von der Anstrengung, das zu koordinieren, was so leicht vom raschen Griff seiner eigenen geschickten Hand hätte bewirkt werden können. Übrigens verwendet Y nur Noten, wenn er mit anderen Kammermusikern zusammenspielt.

Das Wunderding starb schließlich eines natürlichen Todes, als die Hand die niederträchtige Gewohnheit entwickelte, entweder drei Seiten auf einmal umzublättern oder gelegentlich den ganzen Ständer über den Haufen zu werfen. Y stand immer unter dem Zwang des Erfindenmüssens; einmal kam er mit einem Plan für hydraulische Bremsen heraus, nur kurze Zeit, nachdem das Original patentiert worden war. Der erstaunte Luftfahrttechniker, dem er seine Erfindung schüchtern zeigte, spendete ihm hohes Lob. Schulterstützen, Kinnstützen, Dämpfer, einige in Verbindung mit anderen, manche für sich – alles das war zu dieser oder jener Zeit das Produkt seines fruchtbaren Geistes. Die letzte Solonummer solcher Bemühungen, an die ich mich erinnere, war die selbsttätig rührende Bratpfanne, wegen der wir endlose Auseinandersetzungen hatten. Aber er ist zugestandenermaßen ein findiger und wissenschaftlicher Kopf, was er einmal dadurch bewies, daß er das Schloß meines Hotelzimmers mit Hilfe einer starken Haarnadel geschickt knackte.

Dann war da Y's zunehmende Besessenheit vom Yoga, die bei mehr als einer Gelegenheit verschiedene Familienmitglieder in heftige Verlegenheit und Verwirrung stürzte. Ein solcher Anlaß bot sich in New York, wohin wir gefahren waren, um Zamira zu besuchen. Während unseres Aufenthaltes erklärte Y sich bereit, seine Yoga-Übungen in einer langen photographischen Aufnahmesitzung für das Magazin *Life* zu demonstrieren. Ich hatte ein wachsames Auge auf jede *asana* (Pose); und als alles gutzugehen und sicher abzulaufen schien, eilte ich davon, um Y noch zwei Proben-Hemden zu kaufen. Während dieser unbewachten dreißig

Minuten war er natürlich prompt in eine der Fallen gegangen, die er einfach nie sieht. Zwei oder drei Wochen später zierte er die Titelseite von *Life* mit hervorquellenden Augen und weit herausgestreckter Zunge, so daß man Mandeln und Zäpfchen sah. Der Rest war Schweigen. Die arme Zamira ging zwei Tage lang nicht zur Schule. Y fand das alles ganz natürlich und herrlich.

In jenem Sommer kam die ganze Familie zu einem Ferienaufenthalt in Italien zusammen, wo wir in Lerici eine Villa für den Sommer gemietet hatten. Ich war mit meinen langweiligen Schmerzen für acht Wochen in eine Schweizer Klinik gegangen, wo sie mit einer Blinddarmoperation endeten, und Y war wie üblich auf Tournee, so daß Schwester Marie und die Kinder die ersten waren, die in die Villa einzogen. Y holte mich ab, und gemeinsam reisten wir zu ihnen. Körperlich und seelisch noch ganz matt von meiner Operation wachte ich am folgenden Morgen auf, aber die italienische Sonne strahlte in ihrer zudringlichen Weise in unser freundliches Zimmer; die beiden kleinen Jungen und Zamira waren unten in der Villa, und endlich, endlich war auch ich wieder in Betrieb. Überall im Hause umgab mich der wohlige Duft von italienischem Kaffee, warmen Brötchen, frischer Butter und Marmelade. Endlich eine kleine Entspannung, ein bißchen Luxus, Schluß mit der Medizin und Diät. Aber ich konnte nicht ahnen, daß Y in einer seiner kulinarischen Rabbinerlaunen steckte. Er stürmt ins Zimmer und setzt mir das Frühstückstablett auf den Schoß. »Hier, Darling«, sagt er mit dem fanatischen leuchtenden Blick, mit dem ich immer vertrauter wurde. »*Hier* ist ein Frühstück, das wird dich wirklich kräftigen und dir guttun!« Ich stierte auf den Krug mit heißem Wasser und Zitrone, den Teller mit Zwieback, der wie eklige kleine Badematten aussah, den Honig (Honig habe ich nie gemocht). »Butter tut dir sicher nicht gut, deshalb habe ich sie weggelassen«, setzte Y triumphierend hinzu. Plötzlich sah ich Rot, ergriff schreiend das ganze Tablett und schmiß es aus dem offenen Fenster. Y, zutiefst verletzt, sah wie ein Priester drein, dem ein widerspenstiger Jünger ein Ei ins Gesicht geworfen hat.

»Darling«, sagte ich, »die Selbstbeherrschung hat ihre Grenzen, außerdem gibt es unterschiedliche Ansichten über Ernährung. Ich habe weiß Gott deine Regeln befolgt, vom Knochenmehl über Seetangpastetchen bis zum Pferdeserum; jetzt habe ich fast zwei Monate Kohl und Äther hinter mir. Hieße es deine Einbildungskraft überstrapazieren, dir vorzustellen, daß ich diesen schönen italienischen Tag vielleicht mit etwas Sinnlich-Appetitlichem anstatt mit etwas Spartanisch-Ertüchtigendem anfangen möchte?« Wehmütig und enttäuscht ließ der gute Yehudi mir Kaffee, Brötchen und Marmelade bringen und ging hinunter, um mit Märtyrermiene das zerbrochene Geschirr mit der Gesundheitskost aufzulesen, das unten zwischen den Lobelien lag.

Diesmal feierten wir das Weihnachtsfest in Alma, wo Y sich mustergültig in die Rolle des Nikolaus hineinfand, ohne Jeremy zu Schreikrämpfen zu bringen, mit einem wunderschönen, von Schwester Marie geschmückten Weihnachtsbaum. Abgesehen vom verkehrten Klima hatte ich endlich einmal ein richtiges Familien- und Heimatgefühl und merkte, wie ein kleines festes Zentrum entstand, trotz der störenden Töne der An- und Abreisen. Aber fast gleichzeitig begann ich mich zu fragen, ob Alma für alle Zeiten unsere Basis bleiben könnte. Wir hatten Zamira inzwischen aus New York weggenommen und in einer ausgezeichneten Schule in der Schweiz untergebracht. Seit langem schon war es mir klar, daß ich die Jungen nicht hier in Alma würde erziehen können, wo sie in all dem Luxus und Überfluß keine Abwehrkräfte gegen schädliche körperliche, geistige oder seelische Einflüsse würden entwickeln können, daß ich ihnen – so hart sie und mich das auch ankommen würde, dies sonnige Paradies zu verlassen – ihre erste Erziehung in Europa angedeihen lassen müßte, wo sie Sprachen durch Osmose erlernen und in Städten und Straßen mehr von der Häßlichkeit und Wirklichkeit des Lebens kennenlernen würden, als es je in diesem erlesenen Vakuum geschehen könnte.

Und dann war Y wieder fort, um eins der für ihn so typischen Konzerte zu geben, die seine Agenten wegen ihrer ungewöhnlichen Programme so verstimmten und mich wegen der kühnen Sorglosigkeit erschreckten, mit der er sie zusammenstellte. Denn Y erarbeitete diese Art von Konzerten nicht eigentlich, sondern schien sie aus einiger Höhe zu erblicken, um dann mit funkelndem Auge und einem Schrei der Erwartung und Freude auf sie herabzustoßen. Ich glaube, wenn man vom zehnten Lebensjahr an die großen Konzerte gespielt hat, so überkommt einen mit dreißig die Lust, die altgewohnte Form zu zerbrechen, nach der neuen zu suchen, sie zu erforschen und mit ihr zu experimentieren.

Diesmal war der Anlaß das neuentdeckte kleine Violinkonzert in d-Moll, das Mendelssohn mit dreizehn Jahren geschrieben hat. Albi Rosenthal hatte es in Berlin gefunden und Y zusammen mit einer Klavier- und Violinsonate aus etwa derselben Zeit geschenkt. Aber als sei dies – das Konzert, das Y mit einer Gruppe hervorragender, von ihm zusammengeholter Musiker spielte – noch nicht genug Herausforderung für eine Premiere, setzte Y noch eine sehr schwierige Solosonate, mit der er den führenden israelischen Komponisten Ben Haim beauftragt hatte, auf das Programm. Nun, das großartige Publikum der Carnegie Hall stellte sich getreu wie immer ein, und die Manager kamen wieder zu Atem; ich aber hielt den Atem bis zum Schluß an, denn natürlich spielte Y das ganze Programm auswendig (ich glaube, er memoriert in seinen Träumen). Zwei Tage später war er dann bis Mitternacht mit der Aufnahme des Mendelssohn-Konzerts beschäftigt; ich aber fütterte ihn (wenn er nicht gerade einen Kopfstand machte) mit Obst, befremdlich schmeckenden Proteinpulvern, die seinen verschiedenen Kräutertees beigemischt wurden, und fragte ihn gereizt, ob es nicht einfacher wäre, wenn ich ihm einen Futtersack für Pferde besorgen würde, den er sich um den Hals hängen könnte, so daß ich vielleicht die Möglichkeit hätte, meine schmerzenden Füße hochzulegen. Ich selber hungerte lieber, wenn auch mißmutig, denn wenn Sie je Automatenkaffee probiert haben – ein übler, dunkelbrauner Ausfluß – oder diese Sandwichleichen, die aus mechanisch geknetetem Teig gemacht sind, der um eine Scheibe toten Pferdes gewickelt ist, dann würden Sie jederzeit das Hungern vorziehen.

1954. Mitas sechster Geburtstag fand an Bord eines Schiffes auf dem Atlantik statt. Wir luden alle Kinder, mit denen er sich angefreundet hatte, zu einer Geburtstagsfeier ein. Ich hatte es Y überlassen, der selten genug Gelegenheit zum Elternspielen hatte, die Tee-Party zu organisieren. Alles ging auch sehr gut, bis der »Kuchen« hereingebracht wurde. Ich hatte nicht mit Y's Gesundheitsregeln gerechnet. Mitas Augen füllten sich mit Tränen der Enttäuschung und Verlegenheit, als er eine Art flacher Platte aus frischen Früchten und Backobst sah, die von etwas wie einer großen Menge nassem Tau zusammengehalten wurde; es entpuppte sich als der Versuch des armen Küchenchefs, einen anständigen Kuchenrand aus Vollkornmehl zu machen. Seit diesem Debakel nahm es Y nicht mehr entfernt so rabbinisch-genau bei besonderen Anlässen und übertretbaren Regeln.

Inzwischen hüpfte Y von einer deutschen Stadt zur andern – jeden Morgen die Fahrt mit dem Zug, jeden Nachmittag Orchesterprobe, abends Konzert. Er rief mich allabendlich nach der Vorstellung an. Als ich ihn fragte, wie es denn an jenem Abend (dem vierten in einer Reihe) im Konzert mit dem G-Dur-Mozart gegangen sei, sagte er fröhlich »Ich habe das A-Dur-Konzert gespielt.« »Aber«, so wendete ich ein, »auf deinem Plan steht doch das G-Dur, und soweit ich weiß, hast du das A-Dur-Konzert jahrelang nicht gespielt. Jedenfalls habe ich es dich noch nicht spielen hören.« Kurze Pause. »Nein, du hast recht, das letztemal habe ich es mit ungefähr acht Jahren gespielt, Persinger war damals sehr böse mit mir, weil ich alles daransetzte, einen Beethoven zu spielen; aber er bestand darauf, ich solle zuerst den Mozart in A-Dur spielen. Ich war derartig frustriert, daß ich nach der Stunde nach Hause ging und ganz wild den Mozart lernte; zur nächsten Stunde ging ich dann hin und spielte ihn aus dem Kopf herunter, doch habe ich dabei die ganze Zeit an Beethoven gedacht. Persinger war mit Recht sehr böse auf mich und gab mir den verdienten Rüffel; er schalt mich aus, weil ich einem Meisterwerk wie dem A-Dur-Mozart so wenig Respekt erwies, und erklärte mir, ich verdiene den Beethoven gar nicht, wenn ich dem Mozart so wenig Achtung entgegenbrächte. In meinem ganzen Leben bin ich mir nicht erbärmlicher vorgekommen, niemals habe ich mich mehr vor mir selbst geschämt, und irgendwie ist jene Schande ein Trauma geblieben.« »Wann hast du denn herausgefunden, daß man in Frankfurt diesen Mozart erwartete?« »Vor zweieinhalb Tagen während der Reise im Zug zeigte mir mein Agent zufällig das Programm; ich bat ihn, mir in der nächsten Stadt auf unserer Tournee die Partitur zu besorgen. Ich sah sie mir zwischen den anderen Konzerten und Proben und im Zuge an; und heute abend habe ich ihn gespielt (natürlich auswendig) und habe ihn sehr gern gemocht. Jetzt bin ich geheilt und werde ihn wieder spielen.« Oh, Yehudi, Darling«, sagte ich, »du bist wirklich unheilbar, und es ging gut?« »O ja, ja, doch« – das ist ungefähr das Höchstmaß an Lob, das Y sich jemals selber spendet.

Für den Sommer mieteten wir ein Chalet in Gstaad, eine jener fürchterlichen schokoladenbraunen Villen mit einem richtigen Eßzimmer und vorstädtisch-schweizerischer Zimmerflucht mit Spitzentischdecke und einem erhebenden Blick auf die Rückfront des Palast-Hotels (Architektur: Schneewittchen und die sieben Zwerge), um das herum, wie Pilze um den Baum im Walde, die fabrikmäßigen Pilze standen, all die Mercedes-Benz, Rolls-Royce, Porsches und die guten BMWs. Ich verschloß davor die Augen und dachte an die vortrefflichen Schulen für die Jungen, die ich bald ausfindig machen würde. Da wie in all diesen Chalets das Geld für glasierte Kaminkacheln und eine Dubarry-Damast-Suite von fünf Räumen investiert worden war, blieb für das Schlafzimmer nur das Dachgeschoß mit einer Zimmerhöhe von 1,50 Metern und Betten wie Särge, auf die man frivolerweise ein paar riesige Baumwoll-Meringen gelegt hatte. Seufzend ging ich in diesem Horst inmitten von Vogelmist zu Bett und lauschte dem Schweizer Allzweckregen. Y verschwand natürlich alsbald unter seinem scheußlichen Federbett und war für die folgenden zehn Stunden diesem Jammertal entrückt.

Am nächsten Morgen wachte ich auf, setzte mich auf, stieß dabei mit dem Kopf unsanft an die Decke, fluchte, seufzte und gab der benachbarten Meringe einen ungeduldigen Fußtritt. Langsam wie eine sich lösende Lawine bewegte sie sich, ein blaues, blickloses Auge erschien, danach ein Arm und schließlich Y's ganzer Kopf. Ich wartete auf das Krachen bei seinem endgültigen Aufwachen, das sich mit einem Knacken in all seinen Gelenken ankündigte, erst den Knöcheln, dann den Schultern, Hüften, Knien und schließlich den Fesseln und Zehen. Y war wach. Natürlich strahlte er.

»Darling«, sagte er mit seinem hinreißenden Lächeln und sah dabei die von Rissen durchzogene lindgrüne Wand an: »Ist es nicht wunderschön?«

»Ja nun . . .«, sagte ich und versuchte, so früh am Morgen nicht schon unangenehm zu sein.

»Wie spät ist es?«

»Halb acht.«

»Ach, da muß ich mich beeilen«, und damit warf er das verhüllende Laken ab und war fort.

Eine halbe Stunde später saßen wir alle, Mita, Jeremy, Schwester Marie, Y und ich, beim Frühstück in dem hübschen Eßzimmer, als ich plötzlich aus dem Fenster auf die lange prätentiöse Auffahrt blickte. Das unwahrscheinliche Schauspiel, das sich mir darbot, war nicht dazu angetan, meine Stimmung zu heben. Die Auffahrt herauf schritt im durchnäßten Dhoti der an seinen muskulösen Beinen klebte, Mr. B.Y.S. Iyengar, Yehudi Menuhins Leibguru. Mit einem gedämpften Ausruf eilte Y vom Tisch weg und schoß in die Halle, um die Vordertür zu öffnen und Mr. Iyengar mit einer Umarmung zu begrüßen. Ich stand dabei, während die Pfütze um den armen Iyengar allmählich bis an seine Knöchel reichte, und wartete.

»Darling, habe ich es dir nicht gesagt?« fragte Yehudi mit unschuldiger Miene. »Mr. Iyengar verbringt den Sommer mit uns.«

Ebensowenig hatte er uns gesagt, daß Yoga-Übungen in diesem Sommer eine gemeinschaftliche Anstrengung sein würden. Wir alle, auch »Miras«, wie die kleinen Jungen Zamira zärtlich nannten, mußten um 7 Uhr früh für die Tagesübung aufstehen. Am Ende dieser »Sitzungen« lag man auf dem Boden mit geschlossenen Augen und sollte sein Bewußtsein entleeren, während einem der gute Iyengar die Hände auf die Augenlider legte. Ich litt Qualen, wenn ich versuchte, ein Bewußtsein zu entleeren, das schwarz war vor Böswilligkeit und rot vor unterdrückter Wut, und fragte mich immer wieder, ob er wohl meine feindlichen Gedanken lesen könnte. Ich werde es nie wissen.

Das Chalet Flora wurde als Schule für Mita ausgesucht – wir hatten uns an einem jener Tage, wo die Schweiz ein einziger großer Schwamm zu sein scheint, zu Fuß dorthin begeben und sahen beschmutzt und durchnäßt, mit dem auserkorenen Opfer im Schlepp wie Landstreicher aus. »Tante Flora« hörte sich meinen Bericht über unser unendlich bewegtes Leben an, daß wir unsere Kinder so oft allein lassen müßten und wie nötig es ein Kind hätte, bei ihr und in der Schule während dieser Abwesenheiten geborgen zu sein. Sie reagierte mitfühlend, war einverstanden, ihn »versuchsweise« für beide Seiten aufzunehmen und zu sehen, ob er glücklich wäre und sich einlebte. Erleichtert standen wir auf, und als Y an einem Klavier in der Halle vorbeiging, ließ er seine Finger die Tasten rauf- und runtergleiten und fand es verstimmt. Auf einmal sah Tante Flora diese Gestalt mit dem angeklebten Haaren an, die da in einen alten Regenmantel gehüllt, in Wanderstrümpfen und Bergschuhen stand, und rief, »Bon Dieu, vous êtes *Menuhin*!« Y gab es zu. Meine besondere Sympathie gewann Tante Flora durch ihre Bereitwilligkeit, mit der sie ihre Schulordnung durchbrach, um einem unbekannten und verzweifelten Elternpaar zu helfen, ihr Kind unterzubringen.

Griselda und Louis kamen zu Besuch, und zwischen den musikalischen Veranstaltungen machten wir gemeinsam Bergtouren und Picknicks und führten fast ein normales Familienleben. Gaspar Cassado, von dem Casals gesagt hatte, »dies ist mein Kronprinz«, stieß zu uns, und es gab bezaubernde Kammermusikabende. Gaspar war der warmherzigste, lustigste Mann, der mir je begegnet ist, er unterbrach das Spiel mit »ich habe eine tolle Geschichte zu erzählen«, was stets belebend wirkte. Jener Sommer war gut, auch wenn ich das gemietete Chalet und seine Nähe zu den Schwerreichen in der Nachbarschaft verabscheute.

Im Jahr darauf entdeckte ich, daß ich erneut schwanger war. Aus irgendeinem geheimen persönlichen Grund habe ich nie etwas von einer Schwangerschaft gesagt – nicht vor dem dritten oder vierten Monat, wenn die ersten untrüglichen Zeichen sichtbar wurden. Ich hatte immer drei Kinder haben wollen – auch hoffte ich, Mita würde den teilweisen Verzicht auf mich besser verkraften, wenn sie erst zu dritt wären und wenn ihm als dem Ältesten, ohne ein Gefühl der Rivalität, daraus Vorteile erwüchsen. Zum erstenmal allerdings erfüllte mich eine unerklärliche Angst, eine furchtbare Vorahnung, die ich, so sehr ich es versuchte, nicht loswerden konnte, obwohl ich sie die ganzen folgenden Monate hindurch nicht äußerte.

Da das Kind im August kommen sollte, kehrten wir, nachdem wir die achteinhalb vertraglich festgesetzten Monate auf Tournee waren, wegen des bevorstehenden Ereignisses nach Alma zurück. Es kostete mich große Mühe, mich auf die optimistische Freude und frohe Erregung Yehudis und Schwester Maries einzustellen und meine alberne unbegründete Angst verbergen zu müssen. Eine Woche darauf hielt Y es für das beste, mich nach San Francisco zu einer abschließenden Untersuchung zu fahren und dort im Hotel zu bleiben. Mein Gynäkologe, der Jeremys Geburt so wunderbar bewerkstelligt hatte, begrüßte mich mit Wärme und äußerte sich vollkommen befriedigt. Beim Weggehen zögerte ich auf der Schwelle und kehrte um, ich hatte das Bedürfnis, jemandem die unvernünftige Furcht anzuvertrauen, die mich die ganzen neun Monate nicht losgelassen hatte, aber es war mir unmöglich. Zwei Tage später, nachdem ich um 6 Uhr früh aufgewacht war, ging ich ins Stanford University Hospital. Am Nachmittag um 16.35 Uhr wurde ein vollkommener Junge geboren, der sechseinhalb Pfund wog. Er starb nach zwanzig Minuten. Man hat nie ergründen können, warum.

Als ich schließlich die Trauer über dieses Ereignis überwunden hatte, begannen unsere lange schon erwogenen Pläne, nach Europa zu ziehen, Gestalt anzunehmen. Zamira war schon von der Schweiz auf ein Mädchenpensionat nach Paris übergewechselt, und ich hatte inzwischen schweren Herzens beschlossen, daß die beiden Jungen einmal auf ein Internat gehen sollten. Langsam und mit leicht schlechtem Gewissen bereitete ich die »Hidschra« [Auswanderung Mohammeds von Mekka nach Medina 622, d. Übers.] vor – die Flucht aus Alma mit seiner hohlen Schönheit und seinem falschen Gefühl von Sicherheit. Obwohl ich Y's Ergebenheit seinen Eltern gegenüber und seine Furcht, sie zu verletzen, kannte, fühlte ich dennoch, daß man nicht ein Leben lang in Ahnenverehrung und Kindespflicht erstarren dürfe. Die Zukunft der Kinder war ein genauso wichtiger Faktor – denn, so sagte ich zu Yehudi, seine sorgenvolle Nase zwickend, würden sie nicht selber eines Tages Ahnen sein, und verdienten sie es nicht, die besten ihrer Art zu werden? Er stimmte aus ganzem Herzen zu. Und ich war überzeugt, auch Mammina mit ihrem sechsten Sinn wußte und billigte es. So packte ich und stapelte, und eines schönen Fühlingstages, nachdem wir Aba und Mammina liebevoll, aber vage Lebewohl gesagt hatten, bestiegen wir den Zug nach Osten – Schwester Marie, Mita, Jeremy und ich. Die beiden siamesischen Kätzchen, Hänsel und Gretel, hatte ich der Fürsorge der TWA anvertraut. Der Abschied von den Schwiegereltern war durch den Umstand gedämpft worden, daß Yehudi ihnen Rückreisebillets nach Europa als eine Art ernsthafter Versicherung unserer Verbundenheit in die Hand gedrückt hatte – unserer unzerreißbaren Verbundenheit mit ihnen. Aba mit seiner lebhaften Natur war von der Aussicht sehr begeistert gewesen. Mammina dagegen hatte sich auf ihre echt russische Weise geweigert und Abas zarte Gesundheit als Ausrede benutzt.

In Chicago hatten wir einen Tag Aufenthalt und gingen in den Zoo. Dort bezauberte mich ein Tier, das hinfort mein Lieblingstier sein sollte – Sinnbild all dessen, was ich niemals sein kann –, das Faultier. Da lag es in einem Wust von schmutzigem orangefarbenen Haar und sah wie ein ausgedienter Kaminvorleger aus, seine aus dem haarigen Wirrwarr hervorragenden Füße und Vorderpfoten waren mit langen ekligen Nägeln versehen, die zu ewiger Nutzlosigkeit zusammengerollt waren. Ich konnte seine Augen nie genau ausfindig machen, noch sein Gesicht erkennen, aber ich war überzeugt davon, daß es eine geheime Befriedigung enthielt, einen herrlichen Mangel an Zielstrebigkeit, eine gedankenverlorene Glückseligkeit, die uns ganz verlorengegangen ist in dieser Welt der Unruhe und Geschäftigkeit.

In New York trafen wir mit Y zusammen und nahmen das Schiff nach Europa, wo wir uns trennten: Schwester Marie und Jeremy zogen in Gstaad in ein hübscheres und echteres Chalet, während Y, Mita und ich den Zug nach London bestiegen. Ich schaute in den strömenden Regen von Dover hinaus, auf die graugrünen Dachziegel der ellenlangen Reihen kleiner Häuser, und Furcht beschlich mich, als ich an das sonnige Paradies dachte, aus dem ich die Kinder gerissen hatte. Mita und ich spielten Fragen und Antworten. Ich schrieb auf mein Stück Papier »Magst du England? Wenn ja, warum? Wenn nein, warum nicht?«, faltete es zusammen und gab es ihm. Die Antwort, die ich auswickelte, war »Ja, weil es so gemütlich ist.« Ganz verwirrt schrieb ich »Wieso?«, und es kam die Antwort »Wegen dem Regen, die wissen, wie man das Drinnen besser macht.«

8 Logbuch (1. Teil)

So natürlich wie der Lauf eines Flusses hatte uns der Strom unseres Lebens die frühen Jahre hindurch unausweichlich Europa als unserem wahren Schwerpunkt zugetragen. Das Künstliche eines Familienstützpunktes an der Westküste [der USA, d. Übers.], Yehudis weltweite Konzertreisen, die wachsende Notwendigkeit von Mitas Erziehung, dies alles hatte zu der Entscheidung geführt, die junge Familie näher an den Kern der Bedürfnisse eines jeden heranzuführen.

Ich habe im Bocksprung über die jährliche Routine von Y's Arbeitsleben hinweggesetzt, denn es wäre ermüdend, jeden unserer Schritte zu verzeichnen; ich meine, es ist vielleicht besser, ein Tagebuch der Hauptereignisse jener Jahre vorzulegen, die entweder wegen ihrer Bedeutung denkwürdig sind oder wegen ihrer beiläufig erhellenden Eigenschaften, deren Umfang und Mannigfaltigkeit abwechselnd Heiterkeit oder Traurigkeit, Empörung oder Ungläubigkeit oder gelegentlich auch unbändige Komik zum Ausdruck brachten. Ich möchte deshalb mit Südamerika beginnen, wo Y und ich uns wieder einmal einige Monate nach unserer Rückkehr aus Indien im Jahre 1952 aufhielten.

MEXICO CITY, 23. FEBRUAR 1953

Fast unmittelbar nach der Ankunft hatte Y eine lange Fernsehaufnahme. Am nächsten Tage beschlossen wir, den Lunch in einem Club einzunehmen, sobald Y mit seinen Proben fertig wäre. Das Telefon läutete. Eine europäische Stimme erinnerte mich in fließendem Englisch daran, daß der Sprecher mit der Veranstaltung am Abend zuvor zu tun gehabt hatte. Könnten wir zusammen essen? fragte er. Soviel ich auch dagegen einwandte, er blieb hartnäckig, bis ich ihm schließlich sagte, wir würden erst sehr spät in einem Gartenrestaurant essen, und auflegte. Ungefähr um 20 Uhr machten Y und ich uns auf den Weg zum Restaurant, nachdem wir Y's Geigen in ihrem Doppelkasten in den Schrank geschlossen und dem Portier die Schlüssel gegeben hatten. Zu unserem Verdruß fanden wir den Plagegeist am Eingang. Er begrüßte uns wie lang vermißte Freunde aus dem fernen Sibirien. Während des Essens verließ Nudnik (russisch für »Pest«), wie ich ihn im stillen nannte, den Tisch, um zu telefonieren, und bemerkte, ein Freund wolle zu uns stoßen. Der Freund konnte leider nicht – überschwengliche Entschuldigungen und so weiter. Schließlich erinnerte ich Y an das Konzert am Abend, und Nudniks Versuch, uns zu begleiten, abwehrend, kehrten wir allein ins Hotel zurück. »Señor Menuhin«, fragte der Chef-Portier, »haben Sie uns nicht gebeten, Ihre Violinen in den Konzertsaal bringen zu lassen?« Ich griff nach dem Tresen und fühlte mich einer Ohnmacht nahe. Es schien, daß eine Stimme, »genauso wie die Señor Menuhins«, kurz nachdem wir das Hotel verlassen hatten, diese Bitte geäußert hatte. Nach einigem Zögern hatte der Portier die Geigen seinen beiden größten und härtesten Burschen anvertraut und ihnen gesagt, sie wüßten ja, wie Señor Menuhin aussehe und sie dürften die Geigen niemand anderem als ihm aushändigen. Auf den ersten Stufen zur Konzerthalle waren die beiden Burschen von einem Mann angesprochen worden, der versuchte, sich den Kasten zu schnappen; als er aber merkte, wie sich eine Menschenmenge bildete, hatte er die Flucht ergriffen. Im Hotel hatten dann die beiden Burschen die kostbaren Instrumente in den sicheren Gewahrsam des Portiers zurückgegeben. Seit dem um Haaresbreite vermiedenen Desaster pflegen wir in größeren und anonymeren Hotels zu wohnen, wo die bedeutenderen und anonymeren Gäste von kühlen, illusionslosen und grenzenlos mißtrauischen professionellen Wächtern betreut werden. Traurige Geschichte.

Paris, 23. April 1953

In Paris fanden wir unseren geliebten Enesco, der, durch sein Rückgratleiden jetzt fast doppelt gekrümmt, seine hübsche Mietwohnung im dritten Stock eines Etagenhauses gegen ein *appartement de la basse cour* im selben Haus hatte eintauschen müssen. Da saß er, wie immer klaglos, in einem elenden dunklen Raum, der gerade groß genug war, um sein Bett, seinen Flügel, einen Stuhl und einen Klavierhocker aufzunehmen. »Eh bien, chers enfants«, sagte er mit einer herzzerreißenden Mischung aus defensivem Stolz und verborgener Scham, »me voilà!« Y sprach mit ihm über Musik; an einer Stelle wandte Enesco sich zum Klavier um und ließ seine traurig gekrümmten Hände darüber hingleiten, als wenn es die Verlängerung seines eigenen Wesens, ein Teil seines Kreislaufsystems wäre, ohne das er nicht leben konnte. Es gab nichts, was er nicht in seinem enzyklopädischen Kopf festhalten konnte: ganze Opern, Konzerte für jedes beliebige Instrument. Sein Geist war durch und durch Musik, und schon eine einzige Stunde mit ihm war Verzauberung. Ich bemerkte den abgewetzten Schlips, die schäbige Jacke, das wächserne Gesicht mit seinem klaren schönen Schnitt und den ruhigen heiteren Augen und entdeckte darin eine Art von zerstreuter Gelassenheit. Konnte es sein, daß dieses umfassende synoptische Wissen und Verstehen ihn daran gehindert hatte, sich zu einer einzigen großen vollendeten Leistung aufzuraffen? Oder war der Grund der fatale Zeitensprung, der ein Genie zweihundert Jahre zu spät in diese kommerzielle Epoche verschlagen hatte?

In diesem Augenblick erschien »Marouka«, die Prinzessin Cantacuzène, die er schließlich geheiratet hatte, nachdem er lange ihr treuer, schöner und glänzender Liebhaber gewesen war, im Türrahmen, einen ihrer plötzlichen, königlichen Auftritte zelebrierend. Man stelle sich die Zobeïde einer zweitrangigen Truppe des *fin-de-siècle*-Theaters vor, die einmal bessere Tage gesehen hat und sich standhaft weigert, das Nagen des Zahns der Zeit anzuerkennen – die, um das Vergehen eines jeden ihr unfreundlich gesinnten Jahres sozusagen feierlich zu konfirmieren, ganz einfach Schicht auf Schicht des Make-ups auf die schon in die Haut eingezogene Schicht jenes ersten unvergeßlichen Abends gelegt hat, als sie vierzehn Vorhänge im flackernden Rampen-Gaslicht bekam; wenn Sie sich dazu den farbenfrohen Satinkaftan vorstellen können, der den massiven Torso verbarg, und vor allem den ungewöhnlichen Kopf, den sie aufrecht und mit großer Würde trug, die Wangen scharlachrot geschminkt, schmollende Purpurlippen, kohlschwarzgerandete, düster wie zwei Holzkohlenfeuer glühende Augen, das Ganze geziert mit *bigoudis*, jenen großen, halbmondförmigen, zur Zeit der Marcel-Welle beliebten Haar-Clips, in symmetrischen Reihen ihr eisgraues Haar haltend, das sie in eine Art »Kakozhnik« (die traditionelle russische Tiara) zu verwandeln verstanden hatte, wenn Sie das alles wahrnehmen können, ohne mit der Wimper zu zucken oder in Ohnmacht zu fallen, dann haben Sie die ungewöhnliche Balkan-Erscheinung der Frau erfaßt, die sich »La Princesse Cantacuzène, Madame Georges Enesco« nannte – gebieterisch, völlig von sich selbst erfüllt und ziemlich verrückt. Genau das, was der ritterliche, wunderbar begabte Mann von hohen Grundsätzen, Georges Enesco, *nicht* brauchte, um leichter dem Dasein, dem er so selbstlos und in so adliger und großherziger Weise gedient hatte, entsagen zu können. Ich überließ Enesco und Y ihrem Gespräch über ein Konzert, in dem sie gemeinsam auftreten sollten, und geleitete die Prinzessin durch den schmutzigen Gang zu ihrem Zimmer. Dort fand ich den typischen breiten Diwan vor, der mit Teppichen, seidenen Schals und Tüchern von bizarren Basarfarben bedeckt war. Auf diesen warf Marouka ihre körperliche Fülle, während ich am anderen Ende hockte, zwischen uns ein riesiges türkisches Tablett mit einem Dutzend staubiger hartgekochter Eier, ziemlich faden Brioches und mehreren jener winzigen henkellosen türkischen Kaffeetassen. Zwei Stunden saß ich dort und hörte der Prinzessin zu, bis mir der Kopf schwirrte.

Schließlich und endlich erschien Yehudi im Türrahmen, sehr blaß und mit jenem ihm eigenen Ausdruck, den man nur als »schweigend« bezeichnen kann. Ich ergriff seine Hand und ging zu Enesco hinein, um ihn zu umarmen. Er wirkte müde, wie er da kreidebleich mit einem friedlichen, leuchtenden Ausdruck im Gesicht lag. Ich küßte ihn auf die Augenlider, und dann gingen wir über den fürchterlich feuchten Hof und die Rue de Clichy hinunter in unser Hotel und sprachen kaum ein Wort.

PARIS, 24. APRIL 1953

Eine kurze Abschweifung in die Beschreibung einer Begegnung und Atmosphäre, die so grundverschieden und doch im Kern die gleiche war – die der vollständigen Zerschlagung und Entwurzelung menschlicher Wesen, die einst im größten Luxus und auf dem gesellschaftlichen Gipfel ihrer einstigen Heimatländer gelebt hatten. Da Yehudi mich am Nachmittag nicht brauchte, eilte ich im Taxi in eine jener kleinen privaten Enklaven in Auteuil, eine

Doppelreihe bescheidener zweistöckiger Villen, die in einer kleinen baumbestandenen, von Vorgärten gesäumten Straße standen. Ein reizendes Pseudo-achtzehntes-Jahrhundert-Haus mit einem kleinen Wintergarten davor, eher im Stil eines kleinen Pförtnerhäuschens am Eingang eines großen Besitztums. Dort saß auf ihrer fliesenbedeckten Veranda zwischen ihren Lieblingshortensien, umgeben von einer Vielzahl von Katzen, deren Geruch eine Art exotischen Zauberbann wob, Mathilde Felixowna Kschessinskaja, die letzte große Ballerina assoluta des Marjinskij-Theaters. Mit siebzehn war sie des Zaren erste und angebetetste Geliebte gewesen und eine so mächtige Kurtisane, daß die Bolschewiken ihr Haus in St. Petersburg nicht angetastet hatten. Im Gegenteil: den Balkon ihres Salons hatte Lenin gewählt, um die Revolution von 1917 zu verkünden. Zart, winzig klein, sprühend in der ihr eigenen, sehr russischen Art schelmischer Koketterie, sprang sie von ihrem Strohsessel auf. »Dianchik!« rief sie und umschlang mich und meine große Hortensie in einer Doppelumarmung. Durch den fleckigen weißen Türrahmen trat eilig einer der schönsten Männer, die ich je kennengelernt habe – ihr Gatte, der Großfürst André, Vetter ersten Grades des unglücklichen Nikolaus II., dem die Zuneigung seiner Bauern die Flucht ermöglicht hatte. »D*ijanna*, deeerest!« begrüßte er mich mit dem schönen, langgezogenen russischen Nasallaut, und wir saßen beieinander, während seine ergebene alte Ordonnanz, »Monsieur Georges«, den Tee hereinbrachte. Wir redeten von ihren Ballettklassen, ihren Schülern, von mir und meinen Kindern, von der Zuneigung, die wir füreinander gehabt und bewahrt hatten, seit Arnold Haskell, der bedeutendste englische Ballettkritiker, mich am Arm genommen, der schreienden Rambert entführt und im Unterrichtsraum der Kschessinskaja abgesetzt hatte, das war im Jahre 1932 in Paris. Keine Anspielungen auf vergangene Größe, keine Seufzer nach verlorenen Schätzen; hier waren zwei vollkommen hingebungsbereite, vornehme und einander zugetane Geschöpfe, die einen Weg gefunden hatten, ihr eigenes bescheidenes Heim neuzuschaffen, genauso natürlich, wie sich zwei sehr seltene Gartengewächse einem fremden Klima anpassen. Ich liebte sie und alles, was sie darstellten, in ihrer stolzen Armut und schäbigen Eleganz, ihrer Lebendigkeit, einfachen Hinnahme und Grazie.

Voller Schuldgefühle die Fahrt zurück in mein Leben mit Yehudi, wo alles so ganz anders war: jung, blühend, berstend vor Arbeit, Plänen, Projekten, ein im Glanz des in Vergangenheit und Gegenwart Erreichten – und hoffentlich auch in Zukunft – prismatisch leuchtendes Leben, ein Leben, so erfüllt, daß es keinen Riß gab, durch den ein kalter Hauch ihn erreichen konnte. Ein besonnter Junge, kam mir plötzlich der Gedanke, als ich sein vor Eifer glühendes, liebenswert-freundliches Gesicht ansah, jemand, dessen vollkommene Bescheidenheit, dessen Bemühen zu geben, zu helfen, zu ermutigen ihm das Recht auf einen solchen Segen eintrug. Denn inzwischen hatte er die Schuppen des Vernachlässigtwerdens, Unglücklichseins und der Verwirrtheit abgeworfen und stürmte nun vorwärts.

PARIS, 27. APRIL 1953

Lunch mit Marie Laurencin, die wie eine Watteau-*Marquise* zwischen ihren Gemälden saß und zu meiner Freude von ihren Bühnenentwürfen für das Diaghilew-Ballett *Les Biches* sprach. Sie fragte, mich plötzlich fixierend, ob ich nicht vielleicht eine Tänzerin wäre.

»Il-y-a six ans, chère Mademoiselle«, sagte ich, »et il-y-a seize ans j'ai dansé le rôle de l'Hôtesse dans votre *Biches.*« Worauf sie ein großes, gerade veröffentlichtes Buch über ihr Werk ergriff und für mich eine höchst anmutige Pastellskizze einer Tänzerin hineinzeichnete mit der Widmung »à Diana Gould, Marie Laurencin«.

PARIS, 28. APRIL 1953

»Springen« ist die Devise. Um mit Y mitzuhalten, braucht man sechs Beine, vier Gedächtnisse, zwei Gehirne und einen Ventilator, um das Ganze kühlzuhalten. Ich kam von meinem kleinen Ausflug nach Auteuil mit einer Spur von *grisaille* zurück und wurde schnurstracks in eine Besprechung hineingerissen, die einige wohlhabende Rumänen anberaumt hatten, um zu beraten, wie man Enesco, diesen stolzesten Mann auf Erden, aus seiner gegenwärtigen Notlage befreien könnte. Wir fuhren zur Villa der belgischen Botschaft am Rande von Paris, wo eine von Y's geliebtesten und verehrtesten Freundinnen, Königin Elisabeth, die belgische Königinmutter (selber eine frühere Schülerin Enescos), sich glücklicherweise zufällig aufhielt. Unter uns brüteten wir den Plan aus, daß Durand, sein Verleger, alle seine Werke neuauflegen sollte und wir ihm ein monatliches Gehalt zahlen würden. Ob Durand jemals die Neuausgabe vornahm oder nicht, weiß ich nicht, aber wir konnten Enesco auf diese Weise unterstützen. Bei einem der letzten Besuche bei Enesco brachte ich ihm eine hübsche Sulka-Krawatte mit. Er wandte sich am Flügel um: »Mais comment, chère Diane, vous me trouvez tellement mal affublé [»herausgeputzt«, der Übers.]?«

Ich wurde puterrot und stotterte etwas zusammen von »mon plaisir, ma joie, si vous voudriez bien l'accepter«. Er zwickte mir die Nase, nahm den schäbigen Schlips ab und band meinen um. Es sollte das letztemal sein, daß wir ihn an seinem geliebten Flügel sitzen sahen. Die Erleichterung, vor der im Hinterhalt liegenden erhabenen Marouka nicht kotauen zu müssen, sollte mir nicht gewährt sein. Als wir aus dem düsteren Torweg auf die Rue de Clichy heraustraten, kam sie dahergesegelt: in purpurrotem Satin prangend, das Haupt auffällig mit sechs Reihen ihrer halbmondförmigen Haar-Clips geschmückt, majestätisch vom gegenüberliegenden Café durch den Verkehr gleitend und auf dem Busen noch die Frühstücksreste, die Croissants, Marmelade und Kaffee verrieten, ohne jedoch der Großartigkeit ihrer Haltung abträglich zu sein, schlängelte sich Marouka im Walzerschritt durch die Taxis auf unsere Seite. Mit ihrer Eulenstimme trompetete sie »Ya-hoodi! Diyanni!« und drückte uns fest an die Überreste ihres Morgenmahles.

Alma, 1.–5. Januar 1954

Grausige Nachricht, ein Flugzeug mit William Kapell (der großen weißen Hoffnung unter jungen amerikanischen Pianisten) war diese Nacht nur etwa dreißig Kilometer von unserem Haus entfernt in den Bergen abgestürzt, und alle Insassen waren umgekommen. Mir wurde übel, ich fragte mich, wie lange ich noch die Anspannung ertragen könnte, auf Y's Telefonanrufe warten zu müssen, die mir seine sichere Ankunft meldeten. Das Telefon läutete. Es war Y. Er hatte von dem schrecklichen Unglück erfahren. »Darling«, sagte er, »ich habe beschlossen, das Fliegen solange aufzugeben, bis sie alle Verkehrsflugzeuge mit Radar ausgerüstet haben. Zu viele Menschen hängen von mir ab, als daß ich es riskieren könnte. Auch Ginette Neveu und Jacques Thibaud sind kürzlich auf dieselbe Weise umgekommen und bei schlechter Sicht in den Bergen abgestürzt.«

Ich hätte vor Erleichterung heulen können, denn ich hatte mich stets gehütet, Y durch Bitten vom Fliegen abzubringen, solange es ihn nicht schreckte. Ich selber hatte meine wachsende Angst fast drei Jahre lang für mich behalten. Unseligerweise hatte Y in Vancouver einem Reporter ein Interview gegeben, das wie alle negativen Dinge seinen Weg mit Blitzesschnelle nach London nahm, wo eine Woche darauf unter der Überschrift »Yehudi Menuhins Entschluß, nicht mehr zu fliegen« ein sehr unangenehmer und sarkastischer »bestellter« Artikel erschien, der ihm Stupidität, Feigheit, Mangel an Vernünftigkeit und ähnliche nette Eigenschaften vorwarf. Natürlich war er vom Luftkorrespondenten geschrieben, der, wie man vermuten darf, das Interview nur als schlechte Propaganda für die Fluggesellschaften verstehen konnte. Daran entzündete sich eine höchst faszinierende und bewundernswerte Korrespondenz in der *Times*, worin der Reporter von allen Seiten angegriffen wurde. In den Zuschriften wurde hervorgehoben, Yehudi sei der einzige Künstler gewesen, der den ganzen Krieg hindurch im eiskalten Bug von Bombenflugzeugen allein von Amerika geflogen sei, um dreimal täglich in Fabriken und Armeelagern sowie in der Albert Hall zu spielen und damit Gelder für die »Freien Franzosen« und die Chinesen und so weiter zu sammeln. Es sei eine Schamlosigkeit und Frechheit, einen solchen Mann als feige hinzustellen – und dergleichen mehr. Der Streit wütete tagelang und machte großen Spaß. Y gewann dadurch England lieber als je zuvor, weniger wegen der netten Sachen, die man über ihn sagte, und nicht einmal wegen des großartigen Schutzwalles, den man um ihn errichtet hatte, vielmehr um der zivilisierten Haltung eines Landes willen, dessen führende Zeitung ein Forum bot, in dem man die entgegengesetztesten Meinungen lesen, hören und mit guter oder schlechter Laune hin- und herwenden konnte, und das alles in einem Ton, der immer in höchstem und bestem Sinne menschlich war. Auch wir bekamen waschkorbweise Briefe zugeschickt. Mein liebster

Brief kam von einem Oberst mit Doppelflintennamen und einer Anschrift in Wiltshire. »Verdammich, Menuhin, reisen Sie, wenn Sie wollen, per Kamel«, kurz und bündig.

LONDON, 14. MAI 1954
Y sollte in der St. Paul's-Kathedrale ein Konzert mit drei Bachschen Solosonaten geben, das Ihre Majestät die Königinmutter zugunsten des Fonds zur Wiedergutmachung von Bombenschäden besuchen wollte. Wir fuhren nach St. Paul's, um die Akustik auszuprobieren. Im Kirchenschiff stießen wir auf Robert Masters, den damaligen Leiter des Mozart-Kammerorchesters, der als Ersatzmann für Y ausersehen war. Robert stand im Querschiff und fiedelte pflichtschuldig. Perfekte Katastrophe – der Techniker zählte einen Oberton von acht Sekunden, was bedeutete, daß eine Fuge wie ins Chinesische übersetztes Kauderwelsch klingen würde. Der Schauplatz war so großartig, daß es ein Sakrileg schien, wenn die Musik das Vorhaben ruinieren würde; auch wenn Y ganz langsam spielen würde, um dadurch den verknoteten Ton zu entwirren, so wäre das zu reiner Parodie entartet. Irgend jemand kam dann auf die glänzende Idee, eine Art Schutzwand in der Ecke des Chorgestühls zu errichten, die wenigstens das Echo auffangen und die Obertöne vermindern würde.

Die Pracht dieses großen kirchlichen Empfangsraumes, das vollbesetzte Gestühl, die Königinmutter auf einem thronähnlichen Sessel vorn im Mittelschiff, das alles war ein harmonisches Ganzes, aber ich muß gestehen, daß das Schilderhaus, in das Yehudi trat, die Großartigkeit ein wenig beeinträchtigte, und ich befürchtete, es könnte ein schrecklicher Unterton (statt der Obertöne) von »Ablösung der Wache vorm Buckingham-Palast« dabei herauskommen. Die Angst war überflüssig. Sobald die ersten Töne des herrlichen Präludiums der Bach-Partita in E-Dur unter der großen Kuppel erklangen und bis in die letzte Ecke jener schönsten aller Barockkirchen drangen, wußte ich, daß alles klappte. Y sah sehr klein aus in seinem schwarzen Anzug, wie er da halb eingeschlossen in seinem Schilderhaus stand. Er schien sich aufzulösen, bis nichts mehr da war außer Klang, reinem und klarem Klang, der sich wie ein Segen ausbreitete.

Santa Barbara, 24. Juni 1954.
Ich erwischte meine erste Dosis Gift-Sumach und trug mein geschwollenes Gesicht und die juckenden Arme nach Santa Barbara, wo ich durch ein »schreckliches Konzert« aufgeheitert wurde. Ich habe eine Schwäche für Theaterpannen (ein sehr bösartiger Zug), und diese war große Klasse. Da saßen auf einer Seite des riesigen und schönen Schwimmbeckens des Strand-Casinos aufgereiht – in all ihren Modellkleidern, von Diamanten starrend und von Smaragden niedergedrückt – die Angehörigen der reichsten Gemeinde in den Vereinigten Staaten. Auf der anderen Seite saßen die bescheidenen Musiker des Orchesters, alle im weißen Smoking, und es erschienen die ebenso bescheidenen Herren Antal Dorati und Yehudi (*nicht* im weißen Smoking, weil er darin meiner Meinung nach wie ein Abtreibungsspezialist aussieht). Es hebt sich »Toni« Doratis Taktstock, es hebt sich Y's Bogen, und – es erhebt sich der Wind in vollkommenem Zusammenspiel, denn dieser hebt die Noten der Spieler von ihren Ständern, wie es wohl ein verspielter Zephyr täte, wirbelt sie umher und läßt sie wie den Inhalt eines Aktenschrankes in das Schwimmbecken fallen. Chaos! Schreie der Bestürzung und des Schreckens branden unter den Reichen auf (die 200 Dollar für ihren Platz bezahlt hatten und offensichtlich nicht den Gegenwert dafür erhielten), ich schwelge in einer Ekstase des Entzückens. Die reine Marx-Brothers-Show. Y geduldig wartend, Dorati auf unbestimmte Weise der Angelegenheit gewachsen wirkend, während einige der Musiker ihre Ärmel aufkrempeln in der Absicht, den schwimmenden Mozart aus dem Bassin zu fischen. Schließlich wurden neue Noten verteilt, nasse trockengeschwenkt, und das Orchester setzte sich so weit wie möglich zurück, um vor weiteren Gefahren seitens des feuchten Elements sicher zu sein. Toni und Y stürzten sich mit verdoppelter Energie in das Konzert. Kaum aber hatten sie ein paar Takte gespielt, da ging die Musik erneut und auf andere Art unter. Mit lustigem Röhren schossen rechts und links Rennboote in die mondhelle Nacht hinaus. Ich saß voll Ergötzen da, beobachtete, wie Y und Co. das Mozart-Konzert spielten, und versuchte in den wenigen Augenblicken, wo kein Schnellboot frohgemut die Bucht hinauf- und hinunterbrauste, zu erraten, an welcher Stelle ungefähr sie angekommen waren. Rings um mich

waren empörte Millionäre, die, wie ich zugeben muß, vor gerechter Wut kochten. Als ich am Schluß zu Toni und Yehudi lief, war Y natürlich ganz einfach glücklich, weil er das Werk mit Toni gespielt hatte; er sagte, es täte ihm bedauerlicherweise gar nicht leid, wenn er als einziger sich selbst gehört hätte. Toni sagte: »Ich machte einfach weiter mit dem Stück, und plötzlich, als ich Yehudi zuhörte, hatte ich die verrückte Idee – wie wäre es wohl, wenn man eine ganze Streicherpartie mit diesem Klang hätte, wie wunderbar müßte das sein.«

ANSBACH, 1. AUGUST 1954.
Fuhren nach Ansbach, wo jedes Jahr ein großartiges Bach-Konzert abgehalten wird und wo Benjamin Britten und Peter Pears liebend gern auftreten. Das Vorteilhafte bei einem Festival-Auftritt ist, daß man auch die Konzerte anderer genießen kann, und Ansbach war musikalisch ein wahrer Genuß – bis auf den Regen: in dichtem, unablässigen Nieseln kam er aus einem verhangenen Himmel herunter, der unendliche Vorräte zu bergen schien. Ein grauer Tag folgte dem andern, und ich zog mich ins Bett zurück – das heißt ich hockte unter der Decke und schrieb endlose Briefe, während Y am Fußende vor dem Spiegel des Frisiertisches stand und mit Ausdauer das trostlose Gedröhn übte, das offenbar das einzige Mittel eines Violinisten ist, in Form zu bleiben. Plötzlich ein gewaltiges Knistern und fast gleichzeitig ein Krachen, und von der geschwollenen Stuckdecke löste sich ein Riesenstück genau über Y's Standort. Mit der Behendigkeit eines Akrobaten sprang er zurück, bevor es dumpf aufschlug; der Spiegel zersprang von einer Seite bis zur anderen, und die Füße der armen alten Lady of Shalott lagen unter einem hundertpfündigen Gewicht großer, mit Glassplittern vermischter Stuckbrocken begraben. Das tödlich langsame Durchsickern von Feuchtigkeit in den vergangenen Wochen hatte den jahrhundertelang immer wieder erneuerten Verputz in dem alten Gasthof aufgeweicht; wir aber waren glücklich, mit dem Leben davongekommen zu sein. Y war übersät mit Krümeln – seine Geige wie durch ein Wunder dank seines schnellen Zurückspringens unbeschädigt. Meine Füße und Knöchel waren gequetscht, die Bettdecke zerrissen, aber das Glas war nicht hindurchgedrungen. Die Treppe herauf kam ein

wildes Getrappel von Füßen, es wurde heftig an die Tür geklopft, und herein stürzte der Wirt mit seinen Leuten, die alle darauf gefaßt waren, uns entweder schwer verletzt oder wenigstens mausetot vorzufinden. Über meinen wunden Füßen klafften die Balken, während der ganze Raum mit kleinen und größeren Stuckbrocken übersät war. Wir zogen in ein anderes Zimmer um, ich graziös hinkend, Y mit einer kleinen Schnittwunde am Finger, und nahmen unsere Arbeit wieder auf.

Paris, 25. Oktober 1954.
War in Y's Konzert im Châtelet, wo ich mir einen Fauxpas der besseren Sorte leistete. Zu jener Zeit war der Künstlerraum eine Art kleiner Gärtnerhütte mit einem hölzernen Tisch, zwei nackten aufdringlichen Glühbirnen und einem einzigen Kaffeehausstuhl. Da ich wußte, daß Y, dieser ganz und gar nicht kleinliche Mensch, trotzdem einen Horror davor hatte, nach dem Ende eines Konzerts von einer keuchenden Menge rückwärts in die Garderobe gedrückt zu werden, flog ich über den Korridor zur Bühnentür, lächelte die grimmige Aufsicht strahlend an und bat den Mann, die zudringlichen Besucher solange zurückzuhalten, bis ich Y sicher aus der *oubliette* herausgelotst hätte. Er war mir gegenüber sehr hilfsbereit, aber der Menge gegenüber wenig freundlich: »Ecoutez, vous«, schrie er die Menge ungeduldiger Fans an, »restez-là, un peu de patience, voyons!« Ich drehte mich um und lächelte die Menge an, in der Hoffnung, den lauten Befehlston des Cerberus dadurch zu mildern. Neben mir stand eine wütende ältere Frau im Lehrerinnen-Tweedkostüm, auf dem grauen Haar einen großen schwarzen, von einem weißen Schleier umsäumten Kuhfladenhut, das Ganze durch einen riesigen Kneifer vervollständigt. Sie durchbohrte mich mit einem Blick aus zwei stechenden Augen: »Madame«, verkündete sie mit jener tiefen Stimme, die einen Bart zu haben schien, der sich irgendwie in den Stimmbändern verfangen hat, »Madame! Je suis Mademoiselle Boulanger!«, wobei sie mich mit ihrem Schirm beiseite schob und auf die Bühne marschierte. Ach du liebe Zeit! Ich kroch still hinter ihr her wie eine der vielen Kakerlaken, die früher die Bühne heimsuchten, und es gelang mir, Y behutsam aus seiner Zelle herauszuholen, so daß sie ihn begrüßen konnte, und da

Tapferkeit der bessere Teil der Vorsicht ist, blieb ich zurück und bewachte die Geigen in dem Staub und der Hitze der nackten Birnen.

London, 14. November 1954
Bei einem von Y's Konzerten in der Albert Hall. Dieses Ungetüm von einem Saal besitzt eine ganz besonders magische Atmosphäre, die sich den Künstlern wie dem Publikum mitteilt. Alle 7500 Zuhörer schienen in ihrer Aufmerksamkeit und Freude stets ganz eines Sinnes zu sein. Ich möchte schwören, es kommt von dem Geist all der großen Künstler, die dort aufgetreten sind, Caruso, Galli-Curci, Ysaÿe, Rachmaninow und wie viele andere mehr, die etwas von ihrem Wesen und ihrer Kunst zurückgelassen und den riesigen Saal mit einer Stimmung durchtränkt haben, die ihn stets warm und merkwürdig intim erhält. Moderne Säle stoßen solche zauberischen Geister ab; antiseptisch und abweisend, wie sie sind, reinigen sie sich geschickt von allen lauernden Gespenstern.

Nach einem jener Konzerte löste sich eine Zuhörerin aus der üblichen Menge, kam auf mich zu und teilte mir mit, sie habe, seit sie ein Kind war, kein einziges Menuhin-Konzert ausgelassen, sie wüßte auch, daß mein Leben äußerst vielseitig sei, und wenn sie mir auf irgendeine Weise behilflich sein könnte – beim Einkaufen für die Kinder oder bei anderer Hausarbeit –, dann würde sie es liebend gern tun. Ihr Name war Angela Marris. Entzückt, wie ich war, über das erste Hilfsangebot, das ich je erhalten hatte, fragte ich sie, ob sie mir vielleicht graue Socken für die Jungen besorgen könnte. Seitdem hat sie für Y alle seine eleganten Cardigan-Jacken gestrickt, in denen man ihn überall auf der Welt bei Proben gesehen hat, und ist eine enge Vertraute der Familie geworden.

London, 8. Dezember 1954.
Richard Buckle veranstaltete seine herrliche Diaghilew-Ausstellung, die jetzt einer der Glanzpunkte der Ballettgeschichte in Forbes House ist. Aus diesem Anlaß hielten alle noch lebenden Tänzer jener unvergleichlichen Ära eine Reihe von Vorträgen: Sokolowa, Idzikowski, Dolin, Markowa, viele andere und natürlich die immer noch schöne Tamara Karsawina, meine geliebte

»Madame Tata«, mit der die Rambert-Tänzer damals ihre erste Tanz-Saison im Lyric Hammersmith arrangierten, als es seine große Zeit unter Nigel Playfairs Leitung erlebte. Zu meiner Freude und Verwirrung erzählte sie Dicky Buckle die Geschichte, daß ich die letzte Tänzerin gewesen sei, die Diaghilew ausgewählt hatte, als ich vierzehn war, und daß sie mich aus diesem Grunde gern auf die Liste der Vortragenden setzen würde. Aus reiner Furcht und Schwerfälligkeit lehnte ich zunächst ab, dann aber (dank der Beharrlichkeit von Lady Domini Crosfield, in deren Haus wir zu Besuch waren) nahm ich mir zwei Tage, um meinen Beitrag hinzukritzeln, gerade noch rechtzeitig, um mir ein präsentables Kleid über den Kopf zu ziehen, ins Forbes House zu stürzen, meinen Mantel in der Seitenkulisse fallen zu lassen und mein Stück herzusagen. Ich war doppelt glücklich, als die BBC von allen Vorträgen gerade diesen für die Aufnahme auswählte.

LONDON, MAI 1955
Speiste mit Chatschaturjan, dem russischen Komponisten, und David Oistrach, dem führenden russischen Violinisten, der zu unseren liebsten Musikerkollegen zählt (Y und er hatten 1945 in Prag erstmals Bachs Doppelkonzert miteinander gespielt und später noch viele Male). David sah aus wie der netteste aller Teddybären, dem man das Fell geschoren hatte; was Chatschaturjan, den Georgier, anlangt, mit seinen vorstehenden braunen Augen und seinem ergrauenden Haar, das gewellt war wie das Wellblechdach einer Baptistenkapelle, so glich er mehr einem respektablen armenischen Teppichhändler.

David erzählte Y, ganz Rußland verlange heftig nach seiner Wiederkehr; Y, sehr gerührt, sagte, er würde wirklich sehr gerne kommen, wenn er die Zeit dazu fände.

»Warum«, sagte Y, »kommst *du* nicht nach Amerika, David?«, worauf David die Arme emporwarf und zu verstehen gab, alle Russen seien für die Amerikaner *personae non gratae*, und nichts wäre unwahrscheinlicher, als daß man ihn einlüde, außerdem schätze es seine Regierung nicht, wenn von ihren Einwohnern Fingerabdrücke genommen würden. Dies war übrigens auf dem Höhepunkt der McCarthyschen Kommunistenjagd.

»Unsinn«, sagte Y. »Wollen wir wetten, David, daß ich dir

deine Einladung, Visum, Konzerttournee und was sonst dazu gehört schneller besorge als du das alles für mich in Rußland?« Am selben Nachmittag schickte Y Telegramme ans State Department und an seine Agentur, Columbia Artists Management. Innerhalb von zwei Tagen hatte er die Zusage für ein sofortiges Visum (ohne Fingerabdrücke) und für eine Tournee durch die wichtigsten Städte in den Vereinigten Staaten mit gleichem Honorar wie Y (dem höchsten, das es gab) im November und Dezember 1955.

Voller Freude rief Y David an und bat ihn, ins Claridge zu kommen, weil er für ihn gute Nachrichten hätte. David kam pflichtschuldigst, und Y breitete vor ihm die Telegramme aus, damit er sie sich ansehen und in Rußland seinem Boss und seiner Gefängniswärterin Madame Furzewa zeigen könnte. David war hingerissen von der raschen Reaktion der Amerikaner, aber zerknirscht darüber, daß Y ihm eine wie vom Himmel gesandte Gelegenheit verschafft und er nichts dagegenzusetzen hatte. Er zuckte resigniert mit den Schultern, die ausdrucksvoll-sprachlose Geste aller seiner Landsleute, und sagte: »Weißt du, lieber Yehudi, in meinem Lande muß das erst durch fünf oder mehr Regierungsabteilungen laufen, bevor dein nächster Besuch arrangiert werden kann.« Yehudi umarmte ihn und sagte, er habe die Wette nur zum Spaß gemacht und auch um ihm zu beweisen, daß der McCarthyismus nur eine vorübergehende Phase sei, die von russischen Propagandisten aufgebauscht würde, um Amerika zu verunglimpfen.

Athen, 10. Dezember 1955

Im Orient-Expreß nach Athen stellte Y wütend fest, daß zwischen unseren beiden Abteilen keine Verbindungstür war. Unbeirrt zerbrach er die dünne Holzverkleidung über den Waschbecken, so daß wir wenigstens unsere Köpfe hindurchstecken und so eine Verbindung halten konnten – die zersplitterten Reste der besten und ältesten Intarsienarbeit des Orient-Expreß versteckte er unter dem Bett. Als wir drei Tage später in Athen ankamen, erwartete uns dort Hamish McKenzie, der Erste Sekretär der britischen Botschaft, ein herrlich humorvoller späterer Freund. »Wir müssen unser Gepäck holen«, sagte ich strahlend. »Gepäck?« kam es ungläubig von Hamishs Lippen, »aber der Orient-Expreß hat doch noch *niemals* einen Gepäckwagen gehabt!« Schrecklicher Augenblick, denn Y sollte am selben Abend ein Konzert geben. Es stellte sich jedoch heraus, daß etwas später ein anderer Zug aus Frankreich kommen würde, in dem es wohl sein müßte. Ab ging es zur britischen Botschaft, wo wir bei Botschafter Charles Peake und seiner Frau Catherine wohnten und ungeduldig auf Nachrichten über unsere Habe warteten. Y natürlich nicht. Solange er seine Geigen und seine Frau hatte, machte ihm anderer Besitz keine Sorge. Ein Diener trat ein. Bedauere sehr, kein Gepäck – vielleicht morgen. Ich maß den Botschafter mit prüfendem Blick – nicht weniger als 1,90 Meter groß. »*Ihr* Frack tut es leider nicht«, sagte ich, »wir werden alle Botschaften abklappern müssen, um unseren Fiedler für heute abend auszustaffieren. Wir haben nur noch etwa sieben Stunden Zeit.« Während sich Y ungestört aufs Ohr legte, veranstalteten wir eine Jagd. (Mir hatte Catherine Peake freundlicherweise ein Samtkleid geliehen.)

Die Hosen des Ersten Sekretärs paßten Y im Bund, waren aber zu lang, der Frack eines Mitglieds der französischen Botschaft paßte an seinen extrem breiten Schultern und gab ihm zusätzliche Lockerheit fürs Spielen (was seinen Schneider zur Verzweiflung brachte), ein Mitglied einer anderen Botschaft lieh ihm ein steifes Frackhemd und noch ein vierter ein Paar schwarze Stiefel. Ich verließ Y, der wie eine Statue dastand, während ein bezauberndes griechisches Hausmädchen die zu langen Hosenbeine hochsteckte, die um seine Füße schlotterten, und ging zum Essen hinunter; dort machte ich, da ich meinen Kopf im Schlafzimmer gelassen hatte, ziemlich zerstreut Konversation. Sobald der Nachtisch serviert war, entschuldigte ich mich und rannte wie die »Charge of the Light Brigade« [berühmtes Gedicht Tennysons über eine Episode des Krimkriegs, d. Übers.] die breite Parketttreppe hinauf. Bei Y's Anblick – er stand im Eingang zum Schlafzimmer – blieb ich wie angewurzelt stehen. Das Mädchen kniete zu seinen Füßen und klopfte stolz den Saum seiner Hosenbeine in die richtige Form (nachdem sie die Bügelfalten gedämpft hatte). Sie standen jetzt auf Halbmast und gaben den Blick auf die Schnürstiefel frei (Y hat sehr kleine, schmale Füße, und diese Schuhe waren offenbar ein Relikt aus der weit zurückliegenden Knabenzeit eines Diplomaten). Der obere Teil bestand aus einer gewaltigen gestärkten Hemdbrust, die Y den Busen einer Nellie Melba verlieh, und geschmückt war er mit einer fertigen weißen Schleife wie ein Helikopter; aus den Schmetterlingsflügeln seines Kragens ragte Y's Kopf blond und wuschelig heraus, ganz wie der eines Entleins, das aus der Eierschale krabbelt. Die Frackschwänze endeten nur knapp ein paar Zentimeter oberhalb des Hosenaufschlags, und seine kleinen Pfoten ertranken in den gestärkten Manschetten.

»Sehe ich ordentlich aus?« fragte er so entwaffnend, daß es reine Grausamkeit von mir gewesen wäre, den heftigen Lachreiz nicht zu unterdrücken; also sagte ich: »Natürlich, du siehst großartig aus – was für ein Glück, du bist der leibhaftige Völkerbund, Darling«, und stürzte davon, bevor ich vor Lachen platzte.

Y brach vor uns zum Theater auf, während der deutsche Pianist Wilhelm Kempff, Zamira und ich zu Charles und Catherine in die Loge gingen. Noch nie war ich dankbarer für – und weniger irritiert durch – einen mir überreichten Blumenstrauß, denn sobald Y und Kempff auftraten, prustete ich, ihn als Schirm mißbrauchend, dahinter los. Ich war nicht allein in meiner Heiterkeit – ein unterdrücktes Kichern stieg von verschiedenen Punkten des halbdunklen Saales auf; die einzige Loge, aus der nicht das geringste Lachen kam, war die der russischen Botschaft, denn deren unzulängliche Schneiderkunst hielt sich mit dem Gebotenen die Waage. Am komischsten aber waren die Manschetten, die so steif wie Karton waren und immer über Y's Hände herunterrutschten, so daß, immer wenn ich bei einer besonders schönen Phrase hätte entzückt sein müssen, alle Begeisterung verflog, weil Y, kaum daß er das Ende einer wunderschönen Abstrich-Passage erreicht hatte, seine Ärmel hastig heraufschieben mußte, bevor die gestärkte Manschette die Saiten früher als seine Finger erreichte.

Ich ging wie gewöhnlich in der Pause nach vorn und fütterte Y gerade mit einer Apfelsine, als König Paul und Königin Friederike kamen. Als Deutsche liebte sie die Musik und genoß das Konzert; ich hatte das Gefühl, ich wäre eine Erklärung für Y's chaplinhafte Erscheinung schuldig, worauf beide zugaben, sie hätten seinen Anzug ein bißchen eigenartig gefunden. Nach diesem komischen Konzert kehrten wir alle zur Botschaft zurück, wo Peake einen Empfang gab. Aus der Menge trat ein kleiner dunkler Mann auf mich zu. »C'est bien Madame Menuhin?« fragte er, und als ich seine Vermutung nicht widerlegte, stellte er sich als der italienische Botschafter vor und fügte hinzu, weder sein Freund (Vorstellung) noch er wollten glauben, daß Menuhin einen so schlechten Schneider hätte. Verärgert antwortete ich leichthin, unser Gepäck sei noch nicht angekommen und viele freundliche Diplomaten (unter denen, wie ich glaubte, *keiner* von seiner Gesandtschaft war) hätten in liebenswürdigster Weise ihr Bestes getan, um ihn behelfsmäßig auszustatten. Bissig fügte ich hinzu, ich hoffte, ihre auf den Anzug konzentrierte Aufmerksamkeit hätte ihren Musikgenuß nicht beeinträchtigt und ging fort, um mir mein Lieblingsporträt von George Gordon, Lord Byron, anzusehen, das über dem Sofa im Empfangszimmer hängt. Unser Gepäck kam am nächsten Tag an, ohne ein schönes Negligée, das jemand aus einer meiner Tasche entwendet hatte.

MÜNCHEN, 6.–9. JANUAR 1956

Auf dem Rückweg von Osteuropa luden uns liebe Freunde, die wußten, wie knapp oder gar nicht vorhanden Eßwaren auf Bahnreisen waren, zu einem üppigen Picknick ein. Es war eine willkommene Geste in Anbetracht der Tatsache, daß Y kein Geld hatte. Nach fast neunjähriger Ehe hätte ich seinen Abscheu vor Geld und sein unerschütterliches Vertrauen in Kredit kennen sollen und gewöhnte mir an, wie ich es seitdem immer gehalten habe, beliebige gültige Geldsorten in meiner Handtasche mitzuführen. Glücklicherweise hatte er sich dem amerikanischen Botschafter in Athen anvertraut (beide Konzerte in Athen und das folgende in Belgrad hatte er unentgeltlich gegeben), so daß wir bei der Ankunft in Brüssel von zwei reizenden amerikanischen Beamten begrüßt wurden, die uns 100 Dollar übergaben. In jenen Tagen hielt das eine ganze Zeitlang vor und setzte uns instand, in einen Wagen zweiter Klasse überzuwechseln und gerade noch das Schiff zu erreichen, bevor es Ostende verließ.

LONDON, HOTEL CLARIDGE, 16.–17. JANUAR 1956.

Geheimnisvolle Telefonanrufe von fremden Leuten; da ich das Geschick der Vermittlung im Claridge kenne und auf den Tonfall der Stimmen geachtet hatte, streckte ich meinen Kopf aus dem

Fenster, um die Fahnen besser sehen zu können, und sah die indische. »Yehudi, weißt du, was ich glaube«, sagte ich, »wir kriegen Krishna Menons Anrufe.« Ich rief zum Pförtner hinunter, und er bestätigte prompt, Krishna Menon sei im Hotel und hüte das Bett mit Verdacht auf Blinddarmentzündung. Als wir Krishna anriefen, sagte er, er bekäme seinerseits rätselhafte Menuhin-Anrufe, und lud uns ein, hinunterzukommen und ihn aufzumuntern.

Da war er und sah aus wie ein fernöstlicher Johannes der Täufer, der sein Ziegenfell mit einem hellgrünen Pyjama vertauscht hat – wobei er es fertigkriegte, darin mehr denn je wie ein fanatischer Prophet zu erscheinen. Er hatte gerade seine Zeit als indischer Hochkommissar bei den Vereinten Nationen beendet, in der er emsig alle die guten Beziehungen mit den Vereinigten Staaten aufgedröselt hatte, die Pandit Nehru während seiner Amtszeit dort so sorgfältig aufgebaut hatte. Ohne Umschweife erging er sich in heftigen Angriffen auf Amerika; sein prachtvoller Kopf mit dem scharfen Profil, der schiffschnabelähnlichen Nase und der grauen Mähne statteten ihn mit den vollkommenen Attributen eines Demagogen aus. Y meldete bei einigen seiner zügellosen Verwünschungen sanft Bedenken an. Ich wurde immer gereizter. Der wilde und wundervolle Kopf warf sich von einer Seite zur andern und genoß die Verwünschungen in vollen Zügen. Plötzlich stand ich auf, faßte die Knöpfe des Messingbetts und sagte: »O Krishna, um Gottes willen, wer, glauben Sie, sind wir denn: Senator John Lodge? Sie sind auf dem falschen Dampfer«, und mit einem ordentlichen Stoß gegen das Bett verabschiedete ich mich. Y folgte mir mit der verwirrten Miene, die er bei den Gelegenheiten aufsetzt, wo ich aus der Haut fahre. Am nächsten Morgen um 7.30 Uhr wurde ich geweckt – Krishna vom Flughafen. »Liebste Diana, seien Sie nicht böse, es tut mir leid, daß ich so grob war!« Wie traurig ist es, wenn die Leidenschaft die Klugheit überholt und all ihre Nützlichkeit vernichtet.

London, 20. Januar 1956

Yehudis Schutzengel übersieht selten etwas; aber manchmal wird es diesem Gabriel zu bunt, dann faltet er seine Flügel und schnarcht. Eine solche Gelegenheit kam, als Dr. Paul Czinner,

Diana als Vierzehnjährige

Diana und Griselda (Yevonde)

Diana in
Mulberry House

Diana und Gerard
»Mita«,
ihr erstes Kind

Gerard und Jeremy 1952 (Marcus Adams)

Yehudi erlaubt Mita, die Regeln zu durchbrechen
(Geri Deutsch, BBC Hulton Picture Library)

Zamira und Krov in der Schweiz

my in I Tatti und B. B.

mys und Yehudis erste gemeinsame
ate

Yehudi nach nur zwölf Stunden
Skikurs mit Jeremy und Gerard, Gstaad

Nehru und Diana

Yehudi und Mr. Iyengar
in den Anlagen des
Regierungsgebäudes in Bombay

Yehudi mit Ravi Shankar, im Hintergru
Diana und Marcel Gazelle, Delhi 1952
(Mahatta Mullik Studio)

ehudi mit Hephzibah (links) und Yalta in Bath (David Farrell)

ehudi spielt an der Klagemauer in Jerusalem (Jerusalem Symphony Orchestra)

Yehudi und Diana in Gstaad (F. Fäh)

Die Familie in Gstaad: Gerard, Zamira, Krov, Anne, Jeremy, Diana, Yehudi u
Zamiras Sohn Lin Siao (F. Fäh)

Yehudi und Adolph Baller während des Krieges in einer Armee-Baracke auf den Aleuten, Alaska

Yehudi mit David Oistrach, Moskau 1945 (S. Wolkow)

Wilhelm Furtwängler und Yehudi, Berlin (K. Werner)

Yehudi im zusammengeborgten Frack mit Wilhelm Kempff, Athen 1955

Yehudi mit Königin Elisabeth von Belgien nach den Feierlichkeiten zu ihrem 80. Geburtstag

Yehudi bei Georges Enesco in Paris

Yehudi nach einem Konzert in Tel Aviv

Gstaad-Festival. Yehudi dirigiert das Zürcher Kammerorchester, Solist Alberto Ly
(F. Fäh)

einer der führenden Theater- und Filmregisseure in Deutschland, bei Y anfragte, ob er sich nicht an der Verfilmung einiger bedeutender Opern beteiligen möchte, damit Städte, die kein Opernhaus haben, sie wenigstens im Kino präsentieren könnten. Y, immer bereit, auf eine neue Idee zu fliegen, fragte Czinner, in welcher Weise er denn nützlich sein könne. »Als Erzähler der Zusammenfassung von *Don Giovanni* und indem Sie Ihren Namen für eine ungewöhnliche Form der Musikdarbietung zur Verfügung stellen, für die es schwierig sein dürfte, Förderer zu finden«, war die Antwort. Natürlich war Y fasziniert, und wir verbrachten einen ganzen Tag in einem ziemlich kalten kleinen Studio in Ebury Street, wo er sich durch die verzweigte Synopsis hindurcharbeitete. Soviel über die Arbeit dieses Tages ... der Epilog kommt später (begleitet von einer Schnarch-Passacaglia des Erzengels Gabriel).

London, 23. Januar 1956

Wieder ein Lapsus von Yehudis Schutzengel! Er sollte an der Verwirklichung von Patrick Sauls innovatorischem Gedanken des »Institute of Recorded Sound« (Institut für Tonaufnahmen) teilnehmen. Diese Gesellschaft würde nicht nur als Bibliothek von Aufnahmen dienen, sondern so viele Vorträge über Musik wie möglich aufnehmen. Y war wie üblich der erste, den man anging. Er erbot sich, den ersten Vortrag in einem Saal am Bloomsbury Square zu halten, und mit diesem Tonband sollte auch die neue Bibliothek eingeweiht werden. Er sprach des längeren, ohne Notizen, über Georges Enesco, mit nur einer kurzen Pause, damit der Techniker das Band des Aufnahmegeräts auswechseln konnte. Er war bestens in Form, der Saal voll besetzt, und am Schluß gab es eine regelrechte Ovation. In unserer Freude, an der Verwirklichung einer so großartigen Idee mitgewirkt zu haben, waren Y und ich einigermaßen überrascht, Saul mit einer traurigen Armesündermiene aus der Kulisse kommen zu sehen. Allem Anschein nach hatte das ziemlich unerfahrene Team, das er für die Aufnahme des Vortrags verpflichtet hatte, das Tonband während der Pause so gewendet, daß die erste Seite vollkommen gelöscht war, während aus der zweiten ein Gejibbere geworden war.

New York, 26. Februar 1956

Um in der Chronologie zu bleiben, muß ich hier den Epilog zu dem Ereignis nachtragen, das ich erwähnte, als Y's Schutzengel schlief, nämlich das Schicksal der Aufnahme des *Don Giovanni*-Skripts, die er so ahnungslos für Dr. Paul Czinner in London gemacht hatte. Die Ergebnisse sollten jetzt zusammen mit dem Film *Don Giovanni* bei einem Gala-Abend in der Carnegie Hall gezeigt werden – anschließend war ein großer Empfang in einem der wenigen noch übriggebliebenen stattlichen Häuser an der Fifth Avenue vorgesehen. Die Lichter erloschen, und aus dem Dunkeln kam Y's konservierte Stimme, die die Oper ankündigte; darauf folgte eine lockere Zusammenfassung des ersten Aktes. Ich hatte mich schon über die Vagheit der Synopsis gewundert, da wurden auch meine schlimmsten Befürchtungen bestätigt. Als der Gesang einsetzte, hörte man mitten in Donna Annas herzzerreißendsten Triller hinein Y's Stimme sagen, sie wehre sich gegen die Vergewaltigung durch Don Giovanni, dessen leidenschaftliche, wenngleich etwas grobe Werbung gleichfalls durch das Dröhnen von Yehudis unerbittlicher Erklärung halb erstickt wurde. Und so ging es fort, des unseligen Y's Stimme flutete weiter wie ein unbezwingbarer Strom (oder wie wenn der Reiseleiter einer Bustour darauf bestünde, seinen Gefangenen die landschaftlichen Wunder auseinanderzusetzen, obgleich die sehr wohl einen Berg von einem Wasserfall unterscheiden können). Y und ich litten unsäglich – das Publikum (darunter waren viele Opernkenner) fing an zu zischen, einzelne Stimmen riefen »aufhören«. Aber Y's Stimme donnerte unnachsichtig vom Band, ruinierte die hohen Töne, ertränkte die zarten Pianissimi und verwandelte den ganzen Abend in eine schwarze Komödie. Ich sah voll Verzweiflung zu, während Y, der im Gegensatz zum Publikum wußte, daß er hilflos an die Tonspur gebunden war und erst zum Schweigen gebracht werden konnte, wenn Don Giovanni schließlich vom Höllenfeuer verschlungen wird, sich ganz einfach entspannte und, bildlich gesprochen, in seinen Siebenten Himmel entschwand, den er auf ewig als Refugium vor allen Unannehmlichkeiten gemietet hatte.

London, 13. Mai 1956
Lunch mit Nan Pandit, Indiens High Commissioner [= Botschafterin, d. Übers.], die auf Y's Anregung den sowjetischen Botschafter eingeladen hatte. Wir waren insgesamt fünf: Nan am Tischende, der sowjetische Botschafter zu ihrer Rechten, Y zur Linken, ich neben dem Botschafter, mit Nans sehr intelligentem und geistesgegenwärtigem Ersten Sekretär uns gegenüber. Während des ganzen Essens schoß der sowjetische Botschafter, ein kräftiger, imposanter Mann mit dem Gesicht eines satten Wolfes, giftige Pfeile gegen den Westen und seine Politik über den Tisch. Nan war in ihrer höflichen Unerschütterlichkeit wie immer sie selbst, Y machte ein paar behutsame Einwände. Schließlich wurde der Nachtisch serviert, und wir bedienten uns in ziemlich gespanntem Schweigen. Nans Sekretär machte irgendeine Bemerkung über die vielfältigen Schwierigkeiten, mit denen Indien zu kämpfen hätte, worauf der sowjetische Botschafter schnarrte:

»Was Sie erwarten? Wenn Indien so stupide, versuchen zu sein Demokratie, sie verdienen Schwierigkeiten.«

Ich kochte, nahm seinen unberührten Teller mit Sahne-Meringen und sagte: »Für diese Bemerkung, Euer Exzellenz, verdienen Sie es, ohne Ihren Nachtisch auszukommen« und knallte ihn außerhalb seiner Reichweite auf den Tisch. Er wandte mir sein puterrotes Gesicht zu, und als ich seinem Blick begegnete, dachte ich für den Bruchteil einer Sekunde, er würde mich schlagen (ich wäre froh gewesen). Aber er ließ die Hand fallen, schluckte heftig und ergriff dann meine Nachspeise: »So nehme ich eben Ihre!« »Bitte sehr, Euer Exzellenz«, sagte ich, »aber in meinen Augen habe ich die Schlacht gewonnen, denn meine Portion ist viel kleiner als Ihre.«

Arme Nan und armer Y. Sie suchten beide Trost im Austausch beruhigender Blicke. Der indische Sekretär war entzückt. Mich erfüllte bloß das Gefühl, nicht umsonst gut 25 Jahre im russischen Balletttraining zugebracht zu haben.

Paris, 7. Juni 1956
Enthüllung einer Büste zu Ehren von Georges Enesco in der Ecole Normale. Jeder, der mit dieser Art französischer Zeremo-

nien vertraut ist, kennt die halbstündige Tortur, wenn der Sprecher hocherfreut – aber wenig erquicklich – seine Lieblingsideen in Alexandrinern vorträgt, deren entschiedener Rhythmus einen in ein ganz besonderes Fegefeuer stößt. Diesmal riß die tiefe menschliche Liebe zu seinem Meister und Mentor Y aus seiner sonst so gutmütig-unkritischen Hinnahme heraus; wütend ließ er jenem hartleibigen selbstzufriedenen Unsinn einen wahren Zornesausbruch folgen und gab den Zuhörern ein lebendiges, farbiges und großartiges Bildnis alles dessen, wofür Enesco einstand und was er bedeutete. Ich genoß die zerschmetterte Betroffenheit auf den vorwiegend bürokratischen Gesichtern des Publikums und hätte mir einen zeitgenössischen Daumier gewünscht, der diese Leute da in ihrer ganzen Bestürzung und geistigen Vernichtung porträtierte.

Budapest, 12.–13. Juni 1956
Wir nehmen Abschied von der fast vollkommen wiederhergestellten Schönheit des vom Krieg stark mitgenommenen Wien, fahren durch die Stadt zum Ostbahnhof, der verlassen und öde daliegt, und von dort nach Budapest, dieser ungewöhnlichen Stadt, in der weder die großen Zerstörungen noch die vielen gesprengten Donaubrücken der festen Haltung etwas anhaben können, die so einzigartig ungarisch ist. Wieder erleben wir einen der überwältigenden Empfänge: Fernsehkameras und Blumenberge, die mich – uns beide – verlegen und schuldbewußt machen angesichts unserer uns selbstverständlichen, wenig geachteten Freiheit.

Y ist der erste Fremde, dem eine Pressekonferenz gewährt wird. Der kleine Raum im Gellert-Hotel (einst berühmt wegen seiner Pracht, jetzt pockennarbig und schäbig) ist gepfropft voll mit Reportern. Einige Arbeiter, die das beschädigte Mauerwerk draußen flicken und sich am Gerüst festhalten, stecken die Köpfe durch das Fenster und hören zu. Die Journalisten bombardieren Y mit Fragen auf deutsch und englisch. An eine erinnere ich mich gut: »Haben Sie gehört, daß man uns vor ein paar Tagen ein gewisses Maß an Freiheit zugestanden hat?« »Zugestanden?« erwiderte Y. »Man kann Ihnen doch nicht zugestehen, womit Sie geboren sind. Freiheit ist Ihr Geburtsrecht – vergessen Sie das nicht –, Sie haben überhaupt keinen Grund, dankbar zu sein für etwas Gestohlenes, das man Ihnen zurückgibt.« Zustimmung bei den Arbeitern, denen ein Reporter Y's Worte übersetzte, Lachen bei den übrigen.

Y hat immer einen Zug von Gerontophilie, Liebe zum Alter, an sich gehabt – ich glaube, er rührt von seiner allgemeinen Begeisterung für den Grundsatz *mens sana in corpore sano* her. Als wir nämlich hörten, daß seine geliebte Emma Kodaly, deren hohes Alter ein Gesprächsstoff in Budapest war, mit einem Hüftgelenkbruch im Krankenhaus liege, machten wir uns sofort dahin auf und fanden sie im Bett sitzen. Sie hatte ein wunderbar starkes Gesicht, das wie die Karte einer hügeligen Landschaft aussah, eingerahmt von ihrem dünnen, roten Haar, das auf die Schultern ihres leichten wollenen Nachthemds fiel. Zoltan, ihr Mann, war natürlich bei uns. Es war ein sehr fröhliches Wiedersehen, und in solcher Stimmung verließen wir sie auch. Als wir die Treppe hinuntergingen, sah ich die Halle mit einem riesengroßen Lenin-Bild geschmückt. »Gott«, sagte ich, »dies dürfte kaum dem Heilungsprozeß zuträglich sein – wie?« Zoltan sah mich mit einem wunderlich schmunzelnden Blick von der Seite an. »Nein, aber dieser Aspekt gehört nicht zum sowjetischen Fünfjahresplan.« Ich war inzwischen sehr hungrig geworden, aber ich bemerkte ein verheißungsvolles Leuchten der Inspiration in Y's Augen. »Wir wollen jetzt den größten aller Cembalo-Spieler hören.« Also zogen wir los, um uns einen von Aladar Racz zauberhaft dargebotenen Bach anzuhören. Ich genoß sein Spiel sehr, nicht nur wegen seines Könnens und seiner herrlichen Interpretation, sondern weil es auch das Knurren eines Magens übertönte, der schließlich um 16 Uhr sein Mittagessen bekam.

Nach dem Abschluß einer ganzen Reihe von Konzerten (vor immer wieder wechselndem ungarischen Publikum) lud der US-Botschafter die führenden Köpfe der intellektuellen Kreise in seine Residenz ein. Zu seiner großen Freude hatten nicht wenige zum erstenmal seit dem Krieg und der Besetzung durch die Sowjets den Mut zu kommen. Als der Botschafter uns am nächsten Tag an den schmutzigen alten Zug brachte, erzählte er Y, er habe dem State Department telegraphiert, Y wäre »der beste US-Botschafter, den wir je gehabt haben«. Ein Lohn für alle körperlichen Anstrengungen und die unermüdliche Arbeit.

Nach gewonnener Schlacht geht es weiter nach Bukarest. Schmutzig und müde, nach vier Nächten in verschiedenen Zügen, kommen wir schließlich dort an und finden uns inmitten schnatternder Fernsehleute, schreiender Menschenmengen, vierundsiebzig Zeitungsreportern, rührenden Blumensträußen (alle mit Dornen), die mir in die Hand und ins Gesicht gedrückt werden. Endlich werden wir wie geschrumpfte Rosinen mit offiziellen Zangen aus dem Riesenpudding weinender, lachender, einem auf den Rücken klopfender, schreiender, gefühlsstarker Rumänen herausgepickt und in einen der in solchen Ländern üblichen Leichenwagen gesteckt, Y mit Lippenstiftspuren und ich dank der dornigen Blumen blutend. Wir treffen dort unseren vielgeliebten David Oistrach und Nadia Boulanger, so ungetrübt wie eh und je, obwohl sie *ihre* Schlacht mit der Grenzpolizei verloren hatte und den ganzen Tag in dem Grenzdorf herumgewandert war, bis sie endlich das den Amtsschimmel zufriedenstellende Papier sowie die Erlaubnis bekam, den Nachtzug zu besteigen – und dies einer zarten und hochverdienten alten Dame in den Siebzigern. Ich fing an zu begreifen, daß es weitaus besser wäre, ein Schrankkoffer oder eine Reisetasche zu sein, wenn man schon die Grenze überschreiten mußte.

Schreiende Menschenmassen vor dem Hotel (Y als Georges Enescos berühmtester Schüler war für sie wie ein Sohn), während David und Y den Doppel-Bach probten und ich so wenig Sachen wie möglich in der üblichen Plüsch- und Schondeckchen-Suite auspackte. Endlose Fernsehaufnahmen mit Nadia, Konzerte mit und ohne Oistrach, die üblichen herzzerreißenden Abschiede und Schuldgefühle, als wir freie Wesen den Nachtzug nach Budapest bestiegen, wo wir zur geisterhaften Stunde, um 5.50 Uhr morgens, abgesetzt wurden. Keine Menschenseele auf dem dunklen, schmutzigen, verlassenen Bahnhof. Ein freundlicher Arzt lieh uns hundert Forint, wir fanden ein heruntergekommenes Taxi, dessen gewichtige Fahrerin sehr wohl zu seinem schrottreifen Zustand beigetragen haben mochte. Unbeirrt durch den Umfang unseres Gepäcks machte sie es mit meterlangen, verdächtig unzuverlässig aussehenden Bindfäden auf dem Dach fest. So fuhren wir los und rumpelten im Frühlicht durch die verlassenen Straßen, wobei ich immer wieder den Kopf aus dem Fenster steckte, um nach den tanzenden Gepäckstücken zu sehen, bis wir die schöne Donau überquerten (warum sie »blau« heißt, verwundert mich – am hellsten Tage bleibt sie hartnäckig schlammgrau) und mit einem Krachen der erschöpften Gänge vor dem Gellert-Hotel stoppten.

Gellert, einstmals berühmt durch die Eleganz und das Treiben der großen Welt, jetzt eine schäbige, doch durch den ununterdrückbaren magyarischen Geist aufrechterhaltene Hülse. Der Nachtportier führt uns in unsere zerfallende Suite. Der Manager, ein Relikt aus österreichisch-ungarischen Zeiten, erscheint in aller Eile, sich den Schlips festziehend, und entschuldigt sich mit stark wienerischem Akzent für die Trostlosigkeit unserer Umgebung. Drei Konzerte in drei Tagen, dazu drei Proben und ebenso viele Pressekonferenzen, ein faszinierender Morgen, den wir (leider in Fernsehkabel verstrickt) in einer der Schulen verbringen, wo nach dem Kodaly-Bartók-System unterrichtet wird. Y war erstaunt, wie die Achtjährigen Lieder sangen, die man ihnen gerade erst vorgelegt hatte, aber mehr noch über einen kleinen Jungen, der, nachdem Y ihm eine Bach-Passage vorgesungen hatte, daranging, sie an die Wandtafel zu schreiben. Keines dieser Kinder war hier, um später einmal Musiker zu werden; doch Kodaly bestand darauf, daß Musik als »öffnendes« Fach die beste Grundlage für Disziplin und Wissen wäre, da sie dem Kind Rhythmus und Klang nahebrächte und durch das Singen die Lungen am Anfang des Tages lüftete, der sonst über Büchern voller Wörter und Zahlen verbracht würde.

Lago Maggiore, September 1956

Wir nahmen einen freien Tag wahr (wie sie jetzt zunehmend seltener werden), um rasch einmal zu Toscanini zu fahren, und fanden einen zornigen alten Maestro in seiner Villa am Lago Maggiore, der wütend gegen Amerika im allgemeinen und jene Gesellschaft im besonderen loszog, mit deren Orchester er solch zauberhafte Wirkungen erarbeitet hatte und die ihn, so klagte er laut, so willkürlich entlassen hätte. Ein denkwürdiger Tag, strahlende Sommersonne, die sich im veilchenblauen Wasser brach, vor dem Toscaninis schöner, weißhaariger Kopf voller Zorn vibrierte. Er fand in Yehudi den richtigen Zuhörer. Vor allem aber verfügte er über eine Sprache, die in idealer Weise für Schmäh- und Scheltreden geeignet ist und dabei doch all ihre Musikalität bewahrt – das Italienische. Theatralik in höchster Vollendung, die über das Mittagsmahl hinaus anhielt, wobei Y (auf dessen sanfte Einwürfe er kaum achtgab) ihm eine sublime Katharsis ermöglichte. Als die Sonne unterging, steigerte sich sein Poltern zum mitreißenden Finale, er umarmte Y und erwähnte die erste wundervolle Begegnung, als er in New York ein Beethoven-Konzert mit dem sechzehnjährigen Jüngling dirigiert hatte. Wir sollten den prachtvollen Kopf zum letztenmal gesehen haben – am 17. Januar 1957 starb Toscanini.

London, 3. Oktober 1956
In der Premiere des Bolschoi-Balletts. Es war faszinierend, die russische Schule zu sehen, ehe sie durch den Filter von Diaghilews französischem Geschmack gegangen war; sie erschien dem Covent-Garden-Publikum, von dem die ältere Generation die Diaghilew-Truppe noch erlebt hatte und in deren Tradition die jüngere aufgewachsen war, schrecklich überholt und abgestanden. Ganz augenscheinlich war das Bolschoi auf dem bürokratisch-hierarchischen Prinzip aufgebaut; so bot es einen Romeo jenseits der Fünfzig, der die Rolle offenbar dank des lange erwarteten Hinscheidens seines Vorgängers geerbt hatte. Er verbrachte mehr Zeit mit dem lebhaft mimischen Einsatz seiner fuchtelnden Arme als dem seiner Beine. Es gab erdrückende Kulissenmassen und ein gelungenes Stück funktionaler Klempnerarbeit in Form einer echten Fontäne, die Wasser spritzte und den größeren Teil der Bühne einnahm. Julia war die einstige Primaballerina assoluta, die wegen ihres Platzes in besagter Hierarchie – doch sehr gegen ihren Willen – aus dem Ruhestand herausgeholt worden war. Sie hatte noch die schöne Flüssigkeit der Linie und eine Leidenschaft, wie man sie in jenen Tagen bei den kühleren englischen Tänzerinnen selten zu sehen bekam.

Ich schlief in dieser Nacht nur wenig und dachte über jene Welt nach, zu der ich die Tür freiwillig hinter mir geschlossen hatte. Jetzt, da ich mit eigenen Augen gesehen hatte, wie Diaghilew die ungefüge künstliche Plumpheit in jenen unglaublich inspirierenden und exquisiten Ausdruck des russischen tänzerischen Genies verwandelt hatte, trauriger denn je zuvor.

Kapstadt, Oktober–November 1956

Während einer Tournee in Südafrika unterzog sich Y einer Bandscheiben-Operation, die sehr erfolgreich verlief. Man machte mich darauf aufmerksam, bevor ich ihn am anderen Morgen in der Klinik besuchte, daß er von dem schmerzstillenden Mittel noch benommen sein würde. Man stelle sich aber meine ungläubige Verwunderung vor, als ich ihn im Bett aufgerichtet beim Frühstück fand und sein Gesicht seit Wochen zum erstenmal wieder Farbe zeigte!

»Guten Morgen, Darling«, sagte er und winkte mir mit seinem Löffel zu, »hast du gut geschlafen?« Entzückt, aber aus der Fassung gebracht wie eine Schauspielerin, die steckengeblieben ist, suchte ich nach dem fehlenden Stichwort und brachte ein brüchiges »Bravo!« hervor. Er verspürte keinerlei Schmerzen, was so erstaunlich war, daß ein ganzes Aufgebot von Chirurgen, Neurologen und Orthopäden ihm am dritten Tage einen Besuch abstattete. Ich fand sie ganz perplex am Fuße des Bettes stehen und übereinstimmend äußern, es könne nur die Folge seiner fortgesetzten Yoga-Übungen sein, die ihm die Kraft zur Entspannung gäben – denn Schmerz sei natürlich zu mindestens fünfzig Prozent Spannung. In meine große Erleichterung mischte sich gleichwohl schuldbewußter Abscheu vor aufgezwungenem Yoga für gehorsame Ehefrauen. Ich stellte bald fest, daß meine Rolle als Krankenhausbesucherin völlig von einer riesigen Xhosa-Frau mit schwarzpoliertem Gesicht, weißen Zähnen und riesengroßen Augen usurpiert wurde, deren Aufgabe es war, von Zeit zu Zeit Y's Zimmer zu säubern. Y hatte mit ihr einen vollkommenen Rapport hergestellt, als er entdeckte, daß ihre Nahrung aus verschiedenen Samen, Hülsenfrüchten, Körnern und organischem Staub bestand. Begeistert bat er sie, ihm all das zu bringen, die Sachen zu kochen, die roh ungenießbar wären, aber nicht solche, die so gegessen werden müßten, wie die Natur es wollte. Und so schlang er fröhlich einen riesigen Suppenteller mit einer abstoßenden schokoladenfarbenen Masse herunter, die mir vorkam, als wäre sie schon einmal gegessen worden. Die Freude kannte keine

Grenzen; mit blitzenden Augen hob er ein Glas mit einer grauen Flüssigkeit, die wie liquide Wollsocken aussah, und trank sie aus, als wäre es Ambrosia. Da ich meine Stellung kannte, zog ich mich an den Türpfosten zurück; neben dieser Ebenholz-Brünhilde war für mich kein Platz mehr. Bescheiden wünschte ich meinem Gatten alles Gute.

GSTAAD, FEBRUAR 1957

Zurück zur lieben Familie in Gstaad, wo ich aus Paris höre, daß Y in der Légion d'honneur zum »Officier« avanciert ist. Dann geht es nach Brüssel, wo Yehudi die Königinmutter gefragt hatte, womit er ihr zum 80. Geburtstag eine Freude machen könne, und sie ihn gebeten hatte, er möge zur Feier jenes Datums das Beethoven-Konzert im »Palais des Beaux-Arts«, der Brüsseler Konzerthalle, spielen; dort war nach der Darbietung eine Zeremonie auf der Bühne vorgesehen, während der sie auf einem Thron sitzend französische, flämische und wallonische Reden zu ihren Ehren über sich ergehen lassen müßte und verschiedene Geschenke und Orden überreicht bekäme.

In der Pause wurde Y, der bereits den Leopold-Orden für seine Kriegsarbeit in Brüssel und Antwerpen verliehen bekommen hatte, in die königliche Loge beordert, wo er den »Ordre de la Couronne« empfing. König Leopold trat in Begleitung seiner morganatischen Gattin, der Prinzessin de Réthy, zum erstenmal in der Öffentlichkeit auf, an seiner Seite Umberto von Italien und dessen Königin Marie-José, die Tochter der Königinmutter Elisabeth. Nachdem die endlosen Feierlichkeiten vorüber waren, gingen Y und ich zum kleinen Palais de Stuyvenberg, dem Wohnsitz von Königin Elisabeth, wo wir mit allen beim Lunch zusammentrafen. Nie zuvor habe ich eine solche Fülle herrlicher Blumen gesehen, sie waren in der Halle und die ganze Treppe hinauf drapiert und verwandelten Salon und Speisesaal in einen exotischen Dschungel. Inmitten dieser Pracht saß die unvergleichliche, wunderbar weise Frau, kein bißchen ermüdet, warm und witzig und würdevoll. Die Gußform, mit der solche Gestalten geschaffen wurden, ist leider zerbrochen. Wir armen überarbeiteten Geschäftsleute eilten zurück zu unserem Hotel. Ich packte. Das Telefon läutete. »Können Sie zum Diner ins Palais de Laaken kommen?« »Ach, leider nein, Madame, wir dürfen den Zug nach Paris nicht verpassen.« »Nun, dann kommen Sie gleich, und wir schicken Sie dann weiter zum Bahnhof.« Alle Hast und Eile waren ausgelöscht beim Anblick des strahlenden kleinen Gesichts und angesichts ihrer Freude und Beglückung darüber, daß Yehudi ihr mit seinem Beethoven-Spiel die Gelegenheit gegeben hatte, die Zeremonie vom Rathaus (offiziell) in die Beaux-Arts-Konzerthalle (inoffiziell) zu verlegen und es ihr damit zu ermöglichen, ihren Sohn Leopold erneut in einem öffentlichen Auftritt seinen Landsleuten vorzustellen, zum erstenmal seit dem Kriege.

Als ich über unser letztes Zusammensein mit Toscanini nachdachte, stellte ich fest, daß die großen Gestalten, die Yehudis Leben seit früher Kindheit verschönt hatten, langsam aber unaufhaltsam dahinschwanden. Frühreif, wie er war, hatte er einer Zeit angehört, die fast eine Generation älter war als er selbst. Er war wie eine junge Pflanze, die im fruchtbaren Erdreich eines großen Waldes wächst und vor der sengenden Sonne durch wohltuende, schöne Bäume geschützt und von dem herabfallenden Laub genährt wird, das den Boden befruchtet, in dem seine Wurzeln sich tiefer und fester einbetteten. Glückliches Kind fürwahr, das lernte, mit solch großen Gestalten wie Bruno Walter, Weingartner, Furtwängler und Toscanini umzugehen, von solchen Dirigentenstäben geführt zu werden. Im Falle Weingartner allerdings bedeutete das gewöhnlich, eine Stunde lang dazustehen und einem langen Vortrag über das ausgewählte Konzert zuzuhören (wo er hätte proben können), bevor ihm einer der gleichermaßen ergeben leidenden Spieler einen Stuhl anbot, so daß er selten über den ersten Satz hinausgelangte. Kreisler und Hubermann, Thibaud und Heifetz waren seine Kollegen, ganz zu schweigen von Adolf Busch, zu dem Enesco ihn im Alter von zwölf Jahren schickte, um Bach zu studieren; als ihn ein Musiker fragte, was er denn von dem kleinen amerikanischen Jungen hielte, hatte er geantwortet: »Ach, der spielt schon viel besser als ich!«

Für mein Gefühl war es dieses Pantheon großer Musiker, deren musikalische Interpretationen von nichts Gewöhnlichem oder Minderwertigem getrübt waren, das Y in seiner natürlichen und unwandelbaren Bescheidenheit bestärkte. Ganz gleich, welcher Ruhm, welches Lob, welche Schmeichelei ihm zugetragen wurden – nichts kam der Sehnsucht gleich, ihrer würdig zu sein, die musikalische Sprache zu sprechen, die sie ihm vom ersten Augenblick an eingepflanzt hatten. Rege förderten sie seine Aspirationen; als er dann älter wurde und sie abtraten, hielt er an der Verpflichtung fest, niemals die Ziele aus dem Blick zu verlieren, die sie seinem jungen Geist erschlossen hatten, und ebenso an der Gewißheit, die sie ihn hatten fühlen lassen, daß sie erreichbar seien; dies alles verließ ihn nie. Vielmehr hielten sie seinen inneren Blick aufwärtsgerichtet auf ihre Maßstäbe und ihren Wert. Glückhafter Umstand, aber gleichzeitig mit dem Gefühl großer und unablässiger Bemühung belastet, mit dem unbezwingbaren Mut, der nötig war, das große Ziel, die Vision, davor zu bewahren, zu etwas Billigerem und Leichterem abzusinken – eine ständige Gefahr in einer zunehmend kommerzialisierten Zeit. Meine Aufgabe war ebenso klar wie schwierig. Sie bestand darin, ihm zu helfen, eine Welt zu erhalten, die sich mit dem allmählichen Verlust seiner Mentoren um ihn herum auflöste; ihn auch davor zu bewahren, zu einer *persona* des reifen Mannes zu verhärten, der, praktisch gesprochen, ihre Höhe erreicht hatte, ohne sich dessen bewußt zu sein. Es ist ein Segen, daß seine Herzensgüte, seine geistige Großzügigkeit und sein unversiegbarer Optimismus dabei halfen.

New York, 10. Februar 1957

Während eines Einkaufsbummels bei Bloomingdales, wo ich das köstliche Brot kaufen wollte, das sie dort haben, verliere ich Y zwischen den Gondeln mit Eingemachtem. Nach einer Weile taucht er triumphierend auf und trägt, gegen seinen Mantel gepreßt, drei Dosen mit konservierten Bienen, eine mit mexikanischen Würmern, eine weitere mit japanischen Wachteleiern und, um das Phantasiegebilde zu vervollständigen, eine Flasche mit in Sirup eingelegten Lilienknollen – die er natürlich nicht bezahlen kann, weil er nur eine Handvoll südafrikanisches Kleingeld hat. Ich fische die Dollars aus der Tasche und bitte um eine der hübschen amerikanischen Einkaufstaschen, in die Y sorgfältig sein kostbares Futter hineingleiten läßt, und mit meinem bescheidenen Brotlaib unter dem Arm, *à la française,* schleppe ich Y nach Hause (ins Hotel) ab.

In New York wachte ich eines Morgens auf und fand den lieben Y damit beschäftigt, Kaffee-Hag-Bohnen zwischen zwei Tellern zu zermahlen. (Er war damit nicht gerade erfolgreich, der Gute, deshalb nahm er am nächsten Tag bei seiner Suche nach dem Ersatz für eine Kaffeemühle zwei gläserne Aschenbecher, jedoch ohne nennenswerte Verbesserung.) Typisch für ihn: Da er wußte, wie sehr ich meine mir einmal täglich zugestandene Portion des gefährlichen Getränks liebte und daß der einzige koffeinfreie Kaffee der von Hag war, hatte er versucht, meine spartanische Kost so gut er konnte zu kompensieren. Als nach dem Wochenende die Läden wieder offen waren, lief ich zu Bloomingdales und kam mit Kaffeemühle, Napolitana und allem, was dazugehört, zurück. Diese tief gütigen und einfachen Gesten machten es so leicht, die große Last zu tragen, die Y's Leben mit sich brachte.

New York, 15. Februar 1957
Lunch im Pavillon mit Billie und Stanley Marcus (höchster Mann von Neiman-Marcus und mit einem herrlichen trockenen Humor begabt), während dem wir Artur Rubinstein erspähten, der trübselig allein in einer Ecke aß, wie ein zum Tode Verurteilter, der sein letztes kräftiges Frühstück nicht herunterbekommt. Wir holten ihn zu uns herüber. Es stellte sich heraus, daß er sich für eine Reihe von Chopin-Konzerten verpflichtet hatte, deren erstes am Abend stattfinden sollte, was ihn in einen solchen Zustand verzweifelter Nervosität versetzte, daß seine Familie ihn hinausgeworfen hatte, damit er sich über dem köstlichen Menü dieses Restaurants ausweinen könnte. Und das Restaurant bewies seine restaurative Kraft, denn sein nicht unterzukriegender polnischer Humor durchbrach die düster-traurige Stimmung, als er uns die beiden folgenden Stunden mit komischen Anekdoten und boshaften Kommentaren unterhielt. Am besten gefiel mir die Geschichte von einem Konzert, wo er mit einem amerikanischen Orchester musiziert hatte; anschließend hatte man ihn zu einer Party bei einem sehr großzügigen Förderer gebeten, der mehr durch sein Bankkonto als seine Bildung bekannt war.

»Nun, Mr. Rubinstein«, rief dieser Mäzen, »ich war zwar

nicht in Ihrem Konzert (typisch), aber wie ich höre, war es ein großer Erfolg.« Hier gab Rubinstein eine herrliche Imitation seiner eigenen gezierten Bescheidenheit.

»Wohin werden Sie denn als nächstes gehen?« bellte der bedeutende Mann.

»In die nächste große Stadt, wo ich ein Solokonzert gebe«, murmelte Rubinstein.

»Aha? Wer begleitet Sie denn?«

Nur für den Bruchteil einer Sekunde war Artur verlegen, dann sah er strahlend auf und sagte: »Yehudi Menuhin!«

»Jesses, das ist ja prima; ich weiß, der ist ja Spitze.«

Stummes Nicken seitens Rubinsteins, der sich als *diplomat manqué* selbst nachahmte . . .

WASHINGTON, 26. FEBRUAR 1957

Dinner in Washington mit Robert Murphy, der jetzt stellvertretender Außenminister ist; wir sprachen über längst vergangene Zeiten im zerbombten Berlin. Danach nahm Bob Y mit hinüber zum State Department, wo sie mit Botschafter Lacey über verschiedene Länder hinter dem Eisernen Vorhang sprachen. Da die Installatoren jener abstoßenden Einrichtung ihn immer wieder hochzogen, um Y einzuladen, drunter durchzuschlüpfen, wollte er mit Lacey übereinkommen, daß dieser, für »Ost-West« zuständig, ihn wissen lassen sollte, wann es aus politischen Gründen nicht tragbar wäre, einige von jenen Ländern zu besuchen. Im Augenblick waren er und Bob Murphy nur zu glücklich, wenn er annehmen würde.

LONDON, 9. MÄRZ 1957

Y bekommt wirklich ein Telegramm vom State Department (Ost-West). Er möchte bitte doch nicht nach Budapest gehen, da der amerikanische Botschafter zurückgerufen worden sei. Verfluchtes slawisches Kolonialregime; verflucht ihre Härte, verflucht ihre verschlossenen Gesichter, die aussehen, als wären sie gegen jede Gefahr, menschlich zu werden, verschlossen.

NEW YORK, 6. DEZEMBER 1957

Dazwischengeklemmt wie Sardellenpaste im Sandwich waren die

üblichen grauenhaften Fernsehprogramme, in denen Y für horrende Summen den ganzen Tag über in einem aufgegebenen Theater eingesperrt war, um fünf Minuten lang für leichtes Geld einige der minderen klassischen Stückchen zu spielen, was sich übrigens zugegebenermaßen auch irgendwie reizvoll von der Konzertsaal-Routine unterschied. Diese TV-Bonanzas waren in ihrer Art ganz und gar künstlich, bar jeden Kunstsinns; sie hatten ein Publikum, das draußen Schlange stand und dann ins Theater strömte und ganz so aussah, als hätte jemand die Kanaldeckel im Fußsteig geöffnet; dazu kam noch ein verzweifelt ernster Genosse, der den Applaus mit Signalen von der Bühne her »organisierte«. Am meisten hat mich eine dieser komischen Szenen amüsiert (der Anlaß waren Y und Hephzibah zwischen fünf Minuten Merle Oberon und fünf Minuten berühmter Sänger, dessen Name mir entfallen ist, eingeklemmt), als der zweite Kameramann, der mit seinem Gestell auf Bruder und Schwester zum Close-up des göttlichen Paares zugerollt kam, es unterlassen hatte, eine große Filmdose von seiner Rampe zu entfernen, mit dem Ergebnis, daß bei einer herrlichen, lyrisch-zarten Passage besagte Dose herunterfiel und mit metallischem Scheppern über die ganze Bühne kollerte, klanketi-klank, klank, klank, bis sie mit dem Ton einer versunkenen Glocke an den pedaltretenden Füßen Hephzibahs liegenblieb. Da dies während einer nicht rückgängig zu machenden »live«-Aufnahme passierte, müssen sich mehrere Millionen Zuhörer über das seltsame Schlagzeug gewundert haben, das sich so eigenmächtig in die Darbietung von Debussys *La fille aux cheveux de lain* eingeschlichen hatte. Ich war ausgiebig damit beschäftigt, mir Kleenex-Tücher in den Mund zu stopfen, um vor Lachen nicht loszuplatzen, und registrierte wieder einmal ein »erfrischendes Desaster«. Hep und Y aber ließen sich absolut nicht stören und spielten munter weiter.

Wieder in London gibt Y ein wunderschönes Konzert in der Royal Festival Hall, wo er das Brahms-Konzert spielt, und zwar unter Leitung des ewigen, unendlichen, uralten Monteux, unter dem Y zuerst in Paris gespielt hatte, als er noch ein kleiner Junge war. Ich erwähne gerade dieses aus den 130 Konzerten im Jahr, weil zu Y's Verlegenheit und großer Freude Sir Adrian Boult ihn in der Pause mit der Goldenen Medaille der Royal Philharmonic

Society auszeichnete, deren erster Empfänger Beethoven gewesen war; und nur die allergrößten Geiger ihrer Epoche – Joachim, Jan Kubelik, Ysaÿe und Kreisler – waren vor ihm so geehrt worden. Sir Adrian hielt eine schöne Rede, auf die Y antwortete, und das Publikum erhob sich und applaudierte. Es war ein erhebender Augenblick.

9. Polnisches Zwischenspiel

Wenn ich eine bestimmte Reise beim Aufzeichnen jener Jahre ausgespart habe, so deshalb, weil sie in meinem Geist und Herzen einen besonderen Platz einnimmt, nicht einfach als typisches Abenteuer hinter dem Eisernen Vorhang, sondern mehr als Variante des Charakters solcher Erfahrungen, als Mutation sozusagen, deren Farbe und Form, Geschmack und Geruch grundsätzlich von jeder anderen Erfahrung in Osteuropa abwichen, so, wie die Keimzelle eines bestimmten Pflanzentypus. Dies war Polen im Jahre 1957, da Yehudi sich erboten hatte, in Warschau zwei Konzerte zu geben – übrigens sein erster Besuch in diesem unbesiegbaren Lande, das so viele Eroberungen erlebt hat.

Ich glaube, das Abenteuer fing für mich recht eigentlich in einer schäbigen grauen Villa und einem Wiener Vorort an, wo ich zwei Stunden lang den polnischen Beamten erzählte, woran unsere respektiven Großväter gestorben seien, wie viele Kinder zu gebären ich beschlossen hätte und (apologetisch) warum keiner unserer Verwandten, soweit ich es verfolgen könnte, jemals den Drang verspürt hätte, der Kommunistischen Partei anzugehören. Schließlich verließ ich das Haus triumphierend, obschon ziemlich abgeschlafft, die beiden Visa fest in der Hand haltend. Ich holte Yehudi ab, und wir durchquerten die Stadt in Richtung Ostbahnhof, wo wir mit unseren üblichen acht Gepäckstücken die altertümlichen Wagen bestiegen, die die meisten Länder, deren Züge sich durch den Eisernen Vorhang wagen, gerne aussuchen, für den Fall, daß sie vielleicht in den Karpaten, im Ural oder in der sibirischen Tundra verschwänden. Diesmal erwies sich diese Praxis eher als Vorteil, denn wir hatten zwei große k. und k.-Abteile mit breiten Türen in der abgenutzten Mahagonitäfelung, zahlreiche reich verzierte, leicht fliegenbeschmutzte Spiegel, sehr viel schäbigen Plüsch, staubigen Samt und ausgebesserte gelbliche Spitze. Sehr schnitzlerhaft und sehr frostig. Ich zog mein Kleid aus und legte einen großen Bettschal um, streifte meine Schuhe ab, ließ mir noch zwei Kissen bringen, machte es mir, als der Zug abfuhr, auf dem breiten Bett bequem und las. Y machte es ebenso, nur ohne Bettschal und mit irgendwelchen Noten.

Nicht lange nachdem wir abgefahren waren, verlangsamte der Zug seine Fahrt. Das veranlaßte mich, aus dem breiten Fenster zu sehen. Alle behagliche Selbstgefälligkeit schwand augenblicklich beim Anblick eines großen Stacheldrahtzaunes, der an jeder Seite von einem tiefen Graben flankiert und von einem furchterregenden sechs Meter hohen hölzernen Turm mit einer Plattform beherrscht wurde, auf der Soldaten mit steinernen Gesichtern und drehbaren Maschinengewehren standen. Wir hatten den gefährlichen Rand der Zivilisation erreicht und waren im Begriff, nach Totalitarien einzureisen. Für seine Aufgabe an diesem modernen ausgetrockneten Styx war Charon mit mehr ausgerüstet als einem bloßen Ruder, und da war auch kein Cerberus, dem man einen Laib Brot hätte hinschmeißen können. Es war nervenzerreißend und herzbeklemmend. Nichts in meinem Leben hat mich je mit einem so unmittelbaren eisigen Schlag getroffen. Hatten wir Idioten dafür sechs Jahre lang gekämpft, war dies das einzige Erinnerungsmal, zynisch und brutal, zu Ehren der Millionen von Gefallenen und Vernichteten?

Lange konnte ich mich nicht wieder zum Lesen durchringen und meine verschlissene Bequemlichkeit genießen. Ich hatte das Gefühl, endlich und im wahrsten Sinne des Wortes das Niemandsland gesehen zu haben und was es bedeuten mußte, eine menschliche Null zu sein. Würde sich der Geist des Menschen je wieder erheben, um diese offenkundig unmenschliche Nicht-Welt abzubauen, oder war sie für immer von der Unwiderruflichkeit unserer grenzenlosen Dummheit gegenüber der kommunistischen List begraben?

Der Zug rollte unterdessen in einer schon frühlingshaft grünenden Landschaft dahin, und schließlich war ich fähig, mein Buch wieder aufzunehmen. Plötzlich hielten wir auf einer der tschechisch-slowakischen Stationen, deren Namen ausschließlich aus Konsonanten bestehen: Grmdz oder so ähnlich. Mein Buch war sehr fesselnd, und erst nachdem ich es zum viertenmal vom türkischen Teppich aufgehoben hatte, stellte ich fest, daß der Zug, oder jedenfalls unser Zugteil, mit ausgesprochen wenig Zuvorkommenheit und viel Rucken und Stoßen einen seltsamen folkloristischen Contredanse vollführt hatte, etwa fünfzig Meter in der einen Richtung und fünfzig in der anderen, wobei dies Manöver einem den monotonen Anblick verschiedener Arten von Lagerhäusern und zur Hälfte den eines verfallenen Bahnhofsgebäudes bot.

Ein Klopfen an der Tür, und das dienstbeflissene Gesicht unseres Schaffners zeigte sich.

»Gnädigste«, fing er an und teilte uns händeringend die schlechte Nachricht mit, daß unser Kurswagen nach Warschau aus unerfindlichen Gründen von den Autoritäten (hier zitterte seine Stimme ein wenig) beanstandet worden wäre und ob wir bitte aussteigen möchten, da wir mit einem anderen Zuge weiterfahren müßten.

»Unsinn«, rief ich forsch, »bitte gehen Sie« und nahm mein Buch wieder auf. Der arme Kerl kam nach zehn Minuten wieder und bat mich, ihn doch ernst zu nehmen. Wütend sah ich zu Y hinüber, der in seine Doppelgriffe vertieft war – »Na gut«, sagte er ruhig, »ich fürchte, wir müssen aussteigen.« »Aber warum denn«, pfiff ich den zitternden Schaffner an. Er zuckte mit den Schultern und rollte die Augen mit wahrhaft wienerischer Mimik; so stand ich denn seufzend auf, packte meinen molligen Schal wieder ein, zog mein Kleid an, fuhr in meine Schuhe und rief wieder nach dem Schaffner.

»Also«, sagte ich, »holen sie jemand, der die Koffer trägt, und wir steigen aus.« Ich hätte ihn genausogut nach ein paar zuverlässigen Dromedaren ausschicken können. Ihm fiel sein Unterkiefer herunter. Ich verschränkte die Arme und wartete. Er war nun wohl überzeugt, daß weder ich noch Y die Absicht hatten, acht Koffer zu schleppen, und da er sein Trinkgeld schon dahinschwinden sah, schlurfte er davon auf den Bahnsteig, auf dem sich jetzt die unseligen Leute, die in derselben Lage wie wir waren, drängten. Schließlich kam er mit zwei starken, vierschrötigen, rotbäckigen Landarbeitern wieder, die unsere Koffer aus den Netzen hoben, als wären es Kartoffelkisten. Ich zeigte ihnen die Griffe, und wir grinsten uns gegenseitig an. Sie schoben ab, den Gang entlang, Y hinter ihnen her. Ich warf einen letzten sehnsüchtigen Blick auf mein verlockendes schäbiges Nest, schnappte die beiden größten Kissen und rief Y durch das offene Fenster zu, er solle schnell machen und die besten Sitze belegen, die er finden könnte; ich würde gleich nachkommen.

Der Schaffner, der durch Y's wie gewöhnlich großzügiges Trinkgeld besänftigt war, sperrte den Mund auf, als ich mit einem »Adieu« an ihm vorbeiging. »Aber gnädige Frau – Sie dürfen die Kissen nicht wegnehmen!« »Und warum kann ich nicht wenigstens die Kissen mitnehmen, wo wir doch für eine bequeme Reise das Geld ausgegeben haben und jetzt um sie betrogen sind?« erwiderte ich zornig, sprang hinab und rannte schnell den Bahnsteig entlang, unter jedem Arm ein Kissen, hinter mir her der Schaffner, der mir in unverständlichem Wiener Dialekt Vorhaltungen machte. Y winkte mir aus einem Wagen zu. Mit seinen hellgrünen Plastiksitzen, die dem Hinterteil ungefähr vierzig Zentimeter konvexe Sitzfläche einräumten, war er geradeso scheußlich, wie ich es erwartet hatte. Ob die sowjetisierten Tschechen Gummisaugnäpfe hatten, die sie ihrem Allerwertesten applizierten, damit sie auf der engen und schrägen Oberfläche hafteten, oder ob ihre unteren Körperteile von Natur mit der nötigen Form ausgestattet sind, um sich diesen unmöglichen Konstruktionen anpassen zu können, will ich gar nicht untersuchen. Aber ich war froh, daß ich in meinem Zorn die Kissen entwendet hatte. Ja, ich machte mir Vorwürfe, nicht auch die Bettdecken gestohlen zu haben.

Endlich, nach einer Pantomime, in der wir den staunenden Landarbeitern vier Apfelsinen und ein großes Stück Schokolade gegeben hatten und sie lachend vor Freude und Verwunderung abgezogen waren, setzte sich der Zug in Bewegung. »Endlich« bedeutet in der Sprache des Eisernen Vorhangs, zwei Stunden später. Es stellte sich heraus, daß man unseren Waggon für *unsicher* erklärt hatte, ein beliebter Trick, um die abenteuerlustigen Westeuropäer davon abzuhalten, durch den häßlichen Zaun zu gucken.

Nun denn, »endlich« fuhren wir ab mit Rasseln und Stoßen, so daß wir immer wieder von den schleimig grünen Sitzen rutschten, bis schließlich die Dunkelheit hereinbrach und mit ihr die ganze Wucht der klassischen Reihenfolge totalitaristischer Beamter, wie ein schwarz-humoriger Gilbert & Sullivan-Chor. Zuerst die Pässe. (Keine der einst deutschsprechenden Tschechen werden je dafür angestellt, so daß keinerlei Kommunikationsmöglichkeit besteht.) Mit der grimmigen Miene eines Gradgrind [Gestalt in Dickens' *Hard Times*, d. Übers.] besahen die dazu ausersehenen Beamten jedes bißchen Kleingedrucktes und übertrugen zur Abwechslung ihr nettes Aussehen auf uns. Y zog sich in seinen Siebten Himmel zurück. Was mich anlangt, so werde ich im Augenblick, wo ich von West- nach Osteuropa überwechsle, automatisch und in nicht wiederzuerkennender Weise zur Erzherzogin. Ich, die sonst so willig waschende, stopfende, bügelnde, flickende und Lasten schleppende Sklavin, kann plötzlich keine Zigarettenschachtel heben, eine sehr wirkungsvolle und psychologisch faszinierende Metamorphose. Nach dem alles durchforschenden Akt der Paßkontrolle und dem unwillig zögernden Rückzug, so, als wären sie um die Möglichkeit betrogen worden, irgendeinen winzigen Mangel zu finden, was offenbar die fade Würze ihres öden Daseins geworden war, erschien eine wenig anziehende Dame in schmieriger grauer Uniform mit der größten Körperbreite, die mir außerhalb des Hottentottenstammes zu Gesicht gekommen ist. Wieder stumme Gebärdensprache, die schließlich ihren Wunsch offenbarte zu wissen, was für Geld wir bei uns führten. Arme Frau, sie konnte nicht ahnen, was sie da in Gang gebracht hatte. Y holte zunächst eine ganz beträchtliche Menge österreichischer Schillinge hervor, die sie bis zum letzten Groschen musterte (ich wartete darauf, ob sie auf den einen oder anderen mit ihren Aluminiumzähnen beißen würde, um sich von ihrer richtigen, nämlich gültigen Währung zu überzeugen). Enttäuscht darüber, daß sie keinen Fehler entdecken konnte, wies sie auf unsere Koffer, meine Handtasche und warf sogar einen Blick auf meine großen Füße. Da ritt mich der Teufel: Ich leerte meine Handtasche aus, zog meine Schuhe aus und schwenkte sie unter ihrer Nase (die wie ein großer Zeh aussah) hin und her, ließ Y eine jede seiner Taschen ausleeren und seine Hände mit feierlicher Inbrunst in jede Ecke der Innenfächer seiner Koffer versenken. Die ganze Zeit über spielte ich diese Komödie mit, ich präsentierte eine Reihe von hoffentlich verständlichen Gesten in Form von tiefem Stirnrunzeln ernster Konzentration, gefolgt von aufgeregt inspirierten Schreien, die ich schließlich in fanfarengleichen Hinweisen auf eine weitere Stelle gipfeln ließ, wo Y möglicherweise noch belastendes Geld in einer anderen Währung finden würde, mit der er ihre Gier befriedigen könnte. Das arme Ding war inzwischen ganz verwirrt von dieser zur Schau getragenen Bereitwilligkeit sowie der für sie gänzlich fremden und großen Sammlung von Münzen und Banknoten und geriet sichtlich ins Schwitzen: Pengös; Deutsche Mark; französische Francs; Pennies und Sixpences; Pesos von einem halben Dutzend südamerikanischer Republiken; verschiedene Sorten von Filipino-Geld; südafrikanischer Rand; alle möglichen nordafrikanischen Kolonialmünzen, marokkanische, algerische, türkische; griechische Drachmen, alle Prägungen Skandinaviens, die einzelnen zerknitterten amerikanischen und kanadischen Dollarnoten – alle in winzigen Mengen. Es wurde eine veritable archäologische Ausgrabung. Da lagen sie alle, rollten von den scheußlichen Bänken, unter denen sie sie zusammenkratzte, wobei ihre riesige Sitzfläche sich in ganzer Größe zeigte und ihr rot angelaufenes verwirrtes Gesicht uns hilflos anstarrte, als sie sich keuchend und am Ende ihrer Kunst aufrichtete.

Schließlich schob Y die ganze Menge mit lobenswerter Barmherzigkeit zusammen und drückte sie ihr liebevoll in die Hand. Mit einem gedämpften Schrei stieß sie seine Hände von sich, als wenn sie giftig wären, und floh aus dem Abteil, seitwärts ihre breiten Hüften geübt einmal so, einmal anders herum schwingend, und war fort. Y und ich sammelten den Plunder und schoben ihn wieder in die Taschen, schlossen die Tür und legten uns auf unsere gewölbten Bänke, froh und dankbar für die gestohlenen Kissen.

Immer wieder hielt der Zug in dieser endlosen Nacht, Leute stiegen ein, klopften laut an unsere Tür. Y stand müde auf, und sagte einige Worte auf russisch, was sie sofort in eisiger Bestürzung davon Abstand nehmen ließ, in unser Abteil einzudringen, worauf wir auf unsere grünen Folterbetten zurückkehrten. Der Morgen dämmerte. Auf der Innenseite der Fensterscheiben hatte sich Eis gebildet. Als wir das Rollo vorsichtig anhoben, sahen wir den Gang vollgepackt mit aufrechtstehenden Leibern und nicht die geringste Möglichkeit, das WC aufzusuchen; die Wahrscheinlichkeit, dort Wasser zu finden, um die Hände zu waschen, war ohnedies gering. Deshalb setzten wir uns wieder, taten unser

Bestes mit Kölnisch Wasser und waren dankbar dafür, wie Kamele abgerichtet zu sein, soweit es unsere inneren Organe betraf. Mit einem zornigen Zischen, begleitet von riesigen Wolken sehr schmutzigen Rauches, als wäre der Zug es bis zum Überdruß satt, menschenähnliche Objekte zu schleppen, und hätte seiner traurigen Pflicht so unwillig wie möglich genügt, liefen wir um 6.50 Uhr früh in Warschau ein. Als ich steif von der grünen Plastikbank aufstand, erinnerte ich mich an die beiden gestohlenen Kissen und nahm sie mit. Die drei Beamten des Ministeriums müssen uns für ein komisches Paar gehalten haben: schmutzig, zerknittert und ich mit Bettzeug bewaffnet.

Wir wurden mitsamt unserem Gepäck in einen dieser Leichenwagen geschoben, wie man sie nur hinter dem Eisernen Vorhang findet, mit häßlicher, fleckiger Polsterung und dicht verhängten Fenstern. Als ich das schmutzige Netz wegzog, sah ich rechts und links Berge von Schutt, halb abgerissene Gebäude, die aus dem Wust herausragten wie abgebrochene Zähne, Türen, die nirgendwohin führten, Fenster wie leere Augenhöhlen. Dreizehn Jahre waren seit dem Krieg vergangen, als die russischen Armeen am jenseitigen Ufer des Flusses gelegen und darauf gewartet hatten, daß Hitlers Soldaten *tabula rasa* machten, bevor sie übersetzten, um die Reste dieser einstmals großen und schönen Stadt einzunehmen. Ich dachte an die Canaletto-Zeichnungen, die ich gesehen hatte, und mir drehte sich der Magen um.

Als wir im Zentrum ankamen, gab es typische Anzeichen für Aufräumungsarbeiten. Man konnte es an Bauplatten ablesen, die entweder für die Aufbewahrung von Menschen oder Akten gedacht waren und die aus einem düster wirkenden und bedrükkenden groben, grauen Material bestanden, einer Mischung aus Kies, Schmutz und Schuppen, die, verbunden mit einer feuchten Substanz, in große, leblose Blöcke gerollt und getrocknet war. Ganze Straßenzüge dieser Art zogen sich ohne Physiognomie oder Charakter hin, so, als wären sie in erzwungenem Gehorsam und in Hoffnungslosigkeit erstorben, damit sie zu den Menschen paßten, die dort in ihnen lebten und arbeiteten.

Wir erreichten unser Hotel. Es war eins der großen Gebäude aus der Zeit vor dem Ersten Weltkrieg, zusammengeflickt wie ein alter Krieger und in Gerüste eingesponnen, die wackelige Balkons und lückenhafte Auswüchse, Überbleibsel eines überquellenden *fin-de-siècle*-Schmucks stützten. Ein schmutziges Vestibül führte zu einem höchst unsicheren Lift, der nur widerwillig seinen Weg nach oben zum ersten Stock keuchte; dort saß, wie ein unheimlicher und weiblicher Matthäus am Zoll, die unvermeidliche »Deschurnaja«. Diese, vielleicht eine Polin, war keine der berüchtigten russischen Gefängniswärterinnen. Angemalt bis unter den Rand ihres dicken schwarzen Haars, das auf ihre uniformierten Schultern fiel, glich sie eher einer pensionierten Prostituierten, die in der Schlange für den Posten der lokalen Puffmutter ansteht. Mit freundlichem Lächeln, daß die vorschriftsmäßige Anzahl von Blechzähnen zeigte, händigte sie uns den Schlüssel unseres Königreiches aus, die Träger brachten unser Gepäck, die Beamten des Ministeriums verabschiedeten sich höflich, und wir waren frei, unser Reich zu untersuchen. Wie gewöhnlich hatten wir die einstige »Grande Suite« bekommen, was in der Sprache des Totalitarismus naturgemäß bedeutete, daß es die einzige war, deren verblichener Glanz als unantastbar angesehen wurde, während geringer eingestufte und bescheidenere Räume eine bedingte Modernisierung aufwiesen.

Wir schauten uns skeptisch um. Vor uns lag gleich einer windgepeitschten Prärie ein riesiger Wohnraum; er war mit einem gewaltigen gesprungenen Marmortisch ausgestattet, zwei zweifelhaften Lehnsesseln mit abblätternder Goldverzierung und drei Fenstern, durch die ein eisiger Wind drang. Der übrige Raum bestand aus der üblichen mitteleuropäischen Nische mit einem breiten und klotzigen Doppelbett. Abgespannt und auf heißes Wasser erpicht, suchte ich nach dem Badezimmer. Die Suche währte nicht lange. Meine Nase führte mich zu einer Tür auf der anderen Seite des Bettes. Mutig öffnete ich sie und taumelte zurück, dem Erbrechen nahe. Soweit ich feststellen konnte, hatten während der letzten paar Monate ein Dutzend oder mehr Schweine in der Suite gehaust, inkontinente Schweine, die häufigen Gebrauch von dem altmodischen WC gemacht hatten, aus dessen Spülkasten hoch oben an der Wand, der abgebrochene Arm impotent herausragte – zudem seines wichtigsten Teils, der Kette, beraubt. Die reichlichen Ergebnisse ihres Verdauungstrakts hatten sich folglich in und um das Klobecken am Boden angesammelt. Wimmernd schlug ich die Tür zu, eilte über den fadenscheinigen Teppich zu Yehudi und jammerte, »Ich glaube, ich kann nicht mehr – bitte, tu was!«

Y war großartig; er zog seinen metallenen Reise-Notenständer bis etwa zur halben Länge auseinander, zog Schuhe und Socken aus, rollte seine Hosenbeine auf, ging auf den Saustall zu, riß die Tür auf, überblickte unbewegt die scheußliche Szenerie, kletterte auf den Rand des Sitzes, hakte den Notenständer in die gähnende Öffnung des Zisternenbügels und zwang ihn mit einem energischen Ruck nach unten. Ein mächtiger Wasserschwall ergoß sich, verschlang zu meiner Erleichterung den Beckeninhalt und besänftigte meine hartnäckige Furcht, daß der reichliche Segen den Abfluß verstopfen würde und uns damit die ganze Bescherung wieder hochkäme. Y stieg herunter, gerötet und siegreich. Ich umarmte ihn und wischte beflissen das Übrige auf, während er den Korridor entlangeilte, um die Deschurnaja und ein Stück starken Bindfaden zu holen.

An jenem Nachmittag fuhr man uns in einen Stadtteil, der sich meinem Bewußtsein für immer als ein Beispiel des unbesiegbaren menschlichen Geistes eingeprägt hat, um dessen Wiedererwekkung ich während der Fahrt durch das abscheuliche Niemandsland tags zuvor gebangt hatte. Vor uns lag der Beweis wenigstens eines Landes, eines Volkes, dessen Geist und Seele zu töten schwerfallen durfte – Straße um Straße war das Warschau des 17. und 18. Jahrhunderts in all seiner phantasievollen Schönheit hervorragend restauriert. Ein ganzer Stadtteil mit kleinen, mittelgroßen, großen und fast palastartigen Häusern war so prächtig wiederaufgebaut, daß das Ganze wie die für ein Goldoni-Stück entworfene Szenerie aussah. Während die Einwohner Warschaus in ihren trostlosen, abgebröckelten Häusern mit dem Existenzminimum lebten, war hier eine Ecke, die Zeugnis ablegte von unbesiegbarem Stolz, von polnischem Stil und polnischer Bedeutung, die keine noch so schwere Hand eines Unterdrückers zu zerstören vermag. Wieder im Hotel und noch benommen von der Schönheit dessen, was ich gesehen hatte, fiel es mir schwerer als zuvor, nicht das Schaudern zu kriegen, als wir durch das Halbdunkel des Vestibüls gingen. Dort wandelten starrblickende Männer mit Schirmmützen und in langen grauen Mänteln, die mich an aussortierte Schlafröcke erinnerten, ziellos umher, während sich andere in scheußlichen Sesseln räkelten, die zugleich rechteckig und doch zum Bersten gepolstert waren. Angesichts dieses schäbigen Puritanismus packte mich Ekel, in den sich kalte Wut mischte, die ich nur mühsam unterdrücken konnte. Am liebsten hätte ich die muffigen Palmen geschüttelt und einen Staubregen auf die gräßlichen Mützen herabgeholt. Oben in der »Grande Suite« – unseren Schlüssel zu diesem zweifelhaften Königreich hatten wir erst wieder der nuttigen Deschurnaja abverlangen müssen – empfand ich einen noch ohnmächtigeren Zorn.

Dann erledigten wir das, was in 24 Stunden der Generalbaß unseres Tagesablaufs geworden war, wir zogen die »Kette« des einzigartigen Klos, gleichgültig, ob Anlaß dazu gegeben war oder nicht. Allmählich ließ der Augiasgestank nach, denn wir halfen durch Besprengen mit Eau de Cologne, das wir wie Weihwasser reichlich spendeten, nach, wobei Y und ich uns in dieses Ritual teilten: Meßdiener des Wasserklosetts. Wir bestachen Anastasia, die Deschurnaja, den unvermeidlichen Sturm lästiger Mamas mit Wunderkindern oder Papas mit echten, 1897 in Deutschland gefertigten Stradivaris abzulenken. Wir freuten uns jedoch, Mr. Abel von der *New York Times* kennenzulernen, einen glänzenden und sehr gewandten jungen Journalisten, der alle Kniffe, aber auch alle politischen, internationalen und menschlichen Fakten über Polen kannte. Und ebenso über die Diplomaten, von Mr. Roy, dem indischen Botschafter und Freund Nan Pandits, bis zum amerikanischen Botschafter; er schickte uns einen Wagen, der uns zu der eisigsten Probe brachte, durch die ich mich je hindurchgebibbert habe, während der bewunderungswürdige Y sich bei den *tutti* (Beethoven) ungestört die Finger behauchte. Ja, wir waren dem jungen Corps Diplomatique dankbar für die Lunches und dafür, daß sie uns ganz allgemein vor der tristen Gefängnisblässe unserer Alptraum-Suite retteten.

An nächsten Morgen gab Y ein Konzert mit Solosonaten von Bach und Bartók. Von meinem Beobachterposten in der Proszeniumsloge aus, flankiert von Abel, blickte ich auf die Reihen von Politbürokraten hinunter und auf ihre spießigen Frauen, die wie Vorkriegs-Stubenmädchen an ihrem freien Tag im Sonntagsstaat dasaßen. Empört sah ich Reihen schäbig gekleideter Studenten,

Mädchen und Jungen, die an die Wände der Seitengänge gepreßt standen. Sobald Y die erste Hälfte des Programms beendet hatte, sagte ich: »Abel, ich bringe diese jungen Leute auf die Bühne«, und rannte in Y's Garderobe, wo sein unangenehmer Agent, der ein Gesicht wie eine ungebackene Semmel hatte, herumstand. Mit Y's Zustimmung sagte ich in meiner hochmütigen Eisernen-Vorhang-Manier dem Agenten, er solle alle Stehplatzbesucher auf die große leere Bühne schicken.

»Unmöglich!« rief er und seine Semmelbacken zitterten.

»Unsinn«, sagte ich. »Tun Sie, was ich sage.« (Ton der Kinderfrau vorm Zubettgehen).

Vom lachenden Abel begleitet lief ich die Treppen hinunter; er übersetzte für mich. Dann geleiteten wir wie zwei Schäferhunde gemeinsam die Studenten auf die terrassenförmige Bühne, wo sie sich zum Ärger der privilegierten Gäste hinhockten und zur Freude Y's, der jetzt von einigen hundert begeisterten Musikstudenten umgeben und umschlungen war.

»Prima gemacht!«, flüsterte Abel, als wir wieder zu unserer Loge hinaufstiegen.

Es war ein herrliches, bewegendes Konzert, und es dauerte Stunden, ehe sie Y gehen lassen wollten – es war also doch der Mühe wert gewesen, dafür die ganze unbequeme Reise zu machen.

Weniger bewegend, aber dafür um so ärgerlicher war am nächsten Morgen das Erscheinen von Teiggesicht im Vestibül. Er erklärte, warum er Y nun doch nicht das vertraglich zugesicherte Geld geben könne, weder den kleinen Dollarbetrag (den Y sowieso für verschiedene musikalische Zwecke stiften würde) noch den Rest in Zlotys. Wie er noch daherbrummelte, wobei seine kleinen Rosinenaugen hin- und herflitzten, als wollten sie sich aus dem feuchten Teig lösen, erschien eine andere bemerkenswerte Persönlichkeit auf der Bildfläche, so britisch, als wäre sie einer Vergangenheit entstiegen, in der das Empire die Meere beherrschte.

»Cavendish ist mein Name, howdy-do«, sagte er. Er war etwa fünfunddreißig, trug einen dunkelblauen Blazer und eine graue Flanellhose, eine alte Borstal-Krawatte, die gerade hinreichend abgescheuert war, und hatte ein herrliches, rosarotes Mondgesicht. »London *Times*. Was war das eben, was Sie da sagten?« Er sah Teiggesicht an, als müßte er erst ein Paar Handschuhe über seine Augen ziehen, um sich nicht anzustecken. Er warf einen Blick auf seine Armbanduhr und fuhr fort:

»Mein Bericht geht in etwa einer Stunde ab, und wenn Sie nicht verdammt schnell mit dem *ganzen* Geld wieder hier sind, dann wird es mir ein ungeheures Vergnügen sein, meiner Zeitung zu berichten, daß Sie sich beim ersten Besuch von Yehudi Menuhin in Warschau mit seinem Honorar abgesetzt haben.«

Teiggesicht entschlüpfte zwischen den Palmentöpfen hindurch wie eine Küchenschabe; wir drehten uns um und genossen diese plötzliche und hinreißende Erscheinung aus dem Raj: »Scheißkerl«, sagte er und verfolgte ihn mit kaltem Blick, »ich kenne den Typ. Schwarzmarkt. Miese Type. Der kommt zurück. Trinken wir einen, während wir warten.«

Seine Enthüllungen über das Polen von 1957 waren in ihrer lakonischen Art ebenso interessant, wie es die Abels gewesen waren, und richtig kam Teiggesicht bald atemlos zurück, mit einem dicken Paket in der Hand. Cavendish nahm es kühl entgegen, zählte es absichtsvoll bedächtig, reichte Y das unverständliche offizielle Papier zum Unterzeichnen, warf es Teiggesicht hin, der abzog, ohne sich je wieder blicken zu lassen. Y besprach mit Cavendish, wie er das Geld verteilt wissen wollte, dann sagte ich:

»Und was machen wir mit den übrigen Zlotys?«

»Ja, liebes Kind (wir waren inzwischen gute Freunde geworden), »wie wär's, wenn Sie mit mir zum Pfandhaus kämen, wo alle früheren Aristos ihr Zeug abgeladen haben, und sich mal ansähen, was Sie kaufen möchten?« Y kehrte in die W.C.-Suite zurück, und Cavendish fuhr mit mir zum Pfandhaus.

Es sollte sich als ein ziemlich beschämendes Erlebnis erweisen. Eine müde, kühl dreinblickende distinguierte Dame, die früher wohl inmitten solcher schöner Kunstgegenstände gelebt hatte, wachte über eine kleine Ansammlung von Familiensilber, Porzellan, Gemälden, Drucken und feinen Spitzen. Ich war tief verlegen. Glücklicherweise sprach sie Französisch – doch obwohl ich ihr etwas von meiner Beschämung mitzuteilen versuchte, blieb sie kalt, stolz und völlig gleichgültig. Ich nahm alles, was übrig war – ungefähr vierzig Teile eines Meißner Zwiebelmuster-Eßgeschirrs von 1830–1850, glücklicherweise ohne Goldverzierung – und zahlte. Toter Punkt. Es schien unmöglich, die Sachen einzupacken. Cavendish mit seinem nützlichen Wortschatz von zweihundert der gröberen und kraftvolleren polnischen Redewendungen marschierte in das rückwärtig gelegene Lagerhaus und fand dort ein paar der meist müßigen Bengel, die bei Mutter Totalitaria besonders gedeihen. In kürzester Zeit hatte er ihnen Beine gemacht, Stroh und Pappkartons waren da, und die Sache war perfekt. Ich versuchte, mich von der Gräfin Potowska zu verabschieden und ihr zu sagen, wie sehr wir das Porzellan lieben und achten würden. Aber sie war zu tief verletzt, um etwas zu entgegnen und nickte mir nur kalt zu. Cavendish gab mir meinen Humor wieder.

»Kopf hoch, meine Liebe, Sie haben selber einen ganz schön harten Krieg kennengelernt«.

»Ach Cavendish, mir ist ja nicht der ganze Sinn des Lebens verlorengegangen, mir wird auch nicht der letzte Rest meines Lebens langsam abgetötet.«

Am nächsten Tag sagten wir der W.C.-Suite endgültig Lebewohl und hatten dabei das Gefühl, etwas für die nächsten Bewohner getan zu haben (bis der Bindfaden mürbe werden und abreißen würde). Nachdem wir die Schlüssel dankbar und pflichtschuldigst abgeliefert hatten, gaben wir Anastasia, unserer Deschurnaja, einen Abschiedskuß. Als wir uns noch mal umdrehten, sahen wir sie ein paar Tränen vergießen, die ihre herrlich mit Rouge belegten Wangen herunterliefen, denn sie hatte sich ein wenig in Yehudi verliebt.

Die Szene auf dem Bahnhof war sehr slawisch. Scharen von Menschen, die nirgendwo hingingen, die armen Teufel, gellendes Pfeifen, Dampf und Qualm; die lieben jungen Töchter des britischen Luftattachés kamen mit *fudge* [einer Art Fondant, d. Übers.], den sie für Y gemacht hatten, und einem köstlichen kalten Imbiß, der uns als Abendessen dienen sollte; ein Schwarm Diplomaten – und ein eiserner Schaffner, der unnachgiebig meine riesengroße Meißen-Kiste zurückwies. Aber ich hatte mich nicht in Cavendish verrechnet, diesem Eckpfeiler des Empire, der schon die widerspenstigen Gepäckträger überredet hatte, die Kiste auf ihren Rollwagen zu laden, wobei er offensichtlich Gossen-Polnisch verwendete. Jetzt gab er noch einiges von seinem Vorrat an grobem Polnisch zum besten: er machte den Schaffner fertig, befahl den Trägern, die große Kiste in den Gang zu schaffen, wo sie genau im Verbindungstunnel zwischen zwei Wagen steckenblieb und so die eine Hälfte des Zuges von der anderen abtrennte.

»Ganz recht so«, sagte Cavendish, »das bewahrt den Schaffner davor, die ganze Nacht hin- und herzulaufen.«

Wir kletterten in unseren Wagen – Gott sei Dank war es einer der *Alt-Wiener*-Sorte (die berühmten Kissen waren übrigens zurückgegeben, am Tag nach unserer Ankunft in Warschau hatte ich sie gütigst dem Schlafwagenschaffner ausgehändigt: Ich hätte ebensogut die Kronjuwelen zurückgeben können). Als wir uns aus dem Fenster lehnten, empfanden wir wieder den Stich in der Herzgegend, wenn einem mit Macht zu Bewußtsein kommt, wie kaltschnäuzig man die Freiheit als angeborenes Recht hinnimmt. Und beim Anblick dieser uns zugewandten, sehnsüchtigen, gefangenen Gesichter, die so dankbar waren für das kleine Geschenk der Musik, das Y ihnen gemacht hatte, spürten wir, wie tief das Schuldgefühl war. Als der Zug sich in Bewegung setzte, ließen sie uns hochleben – der gute Cavendish strahlte wie ein Leuchtturm inmitten eines grauen und felsigen Meeres.

Am andern Morgen bei unserer Ankunft in Wien, schüttelten sich die Gepäckträger vor Lachen, als Y ihnen erzählte, in der Kiste wäre Chruschtschows Leiche. Ich trug die sorgfältig eingewickelten Reste des kalten Puters, den der englische Luftattaché uns als Abendessen mitgegeben hatte (wer einmal polnischen Puter probiert hat, der versteht, warum man nicht einmal den »Wunschknochen« zurücklassen möchte), und preßte die Flasche St. Emilion an mich. So hielten wir einen etwas merkwürdigen Einzug in unser Hotel. Im Sacher begrüßte uns der unerschütterliche Portier, als sähen wir nicht wie das Schwanzende eines Wanderzirkus aus. Wir zogen in unsere Suite ein (ich trug den Puter auf den Balkon hinaus), rissen die Badezimmertür auf und schauten mit einer Mischung von Respekt und Bewunderung hinein, die eher dem Hochaltar im Stephansdom angemessen gewesen wäre. Als ich mich im kochendheißen Bad aalte, wurde meine Erleichterung, wieder im Westen zu sein, nur durch die Vorstellung beeinträchtigt, daß wir erst vor wenigen Stunden das schreckliche Niemandsland mit seinen großen hölzernen Wachttürmen, den steinernen Gesichtern der Soldaten und den drehbaren Maschinengewehren noch einmal hatten passieren müssen – ein Bild, das wie eine Doré-Vision aus meinem Badedampf aufstieg.

Das war 1957. Seitdem sind mehr als 25 Jahre verflossen, und die Polen haben der Welt gezeigt, daß meine Befürchtungen, Seele und Geist des Menschen könnten ausgelöscht werden, in einem Lande von so unbezähmbarem Mut unbegründet waren. Keine Ruhe läßt einem indes die offene Frage, wie die Chancen zwischen dem heroischen Opfermut einer Handvoll tapferer Patrioten und der erbarmungslosen, versteinerten Bürokratie stehen, die alle Macht in ihrer altersgrauen Hand hält. Wie viele Schläge auf den Kopf kann ein Volk aushalten, bevor es einen irreparablen Gehirnschaden davonträgt?

10 Logbuch (2. Teil)

WIEN, 21. JUNI 1957
Ein typischer Menuhin-Marathon: Y spielte an einem Abend das große Bartók-Konzert mit der Philharmonia Ungarica, um für dieses Vertriebenenorchester Geld zu sammeln, am nächsten Abend ein Solokonzert mit Hephzibah, dessen Programm die neue Bartók-Solosonate enthielt, am dritten Tag gab er im Konzerthaus das Konzert a-Moll von Bach, das Konzert E-Dur von Mozart und das Konzert E-Dur von Bach, wobei er dirigierte und spielte. Bei dieser Gelegenheit stellte sich auch ein Freund aus vergangenen Tagen ein. Der aus Indien stammende junge Zubin Mehta, der unter dem großen Lehrer Swarowski Dirigieren studierte, wendete während des Solokonzerts am zweiten Abend für Hephzibah die Noten um. Wir hatten ihn seit seinen Teenagertagen nicht mehr gesehen; als wir vor drei oder vier Jahren Indien mit dem Schiff verließen, war die ganze Familie gekommen, um uns zu verabschieden.

ANSBACH, 25.–26. JULI 1957
Wiederum in reizender Gesellschaft. Diesmal jedenfalls wurden wir nicht unter Stuck begraben. Unter unseren Getreuen befand sich eine gewaltige teutonische Dame, deren Fett so gleichmäßig und fest verteilt war, daß sie wie ein hochkant gestelltes Sofa aussah. Sie war äußerst herrisch und sehr versiert in Steuerfragen künstlerischer Berufe, folglich konnte man sie stets in der Nähe ihrer Klienten finden, also überall dort, wo die künstlerischen Größen auftraten. Auch sie trat auf, rollte auf geschmierten Gelenken in Konzerte und zu Mahlzeiten und schätzte alles und jeden mit scharfem Finanzblick ab. Ich gab ihr den Spitznamen »Frau Doktor Hammerklavier«, und wir alle gewöhnten uns so daran, daß eines unvergeßlichen Tages ein reizender Musiker sie in einer Gesellschaft von Freunden in aller Unschuld als »Frau Doktor Hammerklavier« vorstellte. Sie verbesserte ihn mit

empörter Eiseskälte, die den armen Mann erbleichen ließ. Hilflos und schuldbewußt stand ich daneben, überrascht, daß ein hochgebildeter deutscher Musiker meinen konnte, jemand trüge wirklich den Namen einer Beethoven-Sonate für das frühe Hammerklavier. Vorsicht mit albernen Witzen!

SALEM, 1. AUGUST 1957

Auf Anregung unserer guten Freunde Peg und Lu (Prinzessin Margaret und Prinz Ludwig von Hessen) besuchten wir gemeinsam mit Benjamin Britten und Peter Pears Salem, das riesige Zisterzienserkloster aus dem 13. Jahrhundert, das dem Markgrafen und der Markgräfin von Baden gehört. Ich wollte die berühmte Schule sehen, die Kurt Hahn (der später die Schwesterschule Gordonstoun in Schottland schuf) dort gegründet hatte. Ich will mich aber nicht bei dem herrlichen Bauwerk aufhalten, wo die Jungen mit dem Fahrrad die Korridore entlangfahren konnten, noch mich über den damaligen Leiter, den Prinzen Georg-Wilhelm von Hannover, und seine entzückende Frau Sophie ergehen, die enge Freunde von uns werden sollten; ich will nur erwähnen, daß die ganze Atmosphäre so geartet war, daß ich sofort fragte, ob ich Mita für eine ihrer Vorbereitungsschulen, Hermannsberg, anmelden dürfte. Was mich (und auch Yehudi bei einem späteren Besuch) nach Salem zog, war die kosmopolitische Atmosphäre, die ungeschriebene Disziplin, der strenge Verzicht auf Luxus inmitten einer Umgebung von großer architektonischer Schönheit. Eine zusätzliche Empfehlung war, daß ein Drittel der Schüler als Freischüler aus Familien ausgewählt wurden, die das Schulgeld nicht bezahlen konnten. Unter ihnen waren zu jener Zeit sehr viele ungarische Flüchtlinge, die nach dem Aufstand von 1956 aus ihrem Lande geflohen waren.

LAUSANNE, 8. AUGUST 1957

Von Gstaad aus ein Ausflug mit Yehudi und Zamira zum Lunch bei Alfred Cortot und seiner Frau, die in der Nähe von Lausanne lebten. Ich hatte noch nicht seine persönliche Bekanntschaft gemacht, obwohl ich ihn als Kind und junges Mädchen in London oft gehört hatte. Y erzählte, Enesco habe ihn in Paris, wo die Menuhins als Kinder lebten, oft in die Vorstadt Ville d'Avray mitgenommen. Er muß schon ein alter Mann gewesen sein, als wir an dem Tage zusammenkamen, aber aus meiner Kindheit erinnerte ich mich noch an das seltsame indianisch geprägte Gesicht mit seiner gebleichten Haut und seinem anliegenden schwarzen Haar – ein Gesicht, das ich unergründlich fand, dessen Haut, so straff gespannt wie eine Trommel war, ein merkwürdig pedantischer Mensch, der auf seine prachtvolle Bibliothek stolz war. Seine Frau Renée war sehr süß und warmherzig, sie nahm Miras und mich mit hinauf, um uns eine Vitrine mit 500 herrlichen Ringen zu zeigen, die sie im Laufe der Jahre gesammelt hatte. Und mit freudigem Eifer, der mich leicht verwirrte, drängte sie jeder von uns beiden einen auf.

LONDON, SEPTEMBER 1957
Nach der Rückkehr aus Wien zu der üblichen Flut von Schallplattenaufnahmen bekam Y vom Bartók-Trust in New York die Nachricht, daß durch den Tod der ungarischen Violinistin und einstigen Verlobten Bartóks, Stefi Geier, sein erstes Violinkonzert, das er ihr gewidmet und sie nicht mehr gespielt hatte, seit sie die Verlobung vor vielen Jahrzehnten gelöst hatte, endlich frei geworden war. Victor Bator, der Vorsitzende des Trusts, wußte, wie sehr der Komponist Yehudi geschätzt hatte und bot es ihm persönlich für ein ganzes Jahr an, bevor es zur öffentlichen Nutzung freigegeben werden würde. Wenn man bedenkt, wie leidenschaftlich Y Bartók verehrte und wie er ihn in den letzten Jahren seines Lebens in Amerika unterstützte, mußte ihn dies ungeheuer erregen; er konnte den Zeitpunkt kaum abwarten, bis er diese Musik erlangen und spielen können würde.

NEW YORK, 12.–15. DEZEMBER 1957
Das Jahr endete mit einem wirklich prachtvollen Eklat. Y, dem bekannt war, daß der Komponist Ernest Bloch im Sterben lag, beschloß, dessen Violinkonzert zu spielen, das seit Jahren keine größere Aufführung erlebt hatte. Er büffelte es auf seine übliche Art zwischen Konzerten auf Tournee und spielte es dann in der Carnegie Hall unter einem italienischen Dirigenten, Previtali. Es ist ein kürzeres, sehr lyrisches Werk, das ekstatischen Beifall erhielt. Dreimal verbeugte sich Y für den Applaus, er war gerührt

und glücklich um Blochs willen. Gewöhnlich muß man ihn zu Zugaben zwingen, und bei den seltenen Gelegenheiten, wo er sie gibt, pflegt er die Erlaubnis des Dirigenten einzuholen. Previtali stimmte sogleich zu, und Y warf sich in das Präludium von Bachs E-Dur-Partita. Denen, die es nicht kennen, sei gesagt, es ist eine wunderbare Fanfare voll zuversichtlicher Freude, und es war nicht verwunderlich, daß das Stück begeistert aufgenommen wurde. Wie immer ging ich hernach hinter die Bühne, wo ich zu meinem Erstaunen einen kolossalen Krach in vollem Gang fand. Bruno Zirato, der Manager des New York Philharmonic, der, nebenbei bemerkt, seit Y mit zehn Jahren sein Debüt bei ihnen gegeben hatte, ein Freund gewesen war, schrie Y auf italienisch an, als wäre er ein ungezogener Junge in der unteren Klasse. Wie er die kolossale Unverfrorenheit haben könnte, eine Zugabe zu spielen? Wüßte er denn nicht sehr gut, daß die Leitung in diesen geheiligten Hallen solch vulgäre Gepflogenheiten niemals duldete? Und ähnliches mehr, alles von viel Armgefuchtel, wildem Rollen von schwarzen Augen und Speichel *à l'italienne* begleitet. Y, sehr blaß und ruhig, und halb so groß wie Zirato, wartete wie ein Wellenreiter darauf, zu Worte zu kommen, wenn die Woge der Wut sich genügend weit zurückgezogen haben würde, um ihm dazu Gelegenheit zu geben.

»Aber, Bruno«, sagte er fest, »mir war eine solche Regel nicht bekannt. Ich spiele selten Zugaben, aber ich kenne kein anderes großes Orchester, bei dem es mir nicht freistünde, es zu tun, wenn ich merke, daß das Publikum es wirklich will. Sie haben den Bloch so unerwartet warm und begeistert aufgenommen, daß ich, als ich zum viertenmal auf die Bühne zurückkam, Previtali fragte, ob er etwas dagegen hätte. Da dies nicht der Fall war, habe ich als ehrende Geste gegenüber dem sterbenden Bloch, von dessen Familie einige vorne saßen, das Bach-Präludium gespielt. Übrigens dürfte dies wohl das erstemal sein, daß meines Wissens jemand Bach vulgär genannt hat.«

Die Feuerwerkerei ging weiter; mir war übel, und ich wandte mich an den Konzertmeister, den vielgeliebten John Corigliano. »Machen Sie sich keine Sorgen, Diana«, sagte er, »uns war es eine Freude, und der Bloch war eine hervorragende Darbietung.« Schweigend legte Y seine Geige weg. Previtali, der ein Neuling in dieser Szene war, sah betroffen aus (er kam aus dem Lande der Geburt der Zugaben und war ganz verdattert darüber, daß sein Landsmann Zirato sich so unglaublich unnachgiebig zeigte). Wir gingen ins Hotel zurück. Es standen noch drei Konzerte aus. Gott, was würde das noch werden . . .

Anderen Tags verriß Howard Taubman Y in der *New York Times* wegen seiner Majestätsbeleidigung. Y las es und sagte nichts. Ich legte seine Sachen für die Matinée an diesem Tag zurecht, und wir begaben uns zur Hall. Die Orchestermitglieder begrüßten uns warm und lachten. Das hob meine niedergedrückte Stimmung ein wenig. Automatisch half ich Y, küßte ihn mit *good luck* und ging an meinen Platz, voller Sorge beim Anblick seines fest geschlossenen Kiefers. Die gleiche Ovation des vollbesetzten Hauses. Das gleiche viermalige Verbeugen. Er setzte die Geige unter sein entschlossenes Kinn, und mit vermehrter Kraft schwang er aufs neue in den hellen Weckruf des Präludiums ein. Ich war zwischen Bewunderung und Furcht hin- und hergerissen. Natürlich jubelte das Publikum. Er hätte vier Zugaben spielen können, doch er verbeugte sich nur lächelnd und trat ab. Ich eilte mit klopfendem Herzen durch die begeistert applaudierende Menge, die auf den Gang hinausströmte. Das Orchester war höchlich amüsiert, Ziratos Tür war verschlossen, und Y hatte sein unartiges Schulbubengesicht aufgesetzt. Wir kämpften uns schließlich durch die Fans hinter der Bühne durch – »Recht so, Yehudi« lautete ihre Stellungnahme – und gingen zu Fuß zum Hotel zurück. Ich konnte an nichts anderes als an das Konzert am folgenden Abend denken. Ich hatte beobachtet, wie ein bestimmter Musikkritiker einer Wochenzeitschrift in Ziratos Zimmer schlüpfte, mit dem Orchester redete und Yehudi bewußt mied. Ich ahnte, was von ihm zu erwarten war.

Am nächsten Tage stand in der *New York Times* »Menuhin fiedelt, und die Orchesterverwaltung tobt« oder etwas Ähnliches und darunter ein lustiger Abschnitt, der auf listige Weise für Y eintrat. Am Abend also fuhren wir zum drittenmal los; ich hatte unseren guten Freund Norris Houghton, den Gründer und Leiter des Phönix-Theaters, als Verstärkung bei mir. Die Bühne hinter dem Vorhang glich einem Eisschrank. Mein einstiger großer Spezi, der Mann an der Bühnentür, weigerte sich eisig, meinen

Gruß zu erwidern, und das Orchester sah zum erstenmal besorgt aus. Ansonsten ließ sich keine Menschenseele blicken. Ich vollzog mein übliches Ritual und sagte zu Y: »Übertreib es nicht, Darling, das wäre unfair«, dann setzte ich mich zu Norris ins Parkett, kalt und zitternd und froh, ihn an meiner Seite zu haben. Das Haus war gepfropft voll, die Leute standen sogar im Hintergrund der Logen (was auch nicht erlaubt war). Als Y auftrat, gab es einen begeisterten Empfang. Ach, lieber Gott, betete ich, bitte, bitte, mach, daß er es nicht zu weit treibt.

Das Konzert lief wunderbar. Der gleiche ekstatische Beifall – nicht ganz so beglückend, weil man sicher war, daß sie ihn antrieben, seine Trotzgeste zu wiederholen. Er kam seine drei gewohnten Male auf die Bühne zurück, und beim vierten Mal erhob er, um Ruhe bittend, die Hand. Ich klammerte mich an Norris und flog an allen Gliedern. Y's klare Stimme erklang: »Ich habe *keine Erlaubnis* zu spielen. Bald werden *Sie* keine Erlaubnis mehr haben zu applaudieren. Hätte Bach den unersetzlichen Schaden für die Tradition und das Budget des New York Philharmonic Orchestra gekannt, den nur zwei Minuten Musik verursachen können, er wäre sicher tief betrübt gewesen. Trotz der Tatsache, daß diese Konzerte – anders als die anderer großer Orchester – von nichtmusikalischen und außermusikalischen Kräften geleitet zu werden scheinen, möchte ich Ihnen im Namen meiner Kollegen auf der Bühne und in meinem eigenen Namen versichern, wie sehr wir Ihren Beifall und Ihre Unterstützung dankbar zu schätzen wissen. Applaudieren Sie, so lange Sie wollen und wann immer Sie wollen.« Stürmische, begeisterte Zustimmung.

Als ich zu Y hinter gehen wollte, versuchte der Mann an der Bühnentür, mir den Weg zu verlegen. An der Tür war ein Anschlag, der besagte, niemand dürfe hinter die Bühne. Ich fuhr ihn scharf an: »Sie werden mich bitte sofort durchlassen.« Widerwillig öffnete er die Tür einen Spalt breit und knallte sie hinter mir zu. Oben war die Hölle los: Y in stiller Wut (denn das Publikum hatte natürlich nach seiner kurzen Ansprache gejubelt und applaudiert, aber er war *nicht* zurückgekommen), sein getreuer Manager Kurt Weinhold sehr bestürzt, denn er wußte sehr wohl, wie gefährlich es in jenen Tagen war, ein Machtzentrum anzugreifen, und die Orchestermitglieder, die armen guten Kerle, verhielten sich sehr *piano* und hatten Angst – sie liebten Yehudi seit langem, und er liebte sie, aber sie mußten an ihre feste Stellung denken, und er hatte sie, das muß man zugeben, in die Klemme gebracht. Ich ging zu John Corigliano und sagte ihm, die Situation wäre mir völlig klar und ich hoffte nur, dieser idiotische Sturm im Wasserglas würde sich bald wieder legen und uns würde vom Allerhöchsten vergeben werden. John war liebevoll und traurig. Die Zeitungen waren großartig. Die *New York Times* begnügte sich mit einem wörtlichen Bericht der Erklärung Y's und beließ es dabei.

Das Schlußkonzert: Ich versuchte, mein kaltes Bibbern soweit zu verbergen, daß es Y's Spielen nicht störte. Normalerweise ist es eine meiner Aufgaben, bis zum letzten Augenblick Wache zu stehen, damit er nicht von den Gedankenlosen, Selbstsüchtigen oder einfach Verrückten belästigt wird. Diesmal hätte ich mich nicht zu sorgen brauchen. Ich bat ihn, sich gut zu benehmen und ging nach vorn. Aber Y wird nun einmal durch Kämpfe stimuliert. Niemand würde es seiner ruhigen Miene und seinen sanften Umgangsformen ansehen, doch wenn ihm eine Sache nahegeht, dann Achtung! Plötzlich sprießt ihm ein wuscheliger Bart, er stülpt seinen Barbierteller-Helm über, zieht seine Rüstung an und zieht auf seine neueste Windmühle los. Lieber Don Quijote! Aber manchmal wünsche ich mir, ich brauchte nicht Rosinante, Sancho Panza *und* der Maulesel zu sein. Na gut! Diesmal spielte Y mit noch mehr Feuer und Gefühl. Die ganze Zuhörerschaft stand auf und applaudierte volle fünf Minuten (ich habe auf die Uhr gesehen). Er erschien mehrmals, verbeugte sich höflich und lächelnd, bis das Publikum es aufgab.

Am folgenden Tag setzte eine wahre Sintflut von Glückwunschtelegrammen ein, nicht nur aus allen Ecken Amerikas, sondern auch aus Europa. Die Türglocke ging. Es war Norman Cousins, Herausgeber des *Saturday Review* und ein guter Freund von Y. Er war gekommen, um uns vorzuwarnen, die nächste Ausgabe seiner Zeitschrift würde einen bösartigen Angriff ihres Musikkritikers gegen Y bringen; da er seinen Mitarbeitern aber nie Vorschriften gemacht hätte, wolle er Y wenigstens soviel Raum, wie er brauchte, für eine Erwiderung zur Verfügung stellen. Jener besondere kleine Artikel ging übrigens in einer Flut von Leitartikeln aus allen Teilen der Staaten unter – *editorials* nennt man sie hier –, die alle Y's Standhaftigkeit lobten; einige nannten das Verbot »den Akt einer Reihe von Wichtigtuern, den wir Amerikaner bedauern«. Das war ein Trost, nicht allein wegen der Unterstützung, sondern weil sich darin so deutlich die Liebe der Amerikaner für den eigenständigen Geist, den Einzelgänger *(a loner),* zeigte, jemanden, der es wagte, sich gegen das Establishment aufzulehnen.

Agate Beach, 14. Januar 1958

Obwohl wir uns an der Westküste niedergelassen und deshalb einmal Zeit haben, beschließt Y, rastlos wie immer, in Richtung Norden nach Agate Beach zu fahren, um Ernest Bloch seinen möglicher- und traurigerweise letzten Besuch abzustatten. Eine seiner Töchter sollte uns begleiten. Die Aussicht auf eine faszinierende Fahrt diese herrliche Küste hinauf verwandelte sich allerdings sehr bald in ein Abenteuer, im Vergleich zu dem Wagners Walküreritt ein Kinder-Sportfest war. Wir waren kaum eine halbe Stunde gefahren, als ein heulender Sturm aufkam; der Hagel prasselte auf das Verdeck des kleinen Wagens und warf ihn wie Steppenhexen hin und her. Tapfer, aber mehr und mehr auf gut Glück, fuhr Miss Bloch weiter, die Scheibenwischer kämpften so durchschlagend gegen den wolkenbruchartigen Regen an wie Staubwedel. Y wischte und tupfte vergnügt das hereinströmende Wasser auf, das jetzt schon durch die Seitenfenster eindrang und eiskalte Pfützen auf dem Boden bildete. Wenn sich der Ausblick nach vorne genügend klärte, konnten wir Kiefern und Fichten erkennen, die sich wie betrunkene Tänzer wanden und bogen, während wir alle naselang mit einem riesigen Platschen in einen gut zehn Meter langen regelrechten Wassertümpel bumsten, so daß sich kübelweise Wasser über das Dach des Wagens ergoß, aus Rache für unseren Trotz. Nach mehreren Stunden kamen wir endlich an ein kleines Gebäude, das am Rande der Klippen kauerte, mit der Verheißung, daß es dort etwas zu essen gäbe (EATS). Dankerfüllt parkten wir den Wagen, stiegen aus, schlurften durch das Wasser und stießen die massive feuchte Tür auf.

Drinnen bot sich uns ein Bild, als hätten wir die abgesetzte Kulisse eines B-Films [Film von minderer Qualität; d. Übers.] über Hawaii vor uns. Staubige Papierpalmen beugten sich über hellrote Wachstüchtische, die mit Töpfen voll Papierhibiskus geschmückt waren; Wannen mit Dschungelerzeugnissen, als da waren Plastikkakteen, sehr schmutziger Sand, in dem große plumpe Kiesel lagen, dazwischen Büschel schlaffen Grases und Zigarettenstummel, unter denen Papierschlangen schliefen, während festgekrallt an den sich neigenden Talmi-Saguerras (Kakteen) tropische Vögel sich trauernd mauserten. Aus reiner Laune des Widerspruchs wählte ich einen Tisch ganz dicht am »Aussichtsfenster«, gegen das der rasende Pazifische Ozean große Ballen flockigen gelben Schaums von den Felsen unten hochschleuderte. Die ganze Szene war ein prachtvoller Kommentar zur standhaften Weigerung des Menschen, eine unfreundliche und tückische Natur hinzunehmen. Draußen der heulende Wind, der tosende Ozean, der schöne, unbeständige Schaum, der gegen das Glas schlug – die Wirklichkeit in ihrer wildesten Gestalt; drinnen die kitschige Ausstattung, die eine unechte Welt der Glückseligkeit hervorrufen sollte. Wir schlangen in Eile ein scheußliches Essen herunter, das aus einem ähnlichen Kunststoff wie die Kakteen bestand; dann setzten wir unsere Reise fort und platschten die Straße entlang, bis wir endlich das feste Klippenhaus oberhalb von Agate Beach erreichten, wo die Blochs wohnten. Im Kamin brannte ein helles Feuer, vor dem sich Y und Ernest glücklich miteinander redend niederließen. Sie besprachen die Solosonaten, die Y in Auftrag gegeben hatte, wobei sie die alten Tage wiederaufleben ließen, derweil wir langsam trockneten und von seiner Frau mit köstlichem Kaffee bewirtet wurden. Vor unserer Abfahrt füllte Bloch meine Taschen mit rohen Achatstücken, die er weit drunten am Strand gesammelt hatte.

HOUSTON, TEXAS, 4. FEBRUAR 1958

Y gibt wieder mal seiner hellen Begeisterung nach; diesmal ist es ein Apparat, der sich »Sturmdränger-Heimübungsgerät« nennt, über den er in einer Zeitschrift gelesen hatte. Als ich Bedenken äußerte, es könnte sich als schwierig erweisen, ihn den ganzen Weg von Houston, Texas, bis nach Gstaad zu verschicken, wurden meine Zweifel mit der Bemerkung beiseite geschoben, solche genialen Erfindungen wären ihrer Natur und Funktion nach zusammenlegbar und tragbar. Nun habe ich neben anderen Lehren gelernt – nicht ohne Last und Leiden –, Y's Einfälle niemals abzuschießen, sondern geduldig abzuwarten, bis sie von selbst herunterfallen. Dies Sturmdränger-Heimübungsgerät kam pünktlich an; ein keuchender, in Schweiß gebadeter Vorführer brachte es. Nach dem Auspacken erwies es sich als über zwei Meter lang und von unabschätzbarem Gewicht. Um die mobile Erfindung gebührend auszufahren und ihren unerläßlichen Nutzen für jeden zu demonstrieren, der hinreichend besorgt wäre, sich in Hochform zu halten, mußte er die Möbel in alle vier Ecken des Hotelzimmers schieben und ein Fenster öffnen. Metallgelenke krachten, einige Sprungfedern knirschten, auf Knopfdruck erschienen verborgene Verlängerungen, was alles zusammen – wie der Vorführer rühmte – in jedem müden Muskel eine so vollkommene Blutzirkulation bewirkt, daß das Alter abfallen und ein neuer geschmeidiger Mensch erstehen würde. Da ich das Gefühl hatte, Y wäre für mich jung und fit genug, betete ich heimlich, Y möchte genauso fühlen. Allerdings mußte ich eine weitere halbe Stunde durchstehen, in der das Monstrum sich bis zur Schlafzimmertür ausdehnte, bevor sich der Schatten einer Wolke auf Y's strahlendem Gesicht zeigte. Erst beim letzten energischen Versuch des Vorführers, die Wirkung des Apparats auf das Steißbein zu zeigen, wobei er sich unentwirrbar in einer sich verheddernden Drahtrolle verfing, ergriff die Wolke ganz von Y's Gesicht Besitz. Als Y dem armen Kerl bei der Entwirrung behilflich war, fragte er höflich:

»Sind Sie nicht von Relaxacisor?«

Der Blick wütenden Abscheus, der dieser Frage begegnete, hätte jeden anderen als Yehudi vernichtet. »Wie«, sagte der erboste Mensch, »das ist ein elastisches Stahlgerät in Westentaschenformat ausschließlich für die Streckung im Lumbalbereich – und ohne jeden Nutzen.«

Ich flüchtete ins Badezimmer, um erst eine halbe Stunde später wieder herauszukommen, als das Stahlgeklappere sich gelegt hatte und der dämonische Apparat hinweggezaubert worden war. Y saß etwas befangen auf einem umgekippten Sofa und las in einer Zeitschrift.

»Ja«, sagte er mit einer Spur von Trotz in der Stimme, »ich muß die beiden Apparate irgendwie verwechselt haben, glaube ich. Jetzt habe ich die richtige Nummer gefunden und rufe gleich Relaxacisor an.«

»O nein! Das wirst du nicht tun«, sagte ich mit aller mir zu Gebote stehenden Bestimmtheit. »Bitte, Darling, komm und hilf mir das Zimmer in Ordnung bringen, bevor der Dirigent zu deiner Sitz-Probe kommt.«

Nach diesem herrlichen Morgen hatte ich lange Zeit Ruhe, und ich habe auch nicht gefragt, wieviel ihn die Heimsuchung gekostet hat – er hat Gott sei Dank auch den Relaxacisor nicht kommen lassen.

New York, 18. Februar 1958

Y's unerschöpflicher Vorrat an einfallsreichen, wenngleich exzentrischen Lösungen der Alltagsprobleme findet immer neuen Ausdruck. Da wir nicht mehr mit dem Flugzeug reisen, benutzen wir auf den Wintertourneen quer durch Amerika gewöhnlich die Bahn. Auf vielen Bahnhöfen konnten wir allerdings keinen Gepäckträger auftreiben, so daß Y gezwungen war, seinen Geigenkasten in der Hand zu tragen, statt ihn oben auf einen vollbeladenen Gepäckkarren zu legen. Das zunehmend Unbequeme hierbei veranlaßte ihn zu einem alternativen Verfahren: Er würde künftig den Geigenkasten auf dem Kopf tragen. Ich erhob Einspruch und schwang mich zur Verteidigung seiner schönen Tweed-Hüte von Lock's auf (von denen er bereits zahllose in verschiedenen kälteren Erdteilen verlegt hatte). Es zeigte sich, daß er nicht die Absicht hatte, den einzig übriggebliebenen auch noch zu opfern. Er hatte beschlossen, sich eine Jagdmütze *(deerstalker)* zu kaufen, und ich möchte doch mit ihm zu Bloomingdales oder Saks oder Maxwells gehen (nein, sagte ich, diese letztere Firma ist in London und macht deine Schuhe) – nun denn, Hawes & Curtis (nein, sagte ich, auch die sind in London und machen deine Hemden und Anzüge). Er ließ sich nicht aus der Fassung bringen. Na gut, sagte er, du gehst in viele Geschäfte hier, bitte, besorg mir eine. Ich versuchte alles, um ihn davon abzubringen. Sanft lächelnd (ein Gefahrensignal) bestand er darauf, wir sollten nach einem *deerstalker* suchen, und, verflixt noch mal, wir fanden einen bei Bloomingdales. Er war aus hellgrünem und -rotem Tweed, mit runtergezogenen Seitenklappen sah er damit wie eine Kreuzung zwischen geschorenem Schaf und Gandhara-Buddha aus. Überflüssig zu erwähnen, wie glücklich ich war. Nach ein paar Reisen hatte sich das Ereignis wohl herumgesprochen, denn in den Zeitungen erschien ein großes Bild von ihm, auf dem er heiter lächelnd einen jener endlosen amerikanischen Bahnsteige entlanggeht, die Jagdmütze unter dem Kinn gebunden und den großen Geigenkasten obendrauf mit einer Pelzhandschuhhand festhaltend, während die andere Hand mich festhielt, um mich daran zu hindern, dem Photographen zu entgehen. Mein gesenktes Gesicht zeigte einen blutdürstigen Ausdruck, und ich fürchte, dies schreckliche Foto ging um die ganze Welt.

Der *deerstalker* hielt sich viel zu lange, und ich litt maßlos. Ich brachte es aber nicht fertig, ihn schnell in einem öffentlichen Briefkasten verschwinden zu lassen; auch konnte ich ihn nicht aus dem Fenster des Zuges werfen, denn die Fenster sind ja alle hermetisch verschlossen. Nebenbei bemerkt, *hing* der Gute wirklich sehr an dem Scheusal. Mir blieb nur übrig zu beten, daß er sich nicht auch noch eine dazu passende Norfolk-Jacke und Knickerbocker bestellen würde. Der liebe Y, störrisch wie ein Maulesel und doch behutsam wie ein Engel, spürte, wie qualvoll ich vor seinem Anblick zurückschauderte, wenn er sich das scheußliche Baker-Street-Ding am Kopf festband; er ging über die Straße und kaufte mir bei Van Cleef & Arpels ein herrliches Paar Ohrringe mit Tropfperlen und Brillanten, die für mich immer einen Sherlock Menuholmes-Schatz bedeutet haben (bis eines Tages vor etwa einem Jahr ein kaltblütiger Schuft meinen Schmuckkasten aufbrach und mir mein ganzes Familiengeschmeide stahl).

GSTAAD, 11. MÄRZ 1958

Y's Kommunikationen scheinen sich allein über das Kabel (Telegramm, Telefon) abzuwickeln. Verzweifelt frage ich mich, ob er vollkommen von Drähten beherrscht wird: von den vier Saiten seiner Fiedel für die eine Art des Ausdrucks und für jede andere über all die Drähte, die in komplizierten ober- und unterirdischen Systemen verlaufen. Wie sie auch beschaffen sein mögen – er scheint damit vollkommen zufrieden zu sein und auf alle anderen Arten von Verbindung verzichten zu können.

GSTAAD, 12. MÄRZ 1958
In seinem Bemühen, »glückliche Familien« zu spielen, hat sich Y, ungeachtet meiner Bitten und meines Flehens, einen Skilehrer engagiert. Arme, liebe Madame Caillat! Was für Qualen sie durchgestanden hat, was für schlaflose Nächte wir beide hatten, bis Y mit nur ein paar saftigen Quetschungen, doch ohne sich etwas zu brechen, einen oder zwei Hänge geschafft hatte. Stolz wie ein Pfau ließ er sich in vollem Skidreß, flankiert von Jeremy (6 Jahre alt) und Mita (9), beide geübte Skiläufer, auf dem Eggli fotografieren. Darauf nahm er, gefährlich schwankend, den Abhang in unbestimmtem Winkel und erreichte ohne Zwischenfall den ersten Halt. Die arme Madame Caillat wurde von einer monatelangen Angst befreit, und wir zogen allesamt los, um Y's Triumph zu feiern. Keine seiner anderen Leistungen hat ihn je so vor Stolz erglühen lassen; auch habe ich Yehudi weder vorher noch nachher so bar aller Bescheidenheit gesehen. Es war ein zauberhafter Augenblick. Meine drei Männer saßen alle mit glühenden Wangen im Stübli und tranken Glühwein.

LONDON, APRIL 1958
Eine Vielzahl trivialer Erledigungen stürmt auf mich ein: Aufgeben von Gepäckstücken, von Kindern; selbige verladen und entladen; Listen anfertigen, aus Angst zu vergessen, wo Y's Wintermantel sein könnte, oder wann ein Kind in welchen Teil der Welt abgeschickt werden muß; wer Geburtstag hat und wie nahe der Termin ist, damit man gratulieren kann, ohne daß der Jubilar sich verletzt oder vernachlässigt fühlt, ob und in welcher Schule ich einen Blitzbesuch bei dem einen oder anderen unserer verstreuten Sprößlinge einbauen könnte und wieviel Zeit es bei dem einen oder anderen der besonders wichtigen Konzerte auf Y's endlosen Tourneen beanspruchen würde. Ich sah mich allmählich zum vielbenutzten Fahrplan mit Eselsohren werden.

LONDON, 1. MAI 1958
Plötzlich fühlte ich, wie mich die Stimmung des »Lache, Bajazzo« überkam: Wenn ich mich nicht für mindestens eine Woche losmachte, würde sich mein Gesicht zu genau demselben großen Maskenmund verhärten, und mein Aussehen würde nicht länger

die Erschöpfung, die Sorge und den Mangel an Schlaf verheimlichen können. Ich bat Y um ein oder zwei Wochen Verschnaufpause, während er eine nicht sehr anstrengende kurze Skandinavien-Tournee unternahm. Er war einverstanden, und so fragte ich Clare Strafford, eine enge Freundin, ob ich in ihrem Haus am Chelsea-Ufer wohnen könnte. Sie war fort, es war Mai, und der Frühling hatte endlich zu kommen geruht. Ich machte lange, einsame Spaziergänge am Ufer, so, wie ich es als Kind und Mädchen getan hatte, die Möwen kreisten und schrien am klaren Himmel, die Bäume vom Battersea Park bekränzten das andere Ufer mit frühem Grün, der Apothecaries' Garden lag auf der anderen Seite und, weiter unten, der anmutige Bau des Chelsea-Hospitals inmitten seiner Gärten. Tagsüber sonnig, in der Dämmerung Whistlerisches Grau, Schwäne, die sich bei Ebbe zwischen den Flußbooten und dem graugrünen Schlamm schütteln. Schleppdampfer und Lastkähne und Vergnügungsdampfer, die das Wasser kräuseln, und gegenüber dem Haus die Kirche, wo Turner auf seinem Holzstuhl gesessen und visionäre Sonnenuntergänge gemalt hatte. Die ganze Welt meiner Kinder- und Jugendtage wartete darauf, von mir aufgesucht und begrüßt zu werden. Sogar die Endstation des 31er Busses, wo ich abzuspringen und die drei oder vier Straßen mit wunden Füßen und zerrissenem Herzen von Madame Marie Ramberts sarkastischem Ballettunterricht heim ins Mulberry House zu rennen pflegte. Es war eine Heimkehr im bestmöglichen Sinne des Wortes, denn sie »spülte das Auge«, wie die Franzosen sagen, reinigte mein Bewußtsein, verhalf mir wieder zu meinem eigenen Rhythmus und heilte die Wunden und Narben, die die vergangenen zehn Jahre mir unvermeidlich zugefügt hatten, vertrieb das kleinste Gefühl von Nostalgie oder Wehmut oder die alberne Grille des Es-hätte-sein-Können. Als ich mich auf den Fenstersims lehnte und das letzte graue Licht hinter den häßlichen Türmen des Lott's-Road-Elektrizitätswerks beobachtete (wir Kinder hatten es »Menschenfresser-Palast« getauft), da wußte ich, daß es in meinem Leben keinen Bruch gab, keinen Wandel, daß ich mir die Geschmeidigkeit des Geistes und Stärke des Herzens bewahren müßte, was an künftigen Beschränkungen meinem Willen und welche Belastungen meinen Schultern auch auferlegt werden würden. Y war eine

Herausforderung, und zwar eine so wertvolle, jeder Mühe werte, daß es verbrecherisch wäre, den Mut zu verlieren, und schlimm, jemals zu wanken.

London, 8. Mai 1958
Ich erlaubte mir einen Ausflug, bevor ich London verließ; ich ging zur Royal Festival Hall, um Oistrach, Oborin und Knushevitzky Beethovens Tripelkonzert spielen zu hören. Für mich können selbst drei so große Künstler das ungefüge Werk nicht retten; was sie aber zustande brachten, war sozusagen seine monströse Wuchtigkeit durch ihre äußere Erscheinung zur Geltung zu bringen. Alle drei steckten in diesen bemerkenswerten Moskauer Fräcken, deren Schöße auf dem Boden schleifen; sie trugen ballonartig geblähte, gestärkte Hemden mit Eckenkragen und riesige fertige Fliegen, die wie Wegweiser nach Osten und Westen zeigten. Um das Bild zu vervollständigen, hatte jeder mächtige, wattierte Schultern, eckig bis unter die Ohren, als erfüllten sie irgendeines merkwürdigen Schneiders Vorstellung von Gleichgewicht. Der Anblick war so herrlich viktorianisch, daß es ein Irrtum zu sein schien, Oborin nicht auf einem reich verzierten Hausklavier spielen zu lassen oder die Bühne mit einer Aspidistra (Sternschild) und zwei Topfpalmen dekoriert zu haben. Ich habe das Konzert nie besser spielen noch geschickter an seinen rechtmäßigen Platz verwiesen gehört. Noch wird, sollte ich es künftig hören, das Bild dieser drei lieben slawischen Pinguine, wie sie unter dröhnendem Beifall in Richtung Norden die Bühne verlassen, je meinem Gedächtnis entschwinden.

Santander, 17. August 1958
Von Biarritz nach Santander, wo Yehudi, Louis Kentner und Gaspar Cassado beim Festival auftreten sollten. Bei seiner Ankunft verkündet Gaspar, er habe seinen Frack vergessen. Er ist jedoch schnell getröstet, als er in der Garderobe des Theaters einen anderen Frack vorfindet, und dankbar, daß irgend jemand so »schrecklich« nett war, ihn dazulassen. Die drei ziehen sich dann ins Hotelzimmer zurück, um für das Abendkonzert zu proben, während ich, im ersten Stadium einer Lungenentzündung, das Bett im Nebenraum hüten muß. Das Telefon klingelt. Heiser

wispere ich »Hallo?« und werde mit einem wütenden Redeschwall im Akzent des Mittleren Westens begrüßt.

»Hören Sie mal, kann ich mit einem von diesen drei sprechen? Ich bin nämlich der Dirigent des American Ballet Theatre; wir warten seit einer halben Stunde mit dem Vorhang, weil wir meinen Frack suchen. Hat einer von euch Kerlen den vielleicht aus der Garderobe weggenommen?«

Ich krächzte: »Warten Sie einen Moment«, wankte aus dem Bett, öffnete die Tür zum nächsten Zimmer und machte den Männern verzweifelt Zeichen, weil ich unfähig war, einen lauten Ton von mir zu geben. Tief in ihren Brahms oder Mozart oder Schubert versunken, spielte das verteufelte Trio weiter; Lou sandte mir einen empörten Blick über solch unerwartete Majestätsbeleidigung. Verzweifelt warf ich irgendeinen weichen Gegenstand in ihre Richtung. Gaspar und Y sahen mich mit einer Mischung aus Sorge und Schrecken an. Offensichtlich glaubten sie mich im fortgeschrittenen Stadium des Deliriums.

»Gaspar«, murmelte ich, »Dirigent von Ballett am Telefon – bitte sprich.«

Man konnte jenen Herrn noch aus der Entfernung seinen schmähenden Redefluß fortsetzen hören. Schließlich nahm Y den Hörer auf:

»Ja, kann ich etwas für sie tun?« Das Brüllen drang sogar bis zu Gaspar, der Y in den Raum folgte.

»Ach *so*«, sagte Y, »wie unangenehm. Mr. Cassado hat in der Tat Ihren Frack. Er bildete sich ein, ein menschenfreundlicher Musiker hätte ihn dargelassen, weil sein eigener sich irgendwo zwischen Florenz und hier befindet. Ich sorge dafür, daß er sogleich hinübergeschickt wird.«

Wütendes, nur halb besänftigtes Schnarren, als Y hastig auflegte.

»Was ist«, ließ sich Gaspar vernehmen, der wirklich in diesem Frack geprobt hatte, »um mal zu sehen, ob er bequem ist.«

Santander – Paris, 23.–24. August 1958

Nachdem mein guter Arzt mich mit Penicillin vollgestopft hatte, ließ er mich neun Tage später wieder auf eine der entsetzlichen Reisen der Menuhin-Karawane mitziehen; nach dreistündigem

Aufenthalt an der Grenze ging es weiter nach Biarritz, wo wir den späten Nachtzug kriegen mußten. Dort standen wir eine geschlagene Stunde an der Sperre. Warum? Weil das Licht ausgefallen war. Endlich konnte ich gereizte und übermüdete Kinder in ihre Kojen schieben. Unruhiger Schlaf. Am frühen Morgen in Paris. Jeremy und Schwester Marie plus einem Drittel des Gepäcks nach Gstaad abgefertigt; Zamira, Mita, Y und ich quer durch Paris zur Gare du Nord, wo wir zu unserem Schrecken feststellten, daß zwei Koffer fehlten. Zamira war großartig, sprang in ein Taxi und kam triumphierend mit beiden zurück, kurz bevor der Zug zum Fährschiff nach England mit Fauchen und Pfeifen aus der rauchverdunkelten Bahnhofshalle rollte und wie ein Echo rufende und kreischende Menschen zurückließ. Die ganze Szene hatte etwas Daumierhaftes, wie es allen französischen Bahnsteigen anhaftet, ein Drama aufschauender Gesichter, die angestrengt ein letztes Lebewohl, zornige Ratschläge und schrille Ermahnungen hinausschreien, zu denen ein paar rationierte Tränen vergossen werden. Ein Volk, wirtschaftlich im Umgang mit Gefühlen.

Paris, Oktober 1958

Wir besuchten Casals und seine schöne Martita mit den strahlenden Augen; sie waren auf dem Wege nach New York, wo er vor den Vereinten Nationen spielen sollte. Wir neckten ihn: Hatte er nicht gelobt, niemals wieder öffentlich in einem Land zu spielen, das Franco anerkannte? Schlau glitten seine listigen Katalaner-Augen hinter den metallgefaßten Brillengläsern hin und her, und auf den Teppich blickend, erklärte er die UN für »neutrales Gebiet«. Armes altes Lamm, er spielte noch immer so ungewöhnlich gut, daß er darauf brannte, wiederaufzutreten. Toleranz. Es wäre zu grausam, ihn mit Händen und Füßen an seine große Geste moralischer Standhaftigkeit zu fesseln, obgleich diese ihm auch großen Respekt und widerwillige Bewunderung eingebracht hatte. Yehudi umarmte ihn, wünschte ihm eine gute Reise und ein erfolgreiches Konzert, und die lachende Martita brachte uns zur Tür.

London, 1961

Wenn ich mich nachts in meinem Bett mit der Schlaflosigkeit

herumschlug, die den üblichen Rhythmus der einstigen Tänzerin zeigte: Schlafen, Lesen, Schlafen, Schreiben, Schlafen in verschiedenen Graden, so füllte ich die leeren Stellen mit dem Ausdeuten, der Analyse jener grauen Zeitstrecken, wo die Spannung der Kräfte niedrig ist und wo in der von keinem äußeren Laut außer dem Wind und dem prasselnden Regen unterbrochenen Stille der Geist besonders klar zu sein scheint. Es wollte mir dann so vorkommen, als wenn das Tuch, mit dem das innere Auge so dicht verhüllt gewesen war (wodurch es mir wiederum möglich wurde, mir meinen Weg durch die Kalamitäten, Schocks und Enttäuschungen hindurch zu bahnen und ihn weiterzuwanken), doch beängstigend durchgescheuert wäre und kein noch so emsiges Stopfen den Schutz erneuern könnte, den es mir gewährt hatte. Verschiedenes hatte diese Schutzhülle so fadenscheinig gemacht, aber der Hauptschaden war der Verlust eines einzigen, beständigen, gleichbleibenden Stromes gewesen. Bei Y war alles so sprunghaft, so stoßartig wie das Reisen im Nachtzug auf dem Kontinent mit dem häufigen, den Körper durchrüttelnden Anhalten, dem häufigen Zurückstoßen und wieder ruckartigen Anziehen, wie bei einem wilden Hund, der an der Leine zerrt. Das macht Schlaf länger als eine knappe Stunde unmöglich und gleicht einer raffinierten Folter, die auf Schocktaktik aufgebaut ist. Ich stellte mir Y vor, so, als ob er in der anderen Koje läge und traumlos die ganze Reise hindurch schliefe, und ich beneidete ihn um diese Gabe. Warum setzte ihm diese ständig wachsende, ständig sich ausweitende Jagd von einem Projekt zum andern, von einem Auftreten zum andern nicht so zu, wie es in meinem Falle sich zu zeigen anfing? Der Hauptgrund war offenkundig dieser: Er lag im Zentrum des Sturms, den er um sich herum entfesselte. Ich dagegen rutschte mehr und mehr an die Peripherie, hinausgeschleudert und von Schwindel erfaßt, mich um mich selbst drehend. Er wiederum folgte seinen ureigenen Visionen, wie sie seinen Vorstellungen entsprangen. Alles dies gab ihm Zusammenhang und die ihm eigene Art von Stetigkeit; denn so verschiedenartig auch die Unternehmungen sein mochten, sie alle entstammten doch seinem eigenen Geist und Gehirn – die Strahlen gingen von einem zentralen Leuchten aus, das er selbst war; und weil es Ideale waren und keine Ambitionen, so konnten sie sein Herz nicht zum Schrumpfen bringen und seine Seele nicht einschnüren und ihn nicht in die Fesseln der Selbstsucht schlagen, wie es das Schicksal so vieler begabter Geschöpfe war, für die das Leben nicht mehr als eine Leiter und der Ruhm die ganze Zukunft war.

Wie nur sollte man sein grenzenloses Verlangen zügeln, sich mit allen Kräften helfend in die Nöte der *condition humaine* einzulassen? Es mag großsprecherisch erscheinen, aber dank solch unbewußter und unreflektierter Unschuld war dieser Drang bei ihm von keinem Makel behaftet. In den ganzen nahezu 16 Jahren unseres Zusammenlebens hatte ich an ihm kein Krümchen Erdenstaub entdecken können. Wäre es nicht leichter gewesen, dieses Krümchen zu entdecken, leichter, nicht zu helfen, nicht zu dienen – sich frei zu fühlen, sich gelegentlich gleichgültig und sarkastisch zu zeigen mit der Weigerung, atemlos diesem Elementargeschöpf zu folgen, dessen äußere Erscheinung – so ruhig, so heiter und von solcher Sanftheit im Umgang – doch einen glühenden inneren Schmelzofen verbarg? Auch fürchtete ich, daß die Kehrseite der Medaille – seiner Unschuld – unreflektierte Verstiegenheit sein könnte oder aber daß er eines Tages den dritten Weg einschlüge, nämlich den, der von Ideen zu Idealen und von dort zu Ideologien schreitet (der achten Todsünde). Soweit ich wenigstens wußte, was geschah, konnte ich ihn davon abhalten, denn aufgrund seiner Basis in London war er doppelt angreifbar, und alle paar Monate reckte ein neues Acronym (Wort aus Abkürzungen) sein unpoetisches Haupt und drängte ihm einen weiteren Posten als Vorsitzender, Gründungsmitglied oder Präsident auf.

»Was um alles in der Welt bedeutet APT? (oder RAP oder SAMBO?)«, pflegte ich mit einem Blick auf den Papierwust auf dem Tisch meines Pläneschmieds zu fragen. Mit leicht sich versteifendem Ton: »Ich bin nicht ganz sicher . . .« oder »Ich weiß nicht.« »Ja, das müßtest du aber doch, meinst du nicht?« Darauf Rückzugssymptome: »Darling, nach dem Briefkopf zu urteilen, bist du Präsident des einen und Chairman der beiden anderen.« Er schiebt sich an die Papiere heran wie eine Krabbe, um sie sich anzusehen. »Ach ja, ich erinnere mich, APT ist ›Artists Part Time‹, weißt du, du steigst morgens ins Bergwerk oder auf den Turm, und am Nachmittag malst du ein bißchen oder machst Musik oder bildhauerst.« »Aha! Mögen die Gewerkschaften das?«

Entfernt klingende Stimme: »Ich weiß nicht genau, ob der Vorstand gefragt hat ...« »Nun, was ist denn aber RAP?« Räuspern und Blinzeln. »Ach ja, das ist wirklich eine fabelhafte Idee des netten Menschen, den wir getroffen haben. Ich habe seinen Namen vergessen, aber er hatte einen wichtigen Posten in der Regierung oder war es im Foreign Office? Es heißt RESCUE ALIEN PATRIOTS (›Rettet ausländische Patrioten‹).« »Und was sind ›ausländische Patrioten‹?« Verstimmt kommt die Antwort: »Ach, der Vorstand kennt die richtige Definition und leistet gute Arbeit.« Pause. »Darling, darf ich fragen, was SAMBO ist? Es heißt doch wohl nicht ›South African Mercenaries Battle Organisation‹ (›Südafrikanische Söldner-Kampftruppe‹)?« Er nimmt tatsächlich den Brief auf, und ich halte den Atem an. »Nein!« (Sehr großartig) »Es heißt SALVAGE ALL MANURE AND BIOLOGICAL ORDURE (›Sammelt allen Dünger und biologischen Kot‹).« »O Liebling, weißt du, was du bist?« »Nein.« »*Du* bist der Düngerhaufen, und wenn ich dich nicht mit der Mistgabel umwende, entzündest du dich eines Tages!« Er umarmt mich und macht sich zu einem seiner napoleonischen Nickerchen davon.

Nur ab und zu einmal in jenen frühen Londoner Tagen, als er nur eine Sekretärin zur Erledigung der Post und mich hatte, wagte ich es, den einen oder anderen Bittsteller anzurufen, der ihn um die Übernahme der Schirmherrschaft für eine würdige musikalische Aktivität gebeten hatte. Dabei fand ich zum Beispiel heraus, daß er sich bereit erklärt hatte, dem ICM wie dem NCM gleichzeitig ein Jahr lang zu helfen, das dem Abbüßen einer doppelten Gefängnisstrafe gleichkam. Ich frage also die außerordentlich nette Stimme am anderen Ende der Leitung, ob es wirklich dringend nötig sei, daß er, da er schon der einen Sache angehöre, auch der anderen beiträte, denn er *leihe* ja seinen Namen nicht, sondern *schenke* seine Zeit, und die sei kostbar. »Meine liebe Mrs. Menuhin, darf ich Ihnen kurz klarmachen, was für uns seine Präsidentschaft in diesem Jahre bewirkt hat? Wir haben seit fünf Jahren vergeblich versucht, auswärtige Zuschüsse zu bekommen. Mit der gestrigen Post nun kamen die bewilligten Mittel!« »Ja, so«, sagte ich schwach. »Ich freue mich um Ihrer Sache willen.« Aber wie viele solcher Vorkommnisse vertragen sich eigentlich mit ihm selbst, seiner Musik, seiner Familie, seinen Kindern und seiner Gesundheit?

OXFORD, 1962

Oxford Encaenia. [»Encaenia«, griechisch für »Einweihung« oder »Erneuerung«, ist die jährliche Erinnerungsfeier für die Gründer und Förderer der Universität, bei der Ehrungen vorgenommen werden, d. Übers.] Hugh und Xandra Trevor-Roper hatten uns für drei Tage zu sich nach Oxford eingeladen, wo Y bei den Encaenia der Doktor h.c. verliehen werden sollte. Einmal auszuschlafen und in aller Gemütsruhe nach Oxford zu fahren, das hätte absolut nicht zu der Menuhinschen Lebensweise gepaßt, o nein, bei Gott nicht! Y fuhr zunächst zur Aufnahme eines Händelschen Concerto Grosso (fragen Sie mich bitte nicht, welches). Von dort kamen wir gerade noch rechtzeitig zum 18.05-Uhr-Zug nach Oxford, und während der Fahrt korrigierte Y eine Nachschrift seiner Rede in Bristol. Dort hatte er ein paar Tage zuvor die Musikschule des Clifton College eröffnet und aus diesem Anlaß einen hübschen silbernen Schlüssel empfangen, mit dem er dort eindringen und den Flügel stehlen konnte, wie ich äußerte . . .

Nach dem Frühstück laufe ich noch rasch in die Stadt, wie gewöhnlich auf der Suche nach Antiquitäten, finde auch etwas Schönes, eile zurück, ziehe mein bestes Kleid an und gehe mit Xandra zum nahe gelegenen Rathaus, wo ich auf einem Podium mit verschiedenen anderen in Erwartung der Encaenia Platz nehmen muß. Viel Eleganz. In einer Reihe alle Personen, die geehrt werden sollen, recht stattlich in ihren Talaren. In diesem Jahr bestand die Gruppe aus Eugene Black von der Weltbank, Dean Rusk, dem US-Außenminister, Basil Bartlett, in dessen Inszenierung der *Faerie Queene* von Spenser ich als Dreizehnjährige getanzt hatte, Charlie Chaplin, Graham Sutherland, Basil Oskogorsky und Y. M. Sein Talar war prachtvoll. Oxford weiß wirklich, was es der Musik schuldig ist (Y hatte bislang etwa 13 [?] solcher Ehrungen empfangen), aber diese Auszeichnung bleibt die schönste. Ein langer Talar aus cremefarbenem Satin mit an den Schultern angekräuselten Ärmeln, einem Besatz aus leuchtend karmesinrotem Satin, der in breiten Bahnen vorn herunterlief und sich an den weiten Kimonoärmeln wiederholte, dazu ein schöner schwarzer Samthut mit festem Rand und Rüschenkopf in mittelalterlichem Stil – ein Ensemble hart am Rand, aber gerade noch diesseits der Grenze von Hollywood. Damals und dort beschloß ich, den Talar zu stehlen. Die einzelnen Reden und Ansprachen auf lateinisch wurden von ich weiß nicht wem gehalten, der seinen Schützling zu präsentieren hatte. Y in der Obhut von Robert Graves, dessen volle Stimme das Lateinische auf sehr merkwürdige, offensichtlich bodenständige Art intonierte. Schließlich sind alle aufs beste bedient, und wir setzen uns im Gänsemarsch in Richtung Eßsaal in Bewegung. (Y ist mit sich und seiner hinreißenden Aufmachung sehr zufrieden.)

Ich habe unglaubliches Glück. Am Ehrentisch sitze ich zwischen Maurice Bowra, dem Rektor des Wadham College, und John Sparrow, Rektor von All Souls, zwei der gescheitesten, boshaft-witzigsten, bestinformierten Männer in der Welt der intellektuellen Hierarchie. Einer allein wäre schon Vergnügen genug gewesen, aber beide zusammen, das war das Elysium. Wir witzelten, spöttelten, sprühten, wanden geistvolle Kränze, die wir einander zuwarfen, und endeten schließlich in einem so ausgelassenen Gelächter, daß die beiden feierlich-ernsten amerikanischen Honoranden, die uns gegenüber saßen, augenscheinlich bis ins innerste Mark schockiert waren. »Ich fürchte, wir demolieren den Ruf dieses hohen Hauses der Gelehrsamkeit und des geronnenen Wissens«, sagte ich leise zu Maurice Bowra. »Gucken Sie sich die entsetzten Mienen der amerikanischen Heiligen an.« Bowra hob sein wunderbares, blasses, rundes Gesicht, dieses Zwischending eines sich schlecht benehmenden römischen Kaisers und eines der verschmitzteren griechischen Philosophen, und sagte sehr deutlich: »Ach Gott, ich fürchte, es ist viel zu spät, ihre ehrfurchtsvolle Gläubigkeit zu restaurieren.«

An dem Abend erzählte ich Xandra und Hugh, daß ich Y's Talar und Hut eingepackt hätte. »Ach du liebe Zeit!« sagte Xandra nervös. »Das kannst du nicht tun!« sagte Hugh ziemlich ärgerlich. »Der gehört der Universität. Vor einiger Zeit erst hat Poulenc ihn getragen.« »Doppelt gesegnet, um so besser«, sagte ich. »Ich möchte ihn als Abendmantel tragen.« Xandra zog sich eilig zurück. Y schaute ganz unbefangen drein. Wir gingen nach oben, Y verschwand mit Hugh zu einer »Gawdy« (jährliches Festessen im College), Xandra und ich zu einer Hen-Party, und dann zu Bett. Es war ein rundherum schöner Tag gewesen.

Als ich am nächsten Morgen herunterkam, um Xandra zum Abschied zu umarmen und Hugh fröhlich für seinen Anteil an der Gastlichkeit zu danken (den ich nicht zu entdecken vermochte), fand ich zu meiner Empörung heraus, daß Y für meinen Diebstahl 25 Guineen bezahlt hatte. Als ich diese Geschichte einem anderen Don erzählte, gratulierte er mir und setzte hinzu, als der Schah von Persien den Ehrendoktor bekommen hätte, habe der ebenfalls seinen Talar von seinem Kammerdiener einpacken lassen. Bei der Ankunft in Heathrow, vor dem Rückflug nach Teheran, war einer seiner Adjutanten überraschend von einem Abgesandten aus Oxford angesprochen worden, der erklärte, es habe wohl ein Mißverständnis gegeben; ob seine Kaiserliche Hoheit denn wirklich gedacht habe, der Talar sei sein persönliches Eigentum? Aber gewiß, habe der Adjutant mit einem vernichtenden Blick entgegnet, worauf sich der arme Gesandte mit puterrotem Gesicht zurückgezogen hätte.

Jahre danach wurde Y als erster Musiker von der Sorbonne geehrt, und dank meines vorwitzigen Benehmens von damals konnte ich seinen Talar und Hut aus ihrem Seidenpapier herausholen (es scheint, daß die Sorbonne keine Talare anbietet). Er war der Beau des Balls und das Ziel aller neidischen Blicke.

London, ab 1963

(Die YMS = Yehudi-Menuhin-Schule.) Seit langem hatte sich Yehudi mit einem Lieblingswunsch getragen – in Augenblicken, wo es etwas Ruhe gab, die Ruhe und Stille, die in unserem Wanderleben unerreichbar zu sein schien, hatte ich ihn aus gelegentlichen Sätzen und bestimmten Äußerungen an die Oberfläche aufsteigen sehen. Eines Tages kam ich mit Y nach Haus und fand den Salon voller Leute, die eine Art von Musikakademie diskutierten, unter ihnen waren Ruth Lady Fermoy, selber eine ausgezeichnete Pianistin und Begründerin des King's Lynn-Festivals, und Dame Ruth Railton, die Begründerin des National Youth Orchestra, und andere.

So entstand allmählich der Gedanke einer Yehudi-Menuhin-

Schule für Musik, die YMS. Und endlich nahm die Schule auch greifbare Gestalt an. Die gute Gracie Cone, die ich seit meinen frühesten Tänzerinnen-Tagen kannte, hatte mit Hilfe von Lady Campbell-Orde, Anton Dolin und anderen eine vorzügliche Institution ins Leben gerufen, »The Arts Educational Trust«. In Kensington hatte sie ein Wohnheim für Übernachtungsgäste; sie bot Yehudi ein paar Räume an, in denen er den Kern seiner Schule unterbringen könnte. Etwa zehn oder elf Schüler. So wurde dank ihrer Hilfe die Yehudi-Menuhin-Schule offiziell am 18. September 1963 eröffnet.

Yehudis Glück kannte keine Grenzen. Mississems (Mrs. Menuhins) Befürchtungen hinsichtlich der Finanzierung kannten ebenfalls keine. Ich bekam schon Schwielen an den Knien, so oft rutschte ich voller Ungewißheit vor dem Schreibtisch einer jeden Stiftung, die mir einfiel, herum, um schließlich – weil man mich sehnlichst loszuwerden wünschte – mit 5000 Pfund abgefertigt zu werden. Vielen Dank, damit werden wir in diesem Semester über die Runden kommen.

Insgesamt fünfzehn Schüler im Alter zwischen sieben und zehn oder elf Jahren. Die sehr geschickte Sekretärin, die wir in den Anfangsjahren hatten, Mrs. Langford, fand schließlich ein großes Haus für uns in Stoke d'Abernon – ein Monstrum, von dem man sich nur vorstellen kann, daß es der Phantasie eines übersättigten Architekten entsprungen war, der von einem Institut für hundert Hänsel und Gretel träumte. Giebel über Giebel, Tudor-Kamine, von Rohputz eingefaßte Zwillingsfenster, großflächige Fachwerk-Imitate, holzgeschnitzte Rüschen an den Ecken der Giebel, die wie hervorlugende Unterwäsche aussehen, und jede Menge Efeu und wilder Wein, um das Ganze zusammenzuhalten.

Es stand in einem fünfzehn Morgen großen Grundstück und war für unsere Zwecke geradezu ideal geeignet. Selbst die Bepflanzung paßte. Lorbeerbüsche verdunkelten die Auffahrt, Tannen und Kiefern, zwei Zedern und eine Wellingtonia – alle die zärtlich geliebten, düsteren, nekrophilen Bäume der spätviktorianischen Zeit. Yehudi schrieb in der Schulbroschüre: »Nach so viel Jahren der Wunschträume und des Hinarbeitens auf die Errichtung einer Schule füge ich der ersten Broschüre tief befriedigt diese Worte als Beweis ihrer Existenz hinzu: Es ist nun nicht mehr eine Sache des Sinnens und sehnsüchtigen Hoffens, es ist Wirklichkeit geworden: eine Wirklichkeit für Kinder mit ihren jugendlichen Bedürfnissen, knospenden Talenten und ihrer ganzen wunderbaren Erregbarkeit über das, was noch vor ihnen liegt. Y. M. 1964.«

Zu dieser Zeit hatten wir mehrere Lehrer zu einer Besprechung der allgemeinen pädagogischen Belange eingeladen, außerdem ging es darum, den besten künftigen Schulleiter auszusuchen ... Hätte unsere Wahl einer Bestätigung bedurft, so kam sie mit Hilary Brackenburgs Antwort: »Ich möchte sehr gern Headmaster der Yehudi-Menuhin-Schule werden«, sagte er mit seiner leisen, sanften und leidenschaftslosen Stimme, »denn aufgrund meiner langen Erfahrung als Erzieher halte ich diesen Posten für den interessantesten und faszinierendsten überhaupt.«

So übernahm Mr. A. H. Brackenburg, M. A., Magdalene College, Cambridge, dieses halb ausgebrütete Projekt, und erwies sich in jeder Hinsicht als vollkommener, feinfühliger, großherziger und verständnisvoller Mann, so, wie ihn sich Yehudi in seinen kühnsten Träumen nur hatte vorstellen können ...

Der Rest ist Geschichte. Die YMS bewegte sich finanziell eine Zeitlang noch dicht am Abgrund, aber viele Stiftungen und regionale Zuschüsse halfen, sie vorm Abrutschen zu bewahren. Musikalisch nahm sie an Stärke und Gesundheit zu wie ein Baum in guter Erde. Aus aller Herren Länder bewarben sich Schüler und schickten Tonbänder; mit der Anzahl der Schüler wuchs auch die Vielfalt der Nationalitäten. Da waren Chinesen aus Hongkong und Taiwan, Inder, Perser, Deutsche, Goanesen, Amerikaner und (inzwischen) »Mutterland«-Chinesen aus der Volksrepublik China. Zwanzig Jahre Versuche bei verhältnismäßig geringen Irrtümern, erfolgreiche Jahre für viele der Schüler, die anschließend auf Konservatorien nach London, Moskau und Philadelphia gegangen sind und von da ihre Karriere in Kammermusik-Gruppen, Orchestern oder als sehr erfolgreiche junge Solisten begannen.

Später, 1970, hatte alles Hangen und Bangen ein Ende. Mrs. Thatcher, damals Minister für Erziehung und Wissenschaft in Ted Heaths Regierung, besuchte die Schule. Nach aufmerksamer Umschau erklärte sie entschlossen, die Schule würde wie die

Königliche Ballettschule künftig von der Regierung getragen werden. Große Freude und große Dankbarkeit.

Jetzt ist ein neuer Headmaster da; seit Hilary Brackenburg in den Ruhestand trat, führt Peter Renshaw mit seiner Frau Virginia die Tradition in genau dem Sinne fort, wie es Yehudi vorschwebte, als er sagte: »Dies ist keine Schule für Virtuosen, es ist ein Ort, wo, wie ich hoffe, das ernsthafte Studium der Musik den ›ganzen Menschen‹ bilden wird, als Lehrer, Orchestermitglied oder Solist. Welchen Beruf auch immer der einzelne schließlich ergreift, ich bin zufrieden, wenn ich dazu beigetragen habe, ein glückliches Menschenkind zu formen.«

11 B. B.

Die Wirren unseres Wanderns auf der Erde (s. Hiob I, 7) zeitigten eins jener kostbaren Geschenke, das unsere Lebensführung gründlich verändern sollte. Die Marchesa Origo – Iris Origo, die Schriftstellerin, eine geliebte Freundin – hatte Yehudi gebeten, im Jahre 1954 in Florenz für ihr Italienisches Rotes Kreuz zu spielen. Nach dem Konzert wollte sie wissen, ob ich am letzten uns verbleibenden Abend noch irgend jemanden kennenlernen möchte, ehe wir tags darauf nach Indien aufbrechen würden. Ich sagte prompt, »Bernard Berenson natürlich«.

Es ergab sich, daß er Zeit hatte und erfreut war – und so begegneten wir zum erstenmal im Verlaufe einer Freundschaft, die leider nur die ihm verbleibenden wenigen Jahre seines Lebens dauern sollte, dem König von Florenz. Nicky Mariano, die reizende ältere Frau, die ihn viele Jahre umsorgt und seine Bibliothek betreut hatte, begrüßte uns. Mit zeremonieller Förmlichkeit führte sie uns in das lange, kühle Empfangszimmer, dessen Fensterläden gegen die sinkende Sonne halb geschlossen waren, an einem herrlichen Triptychon von Sassetta vorbei, zu »B. B.«, der, eine winzige Gestalt, in der Ecke eines ihn verschlingenden Ledersofas saß. Was mir zuerst auffiel, war seine Zierlichkeit, jene außerordentliche Zartheit der Hände und des Gesichts, die Größe als unwichtig abtut und Erhabenheit durch vollkommene Proportion und eine Art Vollendetheit des Ganzen ersetzt, durch die ein Kunstwerk nach eigenem Maß geschaffen wird. Glatter kahler Kopf, schwarze Augen unter schweren Lidern, weißer Lippen- und Backenbart und wunderschöne, langgliedrige Finger. Er war entzückt, Yehudi kennenzulernen, und doppelt beglückt darüber, wie unkompliziert, zwanglos und beruhigend er war. Ich ließ sie allein, und sie redeten über dieses und jenes, während ich mit Iris und Nicky Mariano plauderte. Dann bat mich B. B., ich solle mich zu ihnen setzen. Ich weiß nicht mehr, worum es ging, aber meine Antwort erregte sein Lachen, und wie glückliche Wellensittiche schnatterten und lachten wir, bis wir zu unserem Schrekken feststellten, daß wir dort mehr als zwei Stunden verbracht hatten; die arme kleine Miras (die mit uns reiste) hatte die ganze Zeit allein im Hotel gewartet. Ich sprang auf und sagte: »Unser Vergnügen, Mr. Berenson, ist zu Ende, ich muß den Fiedler zu seiner Tochter zurückbringen, denn morgen früh brechen wir nach Indien auf.«

»Guter Gott, meine Liebe, ist das alles?« rief B. B. Ich nickte, sah mich etwas wehmütig in dem kühlen Frieden des Raumes um. »Kommen Sie wieder, sobald Sie können, und bringen Sie mich wieder zum Lachen«, sagte B. B. Wir rasten zur armen Zamira zurück, die wirklich schon unruhig geworden war.

Im folgenden Jahr, 1955 – ich lag in einer Schweizer Klinik und versuchte, mir in meiner dritten Schwangerschaft sechs Wochen lang etwas Ruhe zu gönnen – (über deren traurigen Ausgang ich schon berichtet habe) –, las ich in der *Times*, daß Berenson seinen neunzigsten Geburtstag gefeiert hatte. Ich schrieb ihm kurz entschlossen, gratulierte ihm und entschuldigte mich für die Zudringlichkeit, ich sprach von der Erinnerung an den herrlichen Besuch in I Tatti, der mir wie ein fernes Licht in meinem gegenwärtigen bedrückenden Umstand erschien. Von I Tatti kam innerhalb weniger Tage eine warmherzige und bezaubernde Antwort mit der Bitte, ich möchte ihm doch regelmäßig schreiben, denn mein Brief wäre für ihn ein wahres Labsal gewesen. Und so begann eine Korrespondenz mit B. B., die fast bis zu seinem Tode dauerte; ich schrieb ihm von allen Enden der Welt, und er pflegte pünktlich zu antworten, wobei ich ihn mir vorstellte, wie er mit einer Decke über seinen dünnen Knien dasaß, umgeben von den schönen Dingen in seiner makellosen Villa.

Die Jahre hindurch machten wir weitere Besuche in I Tatti, jedesmal Vierzig-Stunden-Einsätze per Bahn, da wir noch immer nicht fliegen wollten. Was den internationalen Eisenbahnverkehr anlangt, so steht Florenz ziemlich an unterster Stelle: Man wird zu einer Geisterstunde, um 5.30 Uhr früh abgesetzt (und um 01.05 Uhr westwärts zurückgeschickt). Stets wurden wir von einem gähnenden Fahrer abgeholt und nach Settignano gebracht, wo wir badeten, frühstückten und darauf warteten, in die königliche Nähe beordert zu werden. Nach dem Lunch pflegten B. B. und ich eine der haarsträubenden Autofahrten mit Parry, dem uralten englischen Chauffeur, zu machen. Über die holperige Straße ging es durch Pinienwälder, Zypressen- und Olivenhaine hinauf, wobei Parry stracks auf jeden Stein, jeden Felsblock auf dem Weg loszufahren pflegte, gefährlich hart an den Rand der Straße kurvte, Baumstämme streifte, Buschwerk am Wegesrand plattfuhr, bis wir schließlich auf einer Art Felsplateau ankamen, auf das er hinaufschlitterte, um mit einem Bums vor dem obligaten Felsvorsprung anzuhalten. Ich machte die Augen wieder auf, hörte auf zu beten, und wir stiegen aus, B. B. so munter wie ein Kücken, und bewundernd genossen wir den Blick hinüber zum entfernten Florenz. Von dort stiegen wir dann zu Fuß die Ziegenpfade hinunter, die sich zwischen kräftig duftenden Bäumen hindurchwanden. B. B. schwenkte seinen Spazierstock so elegant und zierlich wie ein Zwanzigjähriger. Ab und zu hielt er inne, ich wußte nie genau, ob er es tat, um ein klassisches amouröses Zitat loszuwerden (wofür er berühmt war) oder um Luft zu holen, und so erreichten wir schließlich den Punkt an der Straße, wo uns der furchtbare Wagenlenker Parry, die Räder bedenklich über dem Rand des Abgrunds, erwartete. Ich dirigierte B. B., der mit 91 kaum 100 Pfund wog (ich selbst etwas mehr) auf die Innenseite des Wagens und kletterte dann selbst hinein in der Hoffnung, daß unser zusätzliches Gewicht das Gefährt davon abhielte, in den Abgrund zu stürzen, zu dem hin Parry es geparkt hatte. Und so kehrten wir, kurvend und kippend, ruckelnd und stoßend, ins I Tatti zurück zu einem köstlichen Lunch und viel Klatsch.

Jetzt, im Sommer 1958, kamen wir wieder in die vertraute Umgebung, diesmal aber mit unerwarteten Folgen. Bei einem Morgenspaziergang bemerkte Y ein reizendes Bauernhaus in der Nähe; mit seiner gewohnten Unbekümmertheit öffnete er das Gartentor, ging zwischen den Gemüsebeeten durch, klopfte an die Tür, stellte unbefangen allerlei Fragen, auf die der Verwalter und seine Frau freundlich eingingen. Ich jedoch – von Jugend auf durchtränkt mit Verboten wie »Das Betreten des Rasens ist verboten«, »Verstöße werden gerichtlich verfolgt«, »Achtung bissiger Hund«, »Gefährlicher Bulle« – zupfte Y dauernd am Rock und machte ihm Vorhaltungen. Trotz meiner Proteste folgte eine lange und interessante Unterredung. Schließlich zerrte ich mit rotem Gesicht und erleichtert Y zurück nach I Tatti, wo er beim Lunch B. B. fragte, wem der Bauernhof gehöre.

»Mir«, sagte B. B.

»Ich möchte ihn für meine Familie mieten.«

»Oh, nutzt den B. B., solange es tagt«, rief B. B. voller Freude. Der *fattore* wurde gerufen, alle Vorkehrungen à la Menuhin innerhalb einer Stunde getroffen, einschließlich der Pläne, ein Telefon zu installieren (alias Y. M.'s »Lebenslinie«), und eine Liste möglicher Schulen für Jeremy entworfen.

Drei Monate später packten Schwester Marie und ich den Inhalt des Chalets in Gstaad zusammen und reisten mit zwölf Gepäckstücken per Bahn in unser neues Hauptquartier. Jeremy bekam von einem Dutzend oder mehr Schulkameraden aus dem Chalet Flora eine tolle Abschiedsovation am Bahnhof. Wie üblich kamen wir zerschlagen und erschöpft in der frühen Morgendämmerung in Florenz an und fuhren schnurstracks in unser Bauernhaus, das Il Villino hieß. Dort empfingen uns Teresa und Antonio auf typisch italienische Art – mit einer Mischung aus Wärme, Liebe und Geplapper. Nachdem wir Koffer und Handtaschen in die Schlafzimmer hinaufgeschafft und uns etwas von dem für eine Nacht im Schlafwagen so charakteristischen Schmutz befreit hatten (diese Mischung aus Muff, in versteckten Ecken lauerndem Dreck, kaltem, an rauhen Laken haftendem Zigarettengestank und dem schrecklichen Waschen in leicht schleimigem Wasser, was alles hartnäckig an einem festklebt), liefen Jeremy und ich über die Straße, um Nicky und B. B. guten Morgen zu sagen, die beide vor Freude über unsere Ankunft ganz aufgeregt waren. B. B. – in seinen blaßblauen gehäkelten Schal gehüllt – »empfing« im Bett, so frisch und kühl, wie es nur kleine Kinder und sehr alte Leute sein können, die von anderen gepflegt werden. »Also haben Sie wirklich Ihren B. B. genutzt«, sagte er. »Ich bin so glücklich, Darling.« Nicky, so hübsch und strahlend, wie es ältere Frauen sind, bevor sie ihr Gesicht zu Pergamentmasken »liften« lassen, reichte mir ein Telegramm von Yehudi: GAVE BEST EVER ELGAR WILLIAM STEINBERG EXCELLENT HOPE NEW HOME WELCOMING AND JERE-MA HAPPY PRAY MY DARLING FINDS SOME REST AND EATS MUCH PASTA HUGS LOVE TO NICKY & BB SIGNED PUDL [Gab bisher besten Elgar. William Steinberg ausgezeichnet. Hoffe neues Heim willkommen und Jeremy und Mita glücklich. Hoffe mein Liebling ruht sich aus und ißt viel Pasta. Umarmung. Liebe Grüße an Nicky und B. B. Unterschrift Pudel.]

Unbeschwert, liebevoll und erfolgreich, dachte ich bei mir, und wandte meine Aufmerksamkeit Hannah Kiehl zu, der deutschen Dame, die die Bibliothek betreute; sie hatte schon den Namen eines Pianogeschäfts, die Telefonnummer von Signora Nardi, der besten Klavierlehrerin und obendrein Namen und Anschrift der örtlichen italienischen Dorfschule in Settignano ausfindig gemacht. »Ausruhen und viel Pasta essen?« Höchst unwahrscheinlich. Sofort an die Arbeit, trotz strömenden Regens und eisigen Winds. Am Abend speiste ich mit Nicky, B. B. und seiner Schwester Bessie, es wurde viel gelacht, und alle verband eine ungewöhnliche Fröhlichkeit; danach zu Bett, wo ich endlich einmal wie ein Holzklotz schlief.

Die nächsten paar Tage waren mit unablässiger Tätigkeit und all den mit einem Umzug einhergehenden Problemen ausgefüllt: Kampf mit den Zollbehörden, um unsere größeren Gepäckstücke freizubekommen, Laden für Laden abklappern, um das Villino mit einem anständigen Herd, Heizkörpern, Papierkörben, Kaffeemaschine, Toaströster und anderem mehr auszustatten. Die hinreißende Signora Nardi zeigte sich über Jeremys Spiel hocherfreut, und ich verabredete, daß er zweimal die Woche zu ihr gehen solle. Signor Bucci von der Schule in Settignano war überaus bereit, Jeremy aufzunehmen. Schwester Marie, die sich wegen Jeremys Mandeln Sorgen machte, hatte Hannah Kiehl gebeten, mit dem König der Kinderärzte von Florenz, Il Dottore Cocchi, einen Termin auszumachen; die Schrankkoffer wurden schließlich als unbedenklich freigegeben und blieben in der Haustür stecken. Mitten in all dies hinein eine Nachricht vom I Tatti: »Bitte kommen, Signor Menuhin am Telefon.«

Froh, den Marathonlauf der Besorgungen des ersten Tages hinter mir zu haben, stolperte ich hinüber – nur um von Y gefragt zu werden, warum ich noch keinen englischen Tutor für Jeremy gefunden hätte. Mir riß die Geduld, und das ist in B. B.s Telefonbox eine hoffnungslose Sache, denn die geringste Bewegung läßt das Licht ausgehen, und eine wahre Kakophonie von Topf- und Pfannengeklapper in der angrenzenden Küche bringt einen zu der

Überzeugung, daß italienische Köche zur körperlichen Ertüchtigung rund um die Herde mit Kochtöpfen werfen oder jonglieren. Ich bot alle mir verfügbare Ruhe auf und sagte Y liebevoll Lebewohl, stieß mit dem Kopf an die Wand, fand schließlich die Tür, schleppte mich den Weg hinauf zu unserm Villino und brach vor Müdigkeit und mit unterdrückter Wut auf meinem Bett zusammen. Alles, was mir noch fehlte, um den Tag vollzumachen, war eine Viertelstunde später der Anblick Schwester Maries; sie kehrte von einem kurzen Spaziergang mit einem blutüberströmten Jeremy zurück, der gegen eine Mauer gerannt war.

Beim Tee am nächsten Tag fand ich die arme Nicky sehr verstört vor. B. B. hatte es rundheraus abgelehnt, den Vertrag zu unterzeichnen, den der *fattore* und Yehudi für die monatliche Miete aufgesetzt hatten.

»Ich könnte niemals einen Pfennig von ihm annehmen«, hatte er gesagt.

Ich versprach ihr, daß wir als Gegenleistung das Villino vollständig aufpolieren würden, worauf sie etwas erleichtert sagte:

»Ich wünschte *sehr,* ich könnte B. B. davon überzeugen, daß er *kein* reicher Mann ist!«

Bald kamen nun Wagenladungen von Sachen an, und am Ende von drei oder vier Tagen waren wir vom 15. ins 20. Jahrhundert übergewechselt. Triumphierend installierte Schwester Marie den neuen Plattenspieler im Wohnzimmer (das gerade den Stutzflügel, das Sofa, zwei Sessel und einen Tisch faßte). Ein unheimliches Brummen, eine riesige Explosion, und der Plattenspieler stand in Flammen. Darauf prompt hysterisches Geschrei von Teresa und viel Hilfe von seiten Antonios, der unter Verwünschungen eimerweise Wasser heranschleppte. Verkohlte Überreste entfernt. Ich nur zu erleichtert, daß es nicht die verkohlten Überreste von Schwester Marie waren. Ein Problem blieb noch übrig: Die Schule in Settignano war für Jeremy nicht geeignet (er konnte kein Italienisch). So suchte und fand ich denn eine reizende, kluge Frau, Miss Burbridge, die eine kleine Schule für englische und amerikanische Kinder leitete und ihnen auch Italienisch beibrachte.

Endlich war alles Notwendige geschafft und eine Art von »Heim« entstanden. Für mich bedeutete es eine große Veränderung: Florenz (obwohl mehrere Meilen entfernt), I Tatti, B. B. und Nicky sowie interessante und geistreiche Unterhaltungen, Farbigkeit und Wärme und Schönheit und Lebendigkeit, mit denen die immer noch seltenen Lücken zwischen Arbeit und Pflichten gefüllt werden konnten, aber alles wurde durch romanische Glut und liebevolle Gesellschaft heller, illuminierter.

Während dieser ganzen Zeit, da das Villino allmählich Gestalt annahm, hatte Y Europa durchschweift und in Spanien, Frankreich und Deutschland Konzerte gegeben. Jetzt, bei einem seiner sporadischen Blitzbesuche zu Hause, kam er für eine Nacht, um meinen Geburtstag zu feiern. Bevor er am nächsten Morgen abreiste, schlug er vor, ich sollte ihn doch auf einer kurzen Italien-Tournee begleiten, immer wieder betonte er, ich könnte während der fünf Minuten Aufenthalt in Florenz auf seinen Zug springen. Und so hievte er mich und Marcel Gazelle ein paar Tage später in den Zug, und ab ging es nach Neapel.

Es war eine typisch italienische Tournee: niemand da, um uns bei der Ankunft zu begrüßen (oder sich auch nur zu vergewissern, daß wir angekommen wären, oder ob Y wirklich ein Solokonzert im San-Carlo-Opernhaus geben würde). Wenn es für mich einen Tiefpunkt, einen Nadir, in einem Stück für Piano und Violine gibt, so ist es genau solch einer. Das riesige Haus zum Bersten voll besetzt, und auf dem vordersten Teil der breiten Bühne ein schüchtern und verloren aussehender Flügel mit Klavierhocker (auch er sehr staubig). Ich hatte einen Platz weiter hinten im Parkett des Saales, gerade unter der ersten Balkonreihe. Unter tosendem Beifall betraten wie ein Zauberer und sein Assistent Y und Marcel die Bühne und stürzten sich in die erste ihrer drei Sonaten. Der Applaus wurde vom ersten Akkord und Abstrich des Bogens erstickt, nicht hingegen – o keineswegs – das Geschnatter in den Logen ringsherum, die zum großen Teil von fülligen neapolitanischen Damen besetzt waren. Eine Art von *perpetuum mobile* begleitete das ganze Werk, dem am Schluß frenetischer Beifall folgte. Ob er der Darbietung galt, der sie gelauscht hatten, oder der musikalischen Untermalung ihres Klatsches, ich wußte es nicht zu sagen. Die zweite Sonate begleitete, soweit überhaupt möglich, ein verstärktes *crescendo* des allgemeinen Schwatzens. Zu meiner Freude rief ein stattlicher Mann mittleren

Alters gerade vor mir, in offensichtlicher Empörung »Silenzio!« Die Damen erwiderten die Empörung mit schockierter Überraschung, setzten aber ihr Geplapper das ganze Stück hindurch fort.

Während der Pause war Y ganz ungerührt und sagte, er liebe die italienische Redefreudigkeit; Marcel dagegen lachte bloß. Da erschien ein fremder Mann mit einer riesigen Mappe unterm Arm, der erste lokale Manager, dessen wir hier ansichtig wurden. Ich kehrte auf meinen Platz zurück. Während der letzten Sonate erfolgte das Plaudern nur noch sporadisch, entweder waren ihnen die Themen oder der Atem ausgegangen, oder aber sie hatten das Gefühl, sie müßten endlich dem zuhören, wofür sie (viel) bezahlt hatten. Nichtsdestoweniger wogte das Gemurmel von einer Seite des riesigen Hauses zur andern, wie der Wind durch trockenes Getreide. Mein Held vor mir setzte seine wütenden »Silenzios!« fort, begegnete aber weiterhin nur kalter Nichtachtung. Schließlich endete die harte Prüfung unter Schreien und Rufen und Pfiffen der Begeisterung. Ich eilte schleunigst hinaus, um in meinem geschrumpften Italienisch dem Manne zu danken, der den neapolitanischen Logeninsassen Manieren beibringen wollte. »Bitte, nichts zu danken, Madame«, sagte er mit starkem deutschen Akzent. »Es war eine absolute Schande.« Enttäuscht stellte ich mich vor und nahm den ehrenwerten Herrn Dr. Burckhardt mit, um ihn Yehudi vorzustellen.

Von Neapel aus gelang uns ein kurzer Ausflug nach Ischia, wo wir Sue und William Walton besuchen wollten. Dafür mieteten wir die einzige Barkasse, deren Besitzer verrückt genug war, uns über eine See zu schaukeln, die sich wie aufkochender Haferbrei hob und senkte. Wir schafften es, völlig durchnäßt, aber mein hübscher, neuer roter Mantel von Jaeger war ruiniert. Wir fanden ein Taxi und fuhren zu ihrer Villa, um dort festzustellen, daß niemand zu Hause war. Traurig, kalt, naß und mitgenommen schoben wir eine kleine Notiz unter der Tür durch und waren gerade aus der Einfahrt herausgetreten, als wir sie beide aus wieder einem neuen der prachtvollen Häuser Sues (bis dahin waren es fünf) kommen sahen. Argentinische Freudenschreie von seiten Sues, Sitwellsches Strahlen bei Will, dann wurden wir zum Lunch in das Haus eines Freundes entführt. Die Fahrt zurück war beinahe noch schlimmer. Im Dunkeln verfehlten wir um Haaresbreite einen großen unbeleuchteten Schmugglerkahn und wären beinahe gekentert.

Das nächste Konzert in Genua war durch die gleiche völlige Kontaktlosigkeit gekennzeichnet, die wir in Neapel erlebt hatten. Das ging so weit, daß wir nicht einmal von der endgültigen Programmwahl der Veranstalter unterrichtet waren. Marcel empfahl Y, sich gut auszuruhen, derweil er zum Üben ins Theater ginge. Dort wollte er herauszufinden versuchen, was man von ihnen zu hören erwartete, und zurückrufen, damit auch Y das betreffende Werk üben könnte. Nach ungefähr einer Stunde ging ich zum Pförtner hinunter. Da lag wirklich eine Nachricht für den Maestro, sie war in Französisch. Ich entfaltete das Papier: »on joue SRANK«, lauteten die schlichten Worte. Also übte Yehudi die César-Franck-Sonate. Dann gingen wir ins Theater, das genuesische Publikum benahm sich wunderbar (Schatten Pagaginis etwa?), und ich stellte erneut fest, was ich schon am Abend vorher wahrgenommen hatte: Das Hinterteil des dünnen kleinen Marcel war nach der Pause zu einem außerordentlichen Fettsteiß angeschwollen. Wieso nur? Ich fand es bald heraus. Die unsichtbaren örtlichen Agenten warteten ab, bis gut zwei Drittel des Konzerts glatt über die Bühne gegangen waren, dann erschienen sie, wie der merkwürdige Mann in San Carlo, mit dem Honorar, das, nach der riesigen Ausbuchtung von Marcels Frackschwanztaschen zu urteilen, aus Ein-Lira-Scheinen bestehen mußte.

Während der Tournee gab es gelegentlich freie Tage, an denen wir ins Villino zurückkehrten. Der neue Herd war noch immer nicht installiert, wohl aber eine neue Köchin, Settimia, die Schwester Marie entdeckt hatte, denn Teresa hatte zuviel mit der Landarbeit zu tun, um sich regelmäßig um uns kümmern zu können. Es *mußte* nun natürlich passieren, daß meine Schwester Griselda und ihr Mann Louis Kentner, beide große Feinschmecker, sie außerdem eine vorzügliche Köchin, in Florenz waren und zum Lunch herauskamen. Ich hatte Hammelrücken bestellt, winzig kleine *piselli*, diese zarten, jungen italienischen Erbsen, *sauté*-Kartoffeln und irgendeine Nachspeise wie *crême brûlée* oder *oeufs à la neige*, ich weiß nicht mehr genau, was. Ich ahnte schon, daß sich da ein Unheil zusammenbraute. Nachdem wir eine Ewigkeit gewartet hatten, ging ich in die Küche und fand Settimia in heller

Wut und Schwester Marie den Tränen nahe. Settimia rief mit gellender Stimme: Sie hätte noch nie mit einem Holzfeuerherd, diesem Monstrum aus dem Cinquecento, zu tun gehabt. Das Resultat war, daß das Lamm nach eineinhalb Stunden gerade lauwarm war. Teresas Geschrei »*Ma, stupida,* du hättest ihn nach dem Frühstück anzünden müssen« trug nicht gerade dazu bei, die allgemeine Stimmung dramatischer Frustration zu heben. Schwester Marie meinte, sie sei sicher, in zwanzig Minuten wäre alles fertig. Ich ging zu meinen Gästen zurück. Beide sahen ziemlich hungrig aus und lehnten einen weiteren Drink ab. Das Gespräch schleppte sich mühsam über die Runden. Endlich wurde gemeldet, das Essen sei angerichtet, und wir trabten in das kleine Eßzimmer. Unsicher stellte Settimia eine große Keramikschale vor Y hin. Sie enthielt ein großes glänzendes Stück Lamm, das in reichlich Blut schwamm. Griselda wandte das Gesicht ab. Y schritt angesichts dieses gräßlichen Opfermahls zur Tat; er ergriff Tranchiermesser und Gabel (mit denen er auch unter den günstigsten Umständen kein Virtuose ist) und stach damit in die klebrige Masse. Das Messer prallte, vom sanftmütigen Lamm abgewehrt, prompt ab. Unbeirrt wiederholte Y den Angriff und konnte die Spitze des Messers in die undurchdringliche Haut hineinstoßen. Mit der ganzen Kraft seines Bogen-Arms hackte er drauflos und brachte mit triumphierendem Freudenschrei mehrere Scheiben blutigroten Walfischspecks auf jeden Teller. Lou empfing seinen Teil mit typisch ungarischem Sarkasmus, Griselda den ihrigen mit dem kaum verhüllten Ekel eines Menschen, der es versteht, seine Gäste zu bewirten. Ich verging (viel zu langsam). Eine große Portion der winzigen Erbsen wurde aufgetragen und von Y mit lautem Beifall und Entzücken begrüßt; großzügig teilte er davon auf jeden Teller aus, scheinbar völlig taub gegenüber dem prasselnden Geräusch, das ihre Berührung mit dem Teller hervorrief, sowie blind gegenüber der Tatsache, daß ungehörig viele von ihnen auf den Boden sprangen.

Griselda, immer die vollendete Dame, pickte an ihrer Scheibe herum, ich versuchte, mit der Gabel ein paar blutbefleckte Erbsen aufzuspießen, ohne Erfolg, schaufelte sie mir dann in den Mund (und brach mir dabei fast die Zähne ab: alle hart wie Murmeln); Y, der munter an dem abstoßenden Stück kaute, das er irgendwie hatte absäbeln können, erklärte es mit unzusammenhängenden Worten bei vollem Munde für köstlich. Beinahe erleichtert hörte ich Louis' ungarischen Akzent, der sarkastisch sagte: »Ich kann dies Zeug nicht essen, Yehudi«, wobei er den Teller voller Abscheu von sich schob. Zerknirscht erklärte ich die Umstände. Schwester Marie war mit dem restlichen Brocken blutigen Fleisches in die Küche geeilt und hatte es in den Backofen geschoben – die Erbsen waren nicht zu retten. Inzwischen ersetzte eine Auswahl von Brot und Käse den Unglücksgang und sorgte für eine leichte Aufbesserung der Stimmung unter den Gästen. Schließlich sind Mozarella, Ricotta und in Weinlaub gewickelter und mit frischen Walnüssen gespickter Mascarpone als Futter kaum zu verachten. Ich ließ mir also Zeit, hoffte insgeheim, daß das Lamm möglichst bald in präsentablem Zustand wäre, und plauderte derweil zerstreut von Kohl (roh?) und Königen (abgesetzten), jedoch ohne rechten Widerhall. Endlich kam das Lamm genießbar zurück. Lou nahm gefälligerweise etwas davon, ebenso Jeremy (beide Fleischesser). Griselda erklärte, sie sei gesättigt, Y schnitt sich, um die gräßliche Mahlzeit zu krönen, ein großes Stück ab und behauptete steif und fest, er hätte das Fleisch nirgendwo auch nur annähernd so gut gefunden wie vorhin in seinem Urzustand. Vom italienischen Kaffee und Obst getröstet, schieden wir voneinander, auf einen glücklicheren, weniger angespannten Ton gestimmt. Griselda und Lou hatten auf jeden Fall Gewinn davon; das Gerücht will, daß sie noch wochenlang nachher von der Geschichte lebten und entsprechend dinierten.

An jenem Abend spielten Yehudi, Cassado und Kentner für B. B. das Beethovensche Erzherzog-Trio. Nur Alda Anrep, Nikkys geistreiche Schwester, und Nicky waren zugelassen. B. B., selber ganz und gar Erzherzog, war nicht gerade großzügig in Dingen, die er als allein ihm zustehende Vergünstigungen und deshalb von besonderem Wert erachtete. Das stimmte mich traurig, denn Hannah Kiehl war uns von unschätzbarem Wert gewesen, und ohne Iris Origo hätten wir Berenson vielleicht nie kennengelernt. Ich war um so enttäuschter von ihm, als ich kühn gefragt hatte, ob ich die beiden einladen dürfte, was mir rundweg abgelehnt wurde. Wie unendlich bedrückend ist es doch, wenn wir beobachten müssen, wie Menschen, für die wir Bewunderung, Respekt und Zuneigung hegen, bei hunderterlei kleinlichen Anlässen in unseren Augen zusammenschrumpfen.

Im Dezember kamen alle Kinder zum Weihnachtsfest im Villino zusammen. Schwester Marie fährt zu ihren Eltern und bringt Mita von Hermannsberg mit, Zamira fliegt von London ein. Wir sind alle wahnsinnig eifrig mit Weihnachtsgeschenken beschäftigt; Mita macht ein schönes Pappschloß mit Türmen und Zinnen und kleine Wachsfiguren für Jeremy; Schwester Marie und ich machen fünf goldene Kronen. Unterdessen bereiten Teresa und Settimia für den Abend ein Buffet im Eßzimmer vor; nach dem Essen wird wunderbar musiziert werden: Streichquartette; Yehudi wird sie mit Cassado, einem Bratschisten und einem Violinisten spielen, die er aus Florenz mitgebracht hatte und die alle in den kleinen Salon, das *salotto*, gepfercht wurden. Mit den vier Musikern, drei Kindern, James Pope-Hennessy, Alda Anrep und dem bekannten Gefolge, das Y unvermeidlicherweise im Schlepptau hatte, von Schwester Marie und mir ganz zu schweigen, die wir fast im Kamin saßen, war der Abend in seiner Wärme und frohen Gestimmtheit das Gegenteil der kalten und königlichen Soirée bei B. B. Am nächsten Tag war »unser« Weihnachten. Zwei Rüstungen kennzeichneten Sir Mittahad und Sir Jiminot, wir alle trugen unsere goldenen Kronen, es gab die Geschenke, einen Baum, und wieder einmal waren die Lieben, Teuren für ein paar Tage zusammen.

Später fuhren wir nach »La Foce« hinauf, in das schöne Haus der Origos in den toskanischen Hügeln, wo Iris uns ein zweites Weihnachten bescherte. Ihre wunderhübsche Tochter Benedetta begleitete Y bei einem Stück von Diabelli, und Jeremy spielte widerstrebend eine kurze Komposition eines Freundes der Signora Nardi, unterbrach aber den Beifall mit der kalten Bemerkung »gar kein gutes Stück«. Drei Tage lang wundervolle Spaziergänge durch das weite Gelände (67 Bauernhöfe im ganzen), Unterhaltung mit Antonio und Iris, eine glückliche Mischung aus Gespräch plus Klatsch plus Disput mit Geist und Wärme; herzlicher Abschied, wobei ich eine Flasche des besten Olivenöls an mich drückte, das ich je gekostet habe.

Von dort kehrte die Familie nach I Tatti zurück, aber nur, um sich wieder in alle Winde zu zerstreuen. Zamira trug der Wind nach London zurück, Mita nach Deutschland. Schwester Marie und Jeremy blieben allein in Florenz, während Y und ich den grausamen Nachtzug nach Paris nahmen, in den uns verhaßten Schlafwagen fielen und zu müde waren, um auch nur die letzten Minuten des zu Ende gehenden Jahres 1958 feierlich zu begehen.

Aber schon hatte unsere neue italienische Basis meine Stimmung gehoben. Nach dem rosa Luftballon Kalifornien und der freundlichen Keimfreiheit der Schweizer Berge brachte Florenz Wärme und Farbigkeit, Charakter und die Wirklichkeit, nach der ich mich gesehnt hatte, etwas, das das endlose Reisen, das Jonglieren mit heranwachsenden Kindern erträglich zu machen imstande war, die in verschiedenen Schulen über ganz Europa verteilt waren. Es verminderte die Erschöpfung, die unser Wanderleben uns abzwang. Hier war eine Quelle, aus der man endlich schöpfen konnte, um Seele und Geist zu erquicken. Das kleine, in seine Pinien und Arbutusbäume (Erdbeerbäume) eingebettete Villino blickte zum großartigen I Tatti hinüber, in dem der zierliche B. B., immer kleiner und weißer werdend, thronte – der König von Florenz, zu dem Dichter und Maler und Schriftsteller, fast die ganze intellektuelle und kulturelle Welt, hinströmte, aber auch die Damen aus Amerika mit ihren Blumenhüten, die ihren Monarchen umschmeichelten. Dort herrschte geistige Regsamkeit, die nichts mit den Fahrkarten und zerfetzten Koffern unserer ständigen Reisen zu tun hatte, sondern mit Unterhaltung, Gedankenaustausch und lautstarkem Disput italienischer oder italienisierter Starrköpfe, die mit dem ihnen eigenen beneidenswerten Selbstvertrauen in ihre ganz persönlichen Vorstellungen (und ohne Rücksicht auf die anderer) mit der Faust auf den Tisch hauten und gestikulierten, protestierten und explodierten.

Die Stadt Florenz hingegen habe ich nie besonders gemocht. Diese drohenden graublauen steinernen Gebäude wirkten wie geschlossene Augenlider, basiliskenhaft und irgendwie beunruhigend. Selbst der große Platz mit dem atemberaubenden David brachte mich aus der Fassung, und zwar der schöne siegreiche Knabe, der von der Höhe eines mutigen Gottvertrauens herab, das es heute kaum mehr gibt, den toten Goliath anblickt. Durch die fremde und zugige Galleria eilte ich gewöhnlich hinunter zum Fluß und zum Ponte Vecchio, zur kleineren Welt der Ladenbesitzer und Verkäufer und dem Lärm oder zu den Gerüchen und dem Gegackere auf dem Markt. Mit abgewandtem Blick ging ich an den Platten voller winziger toter Vögel vorbei, die haufenweise mit ihren Hunderten von winzigen, wie aus Empörung gegen den Himmel gerichteten Krallen dalagen, hin zu den herrlichen Käseständen, wo ich meinen Korb mit Ricotta, Mozarella und dem ausgezeichneten Mascarpone füllte. Was die »Pasta« anlangte, so machte unsere Teresa sie selbst, besonders wenn alle Kinder zu Hause waren und beobachten konnten, wie ihre behenden Finger den feinen weichen Teig rollten und klopften, zerschnitten und in kleine Cappeletti drehten.

In jenem Jahr verbrachten wir einen großen Teil des Frühlings und Sommers im Villino, und immer war es ein Labsal für Leib und Seele, von irgendwoher dorthin zurückzukommen. Ich erinnere mich besonders einer Gelegenheit, als wir nach einer fürchterlichen Überfahrt von Zypern nach Neapel den Zug nach Florenz zurück nahmen und durch den frühen italienischen Frühling fuhren, durch rosarote Mandelblüten, sprießendes Weinlaub, silberne Olivenbäume, einem Renaissancegobelin vergleichbar, auf dem nur das Einhorn fehlte. Die Landschaft stellte unsere zerrütteten Nerven wieder her, und die Sehnsucht nach Zuhause und den Kindern löschte alle körperliche Müdigkeit aus. Die Aufregung, Mita wiederzusehen, der größer und hübscher geworden war, und Jeremy von Signora Nardi abzuholen, wo er gerade seine Klavierstunde absolviert hatte, auch er größer und strammer und voller Geschichten über neue Stücke, die sich Y anhören sollte, ließen mich mein Schwindelgefühl und meine wackeligen Beine lange genug vergessen, um unsere üblichen acht Gepäckstücke auspacken zu können, fröhlich mit den Jungen zu essen und ins Bett zu fallen. Selbst als sich herausgestellt hatte, daß ich kurz nach unserer Rückkehr an gefährlich niedrigem Blutdruck litt, verließ mich die Freude, wieder im Villino zu sein, nicht. Die verordnete Ruhe war eine Wonne, willig fügte ich mich und vertrieb mir die Zeit, indem ich mit Mita *Pickwick* las und der Kammermusik lauschte, die von unten heraufklang.

Der Frühling ging in den Sommer über, die Wälder füllten sich mit Arbutusblüten, und zähe kleine Blumen klammerten sich an den felsigen Boden. Die Zeit der Singvögel war gekommen, und damit die der schießwütigen Bauern; wachsam ging ich mit Jeremy zwischen den Bäumen dahin, wenn der Knall ihrer garstigen Gewehre winzige Sperlinge und alle möglichen Arten kleiner fliegender Dinge gierig herunterholte. Manchen Abend hallte das Villino von Musik wider, wenn Gaspar einen Wagen voll Spieler für ein Mendelssohn-Oktett oder ein Brahms-Sextett anbrachte; dicht gedrängt sitzend spielten sie halb im Kamin, während wir übrigen bis Mitternacht in den Ecken hockten oder uns auf Kissen in den Steinflur drückten. Bei Klavierwerken blätterte Jeremy hingerissen die Seiten um, und um ein Uhr morgens warf er, im Pyjama auf seinem Bett sitzend, sehr eigenartige Kompositionen hin. Mit der Sonne kam auch in B. B. wieder Leben, und obwohl mein Blutdruck noch hartnäckig niedrig blieb, war doch die ganze Atmosphäre – Settimia und Teresa schrien sich unten gegenseitig an, von Aldas Gästen mitgebrachter Florentiner Klatsch, der durch ihr Eßzimmer wie das Geläute gesprungener Glocken klang – lebenförderlich. Die Kinder verkleideten sich zu Y's Geburtstag – das einzig Störende daran war, daß er darauf beharrte, Schwester Maries herrlicher klassischer Schokoladekuchen solle mit einer seiner neuesten biologisch-organischen Schauersubstanz (»cocomerde« oder »Grottochoc« genannt) gemacht werden, die keine solchen Sünden wie Zucker oder Kakao enthielt, nur reine, gesundheitsfördernde Ersatzmittel. Der widerliche Kuchen fiel natürlich wie ein großer Kuhfladen aus und trieb den Kindern und Schwester Marie zornige Tränen in die Augen, als sie schließlich den Versuch aufgaben, 43 kleine Kerzen dazu zu bewegen, aufrecht in der klebrigen Masse zu stehen. In solchen Augenblicken zieht sich Y in seine unerreichbare metaphysische »Schutzhütte« zurück, und mir bleibt es überlassen, diverse Nasen zu schneuzen, Augen zu trocknen, im Holzfeuer geröstete Kartoffeln zum Essen vorzuschlagen und die Wartezeit mit Puzzlespielen zu vertreiben.

Mit dem herannahenden Herbst ging diese kurze, goldene Zeit zu Ende; Zamira und Yehudi reisten nach London und ließen mich mit den Jungen zurück; wir gingen spazieren, führten Gespräche und lasen jeden Abend *Tin-Tin.* Ich erlebte einen schönen Lunch in I Tatti, obgleich B. B.'s zunehmende Schwerhörigkeit ihn mehr und mehr irritierte. Als die Gesellschaft aufbrach, ergriff er meine Hand und bat mich, noch ein bißchen zu bleiben, damit er in größerer Stille deutlicher hören könne.

Das Einpacken eines Großteils unserer Habe – ich sollte Y bald nach London folgen und ihn später nach Amerika auf die Wintertournee begleiten – hatte etwas Tschechowsches, denn es kündigte kommende Traurigkeit an, wenngleich es dafür noch keinen konkreten Anlaß gab. Über allem hing der Schatten von B. B.'s unaufhaltsamem Ende. Ich wußte, wie unwahrscheinlich es war, daß wir ihn lebend wiedersehen würden, gleichwohl kämpfte ich bei jedem Socken, jedem Schuh und jeder Jacke, die ich in die Koffer legte, hartnäckig gegen das endgültige Einpacken in der hoffnungslosen Wahnvorstellung, ich könnte vielleicht etwas für den kommenden Frühling dalassen. Mit bleiernen Händen und abgetötetem Herzen zwang ich mich, alles, was Y und mir gehörte, einzupacken. Wenn ich an jenen letzten Tagen im Villino zu Bett ging, pflegte ich einen Blick auf die seltsame und ziemlich häßliche Villa hinunter zu werfen, bei der nicht einmal der Ursprung des Namens ermittelt werden konnte, und stellte mir B. B. vor, mit weißem Bart, weißem Gesicht auf weißem Kissen, erschöpft nach der stundenlangen Zeremonie, ihn für sein schmales Bett vorzubereiten, die blassen blauen Augen geschlossen und die schönen, dünnen Hände auf der spitzengesäumten Decke übereinander gekreuzt. Und jedesmal fragte ich mich, welcher kleine Funke inneren Lichtes sein Hinübergleiten von der Seite des Lebens über die fast unsichtbare Grenze in das Dunkel wohl noch aufhielte, dessen Abbild er in der Bewegungslosigkeit seiner Lage schon darstellte.

Die ganze Verlagerung unseres arbeitsreichen und sich wiederholenden Lebensablaufs nach Italien war für mich wie das Hinüberwechseln vom Schatten in die Sonne gewesen, und ich war B. B. dankbar für jeden Augenblick, besonders dafür, daß er mir, wenn auch nur für kurze Zeit, das Bewußtsein verliehen hatte, ich selbst zu sein und nicht nur ein Teil von Yehudi.

Am nächsten Morgen um zehn ging ich auf einen Sprung hinüber. Alles war schon verstaut, und Mita wartete im Wagen, der uns zum Bahnhof bringen sollte. Ich hatte jetzt das bestimmte Gefühl, B. B. nie wiederzusehen, und bat Nicky, ob ich ihm nicht einen Abschiedskuß geben dürfte. Sie lehnte rundheraus ab und murmelte etwas wie, er wäre noch nicht ganz fertig, um »empfangen« zu können. Ich hätte vielleicht in sie dringen und sie bitten können, ihn selbst zu fragen, ich hätte vielleicht nicht einmal die Tränen zurückhalten sollen, ich hätte freundlich mit ihr ringen können – ich verlangte ja gar nicht viel. Aber ich ahnte eine Angst in ihr, die so ungemein loyal und liebevoll zu ihm gewesen war und sich mit so vielen seiner Schwärmereien abgefunden hatte; jetzt wollte sie vielleicht die kurze Zeit, die ihr mit ihm noch übrigblieb, ganz für sich haben. Ich küßte sie zum Abschied und ging niedergeschlagen meines Weges.

Einige Wochen später kehrten Schwester Marie und Jeremy mit dem Zug nach I Tatti zurück, während wir uns auf der *Queen Elizabeth* nach Amerika einschifften. Bei unserer Ankunft in New York rief ich Nicky an. Meine Vorahnung hatte sich bestätigt: B. B. war tot.

Unsere Zeit im Villino war noch nicht ganz zu Ende. Während des amerikanischen Winters riefen wir ein- oder zweimal in I Tatti an, um mit Nicky, Jeremy und Schwester Marie zu sprechen. Von Nicky hörten wir, daß das Telefon, das der *fattore* an jenem aufregenden Abend im Juli 1958, als Y und B. B. die Einzelheiten unseres Umzugs besprochen hatten, *»pronto pronto«* im Villino zu installieren versprochen hatte, jetzt endlich eingetroffen, allerdings noch immer nicht einsatzbereit sei. Wenn ich I Tatti von einer fernen amerikanischen Stadt aus anrief, so stellte ich mir Jeremy und Schwester Marie vor, wie sie durch das Artischokkenfeld hinter dem Mädchen herliefen, das sie gerufen hatte, wie sie den ungepflasterten Weg überquerten und den Hügel hinauf zum Garten liefen und dann durch die große offene Haustür, den teppichbelegten Flur entlang und schließlich, außer Atem, an der kleinen Nische vorbei, wo immer noch B. B.'s Sammlung von Hüten und Mänteln hing, und in das Gehäuse, in dem das einzige Telefon in der ganzen Villa stand. Jeremy quietschte vor Vergnügen, wenn er von einer Mozart-Sonate berichtete, an der er mit Signora Nardi gearbeitet hatte. Es war so schwer aufzulegen, einen Teil seines Herzens so weit entfernt zurückgelassen zu haben und sich das schöne Fleckchen Erde, das Tal von Settignano, B. B.'s Grab und die trostlose Nicky vorzustellen.

Auf der Rückreise nach Europa an Bord der *Queen Elizabeth*

traf mich eines Tages, als wir beim Frühstück saßen und ich die Schiffszeitung aufschlug, unerwartet die Nachricht vom plötzlichen Tod meines geliebten Stiefvaters, Cecil Harcourt. Der Schock des Verlustes (er war erst 67), der mich so völlig unerwartet und brutal traf, ließ mich Nickys Einsamkeit ohne B. B. um so tiefer verstehen. Als wir dann für zwei Wochen nach I Tatti kamen, schlug ich vor, sie solle doch wie Schwester Marie und Jeremy bis zum Frühjahr im Villino wohnen; danach wäre ihre Einsamkeit vielleicht nicht mehr so schwer zu ertragen. Nicky war sehr dankbar; ich nutzte derweil die kurze Zeit mit Jeremy nach Kräften aus: wir spielten und lasen und gingen spazieren; ich hörte seinem Spiel zu und stellte fest, daß er musikalisch wirklich große Fortschritte machte. Er konnte schon ganz leicht eine Mozart-Sonate mit seinem Vater vom Blatt spielen, und hing oft noch eine oder zwei seiner eigenen Kompositionen dran.

Und so kam unvermeidlich der Tag unseres endgültigen Abschieds: der 3. März 1960, alle, auch wir, schwammen in Tränen. Für mich war es eine Zeit gewesen, deren Kürze im umgekehrten Verhältnis zu ihrem Wert und ihrer Bedeutung stand. Bis zum heutigen Tage erinnere ich mich genau an jene 18 Monate, an den schnelleren Pulsschlag Italiens, an das Leben, die Reden und die Gesellschaft in I Tatti und an die Schönheit der toskanischen Landschaft, die uns dort umgab. Ich rücke sie sorgsam an jenen Platz in meinem Inneren, den für immer zu verlieren ich so befürchtet hatte.

12 *Wurzeln*

Das Villino war ein idyllisches Zwischenspiel gewesen, das in Yehudis organisch funktionierendem Bewußtsein Früchte getragen hatte. Es hatte ihm den Frieden und die Geborgenheit und damit die Notwendigkeit eines echten Heims nahegebracht, ihm endlich den Geschmack daran und dafür vermittelt. Ich hatte von Domini Crosfield erfahren, daß eins der schönen Häuser in The Grove neben ihrer Residenz in Highgate zum Verkauf angeboten wurde: die Nr. 2, die der Schauspielerin Adrianne Allen und ihrem Mann Bill Whitney gehörte. Y hatte in London Station gemacht, um mit Zamira und Mita nach Edinburgh zu seinen Festival-Konzerten weiterzureisen, und mich gebeten dazubleiben, damit ich mir das Haus ansehen könne. So wurden mir nicht nur zwei ungewohnt müßige Tage im Claridge geschenkt, sondern auch die freudige Erregung darüber, daß es Y wirklich ernst war mit der Suche nach einem Haus – endlich einem Heim und noch dazu in meiner geliebten »großen Geschwulst«, London.

Gleich am ersten Abend nach seiner Abreise rief er an und fragte, ob ich mir das Haus angesehen hätte. Da ich die ganze Zeit über wußte, daß er anrufen würde, hatte ich mich wirklich aus meinem warmen bequemen Bett herausgearbeitet – in einem Raum, in den keine Telefonanrufe gelangten (außer denen von Y) und der zudem frei von all dem Quieken und Ausrutschen des Geigenübens war – und war die ganze Strecke bis zum höchsten Punkt Londons hinaufgerattert. Dort stand mit seinen fünf entsprechenden Nachbarn das Haus seit 1682, nach hinten heraus in Gärten eingebettet und mit einer Lindenallee vorne. Adrianne führte mich herum. Es war ein Traum. Gegenüber in Richtung Südwesten lagen Hampstead Heath und Kenwood, dazwischen, nichts als Landschaft, Witanhurst, das zwanzig Morgen große Besitztum der Crosfields, wo wir so oft zu Besuch gewesen waren. Die lebhafte, geistvolle, mehr als tüchtige Adrianne wies mich darauf hin, daß das Haus alle Vorteile des Landes und der

Stadt böte (nachdem ich dort länger als ein Vierteljahrzehnt gelebt habe, bin ich zu dem Ergebnis gekommen, daß es die Nachteile beider hat). Da ich nicht hellseherisch begabt bin und von der unleugbaren Schönheit betroffen war, dankte ich ihr, beglückwünschte sie zu der Wohnlichkeit und der stilvollen Einrichtung und ratterte zum Hotel zurück. (Warum müssen englische Taxis immer so irrsinnig rattern?) Kaum war ich zurück, da kam der Anruf. Y wie immer sehr ungeduldig bei neuen Ideen. »Exquisit, mein Lieber«, sagte ich, »aber« (bestimmt) »viel zu teuer.« Darauf ruft er Bill Whitney an und verabredet mit ihm, es sich anzusehen, und weigert sich zunächst zu kaufen, was mir unbekannt bleibt. Doch wurde nichts entschieden, weil wir wieder fort mußten.

Nicht lange nach dem ersten Besuch in Highgate kaufte mir Y einen wunderschönen Queen-Anne-Schreibtisch, was mich in meiner Überzeugung bestärkte, daß er wirklich vorhatte, in London zu leben. Ich hätte nie darauf bestanden – vielmehr wies ich Y in einem jener seltenen Augenblicke, wo der letzte Manager, BBC-Mann, vielversprechende Geiger oder mittellose Balkanese endlich gegangen ist, bloß darauf hin, daß wir angesichts des Vermögens, das er für Hotels und gemietete Chalets ausgegeben hatte, und wegen der Kinder, die unbeständig von Ort zu Ort wechselnd aufwuchsen wie immer wieder versetzte Sträucher, ernsthaft ein eigenes Heim in Betracht ziehen sollten. Selbst wenn er es zu diesem Zeitpunkt nur als Hauptquartier betrachten könnte, so wäre es wirtschaftlich sinnvoller und psychologisch für die Kinder von enormer Wichtigkeit. Inzwischen hatten wir uns tatsächlich noch ein anderes Haus angesehen, aber der Handel war nicht zustande gekommen. Trotzdem bestand Y weiterhin darauf, London wäre der einzige Ort, an dem zu leben er sich vorstellen könnte; so umarmte ich ihn, stellte meinen Queen-Anne-Schreibtisch unter und erweiterte die lange Liste meiner (zumeist unerhörten) Gebete um noch eines.

Ein einziges Mal jedoch sollte mein Bitten erhört werden. Als ich eines Tages über den Kanal zurück nach Dover kam, kaufte ich *Homes and Gardens* am Zeitungskiosk und fand darin einen sechsseitigen Bericht über Nr. 2 The Grove, entzückender Garten, Adrianne Whitney, Anna und Daniel Massey (ihre Kinder von Raymond Massey) und alles übrige, alles so schön, so behaglich, so fest ggründet, daß ich das Heft Y hinreichte und sagte: »Was meinst du dazu, trotz allem?« Er antwortete: »Ich nehme es.« Sobald wir nach London kamen, fuhren wir zu Nr. 2 hin, fanden, daß es noch zu haben war, und kauften es.

Eine Folge des Entschlusses, nach London zu ziehen, war, daß Mita Hermannsberg würde verlassen müssen, denn es wäre kaum recht gewesen, wenn er als einziger hätte im Ausland leben müssen. Nach einem traurigen Abschied von unseren Freunden in Salem sah ich mich nach einer englischen Grundschule um und entschloß mich schließlich für Stone House, das glücklicherweise in Mr. Richardson einen sehr menschlichen Leiter besaß. Von dort sollte Mita nach Eton gehen, wo ich seinen zukünftigen Hausvorsteher, David Wild, kennenlernte, einen geduldigen, freundlichen Mann, der diese beiden Eigenschaften in hohem Maße benötigen würde, wenn Mita sein Examen dort bestehen sollte.

Während sich alles dieses zutrug, sammelte Y wie besessen Notizen für eine Rede, denn Sir Lawrence Bragge hatte ihm die erschreckend hohe Ehre zuteil werden lassen, in der Royal Institution [einer 1799 von Rumford gegründeten gelehrten Gesellschaft zur Verbreitung vorwiegend naturwissenschaftlicher Kenntnisse, Sitz in London, d. Übers.] einen Vortrag zu halten. Er hatte wie gewöhnlich alle möglichen Papierfetzen vollgeschrieben (es kostete mich Jahre, ihm beizubringen, einen großen Schreibblock zu benutzen): zerfledderte Briefumschläge, Blätter aus Notizblocks, die Rückseiten von Claridge-Rechnungen und anderes ähnliches Zeug, auf das er unleserliche Bemerkungen und Vorstellungen hingeworfen hatte, für die ihm die Anhaltspunkte längst verlorengegangen waren. So fuhren wir denn zur imposanten, säulengezierten Fassade der Royal Institution. Beim Hineingehen war Y bleich bis an die Kiemen und so weiß wie ein Tintenfisch, nachdem er nur wenig von dem köstlichen Dinner in der Gesellschaft der Bragges und Alfred und Ruth Egertons heruntergewürgt hatte. Sir Lawrence geleitete ihn hinunter in einen kleinen Raum, in dem es nach Gelehrsamkeit und Geistesgröße roch. Y erzählte mir später, er habe ein Paar sehr bizarre Gegenstände in einem kleinen Glaskasten an der Wand erblickt: einen Kristallklumpen und eine Entenmuschel; auf seine Frage, was diese merkwürdige Kombination denn zu bedeuten habe, sei ihm trokken geantwortet worden, es wäre eine Mahnung an den Vortragenden, a) klar wie Kristall zu sein und b) sich an das Thema zu halten. Worauf Sir Lawrence den zitternden Yehudi auf den Rükken geklopft und ihn mit der beiläufigen Information allein gelassen habe, er würde nun eingeschlossen, denn so sei es Sitte, seit vor etwa einem Jahrhundert ein armer, erschrockener Wicht getürmt sei, weil er sich außerstande gesehen habe, dem erlauchten Gremium gegenüberzutreten. Jeder, der in der Royal Institution einmal eine Rede gehört hat, kennt den halbrunden Saal, dessen Sitze amphitheatralisch ansteigen wie in einem alten Anatomiehörsaal. Mir, die ich vor banger Erwartung grün im Gesicht war, wurde erklärt, ich würde zu gegebener Zeit, wenn alle versammelt wären, vom Präsidenten hineingeführt werden, um meinen Platz an seiner Seite in der Mitte der ersten Reihe einzunehmen. Dann würde er hingehen, Y's Gelaß aufschließen, ihn hereinholen und rechts von uns am Pult postieren. Wieso frühere Präsidenten beim Befreien des unseligen Redners nicht einen bibbernden Schimpansen vorfanden, kann ich nicht sagen. (Vielleicht passierte es manchmal!)

Kurzum, Y wurde hereingeführt und sah wie ein reifer, nichtpasteurisierter Camembert aus. Zu meinem Entsetzen fing er nun an, in allen seinen Taschen zu kramen, aus denen er in unendlicher Folge lauter zerknitterte Papierfetzen herausholte, während alle *grosses têtes*, alle Großkopfeten, und deren Damen geduldig, wenngleich etwas verwundert warteten. Ich verkrampfte die Hände unter meiner Handtasche und schickte ein Stoßgebet zum Himmel. Endlich hatte er das Stück gefunden, mit dem er anzufangen beabsichtigte (von meinem Platz aus glich es einem vierfachen Palimpsest), und nahm tapfer sein Thema »Kunst und Wissenschaft als verwandte Begriffe« in Angriff. Nun ist Y's eigenartiger Geist durch und durch synoptisch, zusammenfassend, und niemand könnte ihm Neigung zum Fachspezialismus vorwerfen. Beethoven, biologischer Kohl, chemischer Dünger, Bach-Fugen, Yoga, Maschinen zur Verarbeitung menschlicher Exkremente zu Bausteinen, Musik als Literatur, Abfall als Musik, alles wurde von dem besonderen und eigenartigen Mechanismus seines Geistes aufgenommen und verarbeitet. Nun, er schaffte es ganz gut, abgesehen von einem schrecklichen Moment, als er einen seiner Zettel mehrere Male herumdrehte, daraufschielte und ihn schließlich ganz verwarf, wobei er mir Angst davor einjagte, daß genau dieser den Kern seiner Rede enthalten haben könnte. Gerade diese Eigentümlichkeit schien die Gemüter jener Zuhörer zu bewegen, die eher eine zusammenhängende und gegenständliche Art des Vortrages gewöhnt waren und nicht das Produkt dieses seltsamen Sediments aus Musik, Sprachen und der Wirkung von ein oder zwei außergewöhnlichen Tutoren, wie Pierre Bertaux es war, woraus Y sich seine eigene Philosophie, seinen eigenen Code, seine eigene und (sehr) eigenartige Denk- und Verknüpfungsweise geschaffen hatte – das Hintere nach vorn und das Untere zuoberst, wie es mir oft schien. Später gab uns eine seiner liebevollen Bewunderinnen, Christabel Aberconway, ein spätes Souper, an dem L. P. Hartley, mein geliebter Puffin Asquith, William und Sue Walton, Lady Jowett und einige andere teilnahmen, so daß ich mich endlich einmal unter Causeuren, Argumentierern und originellen Denkern befand, in einer Welt, die ich sehr vermißte und ohne die auszukommen ich erst hatte lernen müssen.

Wenn der Kauf von Nr. 2 ein verhältnismäßig einfaches Unterfangen gewesen war, so brachten die Vorbereitungen für unseren Einzug eine Reihe verschiedenster Probleme mit sich. Trotz der großzügigen Hilfe Adrianne Whitneys fiel mir die wenig beneidenswerte Aufgabe zu, das ganze Haus in meinem Kopf einzurichten, ohne es jemals leer gesehen zu haben. Und oft mußte ich dieser Tätigkeit dort nachgehen, wohin Y's Konzertprogramm uns führte. An einem Tage mochte es geschehen, daß ich mein Schulheft mit Zeichnungen für das Haus auf einem Schiff irgendwo zwischen Athen und Zypern füllte, während ich an einem anderen Tage meine Vorstellungen in einer stillen Landschaft der Toskana zu Papier brachte.

Trotzdem war ich ein bißchen erschrocken, als Y, der nie etwas halb tut oder sich mit einer Sache allein befaßt, mir erzählte, er habe beschlossen, uns ein Chalet in Gstaad zu bauen, und ich möchte mir doch die Entwürfe ansehen, die die Architekten, Herr und Frau Lanzrein, gerade geschickt hatten, und mir schon mal über die äußere und innere Gestaltung Gedanken machen. Ich erinnere mich, betäubt gestammelt zu haben, daß ich die Einrichtung des Highgate-Hauses erst zu einem Viertel bewältigt, dann aber abgebrochen hätte. Schließlich hatte ich es mir selbst zuzuschreiben; ich hatte nicht mit Y's Gabe der Multiplikation gerechnet: Entweder berührt kein Ton sein geheimstes Denken, oder es tun dies gleich sieben Töne: ein ganzer Akkord – ein Mittelding gibt es nicht.

Ich werde später auf das Chalet in Gstaad zurückkommen – zunächst zurück zu Nr. 2: Eines Abends lud Adrianne mich ins Theater ein und nahm mich anschließend mit zum Abendessen im Gartenzimmer eben dieses Hauses, das sie uns bald übergeben würde. Ich kann nicht sagen, was ich empfand, denn die mir innewohnende schreckliche Neigung, mich meinen tieferen Empfindungen zu verweigern, sobald sie gefährlich stark werden und zwangsläufig einen unwiderruflichen Kurs einschlagen, lief auf vollen Touren. Wie immer meine wirklichen Gedanken aussahen – ich mußte mich an den unvermeidlichen Vorgang gewöhnen, das Haus allmählich, in immer neuen Anläufen fertigzustellen. Während ich weiterhin mit Y auf seinen Tourneen unterwegs war, konnte ich lediglich hier und da Lampen sammeln und die Möbel meines Vaters, die seit langem, auf Auslösung wartend, im Pantechnicon lagerten, zählen und auflisten. Dann aber brachte uns Y's Zeitplan für ein paar Tage nach London zurück. Damit entstand ein solcher Dschungel von Problemen, daß der idiotische Versuch, allzu selbstsicher vorauszuplanen, der Herausforderung gleichkam, das Labyrinth von Hampton Court in maximal fünf Minuten zu bewältigen. So zeichnete ich denn weiterhin in meinem Übungsheft, machte Listen, kaufte, was offensichtlich fehlte, und notierte mir, was zu tun wäre. Nachts lag ich dann wach und versuchte, jeden Raum von seinen gegenwärtigen Möbeln zu leeren und meine eigene Einrichtung zu entwerfen. Ein fruchtloses Unterfangen, denn es war ein heiteres, helles, pomphaftes Haus mit sehr starker Ausstrahlung. Jedesmal wenn ich versuchte, Adriannes weiß und violett dekorierten Guéridon [Beistelltischchen, d. Übers.], auf dem eine große Vase mit seidenen Nelken stand, durch meines Großvaters Chippendale-Pembroke-Tisch zu ersetzen, der einen Frosch-Krug [Steingutkrug mit Froschbild im Innern, d. Übers.] und einen Falstaff aus Chelsea-Porzellan trug, war ich am Ende. Wie zum Teufel würde ich den Rosenholz-Bechstein meiner Mutter in den Salon hineinkriegen, wo Adriannes weißer Stutzflügel stand? Hoffnungslos. Aufhören mit Nachdenken und ihren hilfreichen Rat bezüglich der Polsterer, Gärtner und Läden am Ort befolgen. Inzwischen setzte ich mich in Domini Crosfields Haus an der Ecke vom Grove ab und war dankbar dafür, daß meine tägliche Ladung Bettzeug, Töpfe und Pfannen, Rührer und Mixer und all solch geheimnisvolles Küchengerät in den riesigen unterirdischen Kellern von Witanhurst gestapelt werden konnte.

Y war wie gewöhnlich so beschäftigt, daß er wenig von unserem langsam sich abzeichnenden künftigen Heim mitbekam. Trotzdem gelang es mir, trotzig einen Nachmittag ausfindig zu machen, an dem ich ihn zusammen mit Mita nach Nr. 2 mitnahm, wo Adrianne, die dort noch wohnte, von Puffin Asquith begleitet, im Garten Drinks anbot. 1958 war ein gesegnetes Jahr mit wochenlangem Sonnenschein und wolkenlosem Himmel, und als wir uns, ganz betäubt vom Duft und Anblick der Sommerblumen, inmitten der Frische maigrüner Bäume, in ihrer Gartenschaukel wiegten, jubilierten mein Herz und mein Gemüt im Vorgefühl des künftigen Lebens in Highgate. Da ich keine Kristallkugel besaß, die mir einen Blick in die Zukunft erlaubt hätte, konnte ich nicht wissen, daß dies das erste- und letztemal war, an dem wir das *dolce far niente* von Whitney Nr. 2 genossen, und daß die lange Zeit, während der dieser Besitz in unserer Hand war, keine solche Segnung für Menuhin Nr. 2 bringen würde. Nie wieder hat es einen »Bloody Mary« mit Hummelgesumm unter den Magnolien gegeben.

Allerdings genossen wir gelegentlich kurze Ausflüge, die Yehudis Liebe zu England und den englischen Lebensgewohnheiten vertiefte. Einer führte uns in Xandra Trevor-Ropers bezauberndes Haus in Oxford. Xandras Liebenswürdigkeit und Fürsorglichkeit wie auch ihre große Musikliebe und -kenntnis hatten sie zu den wenigen engen Freunden werden lassen, auf die ich in meinem zerklüfteten, desorientierten Leben rechnen konnte. Dort trafen wir auch Albi Rosenthal, den Sammler alter Notenbücher, und seine Frau Maud, die ebenfalls geschätzte Freunde werden sollten. Rachel und David Cecil kamen zum Dinner, und wir ließen Erinnerungen an meine Ballettage lebendig werden, als er mich nach der Matinee im »George« zu einem köstlichen Tee einlud und wir uns über Bücher und Menschen stritten und butterbestrichenen Toast auf den wenig vertrauenerweckenden Teppich fallen ließen, der aussah, als hätte er seit langem vielerlei Genußmittel aufgesogen. Nach dem Essen schlenderten wir im Lichte des raunzigen [*runcible* = Nonsens-Wort, geprägt von Edward Lear, d. Übers.] Mondes über die Wiesen von Christ Church College, was Y's Entzücken über sein Adoptivland noch steigerte. Am Abend darauf trafen wir beim Dinner des Vice Chancellors Isaiah und Aline Berlin. Isaiahs Bekanntschaft zu machen war – in der den Amerikanern eigenen plastischen Art ausgedrückt – »ein Erlebnis«; in Aline, einer sehr schönen und klugen Französin, begegnete ich einem Teil meiner gallischen Seele. Isaiah mit seinem herrlichen Antlitz wie aus dem 17. Jahrhundert: mit seinem ausgeprägten Intellekt und der geistigen Wendigkeit ein russischer (genaugenommen litauischer) Alexander Pope, doch ohne die ätzende Schärfe; er strahlte eine Wärme aus, die sich mir wie ein Rauchschirm vor die plötzlichen Bemerkungen legte, die wie Funken aus einem noch glimmenden Feuer von ihm aufflogen, einem Feuer, das nie erlosch und seine Gesellschaft zu einer solchen Freude machte. Er und Yehudi stellten fest, daß sie entfernte Vettern waren, denn beide stammten sie unmittelbar vom Rabbi Schneerson ab, dem Begründer der litauisch-weißrussischen Form des Chassidismus im 18. Jahrhundert, einem Zweig des orthodoxen Judentums, der die meiste Musik und die Gesänge des Kantors hervorbrachte – eine Blüte an dem strengen Stamm, zu dem er gehörte.

In London ging ich wieder ins Kellergeschoß von Witanhurst, um den Inhalt der zwölf großen Kisten vom Pantechnicon zu sortieren. Zwischendurch raste ich hin und her und strich nacheinander die Posten bei John Lewis, Selfridges, Peter Jones und so weiter auf meiner endlosen Besorgungsliste; gleichzeitig versuchte ich es mit neuen Chauffeuren, denn ich mußte meinen lieben alten Leach ersetzen, der vor kurzem gestorben war und seit unserer Hochzeit, jenem grauen Oktobertag, der fast zwölf Jahre zurücklag, immer bei uns gewesen war. An einem ähnlich trüben Morgen öffnete ich die große Vordertür des höchst imposanten neogeorgischen Riesenkastens Dominis – die zwanzig Bediensteten aus der Vorkriegszeit waren jetzt auf ein kleines Häufchen Griechen reduziert, die mit schöner Regelmäßigkeit wegen des einen oder anderen Vergehens entlassen wurden. Da diese geschrumpfte hellenische Horde völlig unzuverlässig und meistens weit entfernt in einem anderen Teil des Gebäudes hauste, wartete ich nicht erst, bis die Glocke zum zwanzigsten Mal geläutet hatte, sondern öffnete selber die Eingangstür und schaute geradewegs auf eine Reihe von Knöpfen. Verwirrt folgte ich ihnen mit dem Blick nach oben und fand, daß sich darüber, in einer Höhe von 1,90 Meter, ein sehr angenehmes weibliches Gesicht befand. »Melde mich zur Stelle, Madam«, sagte die Stimme über der kräftigen Gestalt, »ich bin Hope McBride.« So wurde »Mrs. McB« für die nächsten dreizehn Jahre ein Teil der Familie; unermüdlich auf Trab – eine gutwillige und gutmütige Seele, wenn es je eine solche gab, und zu jenem Zeitpunkt für mich ein wahres Gottesgeschenk, da sie mir half, den ganzen Krempel, der endlich einmal meine Einrichtung von Nr. 2 abgeben sollte, an Ort und Stelle unterzubringen.

Das nächste Ziel war, für Y eine Sekretärin zu finden. Ich rechnete mir aus, daß, um Y's Erwartungen gerecht zu werden, das richtige weibliche Wesen über wenigstens zwei oder drei Sprachen verfügen müßte, über Grundkenntnisse der Musik, einen oder zwei Universitätsgrade, die Fähigkeit, stundenlang stillzusitzen, während er zu jeder beliebigen Tages- oder Nachtzeit diktierte, ohne vom Stuhl zu fallen oder ohnmächtig auf den Boden zu sinken; sie müßte mit der Geographie des größten Teils der Welt vertraut sein, ausgenommen vielleicht das äußerste Thule, die Handschrift auf den merkwürdigen Papierbögen entziffern können, auf die er seine jeweils jüngste glänzende Idee hinkritzelte (eine Kalligraphie, die mehr dem Sanskrit ähnelte als irgendeinem bekannten lateinischen Alphabet), sie mußte ein angenehmes Äußeres haben und keinen üblen Mundgeruch. Eine stattliche Liste in jeder Hinsicht. Es war nicht weiter überraschend, daß ich aus der Reihe von Anwärterinnen, die nacheinander bei mir vorsprachen, zunächst eine Niete zog. Aber dann, als wir eines Tages von einer Expedition nach Brüssel zurückkehrten, wurden wir am Bahnhof von Yehudis Impresario und Manager, Ian Hunter, abgeholt; er war von einer sehr adretten jungen Frau begleitet, die er mitgebracht hatte, damit ich sie interviewen könnte. Sie hieß Mrs. Wiggington. In Ians Büro erklärte ich ihr, was von ihr verlangt würde, wenn sie so töricht wäre, den Job anzunehmen. Vielleicht woben meine dunkelgeränderten Augen und mein zerzaustes Haar einen dreifachen Ring um uns, denn gewiß bot ich ihr keinen Honigtau, sah auch nicht so aus, als tränke ich die Paradiesesmilch. Sympathisch lächelnd holte sie gut fünfzig Briefe hervor, die während unserer Abwesenheit eingegangen waren, bekannte, Musik zu lieben und drei Sprachen gut zu beherrschen; dem hätte ich noch ergänzend hinzufügen können: ein reizendes, kluges Gesicht, einen leisen Humor und ein ausgeglichenes Temperament. Alles zusammen führte zu einem Beschluß: ich verpflichtete sie.

Inzwischen ging das Sammeln weiter. Eine Stippvisite in Stone House, bloß um festzustellen, ob Mita noch ausharrte oder im Zorn bereits auf-und davon sei, erwies sich als besonderer Glücksfall. Ich ging mit ihm in eines der typischen britischen Hotels, die groß und einsam dastehen und nach der einen Seite das Meer beherrschen, nach der anderen einen öden Golfplatz. Das Essen war nur um ein geringes besser als das Schulessen. An einem der wenigen besetzten Tische in dem riesigen Speisesaal sah ich Francis Egerton. »Aha«, sagte ich zu mir, »der Direktor von Mallett, dem größten Antiquitätengeschäft in London, ist nicht des Irish Stews wegen hier.« Ich ging hinüber an seinen Tisch, wo er mit einem sehr distinguierten und gelehrt aussehenden Herrn saß, und begrüßte ihn.

»Diana!« sagte er auf seine sanfte, höfliche Weise, »was machen Sie denn hier?«

Ich deutete auf den kleinen Schuljungen, der mit Widerwillen seinen Rosinenpudding anstarrte, und antwortete: »Viel wichtiger, Francis, was machen *Sie* in diesem gottverlassenen Nest? Sagen Sie ja nicht, es wäre die Aussicht, das Essen oder der Golf.« Entlarvt lächelte er mich an und gestand, nun, ja, es gäbe ein paar ausgezeichnete Möbelstücke hier und da zwischen den Cinque Ports verstreut [nach alter englischer Nomenklatur fünf strategisch wichtige Häfen an der Südküste Englands, d. Übers.]. Und als der gute Freund, der er war, warf er ein paar Adressen im benachbarten Sandwich aufs Papier. Mita und ich verbrachten einen herrlichen Nachmittag in den gewundenen, nach Salz riechenden Straßen. Dank Francis zieren seitdem fünf schöne eingelegte holländische Stühle, drei schwarz-goldene Regency-Sessel, eine Chaiselongue, auf der kein Prinny [der lebensfrohe Prinzregent George, später König George IV., d. Übers.] sich getummelt haben könnte, so schmal und zierlich ist sie, ein Kaminhokker aus Mahagoni und ein Spode-Krug das Haus Nr. 2 The Grove; das alles wurde für die Summe von 93 Pfund 15 Schilling erstanden.

So vergingen die Monate, und alles kam allmählich ins rechte Lot, ohne daß es so aussah, als käme die Sache jemals ganz zu Ende. Allzuoft mußte Nr. 2 hinter den Festivals, Konzerten und Auslandsreisen zurückstehen. Als schließlich der Herbst herankam, überprüfte Y seinen Terminkalender und gewährte mir gnädig genau zehn Tage für die Fertigstellung des Hauses, damit wir einziehen konnten. Es war der 2. September, und Y spielte in Montreux. Nach der ersten Hälfte stahl ich mich aus dem Konzert und machte mich auf die schreckliche Zug-Schiff-Zug-Reise nach London. Was machte das schon aus, wir würden unser erstes richtiges Heim haben. Obgleich mir klar war, daß Anstrengung und Zeitmangel erschreckend groß sein würden, liebte ich damals noch solche Herausforderungen, und kein Ölgeruch, keine schmutzigen Bettlaken oder ratternden Räder oder schwere See konnten meinen Eifer mindern.

Mrs. McB holte mich vom Victoria-Bahnhof ab, und wir fuhren den Mount Everest von West Hill, Highgate, hinauf und öffneten die Tür von Nr. 2. Es war das erstemal, daß ich das Haus leer sah, ich ging von Zimmer zu Zimmer und fragte mich, ob die kümmerlichen kleinen Zeichnungen in meinem Übungsheft sich als teilweise oder vielleicht gänzlich unausführbar erweisen würden. Ich rief das Pantechnicon an und sagte ihnen, sie sollten die Familienmöbel heraufschicken, die Griselda so großzügig aufgeteilt hatte. Die nächste Woche über brachen wir vom frühen Morgen bis in die Nacht hinein (ich wohnte bequemerweise in Witanhurst) und mit Hilfe jeder verfügbaren Hand Kisten auf, wuschen Geschirr ab, legten Teppiche und stöhnten über die falschen Lieferungen, die mit krankmachender Regelmäßigkeit von den meisten Läden kamen. Ein ortsansässiger Elektriker namens (und direkt abstammend von) Dick Whittington war überall emsig bemüht, alle elektrischen Geräte auf 15 Ampère umzustellen. Ein paar großartige Männer reinigten und wachsten die Täfelung überall im Erdgeschoß, Treppenhaus und Schlafzimmer; der angenehme Geruch durchzog das ganze Haus. Einen reizbaren, aber sehr begabten Mann trieb ich langsam zum Wahnsinn, als er Pappstück um Pappstück mit Farbe bedeckte und ich immer rief: »Nein, mehr Grün! Nein, mehr Braun! Nein, mehr Ocker!«, bis er schließlich, den Tränen nahe, schnaubte: »Sie sind SCHRECKLICH«, dem er das fette Zischen eines Gänserichs folgen ließ. Ich sagte: »Jetzt haben Sie es!« »Es« war ein schönes Bernsteingelb, das ich für die Wände von Yehudis Ankleidezimmer haben wollte, das nach Nordwesten ging und das jetzt bei jedem Licht warm und leuchtend aussehen würde.

Glücklicherweise hatten mich weder meine Meßkünste noch mein Augenmaß allzu unbarmherzig im Stich gelassen, und das Haus gewann langsam das Aussehen, das ich mir vorgestellt hatte: ein wirkliches *Land*haus, auf dem höchsten Fleck in ganz London und noch von offenem Land, Bäumen, Rasen und Heide umgeben. Die Vorhänge kamen und wurden angebracht, gerade so, wie ich es wünschte: kein Satin, keine Seide – schöne französische Boussac-Baumwolle und dunkelgrüner Damast, der von dem unersetzlichen Textilgenie Miki Segers als Geschenk extra für mich gewebt worden war, rahmten die großen rechteckigen Fenster aus dem 17. Jahrhundert in allen oberen Räumen. Tagaus, tagein arbeiteten wir. Die unschätzbare Millie (Adrianne Whitneys ehemalige Haushälterin, die, was wir damals beide nicht wußten, die kommenden 23 Jahre in Nr. 2 bleiben sollte) brachte noch eigene Bekannte mit, die uns bei verschiedenen Aufgaben halfen. Unterdessen lief ich immer wieder in die Portobello Road wegen kleinerer Dinge, die mein Vorrat nicht aufwies (ein Paar »orientalischer« Regency-Leuchter für 6 Pfund, einen Patchwork-Fußschemel für 2 Pfund, einen Kaminhocker für 4 Pfund). Fünfzig vorzugsweise scheußliche Familienporträts kamen an (die meisten zieren noch, das Gesicht zur Wand, die Garagenwände) sowie Hunderte und Aberhunderte von Büchern. Schmutzige Hände, schmutziges Gesicht, abgebrochene Fingernägel. Qualvoll, als es so aussah, als ob die beiden hohen Kommoden die Drehung der Treppe nicht mitmachen würden. Dominis lieber alter Koch brachte Essen für mich. Mrs. McB und ich (gewaschen bis zum Handgelenk) aßen in zehn Minuten und machten dann weiter, ich hakte Stück für Stück ab, änderte den Platz für den Schreibschrank und schloß die Augen, als die Steinway-Leute Mamas Bechstein haarscharf in die Bibliothek hineinmanövrierten.

Aber, o Freude! Es kam der achte Tag, und ich konnte, obwohl mein ganzer Körper schmerzte, ein *Haus* betreten. Von Raum zu Raum gehend erkannte ich alles nebelhaft wieder: die William-und-Mary-Ohrensessel, den rundlehnigen Sheraton-Sessel, das Chippendale-Sofa mit seiner geschmeidigen einfachen Linienführung, den chinesischen Chippendale-Tisch (angeblich Mrs. Siddons Theater-Schminktisch), die alle an Mulberry House erinnerten; schlummernd hatten sie gewartet, seit 1940 die Bomben gefallen waren, jetzt hatten sie wieder eine Heimat.

Am neunten Tage richteten Millie und ich die Betten, legten Seife und Handtücher aus, prüften die Aufhänger in den Schränken, dann fuhr sie in die Ferien. Die Sonne ging gerade hinter Kenwood unter, als ich in den Garten hinausging; die Bäume von Hampstead Heath und die fernen Hügel von Surrey waren wie mit Bronze angehaucht, die Luft war kühl und das Licht rosablau. Chrysanthemen ließen die schweren Köpfe hängen, Dahlien leuchteten rot und purpurn, die ersten Herbstastern kamen und am Ende des Rasens stand rotglühend der Holzapfelbaum. Müde und zufrieden schaute ich auf das Haus, ein großer Ilex-Baum verbarg zur Hälfte eine Ecke und aus den Fenstern strahlte blaß das Licht in eine noch nicht völlige Dämmerung hinaus. Morgen würde ich in alle Zimmer Blumen stellen, morgen würden Yehudi und die Jungen und Schwester Marie mit den beiden italienischen Hausmädchen von Florenz kommen, und Zamira kehrte von ihrer Reise nach den Bahamainseln zurück. Ich machte die alte Vordertür zu und schloß sie ab. Ich wollte dort nicht schlafen, bevor Y käme.

Am folgenden Tag, nachmittags um 16.15 Uhr, quoll die Reisegesellschaft von Florenz aus dem Wagen, dem zwei Taxis mit 27 Gepäckstücken folgten. Ein wundervoller Augenblick für mich –

wie gute Rezensionen nach einer erfolgreichen Premiere. Ich führte sie von Zimmer zu Zimmer und erklärte ihnen, welche kleinen Veränderungen und Erweiterungen später noch gemacht werden müßten. Yehudi umarmte mich voller Freude, die Jungen rannten die Treppe rauf und runter und erforschten alles. Zamira kam an, sehr verändert, schick und weltgewandt. Der Koch brachte ungefragt köstliche Suppe herüber. Unsere beiden italienischen Mädchen bereiteten das übrige Essen, und wir setzten uns alle zu unserer allerersten Mahlzeit in unserem ersten wirklich eigenen Heim um meinen Ipswich-Klauenfuß-Tisch.

Diesen Abend konnte ich endlich genießen. Kerzenlicht, wir alle um den Tisch gedrängt, italienisches Essen, danach Herumtollen im dunkel gewordenen Garten, Auspacken des Allernotwendigsten und dann zu Bett. Ich lag wach an Yehudis Seite und fühlte mich so stolz und glücklich, dieses Ziel erreicht zu haben, als hätte ich ein Plateau erklommen, das die Familie sicher und für immer betreten könnte. Y schlief natürlich fest ein, kaum daß sein Kopf auf dem Kissen lag; aber so müde ich war, war ich zu erfüllt vom Vergangenen, Gegenwärtigen und Zukünftigen, um mein Bewußtsein abschalten zu können, und blieb es noch auf Stunden. Alle ureigenen Dinge um sich herum zu wissen, muß für jeden eine grundlegende Erfahrung sein, ausgenommen für ganz bindungslose und abstrakte Naturen – ich jedenfalls fühlte mich nach dreizehn Jahren in Hotels und gemieteten Wohnungen ganz aus dem Häuschen vor Glück. Wenn ich auch nie mehr neue Freunde finden würde, hier war das meiste meines vergangenen Lebens in den Möbeln, dem Porzellan und den Bildern lebendig gegenwärtig, es verankerte mich in einem Symbol, ohne mich jedoch im geringsten von dem Kostbarsten alles Gegenwärtigen zu trennen – Yehudi.

Und wie stand es mit Yehudis anderem Plan, dem Bau eines Chalets in Gstaad, als Gegenstück zu unserem Londoner Heim? Das war keine flüchtige Laune. Schon hatten wir einen Platz dafür ausfindig gemacht; die kluge Schwester Marie hatte ihn entdeckt: weit entfernt von den Millionären und den großen Hotels, weit entfernt von der Ansammlung moribunder reicher alter oder lautstarker, angemalter junger Leute, von denen die einen in den

Hotelhallen und Klubsesseln herumhingen, als erwarteten sie den Großen Schnitter, und die anderen, ihm trotzend, mit 180 Stundenkilometer in scharlachroten eidechsähnlichen Wagen herumrasten. Nein, wir lagen richtig fernab der ausgetretenen Bahn mit Blick auf die Berge ringsum und hinunter ins Tal. Die Aussicht, an dieser Stelle ein Chalet zu bauen, machte uns ganz aufgeregt, und bevor wir abreisten, hatten wir Frau Lanzrein, der Architektin, Anweisungen gegeben, daß die Arbeit so bald als möglich aufgenommen werden sollte.

Zunächst einmal hatten mich die Belange von Nr. 2 The Grove und eine ausgedehnte amerikanische Wintertournee von Gstaad ferngehalten; aber als wir Ende des Jahres 1959 wieder in Europa waren, hatte Y mir plötzlich noch eine von den Zehn-Tage-Schichten genehmigt, damit ich das neue Chalet ausstatten könnte, während wir die Jungen und Schwester Marie in Ski-Urlaub schickten. Bei meiner Ankunft in Gstaad kannte mein Zorn keine Grenzen, als ich dasselbe große Loch im Boden vorfand, das wir im letzten September dort verlassen hatten – mit dem einzigen Unterschied, daß es jetzt voll Schnee war. Ich rief Frau Lanzrein an und bestellte sie zusammen mit dem dortigen Baumeister. Sein schwerfälliges Schwiezerdütsch bewahrte ihn davor, meine ärgerlichen Vorwürfe voll und ganz zu verstehen, so, wie mir mehr als die Hälfte seiner gemurmelten Erklärungen unverständlich blieb. Er hatte offensichtlich gleich nach unserer Abreise im September seine Arbeiter für den Bau eines anderen Chalets abgezogen. Ich stampfte mit meinem Après-Ski-Schuh, blickte ihm durchdringend und zornig mitten ins rote lederne Gesicht und erklärte ihm, wenn der Bau des Chalets nicht bis Ende Juni fertiggestellt würde, so wäre er für unsere Absage des Gstaad-Festivals verantwortlich. Denn wir würden es nur veranstalten, wenn wir wie versprochen alle in die eigene Behausung einziehen könnten. Ob nun meine Mimik, die eines Marcel Marceau würdig war, oder Fetzen meines fehlerhaften Deutschs seinen harten Schädel zu durchdringen vermocht hatten – er versicherte, die Männer würden gleich anfangen, trotzdem das Thermometer minus 10 Grad anzeigte. Ich gab kurz angebunden zurück, ich litte unter dem gleichen Frost, zog Frau Lanzrein mit mir fort und bat sie, ihm in ihrer gemeinsamen Sprache klarzumachen, daß am Tage meiner Abreise der Rohbau des Chalets stehen müßte, so daß ich mich wenigstens schon mit den notwendigen Proportionen der Räume beschäftigen könnte.

Ich verbrachte einen elenden Tag. Jetzt konnte keine Rede davon sein, für 24 Stunden nach London zu fliegen, um dem Gedenkgottesdienst für meinen lieben Stiefvater beizuwohnen. Ich rief seine Frau Stella an, die äußerst lieb und verständnisvoll war. Trotzdem fühlte ich mich schuldbewußt und zunehmend einsam. Diese vergangenen zwölf Monate hatten mir die ganz wenigen Menschen genommen, denen ich mich – damals wie heute – am meisten zugehörig gefühlt hatte: den lieben, alten, zärtlichen Leach, B. B. und jetzt Cecil, den hingebungsvollen, freundlichen und verläßlichen Mann. Mir war, als würde ich mir selbst entrissen; bald würde ich auf das Meer hinaustreiben nach dem Willen der Strömung, die Yehudi war, diese immer wiederkehrende Flut, die die Galeere selten lange in den Hafen brachte. Ständig gemeinsam über die Seekarte gebeugt, auf der unsere Routen eingetragen waren, während das Ufer, an dem meine wenigen ganz engen Freunde gestanden hatten, bei jeder Landung um ein Willkommenslächeln ärmer geworden war. Mir war keine Zeit geblieben, um in der gleichen Weise, mit der gleichen tiefen Innigkeit eine neue Freundschaft zu pflegen, die, wie man instinktiv weiß, allmählich den Verlust des unausweichlichen Dahinscheidens der vergangenen Lieben ersetzen wird. Das Leben schien gleichzeitig immer voller und immer leerer zu werden; der Schnee auf den Bergen, so dachte ich, als ich frierend auf dem Balkon stand, würde in ein oder zwei Monaten schmelzen, und frisches grünes Gras würde allmählich an seine Stelle treten. Die Überbleibsel meines inneren Lebens, wie es sich alle einsamen Kinder schaffen, lösten sich ebenfalls auf; würde mich das unvermeidliche Verschwinden meiner eigenen winzigen Welt, so fragte ich mich, mit einem Bruchstück der Dauerhaftigkeit entschädigen, die der Kreislauf der Natur jenen weiten Berghängen brachte, oder müßte ich lernen, ohne irgend etwas Eigenes auszukommen?

Wenigstens lenkte das Chalet mich von solch trüben Gedanken ab. Täglich fuhr ich nach Bern hinunter, wo ich mich nach Herden und Waschmaschinen, Stoffen für Vorhänge und Tapeten umsah. Nichts ist langweiliger als das Herumsuchen; wenn ich dann nach Gstaad zurückkam, schwirrte mir der Kopf von all den Überlegungen, wie Bäder, Wannen und Bidets sauberzuhalten wären, und ich mochte von Waschen nichts mehr hören und sehen. Aber es gab auch gute Nachrichten. Wir fanden ein wunderbares altes Chalet im Simmenthal (das für seine alten Häuser berühmt ist), ließen es abtragen und bauten es an unseres an, so daß wir darin das obligatorische Musikzimmer unterbringen konnten. Dieser Anbau führte zu angstvollen neuen Entwürfen mit Frau Lanzrein, denn wir fürchteten, das fertige Chalet könnte wie die Horror-Holzvillen der Superreichen aussehen, die überall im Tal und an den Berghängen wie Pilze aus der Erde schossen. Schließlich suchte ich das Holz für die Innenwände und die Schränke aus. Nun war die mir bewilligte Zeit um, doch das Gerüst des Chalets stand wenigstens. Andererseits war mein Ruf im Sinken, der mich als eine herzlose Virago hinstellte, die die Bauleute zwang, bei Temperaturen von minus 10 Grad zu arbeiten. *Tant pis*, dachte ich. Alles, worauf es mir ankam, war, daß sie nicht das Handwerkszeug weglegten, sobald ich gegangen war. Zwei Monate später, gleich nach unserer endgültigen Abreise von I Tatti, fuhr ich zurück, um das Chalet wieder in meine Obhut zu nehmen, diesmal für ganze vierzehn Tage. Da der Taxifahrer für die Fahrt von meinem kleinen »Hotel Neuerer« auf dem Berge hinunter zum Bahnhof einen in meinen Augen extrem hohen Preis verlangte, stand ich um 6 Uhr auf, zog zwei Westen, einen Anorak, Stiefel, Skihosen und Wollmütze an, und ungefrühstückt rutschte und schlitterte ich (immer noch bei 10 Grad unter Null) zumeist auf meinem abgehärteten Tänzerinnenhintern zum Bahnhof hinunter. Dort bestieg ich den Frühzug nach Zweisimmen, wechselte vom schmalen Bahnsteig hinüber zum nächsten, der etwas breiter war, kurvte das schöne, schneebedeckte Simmenthal hinunter (bekam endlich heißen Kaffee), wartete auf dem eisigen, breiten, offenen Bahnsteig von Spiez auf den Fernschnellzug nach Bern, raste dort durch die Unterführung und atemlos wieder hinauf zum weitest entfernten Bahnsteig, gerade rechtzeitig, um den Anschluß nach Zürich zu erwischen, wo ich genau zu dem Zeitpunkt anlangte, als die Geschäfte schlossen: 12 Uhr mittags. Hungrig wie eine Löwin verschlang ich im »Möwenpick«

ein Sandwich. So gestärkt brach ich zu meiner Schaufensterexpedition in die Altstadt auf, preßte eine kalte, tröpfelnde Nase gegen die Scheiben und machte meine unvermeidlichen Notizen. Nachdem ich ein Dutzend Kopfsteinpflasterstraßen hinauf- und heruntergetrabt war, waren die Läden erwacht. Ich stürzte in den einen oder anderen hinein und betrachtete mit Entzücken oder Enttäuschung die notierten Gegenstände aus der Nähe (den Preisen begegnete ich mit den gleichen Gefühlen), entschied mich entweder auf der Stelle oder nahm die Karte des Ladens mit. Von dort hastete ich zurück zum Bahnhof, gerade noch rechtzeitig, um den Zug 15 Uhr soundsoviel zu erwischen, der meine letzte mögliche Verbindung nach Gstaad war, wenn ich nicht die Nacht in einem Schneesturm zubringen wollte. Diese Prozedur wiederholte ich ungefähr jeden zweiten Tag: das Schlittenfahren auf dem Hintern, die vier Züge, die zweieinhalb Stunden Einkaufen und dieselbe Reise zurück, dazwischen warf ich einen wachsamen Blick auf das langsam wachsende Chalet, wo ich mich in kurzer Zeit mit dem Zimmermann angefreundet hatte. Er besaß Geschick und Geschmack, arbeitete weit über die übliche Zeit hinaus und jagte die Trödler fort.

Blieb noch der Garten zu planen. Eine verrückte Winterszene: Frierend stapfte ich über die Schneedecke, zeigte, wo ich Bäume, Sträucher, Bodenbedeckung hinhaben wollte, und bat Herrn Vogel, den König der Berner Gartenbaufirmen, den großen Felsblock nicht wegzuschaffen, den seine Männer in der Mitte der hoffentlich zukünftigen Rasenterrasse gefunden hatten. Mit Schrecken dachte ich an die Möglichkeit, in diese deutsch-schweizerische Gegend einen Zug des französisch-schweizerischen Stils der Madame de Staël zu bringen, riskierte trotzdem eine Reise nach Vevey und fand dort zwei Läden mit reizenden alten Antiquitäten; und ohne weitere Ängste vor einem »Chalet Coppet« kaufte ich für Y einen entzückenden Schreibtisch (18. Jahrhundert), einen Tisch, einen Stuhl und ein Hängeregal. Mehr und mehr vom Schneenebel eingehüllt, sah ich zu, wie Schritt für Schritt das Dach mit Ziegeln gedeckt wurde. Ich wurde immer ungeduldiger, aber zum Zeitpunkt meiner Abreise blieb trotz großer Fortschritte noch vieles zu tun übrig. Ich stieg zu Y und Jeremy in den Zug nach Paris und ließ mich von ihnen aufheitern;

sie schrieben sich gegenseitig Melodien auf Papierfetzen, die sie austauschen und singen mußten.

Endlich kommt der Schlußakt. Als ich am 1. Juli nach Gstaad zurückkehrte, fand ich das Chalet immer noch voller Zimmerleute, Gipser und ähnlicher Schnecken. Ach du liebe Zeit: Widerwillig setzte ich meinen angelaufenen Messinghelm auf, zog Brustpanzer und Handschuhe an und jagte mit riesigem Speer in der Hand klirrend umher, blies feurigen Atem in versengte Nakken, schrie Telefone nieder, verlangte heiser nach Tapezierern, die die Vorhänge heraufbringen sollten, widrigenfalls ich nur die Hälfte der Rechnung bezahlen würde. Ich hatte den ganzen vergangenen Monat hindurch aus Wien, Montreux und Zürich die verschiedenen Läden angerufen, in denen ich meine Einkäufe getätigt hatte – und das Chalet war jetzt umringt von ungeöffneten Kisten, die wie Pilze am Fuße eines alten Baumes herumstanden.

Als ich schließlich das Gefühl hatte, ich hätte die Handwerker in eine wahre Arbeitswut hineingetrieben, wagte ich es, mich mit Frau Lanzrein nach Thun aufzumachen; dort fand ich hinreißende, aus alten Spinnrädern gefertigte Beleuchtungskörper, Laternen und Kutschwagenlampen, und – was damals noch möglich war – es war kein *Kitsch*. Dazu trafen noch die Kisten mit Möbeln aus Kalifornien ein. Bei einem kurzen Aufenthalt in Alma während der letzten Amerika-Tournée hatte ich einige Stücke von dort für das Chalet ausgesucht (andere hatte ich nach London geschickt). Jetzt waren sie angekommen, und nachdem ich dem Zollbeamten von Genf erfolgreich versichert hatte, daß die Möbel in den Kisten seit zwei Jahrhunderten in meinem Besitz seien, konnten Raum um Raum von Hobelspänen gereinigt, die Kisten geöffnet und die Stücke an ihren Platz gestellt werden. Mit klopfendem Herzen stellte ich fest, daß mit Ausnahme eines schönen Tiroler Stücks – ein großer Schrank, der schließlich als Zierde im Kellergeschoß landete – alles so war, wie ich es entworfen hatte.

Trotzdem war es ein doppelt so schweres Unternehmen wie Nr. 2, denn die Arbeiter hatten die Gewohnheit zurückzukommen und irgend etwas zu holen, was sie vergessen hatten – und wir mußten mit dem Reinemachen wieder von vorne anfangen. Das Souterrain, das grün gestrichen war, schmollte und wollte nicht trocknen. Die meisten der Tiroler Schränke und Anrichten waren voller toter Insekten und stanken nach billigem Rotwein. Ich verbrachte einen ganzen Tag damit, sie draußen auf dem Rasen im Freien zu schrubben. Die Gärtner hatten den Garten wunderschön angelegt; Planken, Nägel, Splitter, Späne waren alle beseitigt. Ich lief die lange Reihe von Steinstufen hinauf, die von Bodenefeu und kriechenden Pflanzen eingefaßt waren. Die Bäume waren noch sehr klein, die Blumenbeete von Schwester Marie geplündert, und als ich die Tür aufmachte, roch das ganze Chalet nach Kiefernholz und Blumen. Alles war so gut wie fertig, und ich fuhr zum Bahnhof, um Y und Mita abzuholen.

Mita wanderte mit seinem kritischen, aber Gott sei Dank bewundernden Auge umher. Y umarmte mich in seiner warmen und spontanen Herzlichkeit zum zweitenmal innerhalb von zwölf Monaten zum Lohn für das Hauseinrichten.

So hatten wir jetzt zwei Domizile – in London und in Gstaad. Zweimal hoch, Diana. Als Zamira ankommt und, in das ganze Haus verliebt, das Kaminfeuer anzündet, setzen wir uns alle fünf davor und geraten in eine leidenschaftliche Diskussion über das Wo, Was und Wie Gottes, die sich bis 22 Uhr hinzieht. Ich kann nicht begreifen, wieso . . .? Ich gehe zu Bett; unsere erste Nacht in unserm neuen Chalet. Y sehr befriedigt. Wir beide sinken in einen tiefen Schlaf (sogar ich, denn es ist fast ein Uhr nachts) – den köstlichen Schlaf der Zufriedenheit und Erfüllung. Die Glocke an der Haustür aus dem 18. Jahrhundert erschallt wie am Jüngsten Tag. Ich schrecke hoch; 7 Uhr früh? Ja, es ist in der Tat Mr. Iyengar, der Yogi-Guru. Kein Kommentar. Aber Mita kommt herauf und liest mir im Bett etwas aus *Verse and Worse* (Verse und Schlimmeres) vor, und wir wälzen uns vor Vergnügen. Am folgenden Tage sind wir alle atemlos vom Luftballon-Aufblasen; wir hängen sie an die Dachrinnen und Balkons und feiern Mitas Geburtstag (wie üblich sechs Tage zu spät gemäß der Menuhin-Zeitrechnung). Endlich sind Anzeichen fester Verankerung da – die weitverstreute Familie sammelt sich, und in mir wächst das Gefühl, daß nach den Jahren des Reisens uns unsere beiden heimatlichen Stätten zunehmende Festigkeit von Geist und Herz geben werden.

13 Das gepolsterte Büro

In welchem Maße änderte nun die Tatsache, daß wir ein eigenes Heim hatten, unser Leben? Nichts vermag je ganz und gar das Wunschbild unserer Hoffnungen zu erreichen; die Einbildung übertrifft immer das Mögliche und Machbare. Die Fähigkeit, sich an dem zu freuen, was der frühen Vorstellung gleichkommt, steht im genauen Verhältnis zu der Kraft, die man aufbieten kann, um sie festzuhalten. Nicht anders steht es mit der Beweglichkeit, die nötig ist, um die Enttäuschungen zu verkraften. Dies traf vor allem angesichts der besonderen Anforderungen zu, gerade die Art von Häuslichkeit zu schaffen, die der Ungewöhnlichkeit Yehudis, seinem Charakter, seinem Werk und seiner unveränderlichen Lebensweise am besten entsprach.

Was das ganze Unternehmen trug und der Wahl Sinn verlieh, war ohne Frage die Tatsache, daß wir in der lebendigsten, interessantesten und menschlichsten Großstadt der Welt lebten. Wie der gute Doktor (Johnson) sagte, »Wenn ein Mensch London-müde ist, ist er lebensmüde«. Aber er war nicht mit einem berühmten Geiger verheiratet, dessen Enthusiasmen und Interessen alle anderen Rücksichten zurücktreten ließen. Was Yehudi betraf, der jetzt ein festes Zuhause in einer großen Stadt und eine ausgezeichnete Sekretärin hatte, so kannte sein Betätigungsfeld keine Grenzen. Allmählich sollte aus Nr. 2 The Grove ein gepolstertes Büro mit einer Schar von Hilfskräften werden und mit einem Yehudi, den man wie eine brütende Taube packen und auf den Stuhl des Präsidenten, Vorsitzenden oder Gründungsmitglieds nicht nur seiner eigenen leicht kauzigen Ideen, sondern auch der wertvollen oder fragwürdigen Ideen anderer setzen konnte. Die dauernde Unruhe unseres Lebens hielt weiterhin an; zugegeben, zunächst in etwas geringerem Umfang, aber nach ein paar Jahren nahm sie wieder zu (so daß Y, vom Tippen der Schreibmaschinen auf zwei Stockwerken gereizt, das »Büro« schließlich in die Nachbarschaft verlegte). Obwohl er sein Haus und seinen Garten liebte, benutzte er das erstere, um sich mit größerer Bequemlichkeit auszubreiten und seinen vielfältigen Ideen nachzugehen, den letzteren hingegen als Übungsplatz für Yoga und Jogging.

Ein Beispiel dafür bot seine neuentdeckte Leidenschaft für etwas, das »Ergomantics« hieß. Boshaft meinte ich, es müsse »Also ›antics‹ (= Possen)« heißen, das »m« wäre nur des Wohlklangs wegen darin.

»Durchaus nicht«, antwortete er und starrte mich vorwurfsvoll an. »Es bedeutet die Wissenschaft vom richtigen Sitzen, von etwas, das ich seit Jahren dem Orchester beizubringen versuche.«

»Ah«, sagte ich, »das ist also der Grund für die seltsame Kollektion höchst nichtssagender Stühle, die hier im Hause abgeliefert werden und zwischen meinen so schön placierten Chippendales und Hepplewhites herumstehen?«

Y, der den ästhetischen Akzent meines Einwandes überhörte, erging sich in einer Darlegung der erschreckenden und schauderhaften Deformationen von Rückgrat, Lenden, Hüftgelenken und so weiter des normalen Streichers, der stundenlang an einen Schul- oder Kaffeehausstuhl gefesselt vor sich hinschabt. Ich mußte ihm am Ende recht geben, wünschte aber im stillen, es würde sich jemand anderes um dieses anatomische Problem kümmern. Und so kamen weiterhin Stühle an; einige sahen aus wie Teile einer Collage von Braque, andere wie eine Kreuzung aus Frank Lloyd Wright und Gordon Russel. Wenn er, hingerissen von der vollkommenen Akustik, in seinem neuen Musikzimmer übte, stahl ich mich leise hinunter, entfernte sie einen nach dem andern und stapelte sie mit frommer Scheu und wachsamem Auge im Souterrain. Ich muß ihm aber Gerechtigkeit widerfahren lassen und zugeben, daß er es nicht nur bewerkstelligte, verschiedene Orchestermanager zu überreden, die Sache ernst zu nehmen, sondern es gelang ihm auch, ein stuhlähnliches Gebilde nach seinem eigenen Geschmack zu finden.

Der Vorstoß ins Gebiet der Ergomantics war mit ein Teil dessen, wofür ich den Namen »Y's Sammelsog« erfand. Alles Bewegliche, das ihm in seinem gedrängten Curriculum begegnete, wurde von seinem Ankerplatz losgemacht, nach Highgate West Hill gebracht und in Nr. 2 hineingeschleppt. Die Möbel des Salons wurden regelmäßig verrückt, ein rauher Stoff wurde über die Perserteppiche gebreitet. Oft stand die Vordertür wegen der Kabel sperrangelweit offen, und eisige Kälte drang herein, um es der BBC, TTV, ITV und dem Nord-Ost-West-Süddeutschen Rundfunk zu ermöglichen, ihre glühendheißen häßlichen Lampen aufzustellen und Y über alles Erdenkliche zu interviewen, von Mangoldwurzeln als möglichem Nahrungsmittel für die Hungernden bis zur Musiktherapie für gestörte Tiere. Bei solchen Gelegenheiten zog ich mich zurück und ließ ihn mit strahlenden Augen seine Ideen auf englisch, französisch oder deutsch anbringen, was ihm große Freude machte. Blieben wir für ein paar Tage von diesen Unterbrechungen verschont, erklang statt dessen die Kakophonie, wenn Jeremy unten in der Bibliothek Tonleitern übte, während Yehudi sich in seinem Studio, das an meinen Schreibtisch angrenzte, einspielte. Gleichzeitig mochte sich vielleicht noch jemand auf dem Cembalo im Salon mit Bach austoben, bevor ein halbes Dutzend anderer Musiker dazukam, die wie die Midianiter anrückten, um irgendein Stück für irgendein Konzert irgendwann demnächst zu spielen. Da ich ja in einem Hause mit drei Bechsteins großgeworden war, die alle gleichzeitig erklangen, hatte ich geglaubt, für jedwede Menge Musik undurchlässig zu sein; doch ich muß gestehen, daß ich unterlag, wenn in einem Raum ein Klavier Mozart spielte, im anderen das geräuschvolle Üben eines Geigers ertönte, das mit einer kleinen Portion Kammermusik in einem dritten gewürzt war – das eine immer über dem andern in mißtönender Schichtung. Ein amerikanischer Freund Yehudis, der gehofft hatte, uns flüchtig zu Gesicht zu bekommen, kam auf einen Drink und bemerkte: »Mein Gott, Diana – das ist ja wie auf dem Grand Central!« (New Yorks Hauptbahnhof)

Ich selber hatte manchmal das Gefühl, Nr. 2 entwickele sich langsam zum Wartezimmer eines Zahnarztes in einem jener Häuser in Harley Street, wo auf jedem Stockwerk mehrere Dentisten arbeiten und wo ihre respektiven Opfer, alle in gemeinsamem Elend zusammengedrängt, über dem *Bird's Weekly* oder der *Financial Times* hocken. In der Halle saßen sie, soweit Stühle vorhanden waren, rund um meinen Tisch, eine weitere Schar wartete mißmutig in der Bibliothek, während Y heiter einen nach dem anderen auf der Liste im Salon drannahm. Meine Vorstellung von einem anmutigen Hause, das sich gelegentlich mit Musik und guten Gesprächen füllte, das lebendig und wegen seiner Wärme und Schönheit beliebt war, schien schnell dahinzuschwinden. Selbst als schöner, geschützter Ort blieb es weit hinter jedem Hotel zurück. Denn dort konnte man ein »Bitte nicht stören« an die Tür hängen, das Telefon abstellen und ein bißchen Ruhe und Frieden genießen. Aber hier durfte man nicht einmal ungestört zu Ende essen.

In meiner Verzweiflung nahm ich meine Zuflucht zu meinem Familien-Allheilmittel – der Satire – und schrieb das folgende, nicht ganz aus der Luft gegriffene Tagebuch:

EIN TAG AUS DEM LEBEN DES YEHUDI MOSCHEWITSCH.
6 Uhr morgens. Über den Hügel von Surrey arbeitet sich eine blasse Sonne durch eine Wolkenbank, wie ein Landarbeiter, der sich aus verwickelten Bettlaken herauskämpft und schließlich erscheint, um die Morgendämmerung zu begrüßen. Alles ist still in dem fahlen Licht, nichts rührt sich, nichts außer ein paar frühen Spatzen und jener einsamen, kaum erkennbaren Gestalt, die barfüßig auf dem Rasen im kalten Tau herumspringt. Schaudernd zieht sich die Sonne hinter verhüllende Wolken zurück, und als sie wieder erscheint, ist die schreckliche Gestalt verschwunden. Ach! aber nur ins Haus, denn als die Sonnenstrahlen oben durch ein Fenster lugen, machen sie ein paar wackelnde Füße aus, und während das Licht an ihnen herunterwandert, enthüllt es, wie diese dem Körper zwar in der für solche Extremitäten üblichen Weise angefügt sind, nur mit dem Unterschied, daß in diesem besonderen Fall der Besitzer die allgemein anerkannte Ordnung anatomischer Hierarchie umgekehrt und seinen Kopf dort hat, wo andere es vorziehen, ihre Füße zu haben.

Einsam auf einem Gipfel in London, N6, beginnt Yehudi Moschewitsch seinen Tag. Verkehrt herum.

6.30 Uhr. Es kommt der erste Telefonanruf – aus Moskau, und dort haben sie den Zeitunterschied vergessen (oder ignoriert). Y. Moschewitsch repolarisiert sich, um besser hören zu können, und nimmt den Hörer ab: David! Guten Morgen! Du *kannst* also nächste Woche in Bath spielen? Bravo! Den Doppel-Bach gemeinsam. Gut, und laß uns auch Mozarts Konzertante spielen. Willst du den

Bratschen- oder den Violinpart spielen? Macht nichts, wir können uns vor der Aufführung entscheiden. Laß uns noch den doppelten Vivaldi spielen und die Spohr-Duos und auch die von Bartók als Zugabe. Das Programm sehr lang? In Indien dauern die Konzerte bis zum frühen Morgen ... tut dem westlichen Publikum sehr gut ... Ausdauertest, alles Liebe für Tamara, Wiedersehen.

7 Uhr. Telefonanruf: Aloysius Crumpelstein aus Agamemnon, NY. Ob sich Y. Moschewitsch seiner Einladung zum Bath-Fest 196X erinnere? Wo er seinen exklusiven Liederzyklus, Gesänge aus der Zeit der frühen Alleghenies-Siedler, singen wollte? Y. M. Oh! Ah! Natürlich! Sie sagen, die sind im Dialekt und vorwiegend pornographisch? Ganz in Ordnung. Die Wahrscheinlichkeit, daß der Zensor (Lord Chamberlain) mit dem Hillbilly-Dialekt aus dem 17. Jahrhundert vertraut ist, ist sehr gering. Gilt übrigens auch fürs Publikum. Tolles Programm. Bis zum 25. Auf Wiedersehen, Mr. Corkelberg.

7.30 Uhr. Frühstück: Hagebuttentee; Birchermüsli; Echterjungfrauenbienenhonig; Heiligessparkassenbrot. (Für Übersetzungszwecke rufe man Bircher-Klinik, Zürich, an: 42 52 62, 10 Leitungen).

7.32. Telefonanruf von der Bath-Fest-Verwaltung, London. George? Du meinst, 43 Solisten wären zu viel für das Festival? Unsinn. Übrigens, es wird dich freuen zu hören, daß Oistrach kommen kann. Er rief heute morgen an, und Aloysius Canckelspiel auch, das macht also 45. Ganz in Ordnung. Übrigens, ich spiele umsonst. Kannst sie nicht alle in zehn Tagen unterbringen? Will dir was sagen: Ich werde gar nicht auftreten, das bringt zwanzig freie Stellen. Sicher ist es Ian recht. Auf Wiedersehen.

7.40 Uhr. Zurück zum kalten Frühstück.

7.42 Uhr bis 9.42 Uhr. Telefonanrufe aus Sydney, Hornsey, Montevideo, Asnières und Port Elizabeth.

10 Uhr. Eingefrorenes Frühstück wird zugunsten des Übens aufgegeben.

12 Uhr mittags. Aufgelöste Sekretärin, verstärkt durch Gattin, steckt ihren Kopf zur Tür herein. Panik bei Bath-Fest-Verwaltung. Ian H. ruft aus Borioboola-Gha (Unabhängiges Ost-West-Afrika) an: Hat Y. M. allen Ernstes die Absicht, seine Beet-

hoven-, Bach-, Bartòk-, Brahms- und Berg-Konzerte zugunsten des Ulan Bator Kolchosen-Quartetts und des Borstel Boys Drama-Clubs aufzugeben, die die »Ballade von Reading Gaol« aufführen wollen? Nun hör mal, Y, unternimm nichts, bis ich zurück bin. Ich muß noch einen Ort im Dschungel besuchen und mir einen Kannibalenstamm anhören, der ein Xylophon spielt, das ganz aus Missionarsknochen gemacht ist. Auf Wiedersehen.

13 Uhr bis 14.30 Uhr. Lunch aus Rohkost, das sich durch einen der hungrigen Sekretärin diktierten Artikel über »Entspannung durch Leitung eines Festivals« hinauszögert.

15 Uhr bis 17 Uhr. Tiefer Schlummer auf Fußboden, für diesen Zweck geräumt von Notenblättern, Fan-Post, Liebesbriefen aus Deutschland voller getrockneter Blumen, sechs verschiedenen Typen von experimentellen Kinnstützen, Konzertplan bis 1975 und Teil eines zehnbändigen Werks über *La Musique a-t-elle de l'avenir?* von Achille Andermatt, erschienen in Bagnolles-sur-l'Orme, für das Y. M. ein Vorwort von 10000 Worten für die englische Ausgabe versprochen hat, die nächsten Monat herauskommt.

17.02 Uhr. Anhören eines fünfjährigen Violinisten afro-patagonischer Eltern (von Hep geschickt).

18.02 Uhr. Verabschiedet fünfjährigen Violinisten afro-patagonischer Eltern, dem er Unterricht im Halten der Geige gegeben und geraten hat, zur Flöte überzugehen.

18.03 Uhr. Findet sechs Besucher vor, die seit 17.05 Uhr warten, und schiebt sie alle miteinander in die Bibliothek, um Zeit zu sparen. Stellt nach zehn Minuten allgemeiner Unterhaltung fest, was sie einzeln sind: ein Mann mit einer verrutschten Bandscheibe, der etwas über Yoga wissen möchte; der Zigeunerkönig von Romford (von Hep geschickt); ein Mann vom ATV, der darauf wartet, ein Stück mit dem Titel *Wohin, Reihenproduktion?* zu produzieren; ein anderer von der BBC, Drittes Programm, um Gounods *Ave Maria* und Tostis *Lebewohl* auf Band aufzunehmen; der Minister für Kolonialwaren und Künste, um Supermarkt-Musik für Elysium-Neustadt zu besprechen (von Hep geschickt); und der Klempner, der seit den letzten zwanzig Minuten vergeblich versucht hat, in die Küche zu gelangen, um den Heißwasserhahn zu reparieren.

18.15 Uhr. Nimmt seine Geige und ist mit der ganzen Gesellschaft um 18.30 Uhr fertig, anschließend steht er auf dem Kopf.

19.00 Uhr. Beendet den Kopfstand mit einer Flut neuer Ideen und macht sich daran, die ersten zehn Seiten damit zu füllen, gleichzeitig spricht er mit Ian H. am Telefon: Nein, kann wirklich nicht für höchstes Honorar aller Zeiten beim Festival Brasilia spielen, aber wie wär's statt dessen mit nettem Wohltätigkeitskonzert für Schweiß-und-Boden-Gesellschaft im Harringey Stadion? Geld? Ach, das findet sich immer. Rufe dich morgen an. Was, du mußt sechs Wochen in die Klinik mit Magengeschwüren? Tut mir sehr leid. Schicke dir meine Erdwurm-Kur – unfehlbar. Lieber George, kann mir gar nicht vorstellen, wie du daran geraten bist.

19.30 Uhr. Begegnet der Sekretärin, die nach einem Zehn-Stunden-Tag nach Hause wankt. Unterschreibt strahlend fünfzig Briefe und diktiert noch weitere vierundvierzig.

21.00 Uhr. Läßt Sekretärin hinaus, nachdem er ihr geraten hat, beim Tippen tiefe Atemübungen zu machen.

21.02 Uhr. Nimmt Abendessen aus Hafergrütze und Ghana-Honig (von Hep geschickt) zu sich, das seit 20.00 Uhr wartet.

21.05 Uhr. Übt zwei Bach-Solosonaten, ein Stück für Violine und Nasenflöte von einer Nichte Sukarnos und eine kürzlich ausgegrabene Pièce de concert Paganinis mit dem Titel *Vesuvio! E vietato fumare.*

23.05 Uhr. Erkennt Gattin auf dem Wege zum Schlafzimmer und beschließt, den Tag zu beenden.

23.30 Uhr. Steigt ins Bett und entwirft Skizzen für Knieübungen der Kinder in Musikschulen, um ihre Oktavenläufe zu verbessern; diese geraten durcheinander mit Umbruchkorrekturen eines Stücks mit dem Titel *Ornithologische Bordelle* (Untertitel »Batterie-Hühner: ein Protest«). Entschlummert lächelnd.

1.05 Uhr. Gattin nimmt Brille von Y. M.s Nase und knipst das Licht aus.

Für all dieses hektische Kommen und Gehen war die Tatsache, endlich in London ein eigenes Haus zu haben, eine Entschädigung. Freunde kehrten in mein Leben zurück, Menschen wie Juliette und Julian Huxley, die uns eines Tages entführten, um die seiner Meinung nach vollkommenste aller Erscheinungen in ganz London zu betrachten: die einzelne weiße Magnolie, die am Rande des Grashanges in Kenwood in voller Blüte stand. Juliettes blumengleiche Lieblichkeit und Julians ungeheure Begeisterungsfähigkeit waren wunderbar aufeinander abgestimmt und uns ein Labsal. Nach und nach kehrte der so kostbare Austausch, das Berühren des Geistes und der Hand, das ich so sehr vermißt hatte, wieder zurück.

Eines Tages speisten wir mittags mit John und Diana Murray; bei dieser Gelegenheit erzählte John mit mahnend erhobenem Finger Y die »schreckliche, schändliche Geschichte von Diana und der Büste von Lord Byron«. Jock ist natürlich der Erbe und Direktor des John Murray Verlags, Byrons ursprünglichem Verleger. »Ich wollte sie zum Lunch ausführen, und wir trafen uns in der Albemarle Street. Sie rezitierte »The Isles of Greece« als heroisch-satirisches Gedicht. Deshalb zeigte ich ihr die großen roten Blechbüchsen voller langer schwarzer Haarsträhnen, die Byron von den Schöpfen seiner verschiedenen griechischen Geliebten abgeschnitten hatte. Überwältigt von dieser romantischen Extravaganz lief sie, bevor ich sie daran hindern konnte, die Stufen bis zum halbem Treppenabsatz hinunter, wo Byrons Büste steht, umschlang sie mit ihren Armen und drückte einen scharlachroten Kuß auf seine Lippen. Entsetzt erklärte ich ihr, ich erwarte eine Gruppe höchst bedeutender griechischer Intellektueller an eben diesem Nachmittag. Diana wischte ohne große Begeisterung die Marmorlippen mit ihrem Taschentuch ab, jedoch ohne den geringsten Erfolg. Wir versuchten es mit Seife (Wright's Coal Tar), erreichten jedoch nur, das Rot zu einer Art lüsternem Grinsen zu verreiben. Ich mußte meinen Besuchern erklären, daß erst am Morgen ein Vandalenstück verübt worden sei und daß ich mich natürlich am folgenden Tage der Sache annehmen würde. Sie zeigten sich empört, und die anschließende Diskussion verlief kühl. Es dauerte sechs Wochen und erforderte ebenso viele Experten, um die Büste wieder instandzusetzen!«

Andere Fäden aus der Vergangenheit kamen gelegentlich wieder zum Vorschein und trugen dazu bei, mein geschmälertes Privatleben wieder reicher zu gestalten. Meines Vaters bester Freund, Harold Nicolson, war Gast bei einer Geburtstagsfeier, die der Schweizer Botschafter für Yehudi gab. Harold war der Treuhänder der Familie, doch weil meine Mutter es nicht ertrug, nach seinem frühen Tod den engen Freunden meines Vaters zu begegnen, hatte ich ihn seither selten gesehen. Wir gingen geradewegs aufeinander zu, und er sprach von meinem Vater, den ich nie gekannt hatte. Plötzlich jedoch schoß er auf die Frau des Botschafters los und verkündete im Befehlston, den man seinem Teddybär-Gesicht gar nicht zutraute: »Ich sitze beim Lunch neben Diana. Sie können Lord Tomnoddy woanders hinsetzen, er ist ganz belanglos, versichere ich Ihnen.« Schnell wurden die Tischkarten ausgetauscht, und mir ging es herrlich bei Klatsch und Witz. Ein paar Tage später schickte er mir eine Erstausgabe von *Some People* mit der Widmung »Meine liebe Diana. Ich habe endlich eine gefunden, und hier ist sie, von Deinem früheren Vormund Harold Nicolson«. Traurigerweise wurde er bald krank und starb qualvoll langsam. Ich hatte ihm noch einen Brief geschrieben, in dem ich meinte, seine Familie müßte wohl die einzige sein, bei der es vornehm war, das »h« fallenzulassen [*drop one's aitches*: gewöhnlich das Zeichen des Cockney, des sozialen Unterschichtdialekts, d. Übers.]. Er kam zu spät.

Neben dem Auffrischen alter Freundschaften gab es natürlich jede Menge Ereignisse auf verschiedenen Ebenen in Yehudis fünfziggeschossigem Lebensgebäude. Er sprach via »Monitor« über indische Musik; sein indischer Guru kam an, den er zuerst Domini Crosfield aufhalste, dann dem guten Francis Huxley. Yaltah heiratete den hervorragenden jungen amerikanischen Pianisten Joël Ryce. Ich war immer noch damit beschäftigt, letzte Hand an das Haus Nr. 2 zu legen; ich kam zu der Überzeugung, der düstere und trübe Korridor im Souterrain könnte nur dadurch belebt werden, daß man ihn in einen Harem verwandelte. Auf der Suche nach türkischen Lampen fand ich eine, die ich zum Klempner schickte. (Sie war pechschwarz, und ich war sicher, daß unter den Dreckschichten Messing wäre.) Ich bat den Ladenbesitzer, er möchte dem Klampner sagen, in die leeren Flächen rotes Glas einzusetzen. Zwei Wochen später ging das Telefon:

»Ist da Mrs. Menuhin?« in starkem Cockney.

»Ja.«

Er: »Sie haben recht, es ist Messing, und es sieht prima aus. Stimmt es, daß Sie *rotes* Glas drin haben wollen?«

Ich: »Ja.«

Er: »Für einen Puff?«

Ich: »Ja.«

Eins der Ereignisse, deren ich mich nur ungern entsinne, gehörte auf die trübe Seite meines Lebens, zu der Rolle, in der ich die unangenehmen und peinlichen Dinge tun muß, die einen Künstler von Y's Format belasten. Um ihn herum war der übliche Satellitenschwarm von treuen Bewunderern, einigen wahren und erwärmenden, anderen, die sich anbiedern und eine verdammte Plage sind. Y, der ganz unfähig ist, jemanden bewußt zu verletzen, war die vollkommene Zielscheibe für die frustrierte Frau, die das Bedürfnis hat, ihr Bündel verdrängter Gefühle dem lohnendsten Objekt in den Schoß zu legen. Ein solches Wesen war eine Frau nordischer Abkunft, die inY das Traumziel ihrer Wünsche gefunden hatte. Dick und kompakt wie ein umkleideter Heizkessel, zierten sie ein kleiner Kopf mit männlich-kurzem Haarschnitt und sehr kluge Augen hinter großen, metallgefaßten Brillengläsern. Sie sprach mit jener kindlich blökenden Stimme, die in mir einen kaum zu verbergenden Ekel hervorruft. Was Y anlangt, der alles abwehrt, was nicht zu seiner eigentlichen Aufgabe gehört, so sah er, glaube ich, in ihr nur ein Möbel wie jedes andere. Ich konnte daher nur meine Augen abwenden, seufzen und die Proben anhören, die sie unablässig besuchte.

Eines Tages fiel jedoch der Tropfen, der das Faß zum Überlaufen brachte. Erstens: Ich erfuhr, daß das Orchester sie und einige ihrer Rivalinnen und Schwestern in der Beharrlichkeit als »Yehudis Fan-Gürtel« bezeichnete. Zweitens: Als Y sein Spiel beendete, stapfte sie durch den Saal, öffnete den Geigenkasten, den er quer über die Sitze gelegt hatte, zog die Schutzhülle aus rosa Seide heraus, die ich gemacht hatte, löste die Bänder und hielt sie mit einer zugleich schamhaften und obszönen Gebärde vor sich hin. Als jungfräuliche Vestalin war sie eine glatte Fehlbesetzung. Etwas platzte in mir, ich rannte den Gang hinunter, riß ihr die Hülle aus den vorgestreckten Händen und sagte eisig: »Miss Blank, mein Mann ist kein zurückgebliebenes Kind und kann sehr gut selber seine Geige wegpacken, und wäre er dazu nicht in der

Lage, so würde ich es für ihn tun. Da ich aber nicht die Absicht habe, aus ihm einen lahmen Narren machen zu lassen, nehmen Sie bitte zur Kenntnis, daß es besser wäre, wenn Sie sich zurückhielten.« Sie sah mich mit Abscheu an und ging.

Das allerdings war noch nicht das Ende vom Lied. Die arme Miss Blank hatte aus ihren Briefen an einen Freund ein Buch machen lassen. In den Briefen beschreibt sie mit widerlicher Klebrigkeit ihre Ekstasen nach jedem Konzert, das sie besucht hatte. Dies Buch hatte sie Y in einer ledergebundenen Schaukastenausgabe verehrt; es war mit einer Auswahl ziemlich garstiger Fotografien geschmückt, die Y entweder schweißfeucht nach einem Konzert oder in der Dämmerung aus einem Zug taumelnd zeigen oder wie er in Probenpausen mit offenem Mund ein Nickerchen hält. Als sie mir das Buch überreichte, hatte ich ihr artig gedankt, denn sie hatte versprochen, es sollte nur diese drei kostbaren Exemplare geben, das heißt dieses, ihr eigenes und das des glücklichen Korrespondenten. Da ich also ihre widerwärtige Inbrunst nicht auslöschen mochte, gab ich zu, es wäre ein rührender Tribut, und – dem Erbrechen nahe – arbeitete mich hinlänglich durch den Text hindurch, um mir selbst zu beweisen, daß er einfach ein Brechmittel wäre. Man stelle sich nun mein Entsetzen vor, als ich kurz danach an einem Buchladen vorüberging und eine ganze Schaufensterauslage mit dieser Ausgeburt vorfand, und, noch schlimmer, mein *Times Literary Supplement* öffnete und eine äußerst gehässige Besprechung entdeckte, die unterstellte, daß das Ganze wahrscheinlich ein Werbemanöver von Menuhin wäre. Meine Wut kannte keine Grenzen, und ich verabredete sofort ein Treffen mit Miss Blank ausgerechnet im Claridge, womit ich ihr ja beinahe die Wahl der Waffen und Sekundanten überließ. Mit verhohlener Verzweiflung kam ich dorthin und ging stracks zu meinem sehr geliebten Gibbs (einem der letzten großen Portiers jener fast ausgestorbenen Gattung).

»Gibbs«, sagte ich, »ich habe im Foyer eine schreckliche Verabredung mit einer Frau, die sich ›in den Speichen von Mr. Menuhins Fahrrad verfangen hat‹. Es kann sein, daß sie sehr hartnäckig ist. Wollen Sie bitte dafür sorgen, daß einer Ihrer hervorragenden Bediensteten so alle zwanzig Minuten hereinkommt und mich fragt, ob ich irgend etwas brauche?«

Gibbs sah mich mit seinen großen, traurigen, unendlich weisen und erfahrenen Augen an und sagte:

»Ich verstehe, Madam, keine Sorge.«

Miss Blank saß schon da in der Ecke, breit und gewaltig wie eh und je und gänzlich unpassend für das kleine französische Sofa. Wir begrüßten uns in gezwungenem Ton und kamen gleich zur Sache. Nach ausgedehntem Ringkampf (das Treffen dauerte volle anderthalb Stunden mit nicht weniger als fünf Auftritten des Bediensteten) nötigte mich das verfluchte Weib schließlich, ihr zu sagen, wenn sie nicht das scheußliche und schädliche Buch zurückzöge (wobei ich die *TLS*-Kritik als Beweisstück vor ihrer Nase schwenkte), so würde ich sie verklagen (worauf sie eine sabbernde Besprechung aus *Peg's Own* hervorzog, die ich in die Kaffeetasse schnippte). Mit weinerlicher Stimme kam dann:

»Darf ich denn weiter zu Proben und Konzerten kommen?«

»Oh, um Gottes willen, Mädchen«, sagte ich, »Sie können das ganze Beethoven-Konzert hindurch auf dem Kopf stehen, wenn Sie wollen – ich will und kann Sie daran nicht hindern. Für mich besteht einfach die Notwendigkeit, meinen Mann vor Leuten wie Sie zu schützen, die sich in ihrer blinden Besessenheit einbilden, sie zollten ihrem Idol Tribut, während sie es in Wirklichkeit mit Kokosnüssen bombardieren.« Unter diesen Worten gingen wir, ich bot ihr an, sie mitzunehmen. Sie nahm an, und als wir losfuhren, sagte ich: »Denken Sie dran, Miss Blank, dies ist ganz und gar persönlich und geheim. Mein Mann weiß nichts davon, und wir beide wollen es begraben, so, als wäre es niemals gewesen.« Sie willigte ein. In den nächsten ein oder zwei Jahren, nachdem das Abkommen für sie an Wert verloren hatte, lernte ich zum Überdruß ihre Version dieses »privaten Treffens« kennen, die sie, reich verziert wie eine Tischdecke der Gründerjahre, weit und breit von Hauptstadt zu Hauptstadt herumzutratschen für richtig befand.

Von diesen unangenehmen Begegnungen abgesehen, war es viel lohnender zu erleben, wie die Kinder in ihrer Welt heranwuchsen: dem Stadtleben mit lebendigen Menschen aller Typen und Klassen, mit allen möglichen Temperamenten und Problemen – nicht bloß zwischen Bäumen und Blumen und blankgescheuerten Hinterteilen von Schweizer Kühen und unter selbstgewählten Freunden. Jeremy war jetzt auf der Westminster Under

School; dorthin hatte ich ihn geschickt, nachdem ich ihn aus der Schule um die Ecke herausgenommen hatte, die ihm nichts anderes beibrachte, als sein Schreibpult umzukippen und die Lehrer mit Papierpfeilen zu beschießen. Zur großen Überraschung derer, die es sehr sonderbar fanden, ein so begabtes Kind, das europäische Verhältnisse gewohnt war, in die stockenglische Graue-Flanell-Obhut zu geben, fand Jeremy es herrlich. Inzwischen hatte Mita mit Hilfe eines Tutors seine Aufnahmeprüfung bestanden und sich nach Eton reingeschmuggelt. Fürs erste blieb er in seiner Vorbereitungsschule [*prep school*, private Einrichtung, die auf ein College vorbereitet, d. Übers.], Stone House; in jenen verhältnismäßig einfachen ersten Londoner Jahren konnte Yehudi noch die Zeit aufbringen, ihn dort von Zeit zu Zeit zu besuchen, im Wettlauf der Eltern mitzumachen und ihm zu gratulieren, als er Erster im Englischen wurde.

Auch ich war nicht mehr so an den Schreibtisch und den Koffer gebunden und konnte mehr Zeit auf anderes verwenden. Ich nahm die Jungen mit zum Königlichen Turnier (Royal Tournament), das ein großer Erfolg war, obwohl ein Sturm von Wagnerischem Ausmaß das aufregende Rasseln der Royal Horse Artillery fast erstickte, als sie auf der Aufschüttung herumgaloppierten. Sie waren sehr stolz, als ich ihnen erzählte, daß dies das Regiment ihres Urgroßvaters wäre. Wir schafften es sogar, nach Glyndebourne zu kommen, und sahen den *Rosenkavalier* und *Don Giovanni*. Für Yehudi war es das erste Mal, und er war genau so aufgeregt wie die Jungen. Bei einer anderen Gelegenheit besuchten wir meines verstorbenen Großvaters kleines Tudor-Haus und in Tunbridge Wells die »Pantiles« [berühmte Promenade, benannt nach den konvexen roten Terracotta-Dachziegeln der niedrigen Häuser dort, d. Übers.] sowie das wellige »Gemeindeland«, das Griselda und ich als »Ladies of the Manor of Rusthall« geerbt hatten und das später einmal an Mita und Jeremy übergehen wird. Auf dem Rückweg hatten wir einen Platten. Y sprang heraus und machte sich an den Reifenwechsel (er ist in handwerklichen Dingen sehr geschickt), als ein Polizist vorbeikam. Wie er Y mit purpurrotem Gesicht, schwarzen Händen und all dem sah, sprang er entsetzt aus seinem Wagen: »So was machen Sie mit *Ihren* Händen, Mr. Menuhin, Himmel noch mal! Los, geben Sie her.«

Y war so froh, wie wenn er drei Zugaben gespielt hätte, was er übrigens niemals tun würde.

Eines Tages kam Bernard Miles, der das Mermaid-Theater leitete, in unser Haus, und als er Mita sah, der jetzt zwölf war, schlug er vor, er solle ins Theater kommen und für *Emil und die Detektive* vorsprechen, das Stück, mit dem er die neue Spielzeit eröffnen wollte. Ich war entsetzt bei dem Gedanken, daß Mita die ganze Quälerei des Probelaufs durchmachen sollte, und da ich seinen natürlichen Stolz sehr gut kannte, verwarf ich den Vorschlag kurzerhand. Aber in der Nacht grübelte ich darüber nach – hatte ich denn das Recht, ihm diese Chance vorzuenthalten? War es nicht vielmehr meine Furcht vor dem, was mir bevorstünde, falls er nach dem ersten Vorsprechen kurzerhand auf die Straße gesetzt würde, die mich bewog, ihm nicht einmal etwas von dem Angebot zu sagen? Am nächsten Morgen unterbreitete ich ihm den Vorschlag, und nach einigem Überlegen erklärte er sich zu einem Versuch bereit. Eine sehr intelligente und attraktive junge Frau, Marjorie Sigley, die Mit-Regisseurin, kam zu uns und ging mit ihm das Skript durch. Sie sagte, er solle in drei Wochen zum ersten Vorsprechen ins Theater kommen.

Es kam der Tag, an dem ich Mita hinbrachte und daließ. Mit ausdruckslosem Gesicht kam er wieder heraus und sagte, man hätte ihn gebeten, am Nachmittag wiederzukommen. Das taten wir, und wieder fiel keine Entscheidung. Halb hoffnungsvoll, halb müde fuhr ich ihn heim. Einige Zeit danach wurde er erneut ins Mermaid bestellt, aber wieder ohne Ergebnis. Und dann, meine Nerven waren nahe daran, zu zerreißen, bekam er gesagt, er hätte sich die Rolle des »Professors«, die zweite Hauptrolle im Stück, erobert. Große Erleichterung und Freude: Ich hatte mich nicht geirrt. Bis dahin.

Und wirklich wurde Mitas Debüt auf der Bühne ein Triumph. So angstvoll ich bei der Premiere war, so wenig konnte ich meine stolze Freude darüber unterdrücken, mit welchem Gefühl für Stil und Abgestimmtheit er die Rolle spielte; eine ganz erstaunliche Leistung für einen Zwölfjährigen, der nicht einmal auf der Schule Gedichte rezitiert hatte. Die Zeitungen am nächsten Tag – das heißt die *Times* und der *Daily Telegraph* – spendeten ihm großes Lob; beide meinten, es wäre zwar ungerecht, einen der dreizehn

Jungen besonders hervorzuheben, aber sie könnten der Versuchung nicht widerstehen, das ungewöhnlich sichere Auftreten, die geistige Wendigkeit und Selbstbeherrschung von Gerard Menuhins »Professor« zu betonen.

Während der Laufzeit des Stücks ereignete sich ein bizarrer Zwischenfall, der mir später von Miss Sigley berichtet wurde. Sie war eine Zeitlang in den Ferien gewesen, aber eines Abends unerwartet zurückgekommen, und hatte Hilfeschreie aus einer der beiden Garderoben gehört. Leise öffnete sie die Tür einen Spaltbreit und schaute hinein. Nun lag damals das Mermaid wie alle Lagerhäuser dicht am Fluß, und die Fenster gingen aufs Wasser. Miss Sigley sah acht kleine Jungen um das offene Fenster gedrängt, zwei von ihnen hielten je einen hochgereckten Fuß fest, dessen Besitzer offenbar mit dem Kopf nach unten über dem fließenden Wasser hing.

»Laßt mich los! Laßt mich los!« schrie die unverkennbare Stimme des Jungen, der den Emil spielte.

»Erst mußt du versprechen, nicht herumzuscheißern wie ein Scheiß-Angeber, du krümeliger kleiner Scheißer.«

Miss Sigley machte leise die Tür wieder zu und mußte sich vor Lachen schütteln. Sie achtete die Cockney-Gesetze, wenn sie ihnen begegnete. Es gab keinen Krach mehr, und die Spieler machten als Gleichberechtigte weiter.

Während Mitas Beschäftigung mit *Emil und die Detektive* stellte ich fest, daß ich wieder schwanger war. Ich war tief beglückt, denn ich hatte immer drei Kinder haben wollen, und nun war es fünf Jahre her, seit ich das dritte Baby in Kalifornien verloren hatte. Meiner Art entsprechend sagte ich Yehudi drei Wochen lang nichts davon. Erst als mein Arzt mir Ruhe verordnete, nachdem ich von der endlosen Kette der Tätigkeiten in Nr. 2 erschöpft war, verriet ich ihm die Neuigkeit. Er war ganz aufgeregt angesichts dieser Entwicklung und brachte mich zu Bett. Es war 19 Uhr, am nächsten Tag war Sonntag, und das hieß weniger Besucher im Hause.

Am folgenden Tag fühlte ich mich komisch und schwach, war aber entschlossen, es mir nicht anmerken zu lassen, weil Y eine sehr wichtige Aufnahme hatte: die beiden zarten Beethoven-Romanzen mit dem Philharmonia-Orchester unter der Leitung von John Pritchard. Millie, die Haushälterin, war zurück, und als sie mich angeschaut hatte, gab sie ihren freien Sonntag auf. Ich blieb mit furchtbaren Schmerzen im Bett und weigerte mich mit einer Art verrückter Wildheit, mir die Wahrheit einzugestehen. Y kam um 13.15 Uhr zurück. Die Aufnahmen waren sehr gut gelaufen. Ich glaube, zu dem Zeitpunkt machte ich mir nicht länger etwas vor; und als der Arzt eintraf, hatte ich eine schlimme Blutung. Auch mein netter Gynäkologe kam, untersuchte mich und sagte: »Meine Liebe, es war leider ein Frühstart.« Alles, so schien es, war schiefgegangen. Die Männer im Krankenwagen waren unglaublich freundlich, öffneten immer wieder das Schiebefenster und fragten: »Alles in Ordnung, Schätzchen?« oder »Jammerschade, Kind« und trugen mich ins Krankenhaus, als wäre ich aus Glas. Innerhalb von zehn Minuten war ich im Operationssaal.

Es war für mich ein schrecklicher Schlag; trotz der Freundlichkeit meiner Schwester Griselda, die als echte »Schlecht-Wetter-Freundin«, wie sie sich nennt, sofort zu Hilfe kam, konnte ich mich nur schwer davon erholen. Als ich nach Hause kam, stellte ich fest, daß der liebe Yehudi zu Mallett gegangen war und Francis Egerton gebeten hatte, mir ein Ruhebett zu besorgen. Was die beiden zerstreuten Köpfe da ausgesucht hatten, war die denkbar köstlichste und hinreißendste golden-weiße Regency-Boot-Chaiselongue, ein Gegenstand zum Bewundern und Verehren, auf dem es selbst eine Madame Récamier nicht fertiggebracht hätte zu schlummern.

Was mich aufmerken ließ, war Y's schreckliche Traurigkeit. Mit seinem Schutzengel, der ihn, so Gott will, nie verlassen wird, und bei seiner natürlichen Liebenswürdigkeit und großen Begabung ist er nicht auf die häßlichen Schocks und Grausamkeiten des Lebens vorbereitet. Man sah es ihm an, wie er kämpfte, um seinen inneren Halt zurückzugewinnen, weil er zornig darüber war, daß er in den vergangenen Monaten, als ich so wenig Personal hatte und er so ganz in sein eigenes Leben vertieft gewesen war, vielleicht etwas zu tun versäumt hätte. Ich wies darauf hin, daß er ja nicht einmal gewußt hätte, daß ich schwanger war und daß seine Erfolge mir alles in der Welt bedeuteten. Die Wolke über seiner Stirn verzog sich ein wenig, und der besorgte, fragende Ausdruck auf seinem Gesicht ließ nach.

Aber neue Leistungserfolge halfen mir über meine verdeckte

Dunkelheit und ihm über den ungewohnten Schock hinweg. Eines Morgens, als ich Y zur Probe in der Albert Hall brachte, war ich über seine matte Düsterkeit, seinen fast entschiedenen Mangel an Vertrauen in das kommende Konzert, besorgt. Nichts von dem, was ich sagte, konnte diese Stimmung verscheuchen. An dem Abend saß ich mit kalter Angst in meiner Loge. Y kam blaß und mit seltsam abwesendem Blick auf die Bühne und fing an, wie ein Engel zu spielen (den Beethoven). Am nächsten Tage schrieb der *Daily Telegraph*: »Um Haupteslänge und Schulterhöhe über seinen Rivalen.« Und ich wußte, der Schatten hatte sich verzogen.

Mitas Erfolg in *Emil und die Detektive* war ein weiteres aufmunterndes Ereignis. Das war auch Zamiras Eheschließung mit dem Pianisten Fou T'song, die wir mit einer Gesellschaft für 150 Personen in Nr. 2 feierten. Ich hatte jetzt wirklich das Gefühl, daß das Haus eine gewisse Sicherheit geschaffen hatte, die Y's Lebenstempo aufzufangen vermochte. Nicht daß die Menuhin-Karawane etwa zum Stehen gekommen wäre: im Jahre 1960 war sie durch 88 verschiedene Städte gezogen, hatte 86 Konzerte gegeben, ganz abgesehen von 17 Plattenaufnahmen. Um die Wahrheit zu sagen, dies war gegenüber früheren Jahren eine Verbesserung.

Am Silvesterabend war ich allein im Haus. Ich öffnete das Flügelfenster in Jeremys Zimmer im obersten Stockwerk und roch die eisige Nachtluft. Es war ein wunderbar kalter, klarer Tag gewesen. Die Gruppen kahler Bäume erstreckten sich bis zu den Surrey-Hügeln, der Mond war in seinem ersten Viertel, und Sterne waren wie kleine Lichtlöcher über den ganzen unsichtbaren Himmel verstreut. Kein Lüftchen regte sich. Vollkommene Stille. Eine Nachteule rief aus dem Ilex. Ein glückliches Neues Jahr auch dir, sagte ich und sank ins Bett, zu müde, um bis Mitternacht wachzubleiben.

14 *Rußland*

Eines Tages kam Yehudi zu mir und fragte zögernd, was ich davon hielte, wenn wir wieder flögen. Es war acht Jahre her, seitdem Ginette Neveu und Jacques Thibaud bei Flugzeugkatastrophen, durch die Frankreich seine führenden Geiger verlor, umgekommen waren, was Y bewogen hatte, Luftreisen aufzugeben.

Während dieser ganzen Zeit hatten wir nicht in entferntere Länder reisen können, weil Seereisen uns viel zu lange von den Kindern getrennt hätten. Ich stimmte dem Gedanken sofort zu. Seit wir uns in England niedergelassen hatten, war auch ich die Kamel-Reisen mit Bahn-Schiff-Bahn von Herzen leid geworden, und hatte angefangen, mit Verlangen die Flugplätze zu betrachten, wenn wir auf der Straße oder Schiene an ihnen vorbeifuhren.

So brachen Yehudi und ich, begleitet von Hephzibah, im November 1962 nach Rußland auf. Nachdem wir über bereiften Wäldern heruntergegangen waren (Y *mußte* natürlich den November aussuchen), landeten wir in Moskau. Nach sorgfältigem Durchsuchen und Betasten wurden wir, hygienisch einwandfrei, in eine faszinierende »Halle« geschleust, die ganz mit türkischem Teppich (*ungefähr* 1909) ausgelegt und mit roten Samt-Sofas und -Armsesseln ausgestattet war; alle zierten ehemals weiße Spitzenschondecken, und das gesetzlich vorgeschriebene Porträt des Regierenden Volksmonarchen in stark gefirnißten Ölfarben schmückte die Wand. Dort standen unser langjähriger Freund Barschai, der Violinist und Dirigent, und Galia, das Intourist-Mädchen, die einzigen Abgesandten, die uns begrüßten, Galia reizend, schlank, hübsch, in groben Wollstoff gekleidet. In einem alten, großen, schwarzen Wagen, aus dem, so spekulierte ich, man gerade den Sarg eines Regimegegners herausgeschafft hatte, fuhren wir meilenweit durch alptraumhafte Wälder à la Grimms Märchen, die von unheimlichen quadratischen Blocks unmenschlicher Behausungen abgelöst wurden. Stillschweigen von seiten der Menuhin *frère et soeur*, die meinen Humor für eine Spur zu schwarz hielten. Ich war so bedrückt, daß ich verlangte, wir sollten vor allem zuerst zum Roten Platz fahren, um – durch die schmutzigen Scheiben – einen Blick auf die Wassilij-Kirche zu werfen. Galia war einverstanden, und ich verspürte wenigstens einen Hauch des russischen Traums, mit dem ich groß geworden war. Danach wurden wir vor einem häßlichen, 25 Stockwerk hohen Gebäude abgesetzt, das wie eine Bruthenne vor uns hockte und sich als unser Domizil herausstellte. Drinnen erwies es sich als eine Kreuzung aus einer schäbigen Grand Central Station und einem Leichenschauhaus. Wir luden das Gepäck im x-ten Stockwerk ab, und Galia führte uns in den protzig-kitschigen Speisesaal, in dem uns Neonlampen blendeten und eine Band mit schlechtem Jazz Lärm machte. Wir warteten geschlagene zwei Stunden auf zwei Gänge, die beide mittelmäßig waren. Stapel von fadem Schwarzbrot schmückten die Tische, es war nur eßbar, wenn man die Scheiben in kleine Bröckchen zerbrach und lutschte, zuvor mußte man aber den Staub wegblasen. Dann zu Bett, das so kalt war, daß ich nur den Hut abnahm und die Schuhe auszog. Am nächsten Morgen erwachte ich hungrig und vor Kälte zitternd. Natürlich keine Zimmerbedienung, nur eine Cafeteria, von der der liebe Y mit zwei Scheiben Brot zurückkehrte, die auf dem Untersatz einer Tasse lauwarmer brauner Brühe lagen, der den Kaffee darstellte. Ian Hunter, der mit von der Partie war, hatte zu unserer hellen Freude einen Topf mit Coopers Orangenkonfitüre, den er auf dem Frühstückstisch aufpflanzte, als wäre es der Union Jack. Eine kleine Insel der Behaglichkeit in einem Land, das, soweit jedenfalls, Cannes zur Zeit des Blumenkorsos zu einem Daventry bei Dauerregen gemacht hätte.

Zur gegebenen Zeit kam Galia, und ich erklärte ihr mit Bestimmtheit, wir würden, da wir über Nacht nach Leningrad führen (Oh! danket Gott), nach unserer Rückkehr überall wohnen, sei es Garage oder Bordell, aber bestimmt nicht in diesem Mausoleum für Lebende. Die arme Galia sagte, sie würde es weitergeben. Inzwischen besuchten wir bei frostigem, Schnee verheißendem Wetter den Kreml. Dort war, umfangen und sicher geschützt von den uralten Mauern, »mein« Rußland: Kirchen mit goldenen Kuppeln wie das Bühnenbild des letzten Aktes vom

Feuervogel, mit liebevoll restaurierten Ikonen, mit Ikonostasen [in griechisch-orthodoxen Kirchen eine mit Ikonen geschmückte Wand, die den Altarraum von der Hauptkirche trennt, d. Übers.] von unglaublicher Schönheit und Vornehmheit. In allen drängten sich schäbig gekleidete Russen aller Altersstufen, auch sie »restauriert«, wieder eingesetzt in ihren alten Glauben, wenn sie, die Mütze in der Hand, zu den Wunderwerken emporblickten, wobei einige sich sogar heimlich bekreuzigten. Es war sehr bewegend und irgendwie gar nicht anachronistisch, vielmehr bekundete sich hier das Versagen des Menschen, das total zu vernichten, was den Menschen ausmacht. Am besten gefiel mir die Uspenskij-Kirche mit ihrer ganz in Weiß und Gold gehaltenen Fassade und den verblaßten Friesen, doch leider war sie wegen Renovierung geschlossen. Das Zeughaus war eine Augenweide in Gold und Silber mit großen Kutschen und wundervollen Kleidern; in dem ungeheuer langen, verschossenen Samtrock und den Kniehosen, die für einen Baum gemacht zu sein schienen, aber für einen schlanken, 2,50 Meter hohen Baum – eine Weißbirke vielleicht –, war der Geist Peters des Großen klar erkennbar.

Im Hotel fanden wir dann zu unserer großen Freude Natascha und Igor Oistrach vor, den Geiger und Sohn Davids, so daß die üblichen zwei Stunden Wartezeit für das Essen wenigstens mit Gespräch und Gesellschaft ausgefüllt war. Es waren nur fünf Tische zu bedienen, sie wurden allesamt von den kichernden Kellnerinnen ignoriert, die in einer Ecke auf den Oberkellner einredeten; ich vermute, die Verzögerung mußte mit dem Holzfeuerherd in der Küche zu tun haben; vielleicht war es ihnen auch trotz der Großen Revolution noch nicht gelungen, den Geist von Gontscharows *Oblomow* in Vergessenheit geraten zu lassen, der das ganze erste Kapitel dieses wundervollen Werks dazu braucht, um aus dem Bett zu steigen. Das Abendessen kam mit derselben hektischen Geschwindigkeit und mit derselben septischen Nahrung. Dann fuhren wir zum »Leningrad Woksal« (mit diesem Wort [Vauxhall = ehemaliger Vergnügungspark, heute Straße, Brücke und Station in London, d. Übers.] bezeichneten die Russen den »Bahnhof« – ein Zug, der mich irgendwie amüsierte).

Im Zug bekamen wir ein sehr bequemes Schlafwagenabteil mit einem Tischchen zwischen den Betten, auf dem standen zwei Teller mit Gummibiskuits von unbestimmbarem Alter. Am Ende des Ganges saß eine uniformierte Gestalt, die ihren siedenden Samowar bewachte. Mich verlangte es nach Tee. Es kam ein fingerdicker, rotbrauner Bodensatz, aber wir tranken ihn, weil er schön heiß war, und was konnte es einem schließlich schon schaden, eine Mixtur von Kohlenstaub und Kies zu schlucken? Die Strecke war genauso glatt und schnurgerade wie die Straße, neben der sie herlief und die die beiden Großstädte seit den Tagen Peters des Großen verband. Komisch! Wo war denn die Bettlampe? Aha, am Fuße des Bettes . . . so bettete ich um, und wir gaben uns ans Lesen. Plötzlich ging das Licht aus. Da ich annahm, es hätte einen Kurzschluß gegeben, steckte ich den Kopf aus der Tür, um den Schaffner um Hilfe zu bitten. Das Licht im Gang war gedämpft, und er hatte sich hingefläzt und schlief neben dem Samowar. Ich hätte es mir natürlich denken können: Der Große Vater hatte befohlen, daß Reisende um 23 Uhr schlafen sollten. Alle zu Bett und Licht aus im Schlafsaal, Jungens! Ach, lieber Gott, wie sollte ich es bloß dreieinhalb Wochen in dieser Riesenbesserungsanstalt aushalten?

Wir kamen morgens, um 8.15 Uhr, in Leningrad an und wurden von einem äußerst herrischen Menschen empfangen, der uns wie Frachtgut behandelte. Mein Russisch hatte sich seit langem in ein Dutzend Flüche aufgelöst, Y's war eingerostet, Hep's (typisch) fließend, aber der Boß blieb von ihrem Charme ungerührt. Wir fuhren den Newskij-Prospekt hinunter zu unserem Hotel Europa, das in einer Seitenstraße gegenüber der Philharmonie mit ihren weiß-goldenen Säulen lag. In dem dunstigen Licht erhaschten wir flüchtige Ausblicke auf lange gerade Straßen, die von klassischen Fassaden gesäumt waren. Meine Stimmung hob sich. Das Hotel stammte aus derselben »Regency«- oder »Directoire«-Zeit wie die Konzerthalle, und niemand hatte, soweit man feststellen konnte, seit ungefähr 1839 Hand an es gelegt. Seit 1917 auch kein Staubtuch. Es machte nichts: der splitternde Parkettfußboden unseres Schlafzimmers, der weiß-goldene Porzellanofen, Wände, Stühle, Betten – alles erstand auf wie Geister der eleganten Vergangenheit, um das zu erleuchten, was Rußland gewesen war, das baltische Rußland, wenn man so will, jedoch nie und nimmer Sowjetrußland.

Mein Herz tat einen Sprung, und Tränen traten mir in die Augen, als ich den anmutigen, heruntergekommenen Raum und seine enorm hohe Decke in mich aufnahm. Mich kümmerten weder das lauwarme braune Wasser noch die zu knappen Vorhänge, die wie eingelaufene Wäsche von ihren abblätternden goldenen Stangen herunterhingen: was mich fesselte, war die Art, wie napoleonisches Mobiliar, mit verblichenem grünen Plüsch gepolstert, ins Russische übertragen war. Der Speisesaal sah genauso aus, nur das Frühstück war der einzige trübe Moskauer Fleck. Gegenüber in der mit Kolonnaden geschmückten Halle übte Yehudi das Bartók-Konzert Nr. 2 (Erstaufführung in Rußland), während Hep in einem wahren Salon von Garderobe auf einem goldenen Flügel übte, der mit Cupidos und schmachtenden Damen à la Boucher bedeckt war.

Da der gute Ian Hunter merkte, daß ich an der Leine zerrte, entführte er mich, bevor Y und Herr Petrow, der Dirigent, mit dem Entwirren Bartóks fertig waren, und so promenierten wir eine Dreiviertelstunde in der sonntäglichen Menge den Newskij-Prospekt entlang. Die Leute hier waren viel wohlgestalteter und besser angezogen als die Moskowiter, und mit ihren gutgeschnittenen Zügen und ihrer Haltung erinnerten sie an die Emigranten, die seit meiner Kindheit in Paris und London mein Leben verschönt hatten. Am allerschönsten aber war, daß wir zum Marjinskij-Theater gingen (das in Kirow-Theater umbenannt ist, um jeden monarchischen Zug auszulöschen), wo alle meine Lehrer und Lehrerinnen ausgebildet worden waren, ihr Debüt gegeben und getanzt hatten. Ein großer Teil jener Transparenz, die ja die Einbildungskraft ist, wurde plötzlich greifbar und glitt ins Gedächtnis, um dort für immer bewahrt zu werden. Es war kein geheiligter Traum mehr, sondern eine lebendige Wirklichkeit in Blau und Gold, die nicht einmal das ärmliche Publikum, noch das schwerfällig akademische *Don Quijote*-Ballett verderben konnte. Ich hielt einfach die beiden Dinge auseinander und erkannte, daß trotz jener stämmigen Choreographie die Tänzer noch von dem Stil geprägt waren, den ich in Diaghilews Truppe erlebt hatte, und von der Großartigkeit, die irgendwie durch die langweiligen *enchainements* wie durch das Verblüffende der windmühlenflügeligen mimischen Passagen hindurchschien. Das Gerüst jenes einzigartigen Gebildes überlebte. An jenem Abend schrieb ich einen langen Brief an meine geliebte und hochgeschätzte Karsawina in London und träumte die ganze Nacht von der begrabenen Vergangenheit.

Am folgendenTag fuhren wir, vorbei an klassischen Gebäuden in grünlichem Weiß, Ocker, Saffrangelb und Orange,die alle wunderbar angelegt waren, zur Eremitage. Dort fand Galia nach langem Suchen eine aufgeweckte junge Frau, Frau Dr. Kroll, die Kustodin, der ich mein Empfehlungsschreiben überreichte. Die zauberhafte Sammlung von Impressionisten, die von Stschukin und Morosow zusammengetragen worden war und deren Stücke bislang von den Sowjets als »entartet« in die Keller verbannt gewesen waren, wurde jetzt allmählich abgestaubt und aufgehängt. Aber vor allem anderen wollte ich die Schätze sehen, die bei der jüngsten großen Skythen-Ausgrabung ans Licht gekommen waren. Dr. Kroll zögerte. Ich hatte große Angst, einen nicht wiedergutzumachenden Fehler begangen zu haben, aber es zeigte sich, alles, was sie von mir wollte, war nur, ich sollte meine Handtasche abgeben. Das tat ich; ich gab sie einer großen, würdigen Dame von überwältigenden Ausmaßen, die ich kaum ansah, so sehr war ich darauf erpicht hineinzugelangen. Die schwere Tür wurde aufgeschlossen, Aladins Höhle öffnete sich. Da war, vor schwarzen Samtbehängen wunderbar angeordnet, ein Schatz von goldenen Helmen, Speeren, Masken, Abbildern, Flaschen, Figuren, Ketten, Ringen, Amuletts, Muscheln, Messern, Tellern, Dolchen, gehämmert, getrieben oder gegossen, alle verschieden, das meiste in vollkommenem Zustand. Eine aus der Erde gegrabene Augenweide, wenn auch bisher erst unterirdisch ausgestellt in dieser Höhle, über der sich die Menschen durch das häßliche und dunkle Leben der getriebenen Herde schleppten. Ich hätte Tag und Nacht dort verbringen können.

Als ich mich endlich losriß, klickte etwas in meinem Gehirn, das vorher unter dem atemberaubenden Anblick der blendenden Sammlung nicht zum Zuge gekommen war – die Frau, die meine Handtasche in Empfang genommen und die ich kaum beachtet hatte, hatte sie nicht perfektes Englisch gesprochen? Ich mußte dem nachgehen und sah sie an. Ja, die Gestalt war in der Tat überwältigend, aber obenauf saß ein exquisiter kleiner Kopf, der den Abglanz der berühmten Schönheit baltischer Frauen wie der Tamara Karsawinas verriet. Ich gab ihr meinen Schein und sagte (auf Englisch): »Darf ich Sie fragen, wie es kommt, daß Sie ein so vollkommenes Englisch sprechen?« Sie sah mich kühl an und erwiderte: »Meine Liebe, wir *alle* haben unsere englischen Kinderfrauen und Governanten gehabt.« Ich wollte so gern mehr reden, aber sie hatte mich entlassen. Natürlich, überlegte ich, die einzige Klasse von Leuten, der sie heute Handtaschen anvertrauen können, müßten wohl die ehemaligen Aristos sein.

Nachdem Y sein Konzert mit Brahms und Bartók gegeben hatte, kehrten wir nach Moskau zurück, diesmal in ein ziemlich kleines, altes, viktorianisches Hotel, das »Budapest«, neben dem Bolschoi; es war mit unansehnlichen Möbeln vollgestopft, aber wenigstens menschenwürdig. Hier bekamen wir noch einmal die offizielle Saumseligkeit zu spüren. Drei Tage lang hatten wir versucht, in die Bolschoi-Oper hineinzukommen, doch erst eine Viertelstunde vorher wurde uns mitgeteilt, daß unsere Karten an der Kasse lägen. Ich zog mir ein Kleid an und lief zum Konservatorium, wo Y probte, ergriff Hep, die über Kinderkrippen, Kriminalität oder etwas Ähnliches redete, und wir rannten über die Straße zum Theater, wo wir es uns in der ersten Reihe dieses herrlichen Hauses bequem machten, gerade als der Vorhang zum *Eugen Onegin* aufging. Das Bühnenbild war recht großartig und altmodisch, aber offenkundig der Anlaß für den endgültig letzten Abschiedsauftritt des berühmten russischen Tenors, der, weil er ungefähr zweimal zu alt war für seine Rolle, sein Gesicht mit vierzehn Schichten violetten Puders belegt hatte. Von unserem Platz in der ersten Reihe aus sahen wir ihn durch einen violetten Staubschleier, der sich gelegentlich bei den höchsten Tönen als Wolke ablöste, die auf seine unmittelbare Umgebung herabsank. Auch war er sehr klein und dick und trug bedenklich hohe Absätze. Seine Stimme, die immer noch über einige herrliche Töne verfügte, klang gequetscht, wenn sie die Höhen erstrebte, und brachte ein merkwürdiges Surren hervor, wie das einer Wespe in einer Dose. Tatjana war wunderschön, und ich genoß die ganze Aufführung in vollen Zügen, denn man spürte Größe und eine Art von solidem, schlichtem Realismus; das Publikum war hingerissen. Wir liefen im eiskalten Regen zurück und debattierten uns in den Schlaf.

Es zeigte sich, daß es keineswegs leichter war, die Erlaubnis zu bekommen, einer Ballettstunde im Bolschoi zuzusehen, als in die Oper zu gelangen, aber Galia erreichte es schließlich für mich. Ich war sofort ins vergangene Jahrhundert zurückversetzt: ein großes altes Institutsgebäude, darin es von Scharen munterer Kinder beiderlei Geschlechts wimmelte; alle Mädchen trugen einen Zopf am Hinterkopf, alle steckten in Uniform und knicksten oder verbeugten sich. Ein Hoch auf die egalitäre Gesellschaft. Bürokratie an der Stange. Ich wurde ins Verwaltungsbüro gezogen; dort zeigte man mir riesige Ballettalben. Als ich ruhig erklärte, ich hätte bei der Karsawina, Egorowa und Kschessinskaja studiert und mit Massine, Balanchine, Woizikowsky und Lifar getanzt (zwei Generationen ihrer größten Stars), breitete sich eine seltsame Stille aus – ein Gemisch aus Faszination und Furcht, offensichtlich ein Verlangen, mich nach ihnen zu befragen, und die Furcht, diese zaristischen Namen zu erwähnen, die aus dem großen Marjinskij-Ballett-Theater und seiner Schule hervorgegangen waren. Traurig. Ich hatte ein paar kostbare Minuten verloren und bat ungeduldig, einer Unterrichtsstunde beiwohnen zu dürfen. Man führte mich treppauf und durch endlose Korridore zu einem schönen, großen, hellen, luftigen Unterrichtsraum, wo etwa fünfzehn- bis siebzehnjährige Mädchen und Jungen unter der Leitung einer jener *danseuses périmées* (»ausrangierte« Tänzerinnen) mit umfänglicher Taille, faltigem Gesicht, aber vollkommenen Beinen und Füßen, an der Stange übten. Die jungen Tänzer waren leider lahm und langweilig und zeigten noch nichts von dem Temperament, das sie inzwischen schon hätten entwickelt haben müssen, ebensowenig etwas von dem Schliff, der schon dem kleinsten Anfänger eigen sein müßte. Um gerecht zu sein, die Haupttruppe war in den Vereinigten Staaten auf Tournee, aber auch das entschuldigte nicht solche lustlos ausgeführten Pirouetten bei dem »Material«, das anscheinend doch trainiert wurde, um eines Tages nachzurücken. Ich verabschiedete mich nach einer halben Stunde und ging zu Y in die Probe für das abendliche Konzert.

Am Abend mußten wir uns mit Gewalt den Weg in den Saal des Konservatoriums bahnen, weil davor solche Menschenmassen standen, daß die Polizei gerufen worden war. Unglücklicherweise waren keine Vorkehrungen getroffen, die Künstler durchzulassen. Wir saßen in unserem Taxi, Y ganz gelassen. Der Fahrer entschuldigte sich, daß er es nicht wage, die Barrikaden zu stürmen, und die Zahluhr tickte die Minuten weiter. Ich schlug vor, wir sollten aussteigen und versuchen, uns den Weg hineinzubahnen. Es könnte doch sein, daß sie Yehudi erkannten und dann Platz machten? Das taten sie auch, strahlend und freudig riefen sie seinen und auch Hephzibahs Namen. Inzwischen hatte Hep drei Kusinen ihrer Mutter entdeckt, es blieb jedoch mir überlassen, sie irgendwie in die Bühnenloge hineinzubugsieren, was zur Folge hatte, daß ich mit angezogenen Beinen, die Kniee in Taillenhöhe, auf der scharfen Kante eines alten vergoldeten Stuhls hocken mußte. In dieser akrobatischen Stellung war es ein wirklicher Devotionsakt gegenüber der heiligen Cäcilie, ein Beethoven-Konzert mit dem Moskauer Staatsorchester unter Leitung von Swetlanow zu genießen, aber bald vergaß ich alle Unbequemlichkeit und wurde von der knisternden Spannung zwischen Publikum und Bühne mitgerissen, wo Yehudi in der Atmosphäre warmen Willkommens begnadet spielte.

Nach dem Konzert gab es ein nettes Abendessen mit Leonid Kogan, einem ihrer größten Violinisten, in einem Wohnblock, der »Musiker-Cooperative« genannt wurde. In diesem merkwürdigen Stapelplatz wohnten alle führenden Pianisten, Violinisten und Cellisten, wie die Brötchen auf den Backblechen in schauderhafter Enge übereinandergeschichtet. Sie wurden vom »Goskonzert« (der sowjetischen Konzertagentur) hierhin und dahin dirigiert oder manchmal auch beordert dazubleiben und in ihrer Heimatstadt zu unterrichten; so war es kein Wunder, daß sie bei der Aussicht auf Tourneen im Westen begierig aufhorchten, auch wenn sie all ihre Einkünfte, vom Taschengeld abgesehen, dem Goskonzert abliefern mußten.

Yehudis wachsendes Verlangen, der begabten Jugend eine volle musikalische Ausbildung zuteil werden zu lassen, kam einen Schritt voran, als er eingeladen wurde, das Musikinternat in Moskau zu besuchen. Geschickterweise war es nach denselben Grundsätzen organisiert, wie es die Marjinskij-Ballettschule des Zaren gewesen war, in der die Schüler wissenschaftliche und musikalische Ausbildung unter demselben Dach erhielten; aufgrund dieses Systems gelang es den Russen, wie Yehudi seit langem erkannt hatte, die Spitze bei fast allen internationalen Wettbewerben zu halten. An dem Morgen, den wir dort verbrachten, waren jedoch unterschwellig Anonymität und Drill bestürzend spürbar. Liebe kleine Ungeheuer von vier, fünf oder sechs Jahren, die Zöpfchen auf dem Kopf festgesteckt, trommelten sich durch Chopin und Liszt und alle die effektvolleren Komponisten mit einer kühlen Fertigkeit hindurch, die bewundernswert und zugleich alarmierend war. Später hörten wir ältere Jungen und Mädchen, die es zu ernsteren, aber immer noch dramatischen Werken gebracht hatten und ihre Technik mit einer Fingerfertigkeit und Vollkommenheit der Ausführung zeigten, die verblüfften. Besonders bestürzend war das seltsame Verschweigen aller Namen, sowohl des Ausübenden wie – besonders – des Lehrers. Jede Nachfrage wurde automatisch ignoriert. Sie waren begabte und gut getrimmte Maschinen, Teil der staatlichen Organisation und seines Besitzes für Eigenbedarf und Export. Sie waren keine Individuen. Hep schwieg, Yehudi war offensichtlich mehr denn je entschlossen, dem Westen seine eigene Version einer solchen Ausbildung zu erbringen.

Von Moskau reisten wir nach Kiew, wo nur der tägliche Anblick einer schönen Kirche, der Sophiskij-Sabor, auf meinen Morgenspaziergängen mich davon abhielt, der Bedrückung des Hotels zu verfallen. Mit seinen häßlichen, halbblinden Fenstern, die ringsherum mit dickem, braunen Papier verklebt waren, der unvermeidlich ungenießbaren Kost, der verlorenen Zeit und der ganzen Schwerfälligkeit und Trägheit glich es einem verstopften Abfluß: Abbild des Verhaltens einer von Bürokratie und mangelndem Anreiz niedergedrückten Gesellschaft. Aber mich erwartete eine Überraschung, ein wahres Himmelsgeschenk – wem anders sollte ich an der Lifttür in die Arme laufen als Balanchine persönlich! Seine Ballettruppe, das New York City Center, trat hier bei dieser seiner ersten Rückkehr nach Rußland auf. »Dianchik!«, und wir fielen uns in die Arme. »Heute abend kommst du ins Ballett.« Ich kam, und es war hinreißend: alle diese hübschen, langgliedrigen amerikanischen Mädchen und Jungen, die Kulissen und die Choreographie, und das verzauberte Publikum in seinen tristen sackförmigen und erdfarbenen Kleidern von einer lebenssprühenden Märchengeschichte mitgerissen zu sehen, das war herzbewegend.

Am nächsten Tag machten Yehudi und ich einen Spaziergang in dem öden kleinen Park nahe der Sophiskij-Sabor-Kirche. Er war zu dieser Jahreszeit völlig leer, die Blumenbeete staubig und tot, die Bäume verwildert und kahl, die Bänke uralt. Plötzlich kam ein Mann auf uns zu, und verstohlen um sich blickend, sagte er zu Y auf russisch:

»Entschuldigen Sie, ist die Dame neben Ihnen vom Balanchine-Ballett? Es war so wunderbar, diese ganze Schönheit und Linie und Bewegung zu sehen, und sie sieht wie eine Tänzerin aus.«

Ich lächelte und war froh, endlich auch einmal ein kleines Lob zu empfangen, und Y antwortete:

»Sie *war* bei Balanchine und tanzte bei ihm, aber jetzt ist sie meine Frau!«

Wir lächelten einander an, und er beobachtete uns, bis wir am Fuße des Hügels verschwanden.

Am folgenden Abend bestand Y darauf, daß ich die Sonaten von César Franck, Bartók und Beethoven ausließe und begleitet von John Martin, dem Kritiker der *New York Times*, wieder ins Balanchine-Ballett ginge. Ja, ich konnte die Begeisterung des Mannes verstehen, der uns im Park angehalten hatte. Das City Ballet war wirklich eine andere Welt des Lichtes, der Linie und Schönheit – freie junge Tänzer brachten Freiheit der Bewegung und Freude zum Ausdruck. Und doch war es so russisch wie Balanchine selbst (Georgier, um genau zu sein). Diese Interpretation des Russischen Balletts ging über Diaghilew geradewegs auf das Marjinskij zurück. Was ich in dem Leningrader *Don Quijote* gesehen hatte, waren nichts als hartleibige Überbleibsel des 19. Jahrhunderts.

Später, beim Abendessen mit Balanchine, sagte ich zu John Martin, der mich fragte, was ich für den grundlegenden Unterschied hielte: »Zum Teil die Revolution«, sagte ich, »aber schon davor hatten sich Diaghilew und seine Freunde der Avantgarde mit ihrer Zeitschrift *Novy Mir* weit von den plumpen Ballerinen fortbewegt, die wie Klavierhocker pirouettierten. Diaghilew hatte sich heftig mit dem Prinzen Wolkonskij gestritten und war schließlich mit einigen der besten Tänzer nach Paris gegangen. Paris war damals auf der Höhe seiner schöpferischen Tätigkeit, und Diaghilew war ein genialer Katalysator. Heute abend haben Sie Balanchine (seinen letzten Choreographen) gesehen, der sein herrliches russisches Grundelement noch weiter von dem wegrückte, was meine Generation der Russen die ›Oldy-Poldy-you-know-isn't-it?‹ nannte.« Balanchine lächelte und fügte hinzu, er sei vor wenigen Wochen in Moskau angekommen, zum erstenmal wieder, seit er es verlassen hatte, um als ganz junger Mann zu Diaghilew zu gehen; am Flughafen hätten ihn Menschenmengen bestürmt mit den Rufen »Georges Balanchine, willkommen in der Heimat des klassischen Balletts!« Darauf hätte er zynisch geantwortet:

»Die Heimat des *klassischen* Balletts? Um Himmels willen, dies hier ist die Heimat des *romantischen* Balletts, wenn Sie wollen; Serge Diaghilew aber rettete das klassische Ballett, als er es nach Europa exportierte!« Der schlimme Georges erzählte uns auch noch, er wäre in Moskau in eine Aufführung des Bolschoi-Balletts gegangen. Kaum hätte er seinen Platz eingenommen, da sei er von Menschen umringt gewesen, die fragten, »Georges Balanchine, was halten Sie von unserem großen Opernhaus?«

»*Euer* großes Opernhaus?« hätte er scharf erwidert. »*Eures?* Dies ist von den Zaren für Leute gebaut worden, die es mehr verdienten als ihr und die ordentlich und sauber waren.«

Es war die störrische Traurigkeit des modernen Rußland, die so entmutigend war, dieser Anblick des halb Begrabenen, der in einem neugierige Sympathie weckte und gleichzeitig ein Verlangen nach mehr Kontakt, als einem Fremden erlaubt war. Allein die Konzerte und das Ballett hatten, so wie die Flamme eines angerissenen Streichholzes, die Atmosphäre für einen Augenblick erhellt, dann war alles wieder grau.

Die Zeit rückte heran, um von Kiew nach Minsk abzureisen. Am Flughafen saßen wir von 18 bis 23 Uhr mit dem Manager der örtlichen Philharmonie in der VIP-Halle, sangen Stückchen aus Operetten vor uns hin und blätterten in den üblichen fröhlichen, positiven, langweiligen Propaganda-Zeitschriften. Draußen prasselte der Hagel vom Himmel. Am Schluß blieb uns nichts anderes übrig als ins Hotel zurückzukehren, wo es uns gelang, die Leute zu bestechen, damit wir unser Zimmer wiederhaben konnten. Fünf grundlos verlorene, feuchte Stunden.

Als das Wetter am nächsten Tage weiterhin schlecht war, gab ich beim Frühstück mit lauwarmem Kaffee und Tapeten-Toast vor zu verstehen, wir führen auch mit der Bahn. Eine Antwort erfolgte nicht. Beschämt wandte ich mich wieder meiner Trösterin Agatha Christie zu. Der Morgen zog sich hin wie eine Hasenjagd im Schlamm. Nichts geschah, außer daß die Lichter ausgingen. Y übte. Ich schrieb. Um die Mittagszeit wurden wir tatsächlich in einen Bus gepackt und zum Bahnhof gebracht. Gewaltige, eines Mussolini würdige Großartigkeit: marmorner Fußboden, Leuchter und Lenin in Bronze, der nach Art des heiligen Joseph alle Reisenden segnete. Ich streckte ihm in ohnmächtiger Wut die Zunge raus. Selbst die sonst nicht kleinzukriegende Hep war niedergeschlagen. Sie hatte die Noten der Beethoven-Sonaten am Vortag in der Halle liegenlassen und ging den ganzen Weg zurück, um sie wiederzubekommen. Sie waren weg. Wir saßen trauervoll unter den freudlosen Lüstern und beantworteten nichtsdestoweniger brennende Fragen über das englische Königshaus. Ungefähr drei Stunden später kam der Zug. Wir hatten in den beiden Liegewagen zweiter Klasse insgesamt vier hölzerne Kojen. Man konnte aber wenigstens mit Schmiergeldern Bettzeug bekommen, und wir kamen, o welches Glück, aus Kiew heraus. Prioritäten, fand ich, waren alles.

Wir gingen die Gänge im Zug entlang, die mit Männern, Frauen, Kindern und ebenso vielen Lebensmitteln vollgestopft waren; alle aßen irgend welches Zeug. Ein starker Geruch nach Zwiebeln und Schweißfüßen hing in der Luft. Warum hatten sie bloß in dieser Kälte ihre Socken und Schuhe ausgezogen? Sie sahen uns mit vollkommen stumpfen Augen an, die so unerforschlich waren wir die Kost. Als wir eine Art Eßraum voller Soldaten (Privileg) fanden, aßen wir, was wir runterkriegen und druntenbehalten konnten und hasteten zurück. Ach, dies war jetzt der rechte Ort und Augenblick für die Flasche Champagner, die wir in Leningrad geschenkt bekommen hatten. Ich grub sie aus, und alle vier nahmen wir wärmende Schlucke aus der Flasche, rollten uns, die Schuhe aus, die Socken an, leicht beschwipst in unsere Decken ein und ratterten und rollten durch die lange, nasse, schwarze Nacht.

Y wachte auf, als der Zug am Abend hielt, sah hinaus und erkannte, daß es Gomel war, der Geburtsort seines Vaters in Weißrußland! Er kritzelte ein Telegramm an ihn. Galia fand ein nettes Mädchen, das ausstieg; Y gab ihr etwas Geld und bat sie, es aufzugeben. Um 5 Uhr früh kamen wir mit nur drei Stunden Verspätung in Minsk an. Zwei arme Seelen von der Philharmonie, die die ganze Zeit gewartet hatten, verstauten uns und unser Gepäck in einen Wagen, und wir fuhren in der Dunkelheit zu einem großen häßlichen Zementkasten von Hotel, wo wir ein ganz anständiges Zimmer bekamen, uns wuschen und um 6 Uhr ins Bett sanken. Aba bekam sein Telegramm und war hochbeglückt.

Minsk war in seiner Art heller, und das Hotel auf billige Weise modern. Mit Hep und Galia machte ich einen Ausfall, um die örtlichen Geschäfte zu erproben, fand ein paar hinreißend schöne russische Hemden, aber nur solche mit Stickereien und zu Erpresserpreisen. Kaufte trotzdem zwei davon. Breite Alleen führten wie verhärtete Arterien aus dem Zentrum zu den Resten der Altstadt, wo wir schöne Barock- und Empirekirchen sahen, rosarote, ockerfarbene, saffrangelbe und einstmals weiße Gebäude, deren Verputz wie Kopfschuppen abfiel, fast so, als hätte man sie als Sterbende auf einem aufgegebenen Schlachtfeld zurückgelassen.

Das Essen war entschieden besser, das Warten auf Bedienung auf eine Stunde herabgesetzt. Je weiter man von Moskau entfernt war, desto leichter fiel es allen, zu atmen und lebhafter zu werden. Wir setzten Hep mit einem Picknickkorb in ein Schlafwagenabteil für vier Personen in den Zug nach Moskau. Besorgt überließen wir sie der Obhut eines Soldaten und zweier Marineoffiziere, die die anderen Kojen belegt hatten, und winkten ihr ein Lebewohl zu. Während der restlichen Zeit erschöpfte sich Y in Konzerten und endlosen Unterhaltungen mit Reportern.

Noch einmal Moskau: Ins Hotel Budapest zurückgekehrt, beschlossen Hep und ich, wir müßten etwas tun, andernfalls würde selbst sie es nicht aushalten. Es war Sonntag. Eine einzige Vorstadtkirche war geöffnet, Hep und ich fuhren in einem Taxi hin. Die Menschen drängten sich bis über den Rand der Straße, einige stießen nach vorn, andere drängten in die Lücke, die sie gelassen hatten, nach. Über den Vorhof konnte ich schwach den hypnotischen russischen Kirchengesang hören. »Komm, Hep«, sagte ich, »wir *müssen* hinein.«

Wir brauchten eine Stunde bis wir mit langsamer Rammbocktechnik unseren Weg durch die riesigen offenen Türen gebahnt hatten, hinter denen sich uns ein exotisches Schauspiel darbot: die Menschen drängten sich bis dicht an die schöne vergoldete Ikonostasis, vor der ein prächtiger Priester mit wallendem grauen Bart mit goldener Tiara und in goldenen Gewändern stand; an goldenen Ketten hingen brennende Lampen, der Dunst und Duft von Weihrauch hüllte alles ein, dazwischen aber wogte ekstatisch und in trägem Fluß schwankend die dunkle Schäbigkeit der Gläubigen, die für ein paar Minuten aus dem eintönigen Lebenskampf ins Allerhöchste gehoben waren. Alle in dieser goldenen Höhle versammelten Altersstufen, Junge und Alte, waren bezaubert vom Gesang, benommen von dem sinnlichsten aller Gerüche, zusammengedrängt, als wären sie in einer ungeheuren Ballung unsagbaren Gefühls verschmolzen. Rußland, das große Land, das kein Regime je ganz beherrschen, kein Regime je ganz auslöschen kann. Es dauerte eine gute Stunde, bis wir uns unseren Weg wieder herausgebahnt hatten. Ich hatte geweint, selbst Hep, die Ungläubige, war ungewöhnlich bewegt gewesen. Schweigend fuhren wir zurück.

Nach der üblichen Runde von Routineverpflichtungen setzten wir unsere Reise fort, diesmal nach Lwow, denkwürdig vor allem, weil sie uns ein Beispiel der grandiosen Verwirrung bot, mit der die sowjetische Bürokratie die Reisen von Ausländern in ihrem Lande plant. In Lwow waren wir am Bahnhof von sechs recht imposanten Männern empfangen worden, die später, während Y außer Haus probte, im Hotel erschienen und mir mitteilten, daß man ihn anderen Tags in Odessa erwarte, um dort zu spielen. Als ich diese Neuigkeit an Galia weitergab, verfärbte sie sich grün und stürzte davon. Als sie kurz darauf wiederkam, sah sie entspannter aus, denn sie hatte einen Flug ergattert, der uns am nächsten Morgen nach Odessa bringen und uns obendrein reichlich Zeit lassen würde.

Aber so leicht ist es eben nicht im Sowjetland, der Wiege von

Catch 22 [amerikanischer Roman von Joseph Heller, d. Übers.]. Nach einer halben Stunde angestrengten Bemühens einschließlich der Quälerei, mit einer anderen Stadt zu telefonieren, kam Galia nach Moskau zu Goskonzert durch und sagte ihnen, der Flug, den sie munter für uns gebucht hatten, existiere seit wenigstens zwei Monaten nicht mehr auf dem Fahrplan; deshalb wäre es auch unmöglich, in Odessa und Kitschinew (das für den übernächsten Tag geplant war) zu spielen. Goskonzerts Reaktion war typisch. Erstens: Wir müßten Odessa streichen und nach Kitschinew fliegen. Zweitens: Wir könnten trotzdem am nächsten Tage nach Odessa fliegen, wenn wir nämlich ein Flugzeug von Lwow nach Kiew und dort eins nach Odessa nehmen würden. Heitere Aussichten. Galia versuchte verzweifelt, ihnen klarzumachen, daß die Flugzeuge immer Verspätung hätten; wenn wir nur einen Anschluß nach Kiew verpaßten, würden wir Odessa überhaupt nicht schaffen. Drittens: Goskonzert rief wieder an und behauptete, es *gäbe* ein Flugzeug nach Odessa, es brauchte aber sechs Stunden. Ich fand, wir hätten GENUG. Es wäre ganz unmöglich, erklärte ich, verfroren (es gab nirgendwo Heizung), ohne einen Bissen Essen (innerhalb Rußlands war es immer so) in einer alten Libelle zu sitzen und wie einbalsamierte Leichen anzukommen und dann noch von Y zu erwarten, er solle spielen. Leider gab es da nur eine Lösung: Wir mußten auf unseren beabsichtigten Abstecher auf die Krim verzichten, wo wir Mamminas Geburtsort besuchen wollten, und jeweils in Odessa und Kitschinew einen Tag später spielen. Da alle in diesem Lande hin- und hergeschoben wurden, konnten auch die Konzerte verlegt werden. Aber was sollte mit Hephzibah geschehen, die noch in Moskau war? Nun, sie würde wie Frachtgut in den Nachtzug verladen und am nächsten Tag in Lwow ankommen. Während das Spielchen mit den chaotischen Fahrplanänderungen weiterging, mußte Yehudi spielen. Glücklicherweise war das kleine Opernhaus in Lwow (einst das polnische Lemberg) hinreißend schön und das Publikum ungewöhnlich gepflegt, wenn auch etwas lautstark.

Zu guter Letzt nahmen wir den Zug von Lwow, stellten aber erst nach der Abreise fest, daß es während der Fahrt nichts zu essen geben würde. Die Reise nach Odessa sollte fünfzehn Stunden dauern (auf russisch: zwanzig). Galia sprang beim ersten Halt hinaus und ergatterte zwei Brötchen und ein paar Würstchen. Ausnahmsweise fühlte Y sich einmal nicht gut, weil er etwas gegessen hatte, das selbst *seinem* Straußenmagen nicht bekam. Deshalb machte ich ihm das Bett, in das er sofort hineinfiel. Nach ein paar Stunden hielt der Zug wieder, und ihm entquoll eine wahre Menschenlawine. Die Bauern, deren Beine wie in vergangenen Jahrhunderten noch immer mit Leinen umwickelt waren, erinnerten mich an den *Sacre du Printemps*. Mit ihren in schmutzige Tücher gehüllten Köpfen und Kleidern, die sie in mehreren Lagen übereinander trugen, sahen sie wie Pakete im Fundbüro aus. Galia und ich bahnten uns unseren Weg zum Lebensmittelstand am Bahnsteig und fanden Äpfel und zwei Korinthenbrötchen und bestiegen gerade noch rechtzeitig wieder den Zug. Y schlief ein. Er hatte seit langem nichts gegessen. Ich setzte mich zurecht, knabberte und las bis der Große Vater um 23.30 Uhr das Licht ausmachte. Im Schlaf träumte ich halb von den zusammenkauernden schmutzigen Hütten, von denen einige bis zum Dachfirst in Stroh eingewickelt waren, und von den Horden menschlicher Bündel, die darum kämpften, in den Zug zu gelangen. Ich fragte mich, was wohl geschehen wäre, hätte Stolypin damals seine konstitutionelle Regierung bilden können und wenn jener versiegelte Zug, der Lenin zum Finnland-Bahnhof brachte, nie an seinem Bestimmungsort angekommen wäre; würden diese traurigen Geschöpfe aus dem mittelalterlichen Rußland nicht den Anschluß ans 20. Jahrhundert gefunden haben?

In Rußland fahren die Züge nach dem entschiedenen Willen irgendeines unbekannten Sadisten, der den ganzen Tag damit verbringt, Fahrpläne auszuarbeiten, die in vollkommenem Mißverhältnis zum Leben eines jeden vernünftigen Menschen, sei er Angestellter, Erzieher oder Bürokrat, stehen. Aus keinem ersichtlichen Grunde hatten wir Lwow zu einem Zeitpunkt verlassen, dem gemäß wir in Odessa zur unfreundlichen Stunde, um 5.15 frühmorgens, ausgeladen wurden . . . Warum? Es war noch dunkel und kalt, und wir fielen steif, gequetscht und hungrig aus dem Wagen, um von einem unangenehmen, fetten Typ in einem schlafrockähnlichen Mantel empfangen zu werden. Vorschriftsmäßig war seine Mütze so weit heruntergezogen, daß seine spitzen Ohren nach jeder Seite abstanden, während seine große fleischige Hakennase dicht unter dem Schirm hervorragte wie ein Klopfer unter dem Strohdach einer Neo-Tudor-Haustür. Ich faßte sogleich eine Abneigung gegen ihn, die in vollem Umfang erwidert wurde. Er weigerte sich kategorisch, auch nur einen unserer zehn Koffer aufzuheben. Offensichtlich durfte er in der unendlichen Hierarchie einer klassenlosen Gesellschaft die prekäre Stufe, auf die er sich heraufgehangelt hatte, nicht durch Koffertragen verlieren, nicht mal in aller Herrgottsfrühe auf einem leeren Bahnhof. Wie mich nach einer gemeinsamen Sprache verlangte, mit der ich ihm hätte zusetzen können! Schließlich hatten Galia, Hep, Y und ich keine andere Wahl, als unser Gepäck selber zu dem üblichen Leichenwagen zu schleppen, in dem wir aufeinandergestapelt zum Hotel gebracht wurden.

Wir betraten die dunkle Halle, die von einer einzigen kleinen nackten Birne erleuchtet war und in der es sehr stark und unangenehm roch. Es herrschte Stille. Nein. Falsch. Ein rhythmisches Schnarchen war zu vernehmen. Ich folgte im Dunkeln meiner Nase und fand mich einem Paar riesiger Socken gegenüber, von denen der Geruch ausging. Weiteres Forschen offenbarte einen Körper, der schlafend auf einem Feldbett direkt gegenüber dem Haupteingang lag. Der Widerling, der uns am Bahnhof abgeholt hatte, schüttelte den Ruhenden roh, und er erwachte mit einem donnernden Schnarchlaut.

Trübe mit den Augen blinzelnd, schlurfte er in seinen abstoßenden Socken zum Tresen hinüber, warf uns einen verächtlichen Blick zu, gab ein paar Schlüssel heraus und schickte sich an, sein Rosenlager wieder zu besteigen, ohne daran zu denken, uns mit dem Gepäck zu helfen. Da entdeckte ich etwas, das ich für einen Lift hielt. Ich ging näher heran. Sicherlich war dies eine Lifttür und das da einLiftschacht, aber vor langer Zeit mußte jemand den Lift entführt haben. Vor mir tat sich über acht Stockwerke hinauf ein schöner Ausblick auf leeren Rost auf. Ich hätte, so überlegte ich, ein gutes modernes Bild malen können, eine perspektivische Studie mit dem Titel »Wohin?« Am Schluß verlor ich die Geduld und beteuerte, daß, wenn weder Hep noch Galia ihr Russisch dazu benutzen würden, dem Widerling und dem Sockenträger zu befehlen, uns mit dem Gepäck zu helfen, ich die Köpfe der beiden kräftig gegeneinanderstoßen würde. Dies schien Galia anzuspornen, denn sie brachte das Paar in Bewegung, und gemeinsam stolperten wir alle sechs, in jeder Hand einen Koffer, die Treppe hinauf.

Nun war es, wie ich schon in Polen festgestellt hatte, ein großer Nachteil, wenn man hinter dem Eisernen Vorhang als »besondere Persönlichkeit« betrachtet wurde: man bekam unweigerlich die Königssuite. Das hieß, den einzigen Raum, der nicht modernisiert war. Der geringe Vorteil der Königssuite war, daß sie immer im ersten Stock lag. Wir schlossen die verblichenen Doppeltüren auf und erblickten das vertraute Bild: Dort im Alkoven mit seinem riesigen, ungefügten Bett, das einem schlecht gepflügten Feld glich, ließen wir Yehudi fest schlafen.

Allmählich begann ich Y's biegsamen Optimismus ziemlich bedrückend zu finden. Seine und Heps Gleichgültigkeit gegenüber der Häßlichkeit der Umgebung und der Unbequemlichkeit beschämten mich. Aber er hatte ja trotz seiner Abstammung auch »Rußland und alles Russische« nicht gekannt und geliebt wie ich. In ihm erregte es nicht die bittere Enttäuschung wie in mir. In seiner Vergangenheit gab es keine russischen Geister, lebhafte und herrliche, amoralische und verzeihliche, begabte und gräßliche Geister, die doch so voll Vitalität und Wärme, byzantinischer Farben und Wunder – reine Wunder – waren. Der liebe Y, ihm genügte es, wenn er den scheußlichen kaukasischen »Kefir« bekam, die gegorene Stutenmilch, von der seine Mutter seit seiner Kindheit gesprochen hatte und die lange vorher als Symbol slawischer Ernährung in sein Gemüt gesunken war. Wenn er dieses übelriechende Zeug trank, fühlte er die gleiche Art von Ekstase über sich kommen wie ein ausgesetzter französischer Seemann, der nach einem Schiffbruch zum erstenmal wieder einen Schluck Champagner genießt.

In unserem Hotel fanden wir uns wieder in das Netz der weitgespannten Bürokratie verstrickt. Nachdem Galia eine geschlagene Stunde versucht hatte, zu Goskonzert in Moskau durchzukommen, wies Y sie an aufzuhören und setzte ein kurzes Telegramm auf, in dem er mitteilte, er könne in Kitschinew nicht spielen. Punkt. Aber ach! Er hatte nicht damit gerechnet, daß es in Rußland solche Satzzeichen nicht gab. Bald darauf meldete sich eine undeutliche Stimme telefonisch aus Kitschinew und sagte, sie hätte keine Bestätigung für ein Konzert, würde uns aber trotzdem im Privatflugzeug oder einem hervorragenden Wagen auf hervorragenden (?) neuen Straßen losschicken; die Entfernung betrüge nur 165 Kilometer. Mein Herz sank. Wir würden also doch nach Kitschinew fahren müssen. Kaum hatten wir diese Nachricht verdaut, da fanden wir Galia in Tränen aufgelöst, weil sie einen Anruf aus Jalta (Hauptstadt der Krim) erhalten hatte, sie solle bestätigen, daß wir wie erwartet am folgenden Tage dorthin kommen würden, um ein Konzert zu geben. O Gott, o Goskonzert. Nein, sagten wir, weder Jalta noch irgendeine andere Stadt auf der Krim, leider.

Inzwischen machten sich Y und Hep zur Konzerthalle in Odessa auf, um sich einzuspielen, und gaben mir frei, damit ich mein sandiges Haar waschen könnte. Nach ihrer Rückkehr vom Konzert berichteten sie, das Publikum habe sich höchst sonderbar betragen. Nach den Scharen zu urteilen, die nach dem Konzert nach hinten kamen, weder um zu verdammen noch um zu loben, sondern um sie über Finger- und Bogenstrichtechnik zu befragen, mußten sie alle Geiger sein. Y erinnerte mich, daß der große Lehrer, Leopold Auer, hier seine Schüler gehabt hatte, eine ganze Legion: Heifetz, Milstein und andere. Es mußte beklemmend gewesen sein – wie wenn man einer Jury von lauter Richtern gegenübersitzt.

So ging es dann per Auto auf jener wärmstens empfohlenen Straße, bumsend und schlingernd durch Schlamm, der überall festsaß wie billige geschmolzene Schokolade, endgültig nach Kitschinew. Unaufhaltsam strömte der Regen, Meile um Meile floß er am Wagen herab; das offene Land war gelegentlich von kleinen hingestreuten Gruppen steinerner *isbahs* unterbrochen, deren zusammengepreßte Reihen kaum Dörfer bildeten; und überall der klebrige Schlamm, Schicht auf Schicht. Plötzlich sah ich das Schild »Moldawische Republik«, und kurz dahinter erschienen schön geschnitzte Holzhäuser mit Chalet-Dächern, byzantinische Volkskunst zierte Türen und Giebel, und um die Fenster herum zeigten sich Stolz und Stil in den hellblauen Schablonenmustern der Vorderfronten.

»Galia!«, sagte ich, »endlich Russija.«

»Nein, Diana, es ist die Sowjet-Republik.«

»Nun, sie haben es nicht fertiggebracht, es kleinzukriegen, nicht wahr? Ist es nicht wunderbar?«

Arme Galia, so hin- und hergerissen zwischen ihrem Stolz auf russische Kunst und der Loyalität dem Regime gegenüber.

Wie bei den kleinen Häusern, so beim Konzertsaal. Rumänien zeigte sich wahrlich, wie es einst gewesen war, in den staubigen goldenen Samtvorhängen, auch trugen alle Damen ihre besten Seiden- und Satinkleider, und es herrschte die Stimmung eines großen Ereignisses, die sonst überall gefehlt hatte. Y, der das Programm instinktiv auf die Enesco-Sonate umgestellt hatte, wurde bestürmt. Leider wurde unser Abendessen durch eine miserable zweiundzwanzig Mann starke Kapelle verdorben, die an Lärm das wettmachte, was sie an Kunst vermissen ließ. Aber urplötzlich erschien aus dem Nichts ein Zigeuner-Fiedler und spielte mit einer erstaunlichen Schönheit rumänische Zigeunermusik. Die rumänischen Zigeunermelodien und -harmonien unterscheiden sich auf subtile Weise von den ungarischen, sie sind trauriger und tiefer, mit einem Hauch des Orientalischen. Es war fabelhaft und versetzte Yehudi und Hephzibah zurück in ihre Kindheit in Sinaia und zu ihrem geliebten Enesco.

Am anderen Morgen waren wir schon in eisiger Frühe, um 6 Uhr, auf, unsere Finger so steif vor Kälte, daß es schwierig war, irgend etwas zuzuknöpfen. Dies sollte unser letzter Flug zurück nach Moskau sein. Ohne gefrühstückt zu haben, fuhren wir zum Flughafen, der mit einem lächerlichen griechischen (dorischen) Portal verziert war. Das wenigstens war komisch. Drinnen saßen in jede denkbare Art Stoff eingewickelte Bündel menschlicher Wesen, die Pelzmützen bis zu den Kinnbacken heruntergezogen und, nach dem zu urteilen, was man von ihren Gesichtern sehen konnte, in Schwermütigkeit versackt. Nach einer Stunde führte man uns meilenweit über ein nasses macadamisiertes Rollfeld zu einem vorsintflutlichen Vogel, der in einer riesigen Pfütze saß. Es war eine uralte Turbopropmaschine, reif fürs Museum. Wir wurden hineinbugsiert und saßen zusammengekauert und hungrig in der ersten Reihe. Der arme alte Vogel startete knatternd und schwankend, und als wir in größere Höhe kamen, wurde die Kälte immer grimmiger.

Wieder im »Budapest« angelangt, bekamen wir einen Anruf

aus dem Weltenraum – Margot Fonteyn fragte an, ob Jeremy am nächsten Donnerstag der Königinmutter das übliche Blumenbukett bei der Galavorstellung überreichen wollte, wo sie das Adagio aus *Schwanensee* zu Y's Begleitung tanzen würde. Wir sagten »ja«.

Nach einem Einkaufsbummel mit Galia und einer Teestunde beim britischen Botschafter in dem herrlich häßlichen Haus im neureichen »Zuckerbäckerstil«, das die britische Botschaft beherbergt und das über den Fluß auf den mit reinem Neuschnee bedeckten Kreml blickt, war ich mit dem Unfug und Durcheinander ausgesöhnt und gelobte mir, zu versuchen, das wahre Rußland unter der Zwangsjacke im Gedächtnis zu behalten.

Unser letzter Tag kam. Während Y seine übliche Runde an Telefongesprächen absolvierte, packte ich und legte dabei eine Auswahl Kleider, Nahrungsmittel, Parfüm und Shampoos für die liebe, gute, frustrierte Galia zurecht. Sie umarmte mich vor Freude. Ich fühlte mich schuldbewußt. Die Geste war so einfach, aber ich konnte ihr ja nicht meine Freiheit schenken. Ich zog Y vom Telefon fort, damit er einen letzten Blick auf das riesige Blasengebilde der Wassilij-Kirche werfen konnte, die für Iwan den Schrecklichen gebaut worden war. Der war von ihren farbigen Kuppeln und ihrer byzantinischen Schönheit so tief befriedigt, daß er den Architekten blenden ließ, um zu verhindern, daß dieser sein Meisterwerk wiederholte.

Am Nachmittag gab es ein letztes Kuddelmuddel, um das Ganze zu beschließen. Y war gerade im Hotel am Üben, als Galia plötzlich erschien und verkündete, daß er um 16 Uhr und nicht 17 Uhr im Konservatorium erwartet würde. Gemeinsam eilten sie fort und kamen gerade noch rechtzeitig an, damit Y vor den Studenten seine Bach-Solosonaten und -Partiten spielen konnte. Als ich später dazu kam, faszinierte er sie gerade mit der Bartókschen Solosonate. Als nächstes besuchten wir das »Haus der Freundschaft« (eins der ehemaligen Häuser des Millionärs Morosow), wo freundliche Dankesreden zum Lobe Y's und Heps auf ihre verlegenen Häupter herabregneten.

Und so reisten wir endlich ab. Unser fast leeres Flugzeug erhob sich über die schneebedeckten Bäume. Es fror, aber die Stewardess, die aussah wie eine Kreuzung zwischen einer bösen Kinderfrau und einem Transvestiten, lehnte es ab, uns etwas Kaffee zu bringen. Wir sollten drei Stunden warten, sagte sie, dann bekämen wir Kaviar. Ich wollte aber keinen Kaviar, weder jetzt noch später. *Ich wollte mein Frühstück.* Y und Hep kamen mir zu Hilfe. Da sie einsahen, daß ich wenig von der Anbetung, Erfüllung oder Selbstverwirklichung abbekommen hatte, mit denen sie auf unserer Reise erwärmt worden waren, sondern meistens nur Kälte und Abneigung, bearbeiteten sie das träge Stück, bis sie eine Flasche Weißwein und etwas fast heißen Kaffee herausrückte.

Als passenden letzten Akt des Dramas erwies sich, daß der Londoner Flughafen wegen erbsensuppendicken Nebels geschlossen war. Wir warteten zwei Stunden in Amsterdam, wurden in ein Charterflugzeug umgeladen und in Southend rausgesetzt, wo wir einen Mannschaftswagen ergatterten, in dem wir unser Gepäck verstauten; dann krochen wir im 25-Kilometer-Tempo durch totale Sichtlosigkeit und Kälte. Es schien, als beschatte uns Rußland wie ein KGB-Agent. Nach sechs unbeschreiblichen Stunden des Tastens und Spähens waren wir schließlich zu Hause.

War das, so fragte ich mich, die Strafe für meine kleinliche Reaktion auf Rußland? Vielleicht die Buße dafür, daß ich an der Verwandlung eines lebenslangen Traums, der für mich alle Schönheit, Farbigkeit und Helle seit meiner Kindheit bedeutet hatte, in die nüchterne Wirklichkeit, die ich in den letzten drei Wochen kennengelernt hatte, Kritik zu üben gewagt hatte?

15 Festivals und Festlichkeiten

Von all den vielen musikalischen Betätigungen Yehudis waren es, glaube ich, die Festivals, die ich am meisten genossen habe. Sie waren reich an Freundschaft, an wunderbarem Musizieren, an Abwechslung und schierer harter Arbeit für eine Sache, die wirklich die gigantische Anstrengung lohnte und deshalb bei allen Beteiligten das Beste an Geist, Herz und Haltung zutage förderte. Nach den Wochen, die wir damit zubrachten, kam ich jedesmal ganz geläutert zurück. Nichts anderes vermochte im Laufe des langen Jahres der Reisen, Städte und Tourneen mich so von der Klaustrophobie, die unausweichlich in ein Leben einbrach, das hauptsächlich aus dem Eingesperrtsein in irgendwelchen Gebäuden und in jede Art von Beförderungsmitteln bestand, zu befreien. Natürlich hatten auch die Festivals ihre Komplikationen. Der an sich schon überfüllte Salon in Nr. 2 wurde oft von zusätzlichen Musikergruppen heimgesucht, die für die kommenden Ereignisse übten. Und bei aller Schönheit seiner Lage im Berner Oberland beraubte uns das Gstaad-Festival auch unserer Sommerferien, seit es einmal recht in Gang gekommen war und sich über den ganzen August ausdehnte. Aber dies waren wirklich nur kleine Härten gemessen an dem Vergnügen, das diese Ereignisse bereiteten.

In den späten fünfziger und sechziger Jahren gab vor allem das Bath-Festival meinem Leben viel von dem zurück, was mir gefehlt hatte. Y war dort zum erstenmal im Jahre 1955 unter der Leitung von Sir Thomas Beecham aufgetreten. Bei seinem letzten Konzert in jenem Jahre spielte er das Viotti-Konzert Nr. 22 mit dem Royal Philharmonic Orchestra. Es klappte wunderbar, denn Y und Beecham verstanden sich gut. Es wurde auch von der BBC übertragen, und wir erfuhren später, daß die BBC, verärgert darüber, daß Sir Thomas und Y ein bißchen zu genüßlich beim letzten Satz verweilt und die Zeit überzogen hatten, es für richtig befunden hatte, die letzten vier Minuten des Konzerts abzuhakken. In kürztester Zeit waren alle ihre Telefonleitungen von mindestens 140 empörten Beschwerden besetzt. Das war 1955, wohlgemerkt; heute würde das nicht mehr passieren, ist wahrscheinlich auch seit jenem empörenden Zwischenfall nicht mehr geschehen.

Vier Jahre später schlug Ian Hunter vor, Yehudi sollte künstlerischer Leiter des Festivals werden, und als erstes machte sich Y daran, ein Orchester zu gründen, das mit der Zeit das Menuhin-Festival-Orchester genannt wurde. Sein Konzertmeister war Robert Masters, und unter seiner schirmenden Hand machte Y seinen ersten ernsthaften Versuch im Dirigieren. Anfangs hatte er große Angst, weil kein Mensch je weniger Lust zum Kommandieren verspürt hat als er. Ich hatte es nicht leicht, ihn davon zu überzeugen, daß er nicht »leiten« oder »diktieren« müsse, sondern einfach eine Gruppe »sammeln« solle, die ihrer Verfassung gemäß einen Leiter brauchte.

Y's neue Rolle beim Festival nahm viel von unserer Zeit in Anspruch; häufig fanden Zusammenkünfte in Nr. 2 statt, um seinen Aufbau zu erörtern, wie auch Fahrten nach Bath, um verschiedene Standorte zu erkunden. Als der Tag dann kam, fuhren wir mit dem Zug hin und wurden von einer ganzen Batterie Fernsehkameras empfangen. Der Anblick von Baths eleganten silbergrauen Straßen hob meine Stimmung um einiges, als wir den Lansdown Hill zum Hotel hinauffuhren. Sie sank wieder ein wenig, als ich merkte, daß wir in derselben Suite wohnten, die wir vor vier Jahren gehabt hatten, als ich das Kind trug, das zwei Monate später im fernen San Francisco sterben sollte. Aber jetzt war keine Zeit für Trauer um Unwiderrufliches. Y rasierte sich, badete, zog sich an und ging sofort zu einer Pressekonferenz, die von fast allen Londoner und allen lokalen Blättern beschickt war. Plötzlich konnte ich es nicht mehr aushalten, mit meinen Gespenstern allein zu sein; und da ich wußte, daß Y noch mindestens eine Stunde mit dem Fernsehen zu tun haben würde, ging ich den langen Hügel von Bath hinunter bis dorthin, wo ich mich erinnerte, einen Reformladen gesehen zu haben, und dort versorgte ich uns mit all den Kräutern und Samen, Körnern und Säften, die Y bei strahlender Laune und Miene halten würden. Die Last von zwei Töpfen mexikanischen Honigs voller echter Bienenstachel, dazu einem Riesenlaib Brot, der angeblich Vollkornhülsenfruchtsteinmehlsommersprossenknirschkiesmehl oder was immer enthielt, unter der ich zum Hotel zurück hinaufwankte, machte meinen Gang zu einer Pilgerfahrt. Alles was noch fehlte, war ein härenes Gewand und getrocknete Erbsen in meinen Sandalen, um mir den Erlaß von drei Jahren Fegefeuer zu bewirken.

Y war gerade beim Üben, als ich keuchend zur Tür hereinkam und die ganze Bescherung auf den Boden vor seine Füße plumpsen ließ. Ich ging zum Fenster und sah auf die schönen, mit grünen Bäumen eingefaßten Terrassen hinaus, auf die halbmondförmigen Straßen mit ihren Rasenstreifen, die vollkommen natürliche Mulde mit dem zarten Netzwerk aus Bath-Stein, der jetzt in der Dämmerung ein tieferes Grau zeigte. »Wie herrlich!« rief Y. Ich drehte mich um. Er blickte verzückt auf die Reformkost.

Bald jedoch waren wir ganz in die großartige Vielfältigkeit des Festivals vertieft. Im Rathaus gab es ein geistvolles und interessantes Symposium über Musik mit Yehudi als Moderator und Isaiah Berlin, William Glock und Nicholas Nabokov, die alle unhörbar argumentierten, weil die Mikrophone an einem Ende des Saales ausgefallen waren. Ich nahm meinen Mut zusammen und regte an, die Zuhörer sollten doch mit ihren Stühlen näher an das Podium heranrücken, damit sie hören könnten, was da gesagt wurde. Nach ein paar Augenblicken des empörten Schweigens – das ist die durchschnittliche englische Reaktion auf jede Bekundung von Individualität – gehorchten sie und konnten nun die ruhigen und treffenden Kommentare Glocks, die humorvolle Weisheit Isaiahs, die herrlichen russischen Improvisationen und Unterbrechungen Nabokovs sowie Y's kluges und gekonntes Moderieren der ganzen Diskussion genießen. Doch es gab noch viele andere Leckerbissen: Dichtung mit Harfenmusik, die Peggy Ashcroft und Ossian Ellis darboten; ein Solokonzert von Ben Britten und Peter Pears, das wie immer durch Schönheit und Musikalität und den ihnen eigenen Stil gekennzeichnet war; ein Konzert indischer Musik auf der Vina von Ali Akhbar Khan, dem Meisterspieler auf diesem komplizierten Instrument. Ein Teil meines Vergnügens an Ali Akhbars Darbietung rührte von der Genasführtheit des Publikums, dessen klassischer europäischer Geschmack von dem, was es hörte, völlig durcheinandergebracht wurde. Dagegen wurden Bartóks »Kontraste« mit Yehudi, Hephzibah und Reginald Kell so begeistert begrüßt, daß sie das ganze Werk wiederholen mußten. Außerdem spielten Y und Raymond Leppard Händel-Sonaten in einer hübschen kleinen Regency-Kirche. Y mußte immer von einer Probe zur anderen springen; er dirigierte auch zum erstenmal sein eigenes neues Orchester in der Öffentlichkeit.

Ich versuchte, alle diese Darbietungen zu einem Treffen von Freunden zu machen, indem ich die verschiedenen Musiker nach den Konzerten in das damals unvergleichliche Restaurant »The Hole in the Wall« (Das Loch in der Mauer) mitnahm, das von Perry Smith geführt wurde. Hervorragendes Essen und eine vollkommene Szenerie in den Gewölben eines alten Gebäudes. Wenn also ein spanischer Gitarrist, ein ungarischer Pianist oder ein französischer Cellist beim Beginn der Proben noch unter dem niederdrückenden Eindruck eines Frühstücks aus flüssigem Dünger statt Kaffee und Badematten statt Toast stand, so wurde das durch ein herrliches Abendessen rasch wettgemacht, das sich bei lustiger Unterhaltung ausdehnte. Yehudi leistete wahrhaft Herkulisches; aber er und ich genossen jeden einzelnen Augenblick.

Gewiß, es gab ein paar Kapriolen: Es war ein unerquicklicher Augenblick, als Nadia Boulangers Gruppe von vier Sängern das Kirchenschiff der Abtei hinuntermarschierte und sich weigerte, für das Konzert am Abend zu proben, wenn sie nicht auf der Stelle ihr Geld bekäme (sie sang und kriegte ihr Geld einen Monat später); dann das hysterische Getue in der Sakristei, das der eine oder andere der Stargäste anstellte, der meinte, er würde nicht hinreichend als solcher behandelt. In der Regel hatte ich wenig Verständnis für sie und wies sie darauf hin, daß auch der Urheber des Festivals sich nicht als solcher aufführe; warum also bangten sie um ihre Erhabenheit, und im übrigen wäre es Zeit, ihr Instrument auf die Bühne zu bringen und den Unfug zu lassen. Aber auf jede selbsternannte Primadonna kamen Musiker von hohem Rang, die keine solchen eingebildeten Mätzchen nötig hatten. Und in Sir Edwin Leather, unserem Vorsitzenden und Parlamentsmitglied für North Somerset, hatten wir zu unserem Segen einen Mann von hervorragender Tatkraft, der die ganze Grafschaft zur Mitwirkung am Festival veranlaßte, zum Beispiel Veranstaltungen in schönen Häusern der Nachbarschaft organisierte, und uns gewöhnlich vor Ärger und Schulden bewahrte.

Die Jahre hindurch brachte das Festival eine ganze Reihe verschiedener Ideen zur Entfaltung. Einmal spielten Yehudi und Maurice Gendron das Adagio aus *Schwanensee* für Margot Fonteyn und Rudolf Nurejew. Ein andermal teilten er und John Dankworth sich in einen Abend mit Jazz und klassischer Musik. Und bei einem der Bath-Festivals spielte Y auch zum erstenmal mit Ravi Shankar, dem größten indischen Musiker und Sitar-Spieler, der uns seit unserem ersten Besuch in Indien ein lieber und geschätzter Freund ist. Wenn ich mich recht erinnere, so lud Y sie alle, Ravi und sein Team, zwei oder drei Tage vor ihrem Auftreten ein, um Gelegenheit zu haben, sich eine gänzlich neuartige Form des Ausdrucks der Violine zu erarbeiten, während er gleichzeitig fast jeden Abend in verschiedenen anderen Eigenschaften auftrat. »Ein Mann für alle Lebenslagen« [*A Man for All Seasons*, Theaterstück von Bolt, d. Übers.], wie die Presse ihn nannte. Ravi kam wie immer lächelnd und glückstrahlend an und verlieh dem Bahnhof von Bath einen wundervollen exotischen Zug. Insgesamt waren sie ihrer drei oder vier oder vielleicht fünf: Inder haben eine Gabe, sich zu vervielfältigen und gleichzeitig aufzulösen, so daß man unmöglich entscheiden kann, wie viele sie wirklich und wahrhaftig sind. Natürlich war Chatur Lal mit seiner unvergleichlichen Tabla dabei, außerdem eine bezaubernde Frau und gänzlich schweigsame Sarangi-Spielerin [engl. *drone* = Streichinstrument mit einer Saite und rundem Resonanzkörper, d. Übers.] sowie ein oder zwei weitere »Mitläufer«, deren Platz in der Ordnung der Dinge offensichtlich von dringender, aber uneinsehbarer Wichtigkeit war. Ich schaffte sie alle im Wagen zum Grove Hotel, brachte sie in ihre Zimmer und sagte Ravi, Y würde in etwa einer Stunde bei ihnen sein, wenn er mit den Proben der sechs Brandenburgischen Konzerte fertig wäre.

Als Y dann erschien, brachen alle in großes Jubelgeschrei aus und umarmten sich. Die Möbel in unserem Schlafzimmer waren rasch beiseite gerückt, einer von Ravis stummen Myrmidonen breitete einen herrlichen Teppich auf dem Boden aus, ein anderer zündete die Rauchkerzen in ihren Messingschalen an, und ich zog mich zurück, um nachzudenken, wie sie zu beköstigen wären. Da das Hotelmenü – Frucht-Kaltschale, Rinder-Brisoletts, gekochte Kartoffeln und Himbeerpudding – kaum nach ihrem Geschmack war, begab ich mich eilends hügelabwärts zum »Loch in der Mauer« und schrie nach Perry. Er erschien, breit und beruhigend, ließ sich auf mein Dilemma mit dem Vergnügen des geborenen Kochkünstlers ein und forderte mich auf, in einer Stunde wiederzukommen. Als ich erschien, fand ich zwei riesengroße Körbe vor, die nach den besten Dingen Delhis dufteten, und ich schickte mich sogleich an, sie hügelanwärts zu schaffen. Es gab keine andere Möglichkeit. Die Bahnhofs-Taxis hielten ihre Siesta, und Perrys Mitarbeiter waren voll mit dem Servieren des Lunch beschäftigt. So machte ich mich auf, voller Triumph und Freude, und meine Stimmung sank nur zum Teil, weil ziemlich viel von der kochendheißen Currysauce und von anderen würzigen Lekkerbissen beständig durch ihre Umhüllungen auf mein liebstes Sommerkleid sickerten. Endlich einmal schien die Sonne, das Thermometer war auf sommerliche Temperaturen geklettert, und ich muß den Passanten ein sehr komisches und absonderlich riechendes Schauspiel geboten haben. Gebeugten Hauptes und mit brennenden Augen erspähte ich endlich die von Lobelien gesäumten Begonien, was mir das stadtverwaltungsmäßig bepflanzte Beet der Hotelauffahrt ankündigte. Der Liftboy war beim Essen, so mußte ich denn selber die Körbe hinaufschleppen. Ich hatte die letzten paar Meter hügelaufwärts nur geschafft, weil mich der Zauberteppich von Ravis Räucherwerk, das an den anständigen, ordentlichen und sehr englischen Häusern vorbei abwärts waberte, Tausende von Meilen weit fortgetragen hatte. In dem Augenblick, wo ich das Wohnzimmer erreicht hatte, war der Duft übermächtig, und halb ohnmächtig und leicht verdreht, wie ich jetzt war, begann ich mich zu fragen, ob der Gebrauch des Wortes »Weihrauch« *(incense)* als Verb (*to incense* = jmd. aufstacheln, aufbringen), zum Beispiel »ihr Verhalten brachte mich auf«, wohl die Reaktion wäre, die wir von den pensionierten Offizieren und ihren Gemahlinnen, die die Hauptkundschaft des Hotels darstellten, zu gewärtigen haben würden.

Ich stieß mit dem Knie an die Tür unseres Zimmers (das Geräusch der Sitar, Geige, Tabla und Sarangi und der Stimmen war überwältigend), und es gelang mir, die Aufmerksamkeit auf mein Erscheinen zu lenken. Das Bild, das ich bot, muß genau das rechte Verhältnis des Ernsthaft-Komischen gehabt haben. Ravi, Y und Chatur Lal ließen ihre Instrumente sinken und stürzten mir mit lautem, vergnügtem Gelächter entgegen und bedauerten gebührend das ihnen dargebrachte Opfer meines Kleides und meiner Kräfte. Sie waren außer sich vor Freude über Perrys indisches Mahl, das wir alle auf dem Boden sitzend einnahmen, und als Beilage servierte uns Ravi gewagte Geschichten und Witze von der besseren Sorte. Die Inder haben eine herrliche Begabung für spontanen Humor, der aus dem Kessel ihrer natürlichen Wärme – unschuldig, schalkhaft und selten boshaft – sprudelt.

Als ich die Überreste beiseite geschafft hatte (es waren kaum welche da, denn sie hatten ihre Teller mit Stückchen von Chapatti trockengewischt), verließen Y und ich die Musiker, die wie Pakete der *poste restante* in verschiedenen Stellungen auf dem Boden zusammengerollt lagen, und gingen zu einem kurzen Schlummer nebenan in unser Schlafzimmer.

Das nach vielen Proben zwei Tage darauf folgende Konzert war eine Matinee, und sie wird mir lange als eine der merkwürdigsten meines langen und kaleidoskopartig bunten Lebens mit Yehudi in Erinnerung bleiben. Zunächst einmal hatte er ein sehr eigenartiges Programm zusammengestellt, in dessen erster Hälfte er eine Bachsche Solopartita spielen würde; nach der Pause käme dann Indien in Form eines Solos von Ravi und Begleitung, und als großes Finale das Stück, das Ravi so arrangiert hatte, daß es Yehudi beteiligte (da die Geige von den Indern schon vor einigen 150 Jahren übernommen worden war, konnte von einer Sensation in diesem Werk nicht die Rede sein). Nach der morgendlichen Probe im Rathaus verzehrte Y sein Picknick, und als ich ihn verließ, schlief er schon fest auf dem Tisch des Sitzungssaales. Wie gewöhnlich war es meine Aufgabe, für Y's Kleidung zu sorgen, deshalb suchte ich im Hotel sorgfältig das komische Sortiment von Kleidungsstücken zusammen, in denen er in Kürze auftreten würde: den Konzertanzug für den Nachmittag – gestreifte Hose, doppelreihige Jacke, cremefarbenes Seidenhemd, schwarz-weißer Schlips und schwarze Schuhe – für J. S. Bach. Dann, der geographischen Progression der Musik folgend, eine marineblaue Hose und ein feingesticktes weißes indisches Hemd, das ihm Ravi geschenkt hatte. Ich zählte verzweifelt nach, aber es schien nichts zu fehlen. Die Fischbeinstäbchen steckten im Hemdkragen, die Manschettenknöpfe in den Ärmelbündchen, und ein oder zwei Extra-Unterhemden lagen für den Fall bereit, daß er sich erhitzte.

Ich kehrte gerade rechtzeitig zum Rathaus zurück, um ihn aus seinem gewohnten Schlaf aufzuwecken und in seine Bach-Montur zu stecken. Ich glaube, ich habe Y nie mit solch grünem Gesicht gesehen. »Vergiß die ganze Raga, Darling, und genieße die Partita«, sagte ich so frohgemut ich konnte. Y lächelte trübe, ging hinaus auf die Bühne und warf sich mit einer Leidenschaft in die Partita, die vermutlich den vor ihm liegenden Schrecken wegblasen sollte. Ich saß wie üblich ganz vorn und unterhielt mich prächtig, als mein Herz plötzlich, gegen Ende der großen Chaconne, heftig zu schlagen begann: seine Füße! Ach, du lieber Gott, an die hatte ich gar nicht gedacht. Er konnte doch nicht bloß in seidenen Socken umherschlurfen; ich hätte seine schwarzen Filzpantoffeln mitbringen sollen, aber ich hatte sie vergessen. Mir war übel. Der große Applaus für die Partita konnte mich kaum beruhigen, ich hastete zur Garderobe, die inzwischen völlig verändert war. Ravi saß, festlich gewandet, mit gekreuzten Beinen auf dem Konferenztisch, und die längst im Ruhestand befindlichen Ratsherren und Bürgermeister blickten mißbilligend von der Wand auf ihn herab; Chatur Lal stimmte in einer Ecke seine Trommeln mit einem kleinen Schlegel, die stumme und schöne Sarangi-Dame in einem hinreißenden Sari zupfte vage an ihrem Instrument. Inzwischen entzündete das Aufgebot an Mitläufern Weihrauchbecken, oder sie wiegten sanft ihre Häupter hin und her auf jene besondere indische Art und Weise, die Bestätigung, Wertschätzung, Begrüßung, Nachdenklichkeit ausdrücken oder verschiedene andere Bedeutungen, allesamt geselliger Art, haben kann.

Ich nahm mein Herz in die Hand und gestand Y, daß ich gänzlich seine Füße vergessen hätte.

»Macht nichts«, sagte Ravi, »er kann barfuß auftreten.«

»Sieht das nicht ein bißchen komisch aus, wenn die unter blauen Leinenhosen rausgucken? *Sie* haben schließlich Jodhpurs an.«

»Ist doch egal – alles geht bestimmt großartig!« sagte Ravi. Y zog sich das Hemd über den Kopf. Ich sah in sein Gesicht. Es hatte die Farbe von Grünspan. Mit Nerven wie verknotete Taue ging ich auf meinen Platz zurück.

Da trabten sie heraus: Ravi, ansehnlich, mit walnußfarbenem Gesicht, glänzendem schwarzen Haar, eine zum Leben erwachte Moghul-Miniatur-Gestalt, mit seiner schönen rotbraunen Sitar im Arm; Chatur Lal, wie ein schalkhaftes Äffchen, mit lachenden weißen Zähnen und den großen, rollenden Augen, gemeinsam mit der schönen Sari-Dame und Y, grün im Gesicht, der mit seinem Schopf kornfarbenen Haars außerordentlich fremdartig aussah, wie ein neugeborenes Küken, das gerade der Eierschale seines weißen Hemdes entschlüpft. Die entzückten Rufe und Wogen der Erwartung, die vom Publikum emporbrandeten, halfen dem armen Y überhaupt nicht – es brachte ihn nur ins Wanken, als er Ravis ermunterndes warmes Lächeln bläßlich erwiderte. Sie legten los – und zwar Ravi und Chatur Lal – mit der Raga, während Y im Schneidersitz auf dem Teppich seinen Einsatz erwartete und wie der Taubstumme bei einer Beerdigungsfeier aussah. Es war eine Szene, wie nur Y allein sie hätte ausdenken können: das Rathaus-Mahagoni, vergoldete Glaslüster, der ganze kühle, anmutige Prunk eines Amtssitzes aus dem 18. Jahrhundert, gestört durch ein häßliches Podium, das mit grünem Tuch bespannt war und nur durch Ravis schönen, aber kaum sichtbaren Teppich gemildert wurde; der parfümierte Rauch, der ruhig wie duftende graue Federn vom Podium aufstieg, die Pfauenfarben der Sarangi-Spielerin mit ihrem wunderschönen, eleganten gesenkten Kopf und den langen, edelsteingeschmückten Fingern, der Tabla-Spieler, der ganz still auf seinen Einsatz wartete und dabei doch mit Ravi auf einem unhörbaren musikalischen Richtstrahl kommunizierte und mit jener gewissen Kopfbewegung reagierte, wenn Ravi immer unmöglichere Kunststücke des Hinauf- und Hinabkletterns auf den zahllosen Saiten vollführte, mit der freudigen Kunstfertigkeit, die nur der vollkommene Meister kennt . . . und Yehudi, dessen blasse Haut wie eine Elfenbeinmaske aussah und der mit seinem blonden Haar der ganzen Szene einen seltsamen Zug des Mythopoetischen gab.

Schließlich kam der gefürchtete Augenblick. Chatur Lal hatte seine Partie mit Ravi absolviert und auf wunderbare Weise komplizierte Rhythmen mit zwanzig Fingern und dem Handansatz geschlagen. Ravi nickte dem Geist auf seiner linken Seite zu. Zuerst spielte Yehudi bescheiden seine Melodie, dann aber gewann er durch Ravi Mut und Tempo und ließ sich gehen, bis alle drei – Ravi, Chatur und Yehudi – durch ein gesprächhaftes Trio stürmten, das das Publikum mitriß, bis es am Schluß aufstand und nach mehr verlangte. Mit jetzt geröteten Wangen und einem tiefen, allzu hörbaren Seufzen stand Yehudi mit den anderen auf, verbeugte sich und trabte vom Podium. Immer wieder klatschte das Publikum sie heraus. Yehudi und Ravi umarmten sich und hofften wohl, daß diese zärtliche Geste als eine letzte Verabschiedung dienen könne. Vergebliches Hoffen. Das Rufen schwoll an. Wieder trabten sie heraus. Yehudi bat mit erhobener Hand um Schweigen und sagte: »Ich mache Sie darauf aufmerksam, daß ich es vielleicht zum zweitenmal nicht schaffe.« Tosende Begeisterung. Sie setzten sich wieder mit gekreuzten Beinen (ich meine nicht die Matronen und ihre Begleitung) und stürzten sich lustig in das Stück. Ich zerknüllte mein Taschentuch zu einem schmutzigen Fetzen, aber Y kam zum zweitenmal noch besser hindurch, und ich konnte wieder rhythmisch atmen.

Aber gerade diese verrückten, phantasievollen Wagnisse waren das rechte Gegengewicht zu all den Sonaten und Konzerten von London bis East Overshoe, Paris bis Vinegar Bend und machten das Leben mit Menuhin, dem Violinisten, so lebenswert.

In jener Nacht, in der ich wie gewöhnlich wach lag, überdachte ich den Inhalt des Tages und suchte Yehudis musikalisches Temperament zu ergründen. Es schien irgendwie, als ob die Musik ihm ins Blut eindränge und alles, Kopf, Herz und Finger, durchströmte, so, als ob es keine Lücke in dieser ungewöhnlichen Einheit gäbe. Ich fühlte mich vollends in dieser Vermutung gerechtfertigt, als wir unmittelbar nach dem Festival per Bahn nach Wien reisten, wo Y drei Konzerte innerhalb von drei Tagen geben sollte. Eines der Werke, die auf dem Programm standen, war Bartóks jüngst entdecktes erstes Violinkonzert, das, wie ich an anderer Stelle erzählt habe, Y von den Bartók-Nachlaßverwaltern ein Jahr lang zum Spielen übergeben worden war, bevor es Allgemeinbesitz werden würde. Dies sollte die Premiere sein, und ich war vor Sorge schon ganz krank, denn ich hatte Y es zu keiner Zeit üben hören. Allerdings hatte ich ihn im Zug drei Stunden lang im Nachbarabteil etwas üben hören, was erkennbar ein Bartók war.

Als wir in Wien ankamen, fragte ich Y, ob es wirklich das erste Konzert gewesen wäre, das ich durch die Wand gehört hatte. Er nickte und legte die Noten beiseite, um für die Konzentration auf die anderen beiden vorangehenden Konzerte frei zu sein. Am ersten Abend gaben er und Marcel Gazelle ein Solokonzert. Am Abend darauf spielte er Bartóks zweites Konzert. Am Morgen des dritten Tages fand endlich eine Probe des »neuen« Konzerts statt. Und an diesem Abend erschien Y und spielte das Stück *auswendig*. Und erntete natürlich stürmischen Beifall.

Keine fremden Gedanken scheinen jemals dazwischenzutreten und Y's innere Harmonie abzulenken. Es kümmert ihn nicht, ob das Haus voll oder leer ist, und er kann nur aus der Fassung gebracht werden, wenn es ihm nicht gelungen ist, das Orchester und den Dirigenten in seine Harmonie hineinzuziehen, so daß sie alle gleichmäßig an dem beteiligt sind, was sie spielen. Seine Bescheidenheit ist einfach vollkommen. Zu vollkommen vielleicht, in einem Ausmaße nämlich, daß es zu Anfang unseres gemeinsamen Lebens schwierig war, ihn davon zu überzeugen, daß er doch wahrhaftig das Recht habe, einen Tempowechsel zu verlangen, wenn eine besonders signifikante Phrase vorkam, die er nur so spielen konnte, wie er sie im Herzen trug und im Geist hörte, ja, daß es geradezu seine Pflicht sei, sein eigenes Spiel vor den Verrenkungen und Verbiegungen etlicher Dirigenten zu schützen, deren Möglichkeit des Selbstausdrucks für sie das *sine qua non* des betreffenden Stücks war. Glücklicherweise gab es von dieser Sorte nur wenige Dirigenten von einiger Bedeutung und sehr viele, die entweder so dachten wie Y oder seine Integrität und Hingabe an das fragliche Werk spürten und nur zu bereit waren, seinen Wünschen zu entsprechen: denn es gibt hervorragende Dirigenten, die sehr schlechte Begleiter sind. Es scheint fast so, als könnten sie keine Solostimme ertragen, die ja in gewissem Maße nicht ganz so lenkbar ist wie der Körper eines Orchesters. Oder vielleicht fehlt ihnen einfach die Gabe des Teilhabens. Y kann diesem Typ von Dirigenten im allgemeinen ein klein wenig Elastizität abringen, jedoch nicht immer.

Da war der klassische Fall, als er in einer der größeren deutschen Städte auftrat, wo er an einen völlig rigiden und unbegabten Dirigenten geraten war (der längst in die verdiente Vergessenheit gesunken ist). Er mußte sowohl das Mendelssohn- wie das Tschaikowski-Konzert spielen. Bei der Probe stellte er nach den ersten paar Takten betrübt fest, daß dieser Mann kein »Riese der Zukunft« war, sondern eher ein »Zwerg der jüngsten Fast-Vergangenheit«. Y kämpfte sich durch die Probe und tat sein Äußerstes, um das mechanische Taktschlagen des unmusikalischen Kerls zu lockern, jedoch ohne Erfolg. Als dann der Konzertabend herankam, machte sein gewohnter Optimismus einer Anwandlung von Trübsinn Platz, obwohl er zu glauben versuchte, es möchte in dem Dirigenten doch irgendein winziger Funke von Musikalität stecken, den er bei der Probe irgendwie nicht hatte zum Zünden bringen können.

Als der Zeitpunkt für das Mendelssohn-Konzert kam, bedurfte es für Y nicht mehr als der ersten zwei Seiten, um festzustellen, daß er nicht den geringsten Eindruck auf dieses unbewegliche Standbild gemacht hatte, das den Takt nach den Regeln eines irregeleiteten, von einem Provinzkapellmeister des vorigen Jahrhunderts verfaßten Handbuchs vor sich hinschlug. Mit einer wahrhaft heroischen Anstrengung, die einem Kipling Ehre gemacht hätte, mobilisierte Y nun sein ganzes Musikerethos und schickte sich an, es auf Biegen oder Brechen zu wagen; da ihn der Gedanke, das exquisite Werk zu verraten, unglücklich machte, tat er alles ihm Mögliche beim ersten Satz. Der zweite Satz, der unbeschreiblich lieblich ist, gab Y und dem Orchester größere Freiheit, ihn, wie es nötig war, zum Singen zu bringen. Ermutigt gingen sie mit leichterem Herzen ins Finale. Es dauerte aber ungefähr nur acht Takte, da verlor Y nicht nur allen Glauben, sondern – was selten bei ihm vorkommt – auch die Geduld. Von dem Augenblick an war er entschlossen, den Satz durchzupeitschen, wie er es wollte, wobei er hoffte, eine unbeirrte Haltung würde der steinernen Brust des Dirigenten ein Quentchen an Kooperation entlocken, so daß sie dem Publikum wenigstens eine verhältnismäßig annehmbare Version des Konzerts anbieten könnten. Aber es sollte nicht sein. Das menschliche Metronom auf dem Podium neben ihm hackte in seinem unbezwingbaren Stil drauflos, ein Teil des Orchesters folgte Yehudi, der Rest (benommen) dem Dirigenten. Yehudi endete mit einem Schwung gemeinsam mit den ersten Geigen und stand, die Geige gesenkt, mit zusammengepreßten Lippen ruhig da, während der Rest des Orchesters einem ungeordneten Ende zutaumelte. Den passenden Schluß dieser schwarzen Komödie lieferte das Publikum, von dem einige Yehudi applaudierten, als er trotzig endete, während die übrigen in disziplinierter teutonischer Ordnung erst folgten, als der Dirigent seinen Stab niedergelegt hatte.

Nach ein paar Verbeugungen, bei denen Y die Augen des Metronoms mied, ging Y in seine Garderobe zurück und sank angesichts der alptraumhaften Aussicht auf den kommenden Tschaikowski in Verzweiflung. In der einsamen Stille der Pause sann er gewissenhaft über die Situation nach. Es lohnte sich absolut nicht, das kommende Werk zum Anlaß einer kämpferischen Auseinandersetzung zu machen, weil es in Stil und Partitur so ganz anders als der Mendelssohn war, daß es verhältnismäßig leicht sein müßte, wenigstens eine heroische Interpretation zu liefern, die den Mangel an *finesse* verdecken würde. So benahm er sich diesmal wie ein vollkommener kleiner Gentleman und war gelinde getröstet, da Herr Metronom offensichtlich von Schuldgefühlen gepackt war und diesmal, im Rahmen seiner armseligen Fähigkeit, sich beachtliche Mühe gab zu kooperieren. Sie blieben alle drei Sätze Tschaikowski hindurch höflich beisammen, nahmen den lautstarken Applaus des Publikums mit Erleichterung entgegen und kreuzten nie wieder die Klingen, noch einer des anderen Wege.

So viel, was Y's musikalisches Temperament anlangt. Von Bath abgesehen gab es noch zwei andere Festivals, die für mich jedes Jahr, in dem sie stattfanden, ein Leuchtfeuer der Verheißung waren. Das eine war das Gstaad-Festival, das sein Bestehen Yehudi verdankte, das andere Aldeburgh, dessen besonderer Ruf ausschließlich seinen Begründern Benjamin Britten und Peter Pears zugeschrieben werden muß. Y war mehrere Jahre hintereinander eingeladen gewesen, in Aldeburgh zu spielen; und als der Gedanke eines Festivals in Gstaad erstmals erwogen wurde, waren es Ben und Peter, die wissen ließen, sie würden sich glücklich schätzen, die ersten Konzerte als Zeichen der Dankbarkeit für Y's Beiträge in Aldeburgh zu geben.

Die ursprüngliche Anregung zu einem Gstaad-Festival war allerdings von der Kurdirektion des Städtchens gekommen, die an Y mit höflich entschlossener Miene herangetreten war und es bedauert hatte, daß sich Gstaad nur einer kurzen Wintersaison erfreute und daß um den Juni und Juli die meisten der großen Hotels aus Mangel an Kundschaft schließen mußten. Möchte Herr Menuhin, der für seine Großherzigkeit bekannt sei, diesem finanziellen Notstand nicht mit vielleicht nur zwei Konzerten, sagen wir im August, abhelfen und auf diese Weise eine Art Sommersaison ins Leben rufen? Wie gewöhnlich war Y unfähig, dieser neuen Herausforderung zu widerstehen. Er willigte ein, und so wurde am 4. August 1956 das erste Gstaader Festival mit ein paar bescheidenen, aber schönen Konzerten eröffnet. Auf Bens Anraten war Maurice Gendron, der französische Cellist, zu uns gestoßen, und er fügte sich vollkommen der musikalischen Atmosphäre ein, weil er zugleich in höchstem Maße professionell, doch nicht im entferntesten »kommerziell« war.

Die schlichte kleine weiße Steinkirche mit dem hölzernen, schindelgedeckten Spitzturm des benachbarten Dörfchens Saanen sollte unser »Konzertsaal« sein. Im Jahre 1603 erbaut, mit reizenden, primitiven, verblaßten Freskomalereien, enthielt sie einen unverrückbaren Taufstein, der allen großen Konzertflügeln im Wege stand und die Aufstellung eines Kammerorchesters zu einem sehr schwierigen Problem machte. So füllten wir ihn mit Blumen und taten so, als sei er eher unersetzbar als unverrückbar. Ich erinnere mich noch, sie spielten Telemann und Bach, und Yehudi und Ben die Schubert-Phantasie, Peter sang zwei Gruppen von Liedern, und Maurice spielte eine Bachsche Solosonate. Die Kirche war brechend voll, und alles war himmlischer Klang und schlichter Friede. Das zweite Konzert mit Mozart-Trios war gleichermaßen erfolgreich; Peter sang Bens Arrangement für fünf Sonette von Donne, Y spielte Bachs Partita d-Moll mit der herrlichen Chaconne, die klar und hell durch die stille Kirche klang, und ein paar bestechende Werke, die Ben bei Bach für eine Stimme, Cembalo, Cello und Violine gefunden hatte. Es war idyllisch, nachher auf den Rasen herauszutreten, wo ein großer Mond wie eine Laterne über den Bergen hing und die Luft klar und kühl war; danach gingen wir alle zurück, um zu essen und bis spät in die Nacht hinein miteinander zu reden.

Bald war das Festival fest etabliert, und jedes Jahr brachte von nun an die verschiedensten musikalischen Besucher. Eines denkwürdigen Abends, eine Stunde vor dem Konzert, war Y's Frack nirgendwo aufzutreiben. Eine wilde Suchjagd in allen Winkeln des kleinen Chalets erbrachte nichts. Ich fragte Schwester Marie, denn ich wußte, sie hatte mir den Frack nach dem letzten Konzert abgenommen. Selbstgefällig erklärte sie, er müßte dort sein, wohin sie ihn immer hinhängte, auf dem Kleiderhaken des hinteren Balkons. Ich stürzte hinauf, um nachzusehen. Auch da nichts. Als ich ihr beim Herunterkommen auf der Treppe begegnete, teilte ich ihr verdrießlich die schlechte Nachricht mit. Da war jeder Anflug von Selbstgefälligkeit von ihrem Gesicht weggewischt. Mit sinkendem Mut erinnerte ich sie daran, daß es, seit Y's letztem Spiel gestürmt und geschüttet hätte, so, wie es nur in einem Schweizer Sommer geschehen kann. Sie lief nach draußen. Da lag auf einem benachbarten Feld, -zig Meter weit weg, zu einer feuchten Masse zusammengeballt, das vermißte Kleidungsstück und sah aus wie Sachen, die ein Betrunkener weggeworfen hat, es schien ganz und gar »untragbar«. Ich telefonierte überall wegen eines Ersatzes herum. An dem Abend trat Y in einem Frack auf, dessen Schwänze den Boden fegten und die ihm das Aussehen eines verstörten Pinguins gaben.

Aber vielleicht war doch Aldeburgh für uns mehr als jedes andere Festival der Höhepunkt jener Jahre. Wir fuhren oft schon zu Proben hin, noch ehe das Festival begann. Ach, diese gesegnete Ruhe und der Friede von Crag House, wo Ben und Peter damals wohnten! Musizieren, zu den wundervollen Suffolk-Kirchen wie Blythburgh und Southwold wandern, auf den höchsten Klippen bei Dunwich sitzen und verstohlen Ausschau halten nach der abgesunkenen Kirche, was Erinnerungen wachrief an die sieben Pagoden, die an der ostindischen Küste bei Mahabalipuram fast vom Meer verschlungen waren. Des Abends beim rhythmischen

Klatschen der Wellen auf dem Kiesstrand in Schlaf zu sinken. Frische Luft und Gespräche, viele davon am Kaminfeuer, wenn der Abend kühl war, Bens lebhafte, klare Stimme, Peters komische, ekklesiastisch gedehnten Laute. Alle Spinnweben und Nadelstiche des Hotellebens waren wie weggeblasen und zerstoben. Als Y auf Bens Anregung die amerikanische Botschaft anrief und bat, sie möchten doch ihren Piloten vom örtlichen US-Flugplatz nahelegen, im weiten Bogen um uns herumzufliegen, wenn sie schon fliegen müßten, willigten sie sofort ein. Und auf dem Rasen von Red House, das damals der Malerin Mary Potter gehörte, konnte man Krocket spielen. Ben, als mein Partner, war aufs Gewinnen erpicht; Peter, Yehudis Partner, amüsierte sich ganz schlicht und einfach.

Als ich mich einmal, nachdem ich 67 Briefe geschrieben hatte, in der ersten Woche unseres Aufenthaltes vor Empörung und Erschöpfung an Peters Weste ausweinte, sagte er, mein müdes Haupt freundlich tätschelnd: »Diana, Liebes, wir alle sind dir eine Erklärung schuldig. Du hast so viel Vitalität, und Yehudi scheint so heiter, so fürchteten wir alle, *du* triebest ihn an. Jetzt, nach einer Woche, die wir zusammen sind, sehen wir ein, daß es genau umgekehrt ist.«

Ein paar Tage danach, zu Beginn des Festivals, die »house party«, deren Gäste sich mehrere Jahre hindurch regelmäßig zusammenzufinden pflegten, eine der nettesten häuslichen Gesellschaften, die ich je mitgemacht habe; ständige Gäste waren Prinz Ludwig von Hessen und seine Gemahlin Peg, die wir schon von Ansbach her kannten, und George und Marion Harewood. Dazu erschienen lange verloren geglaubte Freunde wie Geister aus einer Vergangenheit, die in meinem Gedächtnis allzu weit zurücklag. Musikfreunde der Sonntags-Salons meiner Mutter und abgeblitzte Bewerber (ach Gott! wie hatte ich nur für einen Augenblick den leisesten Gedanken hegen können, Marmaduke zu heiraten?).

In einem jener Jahre ereignete sich ein kleiner Zwischenfall, der die sonst so strahlenden Tage störte. Yehudi, Peter, Ben und ich saßen alle im hohen frischen Gras zwischen den Grabsteinen der Kirche von Blythburgh und verzehrten unser Picknick, als ein Photograph vom *Life Magazine* (eigentlich ein sehr netter Mann) hinter einer Gruppe von Grabsteinen auftauchte, in der festen Absicht, Y zu knipsen. (Die Zeitschrift bereitete einen langen Beitrag über seine europäischen Reisen vor, und man konnte damit rechnen, daß man sich im allerunpassendsten Augenblick an uns heranmachen und uns überfallen würde.) Dies war ein solcher Augenblick, und Bens Zorn stieg wie eine Rakete aus dem hohen Gras empor und jagte ihn fort. Der arme Y sah sehr unglücklich aus – er hatte dies nicht gewollt –, er suchte keine Publicity, hat sie nie gesucht. Wie konnte man Ben und Peter erklären, daß sie *ihm* hinterherlief? Eine Wolke, nicht größer als die Hand eines Mannes, der eine Kamera hielt – und doch zerstörte sie dies Glück im Grünen. Wir hoben unser Butterbrotpapier auf und traten in die Kühle der kleinen Kirche, Y und ich mit Armesündermienen, ganz plötzlich und ohne es zu wollen, fühlten wir uns durch die brutale Erinnerung an die größere und zwangsläufig kommerziellere Welt, zu der Y der Natur seiner Laufbahn nach nun einmal gehörte, entfremdet.

Erfreulicherweise wurde der unglückliche Pistolenschuß der Presse von der Musik ausgelöscht – Y spielte mit diesen beiden überragenden Künstlern, während die Sonne durch die Lichtgaden der Kirche schien – sowie von dem einzigartigen Publikum, das Ben und Peter herangezogen hatten, und durch die Felder von Suffolk fuhren wir heim zum Dinner. Am nächsten Tag machten wir uns alle auf, um Edith Sitwell und Cecil Day Lewis im Gemeindesaal Blake lesen zu hören. Als wir nach einem ausgelassenen Lunch im Garten saßen, wagte ich die Frage:

»Dame Edith, sagen Sie mir doch bitte, was bedeutet der eine merkwürdige Vers aus den ›Geheimnissen der Erde‹? Ich habe es nie herausbekommen.«

»Liebes Kind«, sagte sie gütig und sah dabei in ihrem langen schwarzen Gewand, den Girlanden von Amuletten, dem glänzend glatten Haar und der darauf thronenden Haube vor dem Hintergrund des Hauses aus Flint- und Backsteinen herrlich fehl am Platz aus, »ich habe nicht die *blasseste* Ahnung!«

»Aber es *klang* so überzeugend.«

»Oh, da bin ich aber *sehr* froh. Das hatte ich gehofft . . .«

Weder die erstklassige Musik noch die ausgesuchte Gesellschaft allein machten Aldeburgh so einzigartig. Auch das

Ambiente trug dazu bei, alles zu einem vollkommenen Ganzen zu machen.

Ich war überwältigt von der Schönheit der umliegenden Landschaft. Eines Tages gegen Ende Juni, als es noch hell war, schlich ich mich fort, über die Auffahrt, den Feldweg hinunter, vorbei an dem Wäldchen, wo manchmal Nachtigallen sangen, hin zum Ufer, wo die kleine Versammlungshalle (Moot Hall) aus rotem Backstein, halb Fachwerkbau, stand – ganz einsam, ein Streifen groben Grases, ein abfallender Kiesstrand und dahinter die Nordsee. Suffolk hebt sich vom übrigen England ab, ja vom ganzen übrigen East Anglia. Es scheint diesem Lande den Rücken zuzukehren und, wie in früheren Jahrhunderten, über das flache Meer hinweg nach Holland zu blicken. Sogar sein Licht ist holländisch, in seiner seltsamen blassen Tönung, durchsichtig, wässerig, mit einem schwachen Gelb unter dem Blau, so, als wäre der ganze Himmel indirekt und insgeheim von unten erleuchtet. Vorbei an großen Massen wilder Lupinen, die ein wenig vom Abendwind gezaust wurden, ging ich den ganzen geraden, unnachgiebigen Asphaltweg entlang, der die einzige »Esplanade« darstellt. Die See leckte mit trägen Wellen den Strand und warf Schaum über die großen Kiesel, unter denen Menschen mit scharfen Augen den Bernstein erkennen können, der von den uralten Wäldern Nordrußlands an Norwegen vorbei nach Dänemark herunter und hinüber an die Küste von Suffolk geschwemmt ist; diese Küste, die langsam und unerbittlich Jahr um Jahr fortgefressen worden ist. Solche Augenblicke wie diese belebten mich neu und versinnbildlichten das ganze Erlebnis, in Aldeburgh zu sein.

In jenem Jahr endete das Festival mit einem herrlichen Höhepunkt. Eine große Gesellschaft besonders herausgeputzter Bewunderer füllte das ziemlich unansehnliche Gebäude der Workmen's Hall bei Lowestoft, die durch Dutzende kleiner und großer Bierfässer völlig verwandelt worden war. Sie dienten als Tische – auf jedem stand, vergoldet und prachtvoll, das Symbol des Geldes und der Geselligkeit, Champagner, daneben Platten köstlicher Canapés – und waren rings um eine kleine erhöhte und teppichbedeckte Plattform gruppiert, die für das Kabarett bestimmt war. Unsere kleine Gesellschaft kam ziemlich spät; in dem nur von Kerzenlicht erhellten Raum war es sehr heiß, gedrängt voll mit elegant gekleideten Menschen, und er hallte schon wider von Scherz und Lustigkeit. Mit zunehmender Hitze machten sich auch die Korken der Champagnerflaschen selbständig. Wie ein Sperrfeuer von Flintenschüssen ging einer nach dem andern los, und in Kaskaden strömte das Naß über die schönen Frisuren und über die Busen der empörten Matronen und die eleganten Hemdbrüste ihrer Begleiter. Ganze Fontänen von Heidsieck und Bollinger, Mumm und Veuve Cliquot verschwendeten ihre Blasen an die trockenheiße Luft. Trotz der zerstörten Locken, der durchtränkten Dekolletés oder vielleicht gerade wegen dieses nassen Extravergnügens bot das Kabarett, eine von Peter und einer kleinen Gruppe vollkommen aufgezogene »Masque« [dramatisch-poetische Allegorien bei Festlichkeiten, d. Übers.], die Purcells etwas anzüglichere Lieder sangen, ein höchst elegantes und extravagantes Finale in einem wahrhaft erhebenden Festival.

Epilog

Frage aus einem IQ-Test für Schulkinder: »Wer oder was ist Yehudi Menuhin?«

Unter den Antworten waren die folgenden Blüten:

a) Er ist ein weltberühmter Rad(renn)fahrer.

b) Er ist ein chinesischer Kaiser.

c) Es ist eine Art indisches Nahrungsmittel.

d) Er ist der Schutzheilige der Musik.

So viel über das Image von Y. M., wie es sich aus zahllosen Fernsehauftritten in einer proteischen Fülle der verschiedensten Rollen gebildet hatte und in den Prominentengalerien, die sich in den Köpfen Jugendlicher bilden, verwandelt worden war.

Warum »Rad(renn)fahrer«? War jenes Kind möglicherweise mit einem außersinnlichen Wahrnehmungsvermögen begabt und hatte wie durch Eingebung erraten, daß ein Mann, der fast jedes Jahr in vierzig Minuten einen Gürtel um die Erde legt, so etwas wie ein Athlet auf Rädern sein muß?

Warum »chinesischer Kaiser«? Ein Durcheinander von Erinnerungen an herausragende Größe und Virtuosität, die an einen sehr fremdartigen Namen geknüpft sind?

Das Kind, das ihn in eine »Art indisches Nahrungsmittel« verwandelte, kam der Sache rein faktisch am nächsten. Verbindet man Yehudis Auftritte, die ihn auf dem Kopf stehend mit seinem Guru in Hilfestellung, die Füße im Mund, auf beiden Händen balancierend zeigten, mit anderen ähnlichen 1., 2., 3. und 4. BBC-Programmen, die die überragende Bedeutung biologischer Kost (die man am besten aus dem Futtersack für Pferde ißt) demonstrierten, so müssen sie in der Tat, zu magischer Harmonie vermengt, im Kopfe eines jeden beeindruckbaren Jugendlichen haften bleiben.

Den »Schutzheiligen der Musik« finde ich sehr rührend. Offensichtlich ein musikalisches Kind, das Yehudi (wie ich Diaghilew) zu seinem gütigen, inspirierenden und beschützenden Gott gemacht hatte.

Fünfzehn gemeinsame Jahre hatten in meinem Bewußtsein ein ähnlich gemischtes Bild erzeugt, wenn ich nachts, zu müde, um schlafen zu können, unsere Ehe zu analysieren versuchte. Der chinesische Kaiser auf dem Fahrrad, der an einem auf orientalische Weise zubereiteten Hühnchen knabbert und einen Heiligenschein aus leuchtenden »Kreuzen« und »Bs« trägt, war gar nicht so weit von der Wirklichkeit entfernt. »Ein Mann für alle Gelegenheiten« *(A Man for All Seasons)* hatte die *Times* ihn genannt, wenn er Konzerte, Jazz, Kammermusik, indische Ragas spielte, sein eigenes Orchester dirigierte und Diskussionen über entlegene Themen für das Bath-Festival moderierte.

Neville Cardus, der Altmeister der englischen Kritiker, schrieb einmal: »Wie konnte Yehudi Menuhin im Alter von achtzehn oder, was noch bemerkenswerter ist, im Alter von acht Jahren die Geige spielen, als wäre die Musik seine natürliche Sprache? Das sind Geheimnisse, die wir nicht ergründen können.«

Es war immer meine unausgesprochene Hoffnung gewesen, daß ich, wenn ich mein eigenes Leben als Tänzerin und Schauspielerin aufgäbe, das große Glück haben würde, meine ganze Kraft und Hingabe jemandem zur Verfügung zu stellen, dem sie Nutzen bringen würden. Für mich bedeutet Liebe Dienst im tiefsten und höchsten Sinne und Ehe das Teilen unter Gleichgesinnten. Wie groß auch die Herausforderungen sein würden, sie sollten ihren Zweck erfüllen; wie viele Härten auch kommen mochten, sie würden sich in der Erfüllung des ganzen Planes auflösen.

Ich war schließlich seit früher Kindheit in jener Selbstzucht geübt, die die Grundlage aller Kunst ist, das Gerüst, das den kreativen wie den ausübenden Künstler trägt. Was wie unerträglicher Druck, Härte, drakonische Lebensweise aussieht, löst sich in der absoluten Gemeinschaft und ungetrübten Liebe auf, die ihren Glanz vom gemeinsam erschauten Ziel aus Leistung, Streben und Erfüllung empfängt. Erstaunlicherweise kann sich angesichts scheinbar unüberwindlicher Schwierigkeiten eine besondere Harmonie entwickeln.

»Kummer ist ein Schatz, und kaum jemand hat davon genug. Kein Mensch, der nicht reifer und auf Gott hin gelenkt wird durch diesen Kummer, hat Kummer genug.« Diese universale Bedeutung gibt John Donne in seiner siebten »Devotion« dem

Kummer, der dunkleren Seite des Lebens, die, durch Hinnahme verwandelt, strahlender und dauerhafter wird als er selbst.

Yehudi und ich waren beide mit einer reichen Fülle von Begabungen gesegnet, aber seine, die so viel größer waren als meine, waren dazu bestimmt, einen wahrhaften und dauerhaften Nimbus um ihn zu weben, eine Art von Licht, das allen dargeboten und von allen wahrgenommen wird, die Augen haben zu sehen und Ohren zu hören.

»Yehudi Menuhin hat gelernt, seine Palette, seine schöne Farbskala, in den Dienst seines sich entwickelnden Geistes und seiner musikalischen Einsichten zu stellen. Nur die Zweitrangigen bleiben stehen.« So noch einmal Neville Cardus. Meine Aufgabe war es, den endlosen Reisen Rhythmus abzugewinnen und Mittel und Wege zu finden, die immer wieder aufbrechende Kluft zu füllen, die uns aufgrund der häufigen Abwesenheit von unseren Kindern entfernte, und aus einem vielgestaltigen Mosaik ein annehmbares Muster herauszuarbeiten.

Was bedeutet dagegen schon die dauernde Beanspruchung aller unserer Fähigkeiten, die Anstrengung, wie ein Akrobat das Gleichgewicht zu bewahren, die Notwendigkeit, während des fortwährenden In-Bewegung-Seins sich zu konzentrieren und die verwirrende Vielfalt von Unternehmungen zu erinnern, an denen Yehudis einheitstiftender Geist seine Freude hat; und wenn ich mir gelegentlich wie der Heizer im Kesselraum vorkomme, der S. M. S. Menuhin flott erhält, während Y als Kapitän auf der Kommandobrücke den Blick in die inspirierende Ferne richtet, so komme ich, wenn meine Aufgabe erfüllt ist, nach oben und teile mit ihm das Erreichte.

Zwanzig Jahre und mehr haben diesen Bericht lang werden lassen, und ich kann nur mit noch größerer Überzeugung wiederholen, daß mein Leben mit Yehudi der Himmel auf Erden war und ist.

Danksagung

Mein tiefster Dank gebührt John Moorehead, der mein ungefüges Manuskript mit feinfühligem Verständnis formte, meine Dankbarkeit John Curtis, dessen warme Ermutigung mir half, emsig an der Arbeit zu bleiben, meine Bewunderung gilt Jane Price, deren scharfes Auge meine barocke Handschrift in ein lesbares Typoskript verwandelte, und schließlich, doch in nicht geringerem Maße, mein wärmstes Lob Linden Lawson dafür, daß sie mit geschickter Hand das Ganze in gebührende Ordnung brachte. Dank auch an Jutta Schall-Emden für den hübschen Titel. Und alle engen und geschätzten Freunde, die wegen der Notwendigkeit, fünfzehn Jahre in ein Buch zu pressen, trotz ihrer Bedeutung nicht genannt worden sind, bitte ich dafür um Entschuldigung.

Illustrationen

Register

Yehudi Menuhin
Unvollendete Reise

Lebenserinnerungen.
Aus dem Englischen von Isabella Nadolny und Albrecht Roeseler. 457 Seiten mit 63 Fotos. Leinen

Sir Yehudi Menuhin ist der Inbegriff des Musikers, des Künstlers in unserer Zeit. Seit vielen Jahrzehnten schon kennt die Welt seinen Namen – zuerst als geigendes Wunderkind, das mit zwölf Jahren in der Berliner Philharmonie drei große Violinkonzerte vollendet spielte, dann als reisenden Solisten und Dirigenten, der in allen Erdteilen konzertiert.
Das einstige Wunderkind, dem die Welt zu Füßen liegt, erfährt ein Wunder an sich selbst, als er sich seine Kunst von neuem bewußt macht, sie neu erobert. Menuhin – das ist ein Geiger, der sich Rechenschaft ablegt, der aber auch mit ironischem Vergnügen die skurrilen Begegnungen auf der Geigerbühne zu schildern weiß, der anekdotenreich aus einer bunten Konzertkarriere berichtet, dessen Porträts von eindringlicher Trauer wie gekonnter Komik sind. Menuhins Lebensbericht ist zugleich Bekenntnis: eine Hymne an die neugewonnene »Heimat« Indien, ein Denkmal für die Freunde in aller Welt, für die Lehrer Adolf Busch und George Enescu, für David Oistrach, Pablo Casals und ungezählte andere. Sein Buch bezeugt sein von wachem Bewußtsein getragenes Verhältnis zum Staat Israel. Menuhin ist ein Künstler der Versöhnung, der weiß, daß das geistige Klima in unserer Welt nur mit lauteren, intellektuellen und künstlerischen Mitteln zu beeinflussen ist.

»Was Menuhins Selbstbeschreibung den meisten Lebenserinnerungen berühmter Stars voraus hat, ist die hohe Intelligenz des Verfassers, sein erzählerischer Charme, die Zuverlässigkeit seiner Informationen und die nicht geringe Fähigkeit, Menschen plastisch darzustellen.«
Frankfurter Allgemeine Zeitung

Im Umkreis der Musik

Ulrich Dibelius

Moderne Musik I

1945–1965. 392 Seiten mit 31 Abbildungen und 45 Notenbeispielen. SP 8247

Ulrich Dibelius

Moderne Musik II

1965–1985. 447 Seiten mit 44 Abbildungen und 42 Notenbeispielen. SP 8248

Hans Heinrich Eggebrecht

Bach – wer ist das?

Zum Verständnis der Musik Johann Sebastian Bachs. 204 Seiten mit Notenbeispielen. SP 8323

Mehr als vierzig Jahre hat sich Hans Heinrich Eggebrecht, der Senior der deutschen Musikwissenschaft, mit Johann Sebastian Bach beschäftigt. Sein neues Buch beleuchtet das Phänomen Bach von verschiedenen Seiten und unterschiedlichen Standpunkten. Dabei begibt sich der Autor jedesmal auf die Suche nach dem Mittelpunkt des Menschen Bach und seiner Musik. Ziel ist die kritische Klärung unseres Verhältnisses zu beidem.

Hans Heinrich Eggebrecht

Die Musik Gustav Mahlers

305 Seiten mit 73 Notenbeispielen. SP 8251

»Unter allen Versuchen, der Musik Gustav Mahlers mit dem erklärenden Wort nahezukommen, ist dieser der überzeugendste und zugleich bewegendste seit langem.«

Süddeutsche Zeitung

Pietro Gargano / Gianni Cesarini

Caruso

Eine Biographie. Mit einem Beitrag von Michael Aspinall. Aus dem Italienischen von Susanne Hurli und Cornelia Schlegel. 350 Seiten mit 19 Abbildungen auf Tafeln. SP 8325

»Eine seriöse, nüchtern analysierende und doch unterhaltsame Biographie. Die Ausnahmestellung Carusos in der Geschichte des Gesangs wird nach der Lektüre jeder begreifen.«

Frankfurter Allgemeine Zeitung

Glenn Gould

Von Bach bis Boulez

Schriften zur Musik I. Herausgegeben und eingeleitet von Tim Page. 360 Seiten. SP 8261

SERIE PIPER

Im Umkreis der Musik

Glenn Gould

Vom Konzertsaal zum Tonstudio

Schriften zur Musik II. Herausgegeben und eingeleitet von Tim Page. 321 Seiten. SP 8262

Martin Gregor-Dellin

Richard Wagner

Sein Leben – Sein Werk – Sein Jahrhundert. 928 Seiten. SP 8318

Martin Gregor-Dellin hat die bis heute unübertroffene Wagner-Biographie für unsere Zeit geschrieben. Das scheinbar unergründliche Rätsel Richard Wagner wird zur realen Gestalt des 19. Jahrhunderts.

»Der seltsame Glücksfall einer Komponisten-Biographie, die wissenschaftlich unanfechtbar ist und zugleich für ein größeres Publikum eine in jedem Augenblick fesselnde Lektüre bildet.«

Die Zeit

Hanno Helbling

Arrigo Boito

Ein Musikdichter der italienischen Romantik. 135 Seiten mit 16 Abbildungen. SP 8326

Joachim Kaiser

Leben mit Wagner

Der Komponist, das Werk und die Interpretationen. 351 Seiten. SP 8319

Richard Wagner und sein Werk sind ein unerschöpfliches Thema – auch für Joachim Kaiser. Umfassend und kenntnisreich führt er in das Leben und Schaffen Wagners ein. »Leben mit Wagner« ist aber auch Dokument der Passion, die den Autor mit dem Werk des Komponisten verbindet.

Joachim Kaiser

Mein Name ist Sarastro

Die Gestalten in Mozarts Meisteropern von Alfonso bis Zerlina. 313 Seiten mit 32 Abbildungen. SP 8311

»Das Buch verpackt seine profunde Information in einen fließenden, wohlgelaunten und eleganten Stil.«

Neue Zürcher Zeitung

Joachim Fest betont in seiner Besprechung besonders den »gelockerten, unpedantischen Tonfall des Buches, das Lesevergnügen, das es, über allen thematischen Reiz hinaus, weckt.«

Frankfurter Allgemeine Zeitung

Im Umkreis der Musik

Lust an der Musik

Ein Lesebuch. Herausgegeben von Klaus Stadler. 436 Seiten. SP 8250

»Lust an der Musik« will dem Leser Beispiele für die »unendliche Vielfalt« der Musik geben, es will ihn anregen, auch die Musik abseits der ausgetretenen Pfade der Konzertprogramme kennenzulernen. In den Texten wird deutlich, welchem Wandel die Art, über Musik nachzudenken und zu schreiben, unterworfen ist. Vor allem zeigen die Texte, daß es möglich ist, Musik im Wort zum Klingen zu bringen.

Leone Magiera

Pavarotti

Methode, Mythos und Magie. Mit einem Vorwort von Gianandrea Gavazzeni. Aus dem Italienischen von Franziska Koller und Dieter W. Portmann. 170 Seiten mit 22 Abbildungen. SP 8329

»Magiera schreibt aus der Perspektive des Arbeitskollegen und gewährt Einblick in die Werkstatt eines Sängers. Sein Buch ist wohlwollend unprätentiös und kommt ohne Glorifizierung aus.«

Opernwelt

Nathan Milstein / Solomon Volkov

»Lassen Sie ihn doch Geige lernen«

Erinnerungen. Aus dem Amerikanischen von Ulrike und Klaus Stadler. Mit einem Geleitwort von Gidon Kremer. 368 Seiten. SP 8331

Godela Orff

Mein Vater und ich

Erinnerungen an Carl Orff. 152 Seiten mit 44 Abbildungen. SP 8332

»Ein lesenswertes Buch, das den Menschen (und den Künstler) Orff aus dem privaten Blickwinkel seiner Tochter zeigt.«

Fono Forum

Reinhard Raffalt

Musica Eterna

Von Palestrina bis Mozart. Sieben Komponistenporträts. 184 Seiten mit 21 Abbildungen und Notenbeispielen. SP 8310

Die in diesem Buch zusammengefaßten Komponistenporträts machen deutlich, welche Beziehung Raffalt zur Musik des Abendlandes hatte.

»Dieser durch und durch musische Mensch war im tiefsten Kern ein Musiker, ein profunder Kenner, nicht nur ein eminent gebildeter, sondern ein Wissender und ein Könner.«

Eugen Jochum über Reinhard Raffalt

SERIE PIPER

Im Umkreis der Musik

Mstislaw und Galina Rostropowitsch

Die Musik und unser Leben

Aufgezeichnet von Claude Samuel. 223 Seiten. SP 8285

Erich Schenk

Mozart

Eine Biographie. 665 Seiten mit 19 Abbildungen. SP 8268

Daniel Snowman

Plácido Domingo

Eine Biographie. Aus dem Englischen von Harald Stadler und Angelika Bardeleben. 331 Seiten mit 14 Fotos. SP 8327

»Opernfreunden wird dieses Buch Spaß machen, denn es enthält viele lebendige Details und einen klugen, analytischen Sinn für Zusammenhänge. Es ist kenntnisreich und ohne falsche Ehrfurcht geschrieben.«

Basler Zeitung

Richard Strauss
Hugo von Hofmannsthal

Briefwechsel

Herausgegeben von Willi Schuh. 751 Seiten mit 7 Abbildungen und 6 Notenbeispielen. SP 8252

Galina Wischnewskaja

Galina

Erinnerungen einer Primadonna. Aus dem Amerikanischen von Christiane Müller. 480 Seiten mit 69 Fotos. SP 8243

»Es ist ein Buch, das wie kein mir bekanntes anderes Aufschlüsse und Einblicke in das Walten der sowjetischen Kulturbürokratie vermittelt, daß wir nur Mal um Mal den Kopf schütteln und darüber staunen können, wie unter so menschenverachtenden Verhältnissen so großartige künstlerische Leistungen zustande kommen können, wie sie die Sowjetunion unüberseh- und -hörbar aufzuweisen hat.«

Stuttgarter Zeitung

Werner Pfister

Fritz Wunderlich

Eine Biographie. 415 Seiten mit 91 Fotos auf Tafeln, davon 13 in Farbe, und 29 Abbildungen im Text. SP 8309

»Bewundernswert ist die Gründlichkeit, mit der Pfister der künstlerischen und privaten Persönlichkeit Wunderlichs nachgeforscht hat.«

Neue Zürcher Zeitung

Von und über Künstler in der Serie Piper

Max Beckmann
Briefe im Kriege
1914–1915.
95 Seiten mit 32 Abbildungen.
SP 286

Max Beckmann
Leben in Berlin
Tagebuch 1908–1909.
Kommentiert und herausgegeben von Hans Kinkel. 75 Seiten mit 2 Faksimiles und 41 Abbildungen.
SP 325

In diesen frühen, spontan formulierten Tagebuchaufzeichnungen aus Berlin vermittelt Max Beckmann authentische Einblicke in seinen persönlichen Lebens- und Arbeitsbereich sowie in die gesellschaftliche und künstlerische Situation Berlins und der Moderne.

Max Beckmann
Die Realität der Träume in den Bildern
Schriften und Gespräche 1911–1950. Herausgegeben und mit einem Nachwort versehen von Rudolf Pillep. 148 Seiten. SP 814

Max Beckmann
Tagebücher 1940–1950
Zusammengestellt von Mathilde Q. Beckmann. Herausgegeben von Erhard Göpel. Mit einem Vorwort von Friedhelm W. Fischer. 448 Seiten mit 8 Fotos auf Tafeln. SP 786

Günter Busch
Max Beckmann
Eine Einführung. 154 Seiten mit 4 Farbtafeln und 79 Schwarzweißabbildungen. SP 836

Klaus Lankheit
Franz Marc im Urteil seiner Zeit
151 Seiten mit 9 Bildniszeichnungen Franz Marcs von August Macke. SP 986

Franz Marc
Briefe aus dem Feld
Neu herausgegeben von Klaus Lankheit und Uwe Steffen.
156 Seiten. SP 233

Franz Marcs »Briefe aus dem Feld« gehören nicht nur zu den Schätzen der deutschen Literatur des 20. Jahrhunderts, sie sind auch ein beeindruckendes Zeugnis der Zeit. In einer von Klaus Lankheit, dem Biographen Marcs, und Uwe Steffen vorgenommenen Überarbeitung liegt dieses lange vergriffene Dokument des Künstlers nun erstmals im originalen Wortlaut vor. Diese Briefe, gerichtet an Marcs Frau Maria, erzählen von täglichen Sorgen und Ängsten, von den Grundlagen seiner Kunst, von der »Sehnsucht... nach meiner Arbeit«, aber auch von einer tiefen Wandlung, die das Kriegserlebnis in Marc bewirkte.

SERIE PIPER

Kunst in der Serie Piper

Der Blaue Reiter

Herausgegeben von Wassily Kandinsky und Franz Marc. Dokumentarische Neuausgabe von Klaus Lankheit. 362 Seiten mit 161 Abbildungen. SP 300

Diese dokumentarische Neuausgabe des berühmten Almanachs, der die Entwicklung der modernen Kunst in Deutschland und dem übrigen Europa so entscheidend beeinflußte, wurde besorgt von Klaus Lankheit, em. Ordinarius der Kunstgeschichte an der Universität Karlsruhe und Honorarprofessor an der Universität Heidelberg. Die Ausgabe bietet den vollständigen, unveränderten Originaltext und sämtliche Abbildungen der Ausgabe von 1912, die schon damals im Piper Verlag erschien, sowie einen dokumentarischen Anhang, vor allem einen Katalog sämtlicher Textbeiträge und Abbildungen, wie er den heutigen Erkenntnissen entspricht.

Brennpunkt der Moderne

Der Blaue Reiter in München

Einführung und Bildauswahl von Rosel Gollek. 125 Seiten mit 34 Farbtafeln und 7 Schwarzweißabbildungen im Text. SP 1000

Marc Chagall

Arabische Nächte

Einführung von Kurt Moldovan. 49 Seiten mit 13 Farbtafeln und 14 Schwarzweißabbildungen im Text. SP 605

»Gönnen wir uns einen Blick ins Märchen- und Morgenland: Wie winzige sternblaue, mondblasse, purpurrote und safrangelbe Zauberteppiche tragen uns diese Blätter Chagalls in das Fabelreich Scheherezades.«
Kurt Moldovan

Paul Cézanne

Bilder eines Berges

Einführung von Hajo Düchting. 62 Seiten mit 16 Farbtafeln. SP 615

Paul Gauguin

Noa Noa

Nach dem Urmanuskript von 1893. Aus dem Französischen von Rosmarie Aegerter. 95 Seiten mit 16 Farbtafeln. SP 616

»Noa Noa« – in der Sprache der Maori »wohlriechend« – wählte Paul Gauguin als Titel seiner Aufzeichnungen über seine Wahlheimat Tahiti. Ursprünglich als Hilfe zum Verständnis seiner ersten Tahiti-Bilder für das Pariser Publikum gedacht, schuf Gauguin aus Geschichte und Geschichten, aus Mythos und Selbsterlebtem eine poetische Welt parallel zur gemalten.

Kunst in der Serie Piper

August Macke
Aquarelle

Nachwort von Wolfgang Macke.
57 Seiten mit 16 Farbtafeln. SP 610

Vom Alterswerk eines Künstlers zu sprechen, der nur 27 Jahre alt wurde, ist bestimmt nicht ironisch zu verstehen, sondern soll gerade bei Macke auf eine Vollendung in Form und Farbe aufmerksam machen, wie sie nur wenigen gelingt.

Franz Marc
Botschaften an den Prinzen Jussuff

Geleitwort von Maria Marc.
Einführung von Gottfried Sello.
62 Seiten mit 16 Farbtafeln und 2 Schwarzweißabbildungen. SP 601

Die Bildkarten von Franz Marc an die Dichterin Else Lasker-Schüler, die sich den poetischen Beinamen »Prinz Jussuf von Theben« beigelegt hatte, sind Zeugnisse einer seltsamen, hochgestimmten, produktiven Künstlerfreundschaft. Und sie gewähren darüber hinaus einen unvergleichlichen Einblick in die Welt des Malers, der im Bild der Tiere das ursprüngliche, naturhafte Dasein gestaltet hat.

William Turner
Aquarelle

Einführung von Paul Vogt.
60 Seiten mit 16 Farbtafeln. SP 608

Julius Meier-Graefe
Entwicklungsgeschichte der modernen Kunst

Herausgegeben von Hans Belting.
Band I: 367 Seiten mit 46 Tafeln und 24 Abbildungen im Text.
SP 661
Band II: 478 Seiten mit 48 Tafeln und 33 Abbildungen im Text.
SP 662

Julius Meier-Graefes »Entwicklungsgeschichte der modernen Kunst« gehört zu den Klassikern der Kunstgeschichte. Der erste Band behandelt die Entwicklung der bildenden Kunst von den Meistern der italienischen Renaissance über das 17. und 18. Jahrhundert bis zu den deutschen Impressionisten Liebermann und Slevogt. Der zweite Band beginnt mit Feuerbach und Marées und führt über den französischen Impressionismus zu Max Beckmann.

»Meier-Graefe lebt in der Nachwelt als Entdecker des Impressionismus fort. Er vermochte die Siege dieser Bewegung in einer Sprache zu rühmen, die ihrerseits als ein Dokument impressionistischer Literatur Bestand hat.«
Bayerischer Rundfunk

Werner Busch (Hrsg.)
Funkkolleg Kunst

Eine Geschichte der Kunst im Wandel ihrer Funktionen.
Band II: 460 Seiten und 74 Abbildungen. SP 736

Denkanstöße aus der Philosophie

Jeanne Hersch
Karl Jaspers
Eine Einführung in sein Werk.
149 Seiten. SP 195

Leszek Kołakowski
Gespräche mit dem Teufel
Acht Diskurse über das Böse.
133 Seiten. SP 109

Lust an der Erkenntnis
Die Philosophie des 20. Jahrhunderts
Ein Lesebuch. Herausgegeben und mit Einführungen versehen von Volker Spierling. 509 Seiten. SP 547

Das Buch verdankt seine leserfreundliche und übersichtliche Form den vielfältigen Erfahrungen und Resultaten, die der Herausgeber in mehreren Feriensеminaren zum Thema Gegenwartsphilosophie gemacht hat. Darüber hinaus erleichtern die vom Herausgeber verfaßten Einführungen zu den jeweiligen Themengruppen den Zugang selbst zu schwierigen Texten und stellen zusätzliches authentisches Quellenmaterial zur Diskussion. Das Lesebuch möchte die eigene Phantasie des Lesers wecken, seine Lust am Lesen wie seine Lust am Selbstdenken.

Lust an der Erkenntnis
Die klassische deutsche Philosophie
Eine Lesebuch. Herausgegeben und mit Einführungen versehen von Anton Friedrich Koch.
495 Seiten. SP 750

Der vorliegende Band behandelt die klassische deutsche Philosophie, also die Epoche von Leibniz bis Hegel. Anhand von Originaltexten erhält der Leser einen informativen Überblick über die bis heute fruchtbarste Epoche der deutschen Philosophie. Das Lesebuch enthält Texte u. a. von Leibniz, Moses Mendelssohn, Lichtenberg, Kant, Lessing, Jacobi, Herder, Schelling, Fichte, Hölderlin und Hegel.

Volker Spierling
Kleine Geschichte der Philosophie
50 Porträts von der Antike bis zur Gegenwart. 374 Seiten. SP 983

»Die Gliederung ist bis ins Detail übersichtlich und wohldurchdacht, die Sprache auch für den philosophischen Laien verständlich. Spierling läßt, wo es nur geht, die Philosophen selbst zu Wort kommen und hält die eigene Wertung zurück. Das macht Appetit auf mehr. Wer jetzt zum Original greifen will, findet im kommentierten Werkverzeichnis eine nützliche Orientierungshilfe.«
bild der wissenschaft